U0511485

本书为以下项目阶段性成果，受到以下项目资助，特此致谢！

1. 安徽省主流新媒体针对青年群体舆论引导机制和策略研究（2024CX532）

2. 安徽省哲学社会科学一般项目“数智传播时代安徽省城乡公共文化服务一体化创新路径研究”（AHSKYY2023D064）

3. 国家社会科学基金重大项目“周边传播理论与应用研究”（17ZDA288）

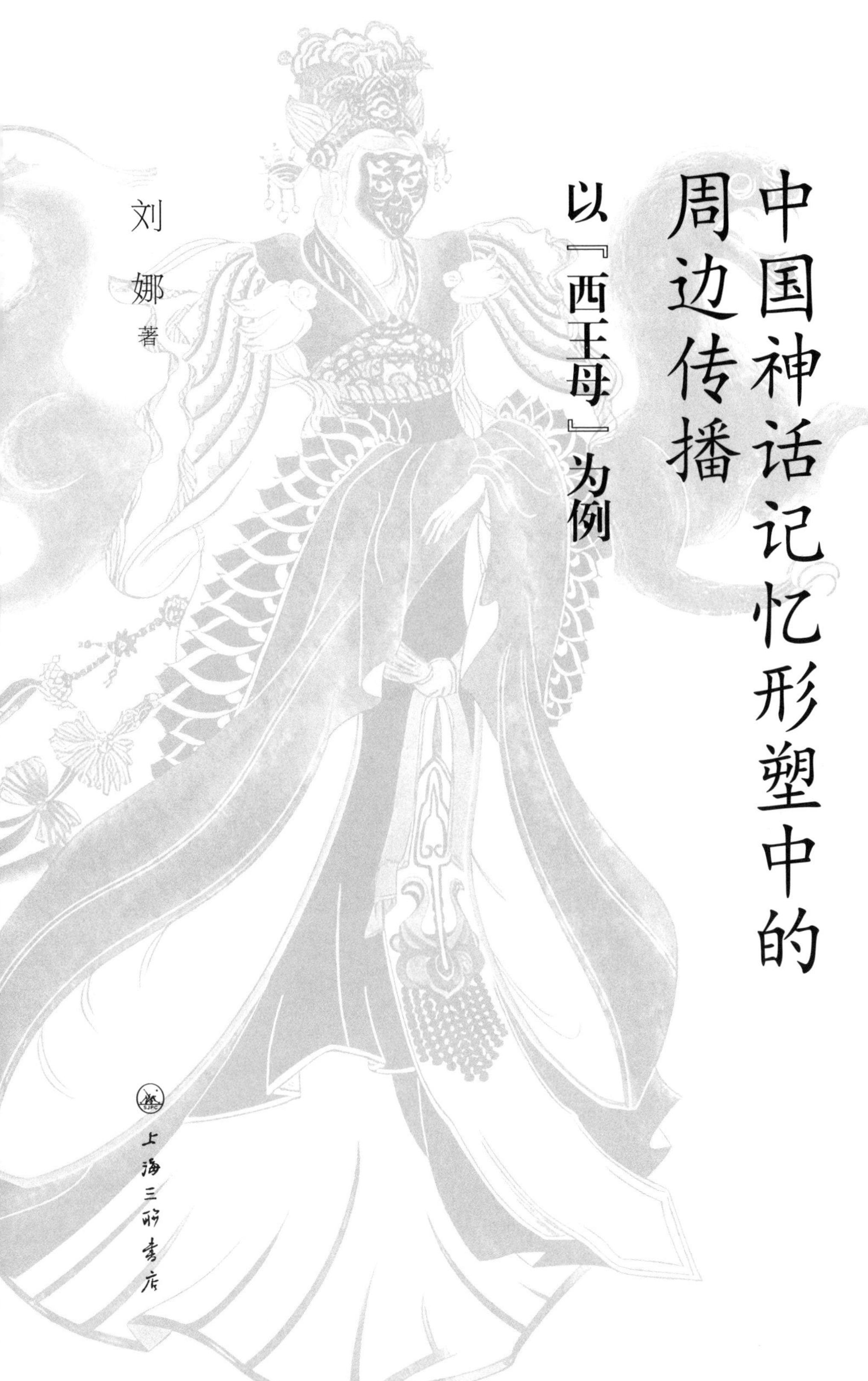

中国神话记忆形塑中的周边传播

以『西王母』为例

刘娜 著

SJPC
上海三联书店

目 录

摘 要

在前人“记忆”理论基础上，本研究延伸并提出了“神话记忆”这一概念。中国神话记忆既映射着华夏民族与周边民族的融合历程，蕴含“中华民族共同体”的内源性结构，又记录着中华文明与周边文明交流互鉴的历史，蕴藏人类命运共同体的情感象征模型。

研究首先通过周边传播理论与“时间理论”“空间理论”“场域理论”“媒介理论”等人文社会科学理论对话，建构了“横排纵贯”的中国神话记忆周边传播时空四维分析框架，接着以储存于中国及周边国家文字媒介、图像媒介、物质媒介、仪式媒介等媒介形态中“复调叠加”的“西王母记忆”作为切入口，通过历史文献研究、话语分析和田野调查等跨学科、多路径的综合研究方法与思路，从西王母符号意涵演化以及文本叙事发展入手，深入西王母文本的话语实践和社会实践层面，以从内向外，由外向内的双重视角，围绕西王母记忆形塑中的逻辑起点、记忆承载者、记忆储存媒介、记忆重塑等问题，揭示作为话语生产和知识生产的“神话记忆”与社会权力关系如何通过周边传播在时间、地理空间、社会空间（场域）、媒介空间等四个“动态变量”维度中互构。

研究表明，中国古代社会是“复杂和动态的关系系统”，而各种空间“周边”是建构社会权力关系的媒介。社会权力关系在动态变化的地理周边、场域周边，媒介周边传播中交织耦合。中国神话记忆是神话象征符号系统在历史文化语境话语构型决定下，在“周边”构建的相互竞争博弈的社会权力关系中，不断编码、解构、再结构中形塑。研究亦发现，神话具有服从理念，塑造观念、建构秩序的“理性本源”。在中国古代社会，神话记忆曾发挥着构建“大一统”话语和各阶层“纵向一体化”文化认同的社会功能；而在当代神话“遗产化”运动打造的景观模式中，中国神话记忆依靠社会多元主体的场域周边传播与立体传播渠道，通过实体

“记忆景观空间”与虚拟“数字空间”中的周边传播激活与重塑，亦发挥着凝聚中华民族共同体认同和塑造地方形象的社会功能。

借助对中国神话记忆形塑的讨论，研究对周边传播理论作出了进一步的延伸，扩展了周边传播理论的应用范围。研究提出，跨空间融合的中国神话记忆重塑可以实现传统文化与现代文化的互融与共生，中华文明与世界文明的碰撞与交融。激活和唤醒东亚各国共享的“神话记忆”，有助于重塑“中华文明共同体”文化认同。挖掘中国神话记忆中蕴含的“人类共享价值观”亦是推动中国文化对外传播，构建“人类命运共同体”的重要途径。

关键词：周边传播，神话记忆，西王母，话语，时空维度

ABSTRACT

On the basis of the theory of "memory" proposed by the previous scholars, the study extends and puts forward the concept of "mythological memory". Chinese mythological memory not only maps the integration process between the "Huaxia" nationality and its neighbors, containing the endogenous structure of the "Chinese national community". It also records the history of exchanges and mutual understanding between the Chinese civilization and its neighbors, containing a symbolic emotional model of "Community of shared future for mankind".

Through the dialogue between the surrounding communication theory and other theories of the humanities and social sciences, such as time theory, space theory, field theory, media theory, etc., the study firstly constructs a spatial and temporal analytical framework for the surrounding communication applied in the study of shaping of Chinese mythological memories. Secondly, combining interdisciplinary and multi-path research paradigms and methodology and dual perspectives of "from the inside out" and "from the outside in", the study takes the multifaceted memory of the "Queen Mother of the West", which is stored in textual media, pictorial media, material media and ceremonial media of China and the neighboring countries as an entry point to go deeper into the discourse and social practice of the texts of "Queen Mother of the West" and focus on the issues of the starting point of memory, the writer of memory, the medium of storage of memory and the reshaping of memory of the "Queen Mother of the West" with the aim to reveal how knowledge production and power relations in ancient Chinese society were inter-constructed through surrounding communication in four dimensions of "dynamic variables": time, geographic space, social field and media sphere.

The study shows that ancient Chinese society was a "complex and dynamic relational system " . And dynamically changing " surrounding area " of geographical space , social filed, and media sphere can be seen as the medium in which interwoven and coupled social power relations are constructed. Chinese mythological memory is shaped by the continuous encoding, deconstruction and restructuring of the mythological symbol system in the competitive social relations constructed in various spatial "surrounding area" under the decision of discursive formation in the historical and cultural context.

It is also found that mythological memory, with the "rational origin" of obeying ideas, shaping concepts and serving order, once played a social function in constructing "Great Unity" discourse and "vertically integrated" cultural identity for all classes in ancient Chinese society. Under the "landscape model" created by the contemporary mythological heritageization movement and relying on multiple agents and communication channels, Chinese mythological memory can be activated and reshaped through surrounding communication in the physical "memory landscape space" and virtual "digital space" , playing the social functions of consolidating the identity of the "A community for the Chinese nation" and shaping the regional image.

Through the discussion of shaping of Chinese mythological memory , the study further extends the theory of surrounding communication and expands the scope of application of surrounding communication theory. The study proposes that trans-spatial re-modelling Chinese mythological memory can achieve the mutual integration and symbiosis of traditional and modern culture as well as the collision and fusion of Chinese civilization and global civilization. Activating and awakening the "mythological memory" shared by East Asian countries can help reshape the cultural identity of the "Chinese civilization community". Besides, exploring common values of mankind embedded in Chinese mythological memories is also an important way to promote the dissemination of Chinese culture to the outside world and to build "Community of shared future for mankind".

KEY WORDS: Surrounding communication, Mythological memory, The queen mother of the west, Discourse, Dimension of time and space

第一章

绪　论

1.1 研究缘起与研究问题

1.1.1 研究缘起

一、神话记忆:神话研究的新领域

党的二十大报告中提出,"推进文化自信自强,铸就社会主义文化新辉煌,增强中华文明传播力和影响力。坚守中华文化立场,提炼展示中华文明的精神坐标和文化精髓""深化文明交流互鉴,推动中华文化更好走向世界"等中华文化传承和传播战略。习近平总书记曾多次在讲话中提到"盘古开天""女娲补天""伏羲画卦""神农尝草""夸父追日""精卫填海""愚公移山"等深刻反映中华民族坚韧不拔、勇于追梦精神的神话传说是代表中国文化、中华民族精神的绝佳载体。

神话研究在19世纪末20世纪初成为了西方人文社会科学的显学。学者泰勒、马克思、涂尔干、弗雷泽、韦伯、弗洛伊德、荣格、马林诺夫斯基、卡西尔等分别从哲学、人类学、社会学等视角研究神话这一早期人类文明的现象。他们的神话研究成果至今影响着当代人文社会科学的多个研究领域。中国的神话研究在诸如茅盾、鲁迅、程憬、袁柯、叶舒宪、吕微、陈连山、陈泳超、杨丽慧等学者的研精覃思下,已有百年历史轨辙。从发轫时期追寻西方研究方法和路径,转向当代建立适合中国文化语境与在地实践的神话研究新范式、新思想、新理论和新方法。中国文化中的关键词"天人合一""内圣外王""河图洛书""阴阳五行""太极八卦"等

蕴含特定的神话编码[①]和神话记忆，可以在中国神话思维中找到原型。基于神话性是整个中国文化与历史的突出特征，神话记忆弥散于中国文化隐性和显性的各个层面，近年来中国神话研究学界提出了“神话中国”这一研究范式，将中国神话记忆作为理解中国历史、文化、哲学的切入口，使得神话与记忆结合的研究成为了神话研究的新领域。

复调多元的中国神话记忆储存于中华文明各种媒介形态之中。无论是流传于民间的口传神话记忆，还是铭刻在玉器、青铜器、墓葬画石等物质载体中的图像神话记忆，亦或是记录在先秦两汉典籍、魏晋神仙小说、唐宋诗词、明清神话小说、道教经卷中的文字神话记忆，都是中华民族文化主体在历史进程中对神话符号“参与式编码”的“层累”形塑。费孝通(1989)认为，中国神话对于“构建多元一体的中华民族具有重要作用”[②]。中国神话记忆凝聚了中国文明发展的精华。映射着古代华夏民族与周边民族互通融合的历史记忆和“中华民族多元一体”格局中各民族平等互助、友好相处、我中有你、你中有我的悠久文化传统[③]。因此，研究具有共同体凝聚功能的中国神话记忆的历时形塑，对于铸牢中华民族共同体意识具有重要的现实意义。

中国神话记忆中同样蕴含着中华文明与周边文明交流互鉴的历史，因而可作为对外传播中“讲好文明交融故事”的绝佳素材。人类学“自然论”“结构主义”学派以及文化研究“浪漫主义”学派的神话研究都基本认可神话“原型”假说，认为世界各民族拥有共同的神话母题，神话是“可通约”的人类文化符号。近年来国内外神话研究中提出的“神话历史”概念则是将神话作为人类历史起源的“元叙事”，认为神话中蕴含着人类历史及人类文明早期传播互鉴的记忆。为人类命运共同体提供了一种“具有历史意义的情感象征模型和原型”。[④] 在中国对外传播中，挖掘传播主体与目标国文化之间的“相似性”是提升传播效果的有效策略。中国神话记忆中表征人类共享价值观的部分是构建人类命运共同体、促进世界文明情感认同和文化认同、唤起传播目标国受众情感共鸣的绝佳内容。

二、传播学：中国神话记忆研究的“新视界”

神话是一个充满跨学科空间张力的研究领域，也是跨文化和跨学科的概念

---

① 谭佳. 神话中国[M]. 北京：生活·读书·新知三联书店，2019：前言 17.

② 费孝通. 中华民族的多元一体格局[J]. 北京大学学报(哲学社会科学版)，1989(04)：3—21.

③ 王宪昭. 神话中的中华民族文化认同[N]. 中国社会科学报，2021-04-09.

④ 王倩. 论文明起源研究的神话历史模式[J]. 文艺理论研究，2013，33(01)：202—208.

工具。神话并非专属于神话学家、民俗学家和人类学家的研究对象，而是有待于多学科视角对其进行审视和探索，将其本质和功能揭示和解释。近年来，中国神话研究范式从以文本为中心的文学研究转向了以话语为中心的文化研究，神话与传播学的结合研究逐渐成为中国神话研究的前沿。

“神话”与“传播”在构建社会秩序和凝聚共同体认同的社会功能性上具有同一性。阿斯曼(2015)认为：神话是关于族群或民族国家起源，具有奠定“共同体”统一性和独特性的神圣叙事，也是构建共同体成员身份认同与文化认同的基石。[①]。上古时期，神话通过仪式传播在族群共同体成员中历时传承，使共同体成员感知到了“时间同一性”，并建立了横向的空间联结，实现了共同体成员的文化共享，构建了共同体成员的族群身份认同。哈贝马斯(2018)提出：“在原始社会，神话所发挥的是一种典型的族群建立世界观认同的功能。”[②]人们把关于神灵和族群英雄的记忆记录在神话故事中，以崇拜的形式讲述他们的故事，并纪念他们。[③] 无论是记录在文字媒介中的还是口语仪式中的神话记忆都是凝聚横向民族国家共同体和纵向社会各阶层的力量，也具有维护社会秩序稳定的社会功能。马林诺夫斯基(1986)也曾经反复强调：作为一个民族极其重要的文化势力(CulturalForce)，神话是民族文化的“第一叙事”[④]，构筑了集体或“共同体”成员社会归属性意识。沉松侨(1997)[⑤]、姜红(2014)[⑥]研究发现：中国晚清时期，革命者曾通过重塑“黄帝”这一华夏始祖神话符号，建构以汉民族为中心的“民族国家”话语来凝聚晚清时期的社会共同体认同。

“传播学研究是对于文化社会中传播现象的研究。是社会与行为科学以及人文学知识整体的一部分，是对人类社会的象征再现(Symbolic Representations)。”[⑦]文化研究学派将传播学研究的旨趣扩展至文化在历史时空中的共享与传承。认为传播的起源及最高境界，同样是“建构有秩序、有意义、用

---

① [德]扬·阿斯曼.文化记忆：早期高级文化中的文字、回忆与政治身份[M].金寿福，黄晓晨译，北京：北京大学出版社，2015：148.

② [德]尤尔根·哈贝马斯.交往行为理论[M].曹卫东译，上海：上海人民出版社，2018：67.

③ [法]莫里斯·哈布瓦赫.论集体记忆[M].毕然，郭金华译，上海：上海人民出版社，2002：67.

④ 吕微.中国民间文学史神话卷[M].石家庄：河北教育出版社，2019：66.

⑤ 沉松侨.我以我血荐轩辕：黄帝神话与晚清的国族建构[J].台湾社会研究季刊，1997(28)：1—77.

⑥ 姜红.“黄帝”与“孔子”——晚清报刊“想象中国”的两种符号框架[J].新闻与传播研究，2014，21(01)：5—20+126.

⑦ 黄旦.传播、文化、社会译丛[M].北京：华夏出版社，2003：总序.

来支配和容纳人类行为的文化世界"。[①] 传播与秩序的关系是传播学研究的基源问题。传播现象作为人类最古老的社会现象之一，关乎着人与客观世界、人与社会的关系。因此有关传播如何建构人与客体、人与社会的关系，以及传播如何建构社会秩序，是传播学研究课题中应有之义。[②]

茅盾曾将中国神话的基源问题认定为"神话的保存与演化"的问题。从传播学文化研究视角来看，这一问题实际是中国神话符号历时生产（Reproduced）、维系（Maintained）、共享（Shared）、修正（Repaired）、转变（Transformed）而形塑"神话记忆"的问题。不仅如此，文化-社会研究范式下"记忆"研究中的"谁来记忆""为什么这样记忆""如何记忆"等关键问题分别涉及传播学的主体研究、内容研究、媒介研究等研究领域。记忆指向认同，传播构建认同、成就秩序。因此，研究神话符号如何在纵横交织的时空变换中保存、演化，从而形塑为神话记忆，理应是传播学研究关照所在。

三、周边传播理论：中国神话记忆形塑研究的理论分析框架

学者陆地在 2015 年首次提出了周边传播概念，并将时间、空间和关系作为理论建构的重要维度。周边传播理论认为，相邻的两物或多物之间必然存在不同程度上的信息的传播、交流和相互影响。任何事物都容易受到周边的影响或影响周边。周边传播的传播空间至少包括三个层次：具体的物理（地理）空间、抽象的社会空间（关系空间）和兼具抽象和具体的时间空间。[③] 周边传播理论旨在将中国传播学引向更为宽广的历史与文化空间中，探索中国悠久灿烂历史文化中的传播现象，构建更为宏大的理论研究视角及跨学科研究方法。本研选取周边传播理论作为基本理论和分析框架，是因为中国神话记忆是在时空周边传播中所形塑。

首先，中国神话记忆是神话符号在地理空间周边编码和传播的产物。当下文化研究的空间转向，"使得记忆与地理空间"的研究成为学术研究热点。[④] 首先，地理空间本身具有塑造神话记忆、承载神话记忆的功能，是超越主体记忆之

---

① 詹姆斯·凯瑞. 作为文化的传播："媒介与社会"论文集（修订版）[M]. 丁未，译. 北京：中国人民大学出版社，2019：8.

② [美]埃里克·麦格雷. 传播理论史：一种社会学的视角[M]. 刘芳译，北京：中国传媒大学出版社，2009：4.

③ 高菲，陆地，陈沫. 周边传播研究[M]. 北京：中国书籍出版社，2021：序 2.

④ [美]W. J. T. 米切尔. 风景与权力[M]. 南京：译林出版社，2014：260.

外的神话“记忆之场”。阿莱达认为:地点(place)是记忆术的砖石,“地点之中虽然不拥有内在记忆,但是对于回忆空间的建构却具有重要意义。”①在神圣的地点,人们可以感受到神祇的力量。其次,地理空间可以作为连接个人记忆与集体记忆、文化记忆的重要媒介。地理空间作为可以集聚社会关系的“容器”和传播枢纽,使神话记忆实现在社会共同体成员中的共享和传承。再次,在福柯的权力观和知识观中,知识、空间和权力是紧密相连的。权力和知识只有通过各种空间安排中才可以发挥作用。空间是描绘权力的工具。②

中国神话记忆既产生于历史上华夏民族与周边少数民族族群“内周边”的地理空间传播中,也产生于古代中国与域外文明“外周边”地理空间传播中,因此,中国神话既具有“民族国家性”也具有“超社会体系”特征的③“跨文化性”。王明珂(2017)在《华夏边缘:历史记忆与族群认同》中阐述了华夏边缘族群在“中心-边缘”的权力关系中,如何通过改变历史祖源神话记忆,向权力中心靠拢,努力“变为”华夏共同体成员,解释了当族群融合迈向更大的民族国家共同体时,如何通过交换与重塑“神话记忆”,使神话从原始族群的神圣信仰叙事建构为民族国家的神圣叙事,从而构建民族国家身份认同和文化认同。华夏民族与周边少数民族的族群神话记忆的交融中产生出了三皇五帝、女娲、伏羲、西王母等神话记忆成为了建构“横向族群一体”身份认同、文化认同和建构社会秩序的宪章。各族群、民族共享的神话记忆成为了历史上中国作为自在“民族国家共同体”的话语基石。

中国神话记忆体现着这种超越有限的民族国家“社会共同体”的“超社会体系”的人类文明基因。人类学文化传播学派博厄斯曾提出文化区理论,认为地理相邻的民族或文化圈比距离较远的民族因其交往与传播互动更为频繁,而拥有更多共同的神话、传说等民俗文化因素。文化相似性大多不是源于民族的基本观念,而是民族间的相互接触而产生的。一个民族神话体系的形成,不可能脱离人类历史文明的发展的普遍趋势孤立发展。中国神话记忆的形成是中华文明与古代世界其他文明,尤其是周边文明之间文化融合的产物,法国社会学家莫斯

---

① [德]阿莱达·阿斯曼.回忆空间[M].潘璐译,北京:北京大学出版社.2016:344.

② Foucault. Discipline and Publish. The Birth of the Prison. Trans. by Alan Sheridan. New York: Random House Inc. 1977.

③ 注释:王铭铭提出:文明是介于共同体与世界之间的历史主体,超越一般民族志与社会学圈定的社会共同体界限的人文空间的超社会体系。参见王铭铭.超社会体系[M].北京:生活·读书·新知三联书店,2015:前言2.

(Marcel Mauss)认为，相对于政治和法律制度等构成民族独特构造的部分，神话传说这种文明和社会事实则是易于流动和国际化的。[①] 文化传播学者梅森·史蒂文(Steven Mithen)通过欧洲黑曜石的对外贸易发现是附着于这种神秘矿石之上的玉石神话观的传播为其带来的价值和意义，揭示出物质文化的传播和神话观念的互动所带来的神话的可传播性[②]。叶舒宪在《从中印洪水神话源流看文化的传播与变异》《河西走廊:西部神话与华夏源流》等几篇论文和著作中探讨先于丝绸之路而存在的神话是如何通过“玉石之路”“小麦之路”[③]等空间媒介中的流转实现了不同文化圈神话的周边传播。中国神话记忆中同样包含着东亚汉字文化圈以及来自不同文化圈的文明互鉴共融的历史线索。中国神话在东亚汉字文化圈其他国家的“他塑”，折射着历史上中华文明周边传播的历史。以及古代中国与这些国家文化交流权力关系中的动态变迁张力。

其次，中国神话记忆是神话符号在时间周边编码和传承的产物。卡西尔(2016)认为:“符号化的思维和符号化的行为是人类最富有代表性的特征”[④]，是记录、延续和构建记忆的重要方式之一。神话记忆的形塑过程，是神话符号从源代码经由文化实践主体在不同历史时期N级编码的结果，因此具有历时“建构性”。时间维度是神话记忆的重要维度之一。周边传播理论中的“时间周边”指时空相继或重叠的信息生灭过程思维界限。中国神话记忆则是在“时间周边”进化、超越，不断产生新文本、新意涵、新叙事、新话语的过程。古史辩派代表学者顾颉刚曾提出中国神话古史的“层累”说。中国神话发展视为一直存在于历史长河中自我超越式的演变过程。第一、神话记忆作为一种文化生产现象，不是一劳永逸地一次性地完成，而是在时间周边无限延伸的过程。神话始终处在社会空间和历史空间中，且由人和物来承载，在各个时代被不同社会文化所界定的文化主体在不同的媒介中所编码创造。其符号和文本始终是开放的，没有终极版本。第二、神话作为一种承载部落族群集体记忆的媒介，通过在代际之间的时间周边传播，使得记忆在“共同体”成员间不断巩固，部落族群甚至民族共享记忆的“时间周边”不断绵延。

---

① Marcel Mauss, Technique, Technology, and civilisation, edited and introduced by Nathan schlanger, New York and Oxford: Durkheim Press: 2006.

② Steven Mithen. After the Ice-Agobal Human History 20000 - 5000BC, Harvard University Press, 2006. p. 96.

③ 叶舒宪. 河西走廊:西部神话与华夏源流[M]. 西安:陕西人民出版社，2019:21—30;213—217.

④ [德]恩斯特·卡希尔. 人论[M]. 甘阳译，上海:上海译文出版社，2016:35.

再次，中国神话记忆是神话符号在社会空间(场域)周边编码和共享的产物。神话记忆由谁建构，又如何从一个社会群体进入另一社会群体，从而建构社会各阶层的“纵向一体化”的文化认同，涉及社会权力关系的问题。米歇尔·福柯(2007)认为：“记忆是斗争的因素，谁控制了人们的记忆，谁就可以控制人们的行为脉络。占有记忆、控制记忆、管理记忆是生死攸关的。”[①]神话记忆的建构是中国历代文化主体的文化知识生产实践过程，在其形塑中蕴含着巨大的社会权力网络与权力体系。“知识本身没有一个传播、记录、积累和交换的体系，而且这个体系在其存在和作用中还作为一种权力形式与其他权力形式相链接，知识就不可能建立起来。”[②]首先，神话记忆形塑受到特定历史时期社会空间中主流意识形态的规范宰制和国家政治宏观权力的影响。国家会以政治强权自上而下由权力中心向社会各个阶层传播、灌输、宣传某些神话符号和文本。其次，在中国古代社会未完全分化的社会空间，不同历史时期社会各场域周边关系，以及运行于场域中的社会关系网络同样决定着文化主体神话符号编码逻辑，从而影响神话记忆形塑。

最后，中国神话记忆是神话符号在媒介空间周边编码和储存的产物。记忆在媒介空间中的存储，使记忆摆脱了主体“肉身”的桎梏。扬·阿斯曼认为“文化记忆是由媒介技术手段所决定的革新过程”。[③] 强调媒介作为文化记忆的重要传承工具和记忆信息载体的媒介在记忆形塑中的作用。媒介技术变革同样会影响主体对于神话符号编码的逻辑与形式。李彬(2012)认为，媒介同样与社会关系密切联系且具有空间属性[④]。约翰·哈特雷(John Hartley)将媒介空间定义为“包括符号媒介和物质媒介的整个人类世界中所有的媒介形态所构成的媒介世界，印刷媒介、电子媒介、电视、电影，各种题材(新闻与戏剧)、戏剧等不同社会阶层偏爱的媒介形态和各种语言”。[⑤]

社会权力在“媒介空间”中的分布同样是非均质的。这是因为新媒介取代旧媒介进入媒介空间的“中心”代表着社会结构和社会关系的重组。上古时代的神话符号被不断改写、解构、建构，每一次变化都与媒介嬗变性、可供性及技术动量

---

① [法]米歇尔·福柯. 疯癫与文明[M]. 刘北成、杨远婴译，北京：生活·读书·新知三联书店. 2007：97.

② 欧阳谦. 福柯的新政治观：一种微观权力的谱系学建构[J]. 中国人民大学学报，2012，26(02)：57—64.

③ [德]扬·阿斯曼. 文化记忆：早期高级文化中的文字、回忆与政治身份[M]. 金寿福，黄晓晨译，北京：北京大学出版社，2015：15.

④ 李彬，关琮严. 空间媒介化与媒介空间化——论媒介进化及其研究的空间转向[J]. 国际新闻界，2012，34(05)：38—42.

⑤ John Hartley. Uses ofTelevision, London: Routledge, 1999, p218.

(Momentum)等因素紧密联系。[①] 尤其是造纸技术、印刷技术等媒介技术在很大程度上塑造出不同形态的文化和社会。媒介指向的不仅是技术结构的变化，同样也塑造和影响我们的感知与记忆方式，不同媒介具有不同的操作特征、书写逻辑和意义呈现方式，从而缔造不同的“媒介感知”。神话记忆在媒介空间中不同媒介中的互文与接合，是神话符号突破一种媒介边界，在周边媒介编码的结果。

四、古今结合：中国神话记忆研究新方法

鉴往知来，向史而新。历史研究本身的弹性与使命远不止重现已经发生的事情，而是以历史理解和诠释建构过往，从不同视角洞悉历史发展规律，从不同类型的历史叙述之间扩展对于文化和社会的理解。对于中国神话记忆形塑的历时建构的周边传播研究有助于理解中国历时文化语境动态变化中，各种空间周边关系的变化所带来的神话记忆中的“外在差异性”与“内在统一性”，有助于解开中国思想观念演化、中国文学形态变迁、中国信仰文化嬗变、中国媒介技术变革等诸多中华文明发展和演化“密码”。有助于解蔽“神话”的神圣性，理解神话记忆是基于文化主体的理性建构，而并非中华文明中神秘的存在，从而发掘其中的理性价值和当代价值。“中华文化延续着我们国家和民族的精神血脉，既需要薪火相传、代代守护，也需要与时俱进、推陈出新。”近年来，随着数字技术与艺术表达手段的不断迭代，中国神话的数字化转化的艺术、商业作品日趋增多，一些中国神话经典如《山海经》、神话小说《搜神记》《封神演义》、民间传说《白蛇传》等中国神话文学作品的影像模式的改编和开发蔚然成风，一些神话符号已然成为商业资本追逐的大 IP。神话记忆在视听空间中得以重塑，客观上推动了中国神话的传播与传承，并引发了中国神话学近百年的学术研究路径发生了从“历史研究”到“朝向当下”的转向。杨利慧（2014）[②]等学者近年来，开始研究数字时代下如何对于中国神话进行合理改编。而只有通过历史回溯，将中国神话记忆采撷拾掇、拣选优化、提纯中国神话中的中华文明精神标识和时代价值，才可以使中国神话在遗产旅游、数字传媒领域得以“价值引领”的创造性转化和创造性发展利用和重建。综上所述，无论是国家政策的指导还是学术研究的转向都使得中国神话记

① [丹麦]克劳斯·布鲁恩·延森. 媒介融合：网络传播、大众传播和人际传播的三重维度[M]. 刘君译，上海：复旦大学出版社. 2012：79—84.

② 杨利慧. 当代中国电子媒介中的神话主义[J]. 云南师范大学学报（哲学社会科学版），2014，46(04)：69—77.

忆的历史建构与当代重塑研究推向了当代中国人文社科研究领域的前沿。

1.1.2　研究问题

一、研究对象:以“西王母”为中心的考察

神话是中华文化“象征符号体系”重要组成部分,“涉及各种学科,在历史长河中流传嬗变下来的不同的文艺体裁”[①]神话符号的编码开放性,使其在漫长历史长河中的时空变换中,在文学、艺术、宗教场域行动主体的文化实践中,在媒介技术变革中,其符号意涵得以重塑、文本得以创新。逐渐形成了“复调多元”中华民族的“神话记忆”。

由于中国神话符号众多,象征系统体系庞杂,因此为了避免言辞空洞、浮而不实的研究,本研究在宏观性对于中国神话记忆整体描述的基础上,遵循“小题大做”的学术研究思路,以“西王母记忆”这一“小题”为切入口和重点考察对象,在“文化-社会”的记忆研究范式下,以传播学视角和周边传播理论框架,来研究西王母记忆的历时建构与当代形塑问题。本研究之所以选择“西王母记忆”为重点研究对象,主要基于以下四点原因:

第一,从记忆时空分布来看,西王母神话记忆历史建构悠久且传播的地理空间和社会空间范围广阔。西王母神话传说产生于农耕文明、游牧文明的碰撞,蕴含着华夏民族与周边西部民族东西文化因子融合的历史基因,袁珂曾说:“《山海经》所记叙的众多神人当中,西王母是对后世发生影响最大的。”[②]钟敬文则认为:“西王母神话和传说是中国神话学的一项重要内容,特别是西王母逐渐演变成西王母娘娘后,更成为中华民族神殿上的显赫尊神,她的影响,遍及海内外炎黄子孙和大传统和小传统文化中。”[③]谈中国神话,必言西王母。西王母与其他神话人物盘古、女娲、炎黄、大禹、嫘祖、精卫、嫦娥、妈祖、灶神等组成了中国古神话人物符号体系[④]。西王母记忆折射着中华民族文化记忆中最古老、最本质、最深层的文化结构。

---

① 袁柯. 中国神话史[M]. 北京:北京联合出版社,2013:14.

② 袁柯. 中国神话史[M]. 北京:北京联合出版社,2013:14.

③ 张怀群. 台湾-泾川西王母朝圣之旅 20 年[M]. 北京:九州出版社,2011:98.

④ 参见:易思羽. 中国符号[M]. 南京:江苏人民出版社,2005. 1.

第二，从记忆储存媒介形态和建构主体来看，西王母记忆储存媒介丰富。西王母记忆弥散在文字、图像、仪式、物质等中华媒介文明多种形态之中，形成了独具特色的西王母文化遗产。西王母记忆遍及儒家经典、道教经卷、民间传说、民俗仪式、诗词戏曲、图像艺术等文化表征样态，其记忆主要建构者涉及政治、文学、艺术、宗教等多个社会场域。

第三，从记忆演化来看，学者们指出：西王母神话的发展和演化是神话史最为复杂的课题之一，发展历程至今尚未完全解决。“由于各种分歧矛盾记载，彼此抵牾的功能纷纷加诸在这位西王母头上，以至于使她成为了古今争议最多、身份和性质最不明确的一个神话人物。”①西王母记忆呈现出“复调叠加”的多元记忆共存的形态主要是由于西王母符号意涵和文本叙事在不同的社会文化语境中呈现出不同的面向。西王母是最能代表中国神话记忆在时空周边传播中的演化复杂多变案例。西王母在神话地理志《山海经》中是原始粗粝、虎齿豹尾的“凶神”；在神话传说《穆天子传》中则是可与穆天子和歌的“西域女王”；在《荀子·大略》《尔雅·释地》中，“西王母”是位于华夏边缘西北的“国家”；在汉初《淮南子》中又成为掌握不死之药的“超越性”长生女神，在西汉晚期谶纬政治神话中则变为辅助黄帝、舜等上古圣王建立功勋的汉代全民信仰的掌管昆仑山的“至上女神”；在西汉晚期的神仙小说《神异经》中她又变成与东王公阴阳相对的“至阴女神”；在汉晋神仙小说《汉武帝内传》中，她是降临凡间授汉武帝《五岳真形图》的仙界女神，在魏晋至唐宋时期她又成为道教经卷中授箓度人、母养群品的“道教女神”；在唐代，西王母多重记忆出现于唐诗中；在唐五代《墉城集仙录》中，杜光庭将前人所书的西王母记忆拾掇、重塑，为其做《金母元君》传；宋元之后，西王母记忆又逐渐和玉帝记忆交织，成为了民间传说、民间信仰中的“王母娘娘”；明清时期民间宗教兴起后，西王母又与“无生老母”信仰结合，成为民间宗教宝卷中的“瑶池金母”。西王母符号意涵的多重性和文本叙事的不同面向产生了西王母记忆的多元性。符号建构和文本叙事构成的西王母记忆不再是客观表象的描述，而是不同历史时期，人们通过对其符号建构以及文本叙述实现的社会情感和秩序认同，以及社会共同体的凝聚。

第四，从西王母符号“可通约性”来看以及西王母文化的精神价值来看，西王母不仅具有与巴比伦女神伊斯塔尔，古希腊女神德墨忒尔等世界女神共通的人

① 叶舒宪.中国神话哲学[M].北京：中国社会科学出版社，1992：83.

类集体无意识中"大母神"(The Great Mother)原型在人类神话和艺术创作中的象征性表达——"大女神"(The Great Godness)[①]的神格特性。西王母符号所象征的"母性力量""不朽""超越""长寿""和平"等意涵都是中国传统价值观中可与世界文明共享的部分。首先,《神异经》中记载西王母代表"至阴"之神,她与东王公所代表的至阳之神共理二气,而养育天地。西王母与西方哲学思想的源头希腊神话中的女神盖亚一样,都是创造生命的原始力量。然而,希腊神话中盖亚与混沌体现的是西方哲学思想中的"二元对立",混沌象征破坏和无序,盖亚象征创建和秩序。而西王母所代表的"阴"和东王公所代表的"阳"则代表着中国哲学思想和宇宙观中的阴阳相调,化生万物的"非二元对立思想"。西王母的"西"在五行之说中属金,与东王公属木相对。西王母所代表的阴阳五行观念表达着中国人的"四方八维"的时空观。其次,西王母所代表的好生、乐生、永生的中国古代生命哲学内在精髓与人类共享价值观对于"超越性"的追求相通。《淮南子·览冥训》中西王母掌管不死之药,《汉武帝内传》中西王母掌管仙界蟠桃,道教《太平经》就有"寿若西王母"之说,"寿"也是中国传统文化价值观核心层面中极为重要的组成部分。[②] 第三,西王母神话传说《穆天子传》《汉武帝内传》等诸多文本中,西王母与黄帝、舜帝、周穆王、汉武帝之间的交往和对话,围绕着献玉琯、授地图、言和平、减杀戮而展开的。体现着历史上中华民族"和洽诸夏""和睦万邦""和而不同"的文化思想与历史传统。因此,西王母文化中的诸多符号比如,西王母、蟠桃、仙药、瑶池、昆仑以及相关文本叙事体现了中华文明与世界文明中共通的追求精神"乐园""超越性"和"和平"等全人类共享价值观。是可以唤醒现代社会人类的共同心声的神话符号和文本。作为世界女神文化象征符号系统中"西王母"记忆,是中国对外传播和国际传播中的重要文化符号资源,可作为连通中西文明的重要"媒介"。

二、研究问题

本研究围绕西王母这一上古神祇为何会以"复调多元"的符号意涵成为中华

① 注释:"大女神"是人类集体无意识的心理内在意象-大母神(The Great Mother)原型在人类神话和艺术作品中象征性表达。荣格认为原型是一种先于意识存在的无意识,大母神是原型女性的一种形态,大母神是抽象概念,象征性表达为人类各民族,文明中的女神、仙女、女妖、女巫,友善和不友善,在人类仪式神话中,宗教传说表现为一个伟大的未知事物,即作为原型女性主要形态的大母神,其具有正面和负面属性和各种属性的集合。参见:[德]埃利西·诺伊曼.大母神-原型分析[M].李以洪译,北京:东方出版社,1998:3—38页.

② 《尚书·洪范》中论及五福观念"一曰寿、二曰富、三曰康宁、四月攸好德,五曰考终命"。

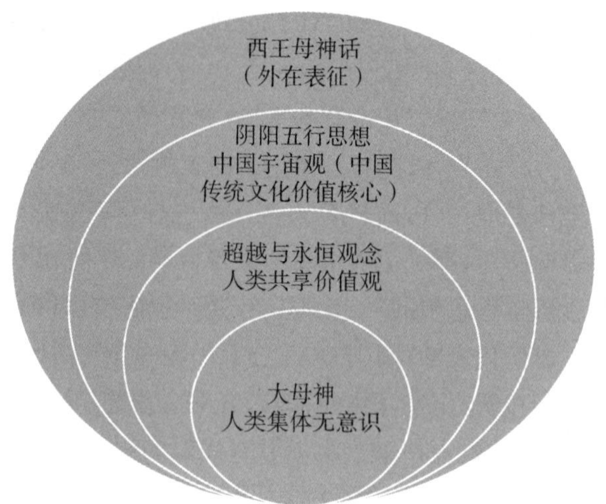

图 1.1 “西王母”文化的精神价值

文明各媒介形态中独特的神话记忆？——这一问题展开，以传播学视角围绕西王母记忆形塑的空间、主体、媒介、重塑等问题入手，由表及里探索发生在不同历史文化语境所界定的地理空间、社会空间和媒介空间中的周边传播活动是如何形塑以“西王母记忆”为代表的中国神话记忆，并揭示神话记忆与权力关系在“时空”周边传播中的互构。

“文化-社会”范式下的记忆研究一直沿着记忆的时间维度、空间维度、媒介维度、功能维度和权力维度等面向①，围绕记忆空间（记忆空间）、谁来记忆（记忆与文化主体）、如何记忆（记忆与媒介）、为什么这样记忆（记忆与权力）等关键问题而展开。中国神话记忆研究也应沿此学术轨辙，结合中国历史文化发展自身特点，找到符合中国在地实践的神话记忆研究思路与分析框架。本研究以“西王母记忆”为代表的中国神话记忆为研究对象，主要研究目的不仅在于追溯西王母神话为代表的中国神话的起源、演化和传播，而是更多将研究指向传播学研究更为关注的表征于口语、文字、图像、物质、仪式媒介中的神话符号意涵和文本叙事等神话记忆形塑的话语层面和社会层面。研究由表及里分两个层次逐层触达：表层是围绕西王母记忆的地理空间逻辑起点、记忆承载者、记忆储存媒介、记忆重塑等问题，从历史文献和媒介文本中神话符号意涵变迁中的表层分析探寻，发生在不同历史文化语境所界定的物理空间、社会空间和媒介空间中的周边传播

① 王蜜．文化记忆：兴起逻辑、基本维度和媒介制约[J]．国外理论动态，2016(06)：8—17．

活动是如何形塑以“西王母记忆”为代表的中国神话记忆。深层则是将神话记忆形塑作为社会文化知识和话语的生产、传播和建构过程，探寻神话记忆与权力关系在周边传播中的互构。研究以周边传播理论视角熨开中国古代文化肌理，聚焦“西王母”为代表的中国神话记忆形塑的关键性历史“横向断面”，以储存于文字、图像、物质、仪式等媒介中的“西王母记忆”作为切入口和研究抓手，揭示文化生产实践中的抽象的“权力与知识生产的关系网络”①如何通过周边传播在四个“动态变量”时间维度、地理空间维度、社会空间维度、媒介空间维度被形塑。

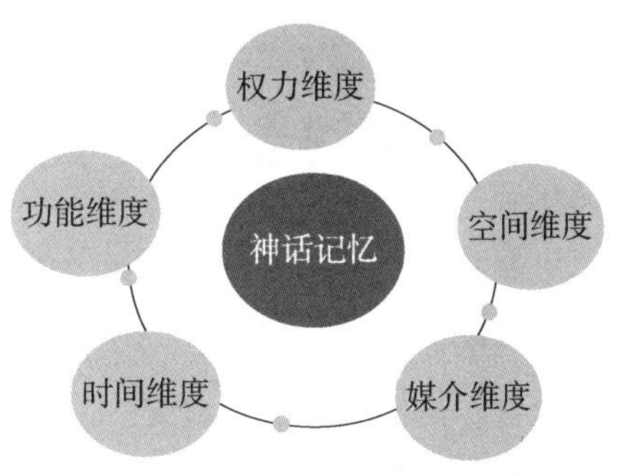

图 1.2　神话记忆研究维度

三、研究内容

第一，从研究西王母记忆的逻辑起点入手，通过研究地理空间周边传播对西王母记忆为代表的中国神话记忆的形塑，揭示神话记忆如何在地理周边传播中实现与权力关系互构。“人类社会和自然界的任何变化都有其逻辑起点，然后以这个点为中心向周边延展。”②日本神话民俗学家柳田国男认为：“神话传说，有其中心点和传说的核心。”③神话记忆产生的地理空间是记忆传播的“中心点”和记忆流动延展的重要物理空间。围绕这一空间逻辑中心点，神话记忆在人与人、人与社会链接中，在个人记忆与集体记忆的交互中，被共同体成员共享、修正、改变、凝练、加工。在列斐伏尔和福柯的空间理论中，地理空间并非全然是物质性的实体，而是主体生产实践的场所和“物质与精神结合”的产物。是意识形态的表征和知识与权力互构，以及各种资本交换的媒介，也是个人、集体、国家的某种“权力工具”(Espace Instrumental)。④ 不同空间表征的意识形态和运行于空间中的各种权力关系决定着神话符号的编码逻辑。同时，地理空间的“周边”的伸缩性和“边界”可穿透性，使其成为不同权力关系链接的“媒介”。空间周边蕴含着巨大的传播动能和势能。因此，本研究第三章以“西王母记忆”为例，通过探寻

---

① Michel Foucault. Ethics: Subjectivity and Truth. Paul Rabinow (ed). New York: The New Press, 1977. p1.

② 高菲，陆地，陈沫. 周边传播研究[M]. 北京：中国书籍出版社，2021：2.

③ [日]柳田国男. 传说论[M]. 连湘译，北京：中国民间文艺出版社，1985：26.

④ [法]亨利・列斐伏尔. 空间与政治[M]. 李春译，上海：上海人民出版社，2015：23—24.

不同时期，“西王母记忆”发起的空间逻辑起点以及权力关系是如何通过文化主体周边传播活动运行于空间之中。解读神话记忆如何嵌套于空间，赋魅于空间，使其成为“意识形态的表征空间”，揭示隐藏在神话记忆形塑和嬗变背后抽象而隐形，却决定文化主体进行神话符号编码的空间权力逻辑。

第二，从研究西王母记忆的承载者入手，通过探索社会空间（场域）周边传播对以西王母记忆为代表的中国神话记忆的形塑，揭示神话记忆如何在场域周边传播中与权力关系互构。探索一个文化要素，如何在社会空间穿行，沿着什么社会机制，如何从一个社会群体、阶层扩散到另一群体和阶层，是传播学研究的社会中观层面的研究旨趣。历史语境中社会空间的权力关系的变化是神话文本形态和符号内涵演变的原因之一。陆地教授曾在2019年以主体视角提出了周边传播是“任何人或事物、或产业、或机构在自己周围或相关领域所进行的有目的的信息传播活动”。[①] 此概念，将周边传播的研究范围带入到了社会空间中，关注行动者在场域周边的传播行动。在中国古代低分化的社会空间中，社会空间中各场域的边界是模糊和可变动的。一个场域的行动者常常在周边场域中进行文化生产实践的“场域周边”传播活动。本研究的第四章以“西王母”神话符号意涵变迁和文本发展为考察中心，探寻西王母记忆在社会空间的传播路径，旨在探究在不同历史时期神话记忆承载者所行动的社会实践空间（场域）与周边场域的关系变化是如何影响文化主体的神话符号编码逻辑从而影响神话符号意涵和文本的改变。看似客观的神话记忆的知识建构中流淌着国家权力、主流意识形态话语权力、文化权力以及运行于社会关系网络“毛细管”中的微观权力等各种权力关系的对抗、博弈、妥协的张力。建构神话记忆的知识团体是拥有符号资本和文化资本的可以实施文化权力的文化实践主体，而这些文化主体在知识生产中又依赖于社会空间中的社会关系以及在关系中所交织的权力网络。神话符号被行动于社会实践各场域的文化主体编码而形成神话记忆的过程，可以看成是各种权力和资本在“场域周边”交换的话语生产过程。

第三，从研究西王母记忆的储存媒介入手，通过探寻媒介空间周边传播对以西王母记忆为代表的中国神话记忆的形塑，揭示神话记忆如何在媒介周边传播中与权力关系互构。扬·阿斯曼强调媒介是重要的超越主体“肉身”储存记忆信息的客体存在。不仅如此，媒介还具备以自己的“逻辑”建构和重塑记忆的功能。

---

① 陆地．周边传播理论的创新与活力[J]．青年记者，2019(36)：4．

当外在媒介取代个体的大脑与神经网络而成为记忆的重要保存载体时，记忆的“时间周边”的持久性半径实现了扩展和延伸。历史中的媒介技术革新与媒介形态的变迁不仅打破了文化权力的阶层垄断，也改变了记忆呈现的方式。对于神话记忆来说，人类通过媒介的“中介化”将想象的“空间表征”的神话世界“再现”。本研究的第五章以“西王母记忆”为例，探寻神话符号在媒介空间中“媒介周边”的编码、储存与媒介技术变革所带来的文化权力对冲、博弈的关系。同时本研究重点聚焦承载神话符号的物质媒介在古代社会生活和文化政治中发挥的作用，揭示物质文化的传播如何实现了中国神话记忆在周边国家的形塑，以及物质文化的传播与神话观念的双向互动关系如何发生。

第四，从研究西王母记忆的重塑问题入手，探寻当下“景观模式”神话资源开发中西王母记忆如何实现在当下社会语境下的激活与重塑，揭示神话记忆如何在“记忆景观”周边传播中与权力关系互构。回顾历史，是为了观照当下和展望未来。作为中华文化象征符号体系中的组成部分中国神话记忆，要使其在当下被唤醒乃至焕活，始终发挥其构建共同体认同的基石功能，则需要通过“特定的空间中的被物质化”与“特定的时间中的被现时化”。[①] 不断与当下的社会框架互动，实现神话符号的创新和生成新的现实意义。目前基于中国神话记忆激活与传承主要依赖三种模式路径：影像模式、文学模式和基于文旅融合的神话遗产化运动中形成的“景观模式”。[②] 第一种模式现已进入传播学研究视域。而基于景观模式的神话记忆重塑，却没有引起国内传播学界研究的重视。传播学“具身传播”的研究路径与空间转向，使得笔者将神话记忆的当代重塑的研究重点放在了神话记忆形塑的“景观模式”上。本研究第六章基于新疆维吾尔自治区昌吉回族自治州阜康市和山东省泰安市两地的实地调查，探寻西王母记忆是如何在以“记忆景观”为中心的地理空间立体周边传播中，被激活、唤醒和重塑；在来自不同场域的文化主体的生产实践中，神话记忆又是如何与社会权力关系互构，同时这一章还将讨论数字媒介空间是如何融合文字、图像、口语媒介实现多模态的神话记忆的重塑。这一部分的论述，也是对周边传播四维分析框架在当代神话记忆形塑中适用度的检验。

---

① [德]扬·阿斯曼.文化记忆：早期高级文化中的文字、回忆与政治身份[M].金寿福，黄晓晨译，北京：北京大学出版社，2015：31.

② 孙正国.激活认同：神话资源现代转化的关键路径[J].长江大学学报(社会科学版)，2019，42(01)：19—22.

1.2 概念界定与文献综述

1.2.1 周边传播概念界定与研究综述

一、周边传播概念界定

“周边传播”这一概念由北京大学新闻与传播学院陆地教授在2015年在《周边传播的概念和特性—周边传播理论研究系列之一》一文中首次提出。在这篇文章中，陆地对于“周边传播”进行了狭义和广义的概念界定。狭义的周边传播可以定义为“一个国家在有效的主权辖区边界两侧进行的，介于国内传播与国际传播之间的综合性信息传播活动”。广义的周边传播概念则认为人类社会和自然界的任何变化都有其逻辑起点，并以这个点为“中心”向周边延伸。陆地[①](2019)从主体视角补充了广义的周边传播的概念，“任何人或事物、或产业、或机构在自己的周围或相关领域所进行的有目的的信息传播活动。”[②]周边传播中“周边”存在于实体的物理(地理)空间、抽象的社会空间(关系空间)以及兼具抽象和具体的“时间空间”中。周边传播中的“传播”并非单向传播，而是有目的的外向传播和有价值的内向信息传播与反馈同时进行的双向与多向传播。周边传播的基本概念的提出建立在人文社会科学诸多学者对于“空间”的研究基础之上，扩展了传播学对于空间的想象力。本研究中所应用的周边传播理论中的诸多概念，是基于广义的“周边传播”涵义的生发，而非将“周边传播”狭义理解为国际传播或者对外传播中的一个研究领域。陆地教授曾在多次学术会议和撰文中强调：周边传播现象是从古至今存在于人类社会活动和科学实践，以及自然界变化中的普遍现象。近年来人文社会科学的研究关切从极近的“自身”和“极远”的想象世界转向了两者之间的“空间”也就是对于主体自身而言的“附近”[③]和“周边”。社会学家们认为对这一空间更加细致的理解，会发展出新的社会关系和行动。周边传播理论中蕴含着中西方哲学思想精华，可作为一种认识论和方法论广泛应用于人际传播、组织传播、传播学文化研究、新

① 陆地，许可璞，陈思.周边传播的概念和特性——周边传播理论研究系列之一[J].现代传播(中国传媒大学学报)，2015，37(03)：29—34.
② 陆地.周边传播理论的创新与活力[J].青年记者，2019(36)：4.
③ 项飙，张子约.作为视域的“附近”[J].清华社会学评论，2022(01)：78—98.

媒体传播等多个传播学研究领域中。

首先，周边传播理论中包含“关系思维”。周边传播概念的提出是基于黑格尔辩证法和马克思主义思想中的“关系思维”。第一，圈层传播：周边传播中的“周边”不是线性的，而是呈现出具有关系性质的“差序格局”类型的圈层形式。主体的周边可近可远、可大可小。第二，间性传播：周边不是边界（Boundary）或者边缘（Periphery）的区隔概念，而是基于“主体间性”和“文化间性”的思想，认为一个物质实体的旁边或周围（Surroundings）是充满变化性的。因此，无论是任意两个相邻或相近的人、物、组织或国家等主体，都可构成相互的周边，相邻的两物或者多物之间必然存在不同程度的信息传播和相互影响。在周边传播理论中，传播主体和接受者之间不是主客体的二元对立关系，而是间性关联。周边传播是双向的，其传播主体和接受者是传受关系对等的交互主体。因此，周边传播的研究视角，不仅需要从中心看周边，更需要从周边理解中心。第三，近似易通：周边传播理论吸收了西美尔的社会学思想，认为人与人在物理空间的接近，会带来社会学意义上的情感空间的距离接近。[①] 提出“近者相似、邻者相亲”的观点。

其次，周边传播理论中包含“变化思维”。周边传播理论理论认为：一个空间中的“边缘”与“中心”的位置是可以变动的。“中心与边缘的位置关系在历时演变中，受到某种变量的影响，旧的边缘也可成为新的中心，反正亦然。”[②]列斐伏尔等学者的空间理论认为：空间并非只是社会、经济与文化过程的被动载体，而是在复杂的社会传播过程中“不断生产与再生产的社会产物”[③]。因此一个空间的“周边”在历史进程中同样会发生扩展或收缩的动态变化。而这一变化会影响信息交流和传播的效果。

再次，周边传播理论中包含“非二元思维”。西方地理学、社会学中的“边界”概念旨在讨论国家之间、族群之间、社会阶层之间、审美品位之间的区隔。西方人文社会科学所钟爱的区分“我者”和“他者”的“边界”研究来源于西方哲学、宗教学中“二元对立”的结构主义思想。周边传播理论认为空间的“边界”是模糊的，非有非无的，蕴含着中国哲学中的“非二元思维”。老子说：“道隐无名”“道常无名”。“道”是“有”，但也是“非有”。庄子说：“因是因非，因非因是。”

---

① ［德］西美尔．社会学：关于社会化形式的研究［M］．林荣远译，2002：425．

② 高菲，陆地，陈沫．周边传播研究［M］．北京：中国书籍出版社，2021：序 2．

③ 唐雪琼，杨茜好，钱俊希．社会建构主义视角下的边界——研究综述与启示［J］．地理科学进展，2014，33(07)：969—978．

有和无是可以转化的。从地理空间来看，古代中国大部分历史时期政治地理上都处于“有域无疆”的状态，与周边国家并无清晰的区隔边界。在文化空间上，中华文化具有海纳百川的吸纳力。对于外来文明，中国历代一直采取“无墙而有墙”的态度，一方面保持文化传入的开放。另一方面则用本土文化加以解释和改造。①

表 1.1　本研究中使用和发展的周边传播理论的核心概念②

概念	概念内涵	本研究概念应用
地理周边传播	信息在从地理空间的发生“原点”向周边延伸。	神话记忆从地理空间发生“原点”向周边延伸。
时间周边传播	时空相继或重叠的信息生灭的过程。	神话符号在时空相继或重叠中意涵叠加或部分意涵湮灭。
事件周边传播	新闻事件发生后围绕事件传播峰值前后时间形成的信息波动和传播效益。	神话符号在历史事件发生前后的意涵嬗变。
关系周边传播	社会空间中的政治、经济、文化等周边领域，指代特定主体的政治、经济与文化等领域影响力的辐射范围。	本研究将其扩展至“场域周边”传播：某一场域的行动者在周边场域所进行的有目的的传播活动，或者某一场域的行动者的传播活动对于周边场域的影响。
内周边传播	在一个机构、部落或者国家靠近边界、与别界外侧部分相似的内部界限进行的传播活动，比如在我国边疆地区发生的传播活动。	神话记忆在一个部落或者国家靠近边界、与别界外侧部分相似的内部界限的形塑，比如中国神话记忆在我国边疆地区的形塑。
媒介周边传播	无	神话符号在媒介空间中不同媒介中的编码过程。

第四，周边传播研究包含“中心”与“边缘”的关系研究。中心与边缘的关系是地理学、历史学、经济学、人类学、传播学等人文社科研究中“空间研究”中的重点，也是周边传播研究中的重要观照。任何空间中的“中心”和“边缘”都蕴藏着巨大的

① 乐黛云. 勒·比松. 独角兽与龙：在寻找中西文化普遍性中的误读[M]. 北京：北京大学出版社，1995：14—18.

② 周边传播基本概念和内涵参考陆地，许可璞，陈思. 周边传播的概念和特性——周边传播理论研究系列之一[J]. 现代传播（中国传媒大学学报），2015，37(03)：29—34.；高菲，陆地，陈沫. 周边传播研究[M]. 北京：中国书籍出版社，2021；陆地. 周边传播理论的创新与活力[J]. 青年记者，2019(36)：4.

传播能量或者激发传播的动能与势能。无论是国外地理学家克里斯塔勒提出的“中心地”理论、经济学家弗里德曼的经济空间中的“中心-边缘”理论、历史学家沃勒斯坦的“世界体系”、还是国内历史学中的赵汀阳的“漩涡理论”,都旨在说明空间中心的传播力和吸纳力。空间中的边缘同样蕴含着巨大的传播力,边缘即边锋,行动即传播。在地理学中,国家间的“边界”有领土意义的宣示主权的政治地理意义。国家边界,也就是国境线两侧力量不平衡的张力可以发展为强国对弱国占领与侵略,而在力量相对平衡时则会实现国家边境地区文化以及贸易的繁荣与交流互通。在社会空间中,边界则在彰显社会阶层、文化品位等自我界限的同时,蕴含着一种接触与破圈的力量,这种力量会驱使行动者去突破、创新。布迪厄认为在社会空间中上层社会阶层的文化总是具有引领时尚与品位的意义,并出现向下层阶层传播的特点。社会学家西美尔认为:“边界的不明确和广袤无垠,令人激动。”①因此,周边传播将空间中“中心”和“边缘”的信息传播关系视为研究的重要问题。周边传播的四个模式中的三个都与空间的“中心”和“边缘”关系有关。

表 1.2 周边传播的基本模型②

传播模式	含 义
外溢模式	信息或能量从一个空间的中心逐渐向边缘或边缘地区传播;
内卷模式	信息或能量从一个空间的边缘向中心传播或反馈
晕染模式	信息从空间的边缘或边远地区向接壤的另一空间的边缘或边远地区传播
飞地模式	越过边缘地区,信息或能量从空间向另一空间中心直接传播。

二、周边传播研究综述

在 2015 首次提出“周边传播”这一概念后,陆地教授陆续发表了《周边传播概念和理论的再思考》《周边传播理论在“一带一路”中的应用》《周边传播理论的创新和活力》《重视周边传播 增强理论自信》等文章,系统阐述了周边传播的研究体系、阶段和模型、价值和意义、战略和策略等重要研究命题。作为

① [德]西美尔. 社会学:关于社会化形式的研究[M]. 林荣远译,北京:华夏出版社,2002:472.
② 高菲,陆地,陈沫. 周边传播研究[M]. 北京:中国书籍出版社,2021.

我国传播学界为数不多的原创理论，周边传播理论旨在将我国传播界的学术视野从过于窄化的大众传播领域和新媒体研究领域，延伸到政治、经济、文化、外交、历史等多领域中，促进传播学与历史学、人类学、文学、社会学、地理学等其他人文社科的交叉融合研究。2017年以陆地教授担任首席专家的国家重大人文社科项目《周边传播理论及应用研究》立项后，吸引了国内诸多知名学者对于该理论及应用的研究热情。并成为党的十八大以来“六大对外传播主要领域之一”。①

笔者在“中国知网”以“周边传播”为关键词进行检索，截至2023年5月20日，共检索到相关文献103余篇。通过对核心文献下载和质性阅读，结合CiteSpace软件绘制知识图谱，通过对关键词共现和聚类分析发现除了上述几篇周边传播理论探讨的文章之外，目前周边传播研究的主要成果集中于中国对周边国家传播路径的实践研究。其中包括：1. 边疆省份媒体的周边传播实践研究。2. 边疆政府作为主体的周边传播实践研究。3. “一带一路”周边传播研究。4. 少数民族与周边传播研究。

高菲、陆地(2020)提出多渠道的周边传播中，周边广播是中国国家传播的重要组成部分，也是周边外交战略和“一带一路”建设的有机组成部分。杨晶、杨玥(2020)论述了黑龙江广播电视台在对俄周边传播中的提升传播效果的实践策略。万亿、马右文(2020)对于在周边传播实践中媒介陷入的“语言转换”和“文化对接”②两方面困境进行解析，并提出相应的解决对策。向芝谊(2020)提出：短视频可以通过创造“共意空间”③，加强中国和周边国家和地区广泛文化认同、提高中国文化在周边国家的接受度和增加文化的聚合性。

蒋凌昊、莫蓝翔、唐顺姣(2019)以广西东兴市为例，研究作为与东盟海陆相连的国家一类口岸城市，如何发挥“边”的优势，通过整合政府多部门的传播力量和对外传播资源，构建互联互动、优势互补的周边传播格局。④ 刘源(2019)通过回溯古代中国和东北亚国家的历时文化图景，提出通过发掘中国与东北亚国家的文化共性，打造多类型的文化交流渠道在东北亚国家塑造良好中

---

① 钱正元，李玉轩. 党的十八大以来我国对外传播研究的热点、趋势及展望——基于CiteSpace的计量分析[J]. 浙江树人大学学报(人文社会科学)，2020，20(06)：86—92+109.

② 万忆，马右文. 编码紊乱：新时代边疆省区周边传播的媒介困境与突围[J]. 当代传播，2020(05)：34—37.

③ 向芝谊. 周边传播价值机制中短视频的作用进路[J]. 中国出版，2020(14)：39—42.

④ 蒋凌昊，莫蓝翔，唐顺姣. 边境城市对外传播实践探索——以广西东兴市为例[J]. 新闻战线，2019(24)：97—99.

国国家形象。

陆地、乔小河、藏新恒(2019)提出相邻部落、民族间的周边传播具有“实践第一性”和“作用双向性”两大特点,周边传播的“半径”和“深度”取决于主体间的接触的持续程度和密切程度。高菲、彭翠、陆地(2019)集中探讨了周边传播中的跨境民族问题,认为少数民族是民族故事、区域故事、和中国故事的最佳讲述者。值得注意的是,近年来,公开发表的论文中,有学者尝试将周边传播理论的应用扩展到了“媒体空间”①传播实践中。周边传播研究领域和研究成果近年来虽有长足发展,然而依然存在理论研究与实践探索“两张皮”以及周边传播概念理解的窄化问题。大部分学者只将周边传播视为国际传播研究下的分支领域,而没有将其作为实践研究的理论分析工具。

陆地教授的研究团队较为偏向历史研究和周边传播理论的建构。刘源(2019)在其博士论文《清廷与蒙古藩部的周边文化传播研究》中将周边传播理论与福柯的权力视角结合,旨在通过传播学视角,分析文化周边传播对于社会变迁的影响。② 刘雁翎(2020)在《汉民族形成过程中的周边传播》中将周边传播理论与“漩涡模型”结合,以“文化周边”与“空间周边”为关键概念,分析从远古、秦汉时期汉民族形成中的周边传播主体、途径、内容。③ 张新阳(2022)在博士论文《晚清中国多元共同体嬗变中的周边传播》将周边传播理论与沃勒斯坦的世界体系理论结合,研究晚清时期中国是如何从“自在”的多元共同体嬗变为一个“自觉”的民族实体,并从主体、渠道和影响等方面讨论周边传播活动对这一共同体演变的巨大作用。④ 杨雪(2022)在博士论文《中国边境口岸的周边传播研究—以广西边境口岸为例》采用民族志的研究方法,以口岸这一具有政治地理性质的空间媒介“作为人际交往、文化交流、政策交换等周边活动的媒介和国家与地方、中心与边缘和地方和全球互动链接的交汇点”⑤为田野点,揭示了周边传播中边缘-边缘传播模式对于连通周边国家的重要意义。陆地教授博士生们的研究扩宽了周边传播理论的应用范围,构建出周边传播的跨学科的交叉研究方法,为本

---

① 参见:高菲.媒体的空间转换与周边传播实践——基于传媒艺术传播的示例[J].现代传播(中国传媒大学学报),2023,45(05):102—109.;陆地,孙延凤.中国视听艺术十年发展与周边传播[J].传媒,2023(05):89—93.

② 刘源.清廷与蒙古藩部的周边文化传播研究[D].北京大学,2019.

③ 刘雁翎.汉民族形成过程中的周边传播[D].北京大学,2020.

④ 张新阳.晚清中国多元共同体嬗变中的周边传播[D].北京大学,2022.

⑤ 杨雪.中国边境口岸的周边传播研究—以广西边境口岸为例[D].北京大学,2022.

研究的选题和研究方法提供了重要的启示。笔者认为目前周边传播理论进一步开垦空间，其核心概念还需进一步与中西方人文社会科学理论研究对话，并在理论对话中，探寻周边传播理论在本土文化语境和在地实践中的理论优势。深化周边传播中的“空间”和“周边”的研究，丰富周边传播中时间周边、地理周边、关系周边等核心概念的内涵和外延，从而扩展周边传播理论的研究领域范围。

1.2.2 神话记忆概念界定与相关研究综述

一、与本研究相关的“记忆”理论

文化研究中的“记忆”理论起源于西方哲学思想，其学术研究历程经历了柏拉图、亚里士多德缔造的以形而上学为基础古代本体论意义上的哲学记忆观，奥古斯丁的基督教神学记忆观，洛克和休谟建立在经验论哲学基础上认识论记忆观，发展为 20 世纪上半叶以柏格森的记忆理论为代表的生命哲学观。[①]

柏格森将“绵延”[②]的记忆观：柏格森将绵延的时间观赋予了记忆，认为记忆是链接了过去、现在和未来的行动意识，并统一了时间的绵延过程和生命的创造进化过程。柏格森的记忆理论超越了自然科学式的将人类肉身，尤其是将大脑作为记忆储存器的自然哲学记忆观，也超越了认为记忆只属于过去的线性的记忆观。他认为来源于过去的活动和结果所形成的记忆，不仅建构了当下，其效应还可蔓延至未来，成为后来人文社会科学中记忆研究的哲学认识论基础。

法国学者哈布瓦赫的“集体记忆”[③]理论：受到法国社会学家涂尔干“神圣社会”的社会本体论的思想，西方记忆研究开始转向社会-文化的研究范式，且呈现多中心与跨学科研究的状态。[④] 哈布瓦赫 1925 年提出的“集体记忆”概念。他认为集体相似记忆背后是思想共同体。集体记忆是一个群体共有的思想总体，具有团结共同体的社会整合功能。同时，哈布瓦赫提出记忆“二重性”：一方面是

---

① 孙德忠. 西方哲学记忆观的历史演进[J]. 武汉理工大学学报(社会科学版)，2008(04)：476—481.

② [法]柏格森. 材料与记忆[M]. 肖聿译，北京：华夏出版社，1999.

③ [法]莫里斯·哈布瓦赫. 论集体记忆[M]. 毕然，郭金华译，上海：上海人民出版社，2002.

④ 刘亚秋. 记忆研究的“社会—文化”范式对“哈布瓦赫—阿斯曼”研究传统的解读[J]. 社会，2018，38(01)：104—133.

如纪念碑、空间中的一个点等物质现实。另一方面也可以是象征符号或是某种精神内涵。在关于记忆的变迁这个问题上，哈布瓦赫继承了卡西尔的符号学思想，认为记忆以抽象的符号性存在，因此，不会轻易随着时间流逝改变。

德国学者扬·阿斯曼和阿莱达·阿斯曼提出的“文化记忆”理论：延续了德国“文化”和“人类学”传统和法国社会学家关于“神圣社会”的学术轨辙，扬·阿斯曼在记忆研究的“社会-文化”范式转型下，基于哈布瓦赫的“集体记忆”研究基础之上，将记忆区分为“交往记忆”和“文化记忆”。他将文化记忆的内容限定为“神话传说或者发生在绝对的过去的事件”。[①] 随后在其他的论述中他又补充道：“文化记忆当然不局限在祖先崇拜和神话层面，所有与祖先崇拜和神话相关并基于此演变而来的现象都属于文化范畴。”[②]扬·阿斯曼在研究了埃及、以色列、中国、希腊等国书写文化的基础上，提出了文化记忆是文化的“凝聚性结构”。这种结构是在不断重复的基础上的象征意义体系。从内容上看，文化记忆是“神圣的”具有凝聚性结构，发生在绝对过去，且具有民族国家奠基性质的神话传说，而非个人生平框架经历的历史，也不是三、四代人短暂的时间视域；从形式来看，文化记忆是建构的、高度成型的，且常以庆典仪式的形式表现。同时，阿斯曼将记忆从主体肉身解脱出来，引入了“媒介”这一客体“他者”作为记忆的载体，认为文化记忆被文字、图像、舞蹈等象征性编码，并被展演等客观外化物所固定。阿斯曼认为文化记忆具有“可塑性”“嬗变性”“接续性”等特点。正是文字和书写文化的出现，记忆从依靠主体肉身传承的“仪式一致性”的“绝对一致”传承转为通过文本历时维度的互文、重复、改写、接合中“文本一致性”的“相对一致”传承。阿斯曼对于记忆的研究，尤其是关于“神话”社会功能性阐述，无疑延续了 19 世纪德国格林兄弟试图通过复兴日耳曼民族神话来建构“想象的共同体”的民族国家的学术脉络，带有强烈的“民族国家”叙事话语。

同为文化记忆理论建构者的阿莱达·阿斯曼着眼于古典时期到现代和后现代时期形成的文化记忆的形式和功能。在《回忆空间-文化记忆的形式与变迁》中，阿莱达进一步阐述了文化记忆的“媒介维度”和“空间维度”，讨论了文字、图像、纪念碑等物质媒介形式对文化记忆支撑的“记忆力”。“个人和文化都需要外

---

① ［德］扬·阿斯曼. 文化记忆：早期高级文化中的文字、回忆与政治身份［M］. 金寿福，黄晓晨译，北京：北京大学出版社，2015：125.

② 陈新. 彭刚. 文化记忆与历史主义［M］. 杭州；浙江大学出版社，2014：7.

部的储存媒介和文化实践组织他们的记忆。”①同时，阿莱达在研究中弥补了扬·阿斯曼文化记忆研究中重时间维度而轻空间维度的研究思路，在研究中论及“地点”虽然不拥有内在的记忆，却因为通过“视觉联想”激发个体回忆成为文化回忆的空间。②

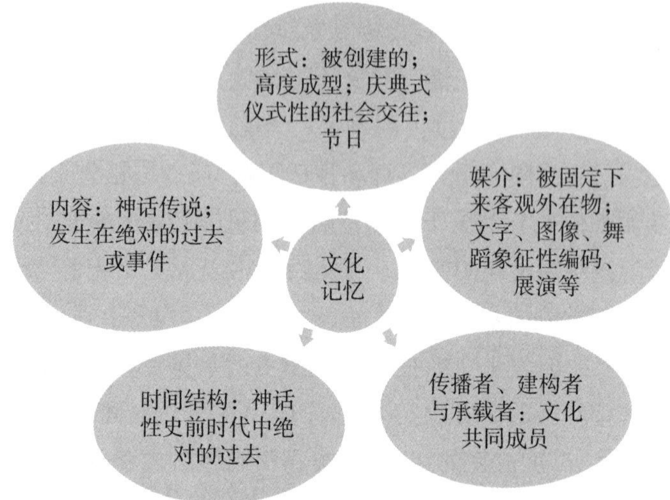

图 1.3　扬·阿斯曼的文化记忆理论图示

中国台湾学者王明珂的“历史记忆”理论：王明珂在《华夏边缘-历史记忆与族群认同》《英雄祖先与弟兄民族》等研究中，将研究视角放置在“华夏边缘”族群，并关注到了记忆的“权力维度”。作为弱势族群如何吸收强势族群的祖源记忆，通过“结构性”记忆和失忆，从“非华夏”族群纳入“华夏”。王明珂认为：“历史文献作为一种集体记忆的传递媒介，它所传达的未必是客观的历史事实，而是主观的、选择性的历史。它经常是当时某一人群，或某一社会阶层的人，选择、他们认为重要的‘过去’以合理化社会现实而留下的记忆遗存。然而这并不表示它就毫无价值。制作这种历史记忆的时代人群的‘意图’，或是某一时代社会人群的‘心理构图’同样值得研究。”③对于中华民族内部而言。一些“入主中原”的夷狄政权努力把祖先追溯到“中华始祖”黄帝世系，以证明其“奉天承运”统治中原的

① ［德］阿莱达·阿斯曼．回忆空间［M］．潘璐译，北京：北京大学出版社．2016：12.
② ［德］阿莱达·阿斯曼．回忆空间［M］．潘璐译，北京：北京大学出版社．2016：349.
③ 王明珂．华夏边缘：历史记忆与族群认同［M］．上海：上海人民出版社，2019：310.

合法性。华夏边缘族群中的历史渗透着文化和集体的结构性记忆与失忆，体现着边缘文化族群渴望建立与文化中心族群之间的认同。

以上学者的“记忆”理论都以历史作为重要的实证基础，具有浓厚的历史维度、打开了过分关注“现在”的人文社会科学学术视野。指向社会时间的交往记忆与集体记忆与指向历史时间的文化记忆和历史记忆共同发挥作用，将对过去的历史指涉、对当下的民族认同、文化认同和对未来的文化传承和文化实践串联。上述“记忆”理论的研究视角、研究方法、研究维度为本研究的研究设计、分析框架提供了重要的学理性支撑。

二、神话记忆的概念界定和相关研究

(一) 神话与记忆的相关研究综述

中国神话早期研究中，虽然没有明确提出“神话记忆”这个概念，但是从中国神话学奠基人茅盾提出“演化和保存”是中国神话研究重要命题那一刻起，神话记忆形塑问题就成为了中国神话研究绕不开的议题。茅盾(1997)认为：中国神话经由文学家和历史学家的重构和演绎脱去了不合理的元素和原始粗犷的毛皮，穿上了绮丽的外衣而得以保存。同时历经岁月的层累和一次次的重新书写以及与外来神话的融合，中国神话也在不断地发展演化。[①] 茅盾点明了古代史家和文学家是中国神话再造和记忆形塑的重要承载者和传播主体，强调了时间传承维度和空间传播维度对于中国神话记忆形塑的影响。“古史辨”派代表人物顾颉刚(1989)提出中国神话的“历史化”[②]命题，认为古史的“层累”是因为神话进入古史系统之内的缘故，神话的“历史化”是中国神话记忆一次重大的“重塑”过程。当代神话学研究者陈泳超则认为从远古各部族原生的感生神话发展到古史帝系为标志的华夏民族共同体神话是中国神话基本体系的演进建构的历史脉络，“也是中国古典神话层累的再生产过程。”[③]他将先秦至两汉史官建构的三皇五帝的帝系神话作为中华民族“神话记忆”的一次重大重塑。潜明兹(1989)提出：神话原型可以被纳入新的结构，神话可以进入文学、艺术、宗教等其他意识形态领域

① 茅盾. 神话研究[M]. 天津：百花文艺出版社，1997：157.

② 顾颉刚. 与钱玄同先生论古史书[J]. 读书杂志，1923：9.

③ 陈泳超. 从感生到帝系：中国古史神话的轴心转折——兼谈古典神话的层累生产[J]. 民俗研究，2018(03)：80—91+159.

并不断再生[①]，阐明了中国神话记忆是在不同文化领域中经神话原型的“再结构化”而形塑的。小南一郎(1993)在《中国的神话传说与古小说中》从文化-社会范式论述了神话的叙事与文本变迁“是敏锐反映了历史潮流巨大的转折、飞跃发展的产物”[②]。

近年来，记忆理论与中国神话结合的问题与旨趣走入了中国神话研究的前沿。王明珂(2019)从华夏边缘视角，阐述了历史上华夏边缘族群祖源神话记忆与失忆的结构性张力与华夏再造认同的关系。[③] 延续这一研究轨辙的还有牟元珪(2000)陈立琼(2023)陈金文(2018)王丹(2021)等学者。牟元珪的研究发现了《三国遗事》中“檀君开国”的神话记忆的产生是因为高丽在元朝的压迫之下，创造出了与中国唐尧同时代的谭君这一人物，彰显了高丽以继承正统华夏文化自居的意图。陈立琼在《从族群记忆到国家认同：蚩尤神话的重构与再嵌》中论述了不同地域的蚩尤神话曾在历史上，赋予了各民族平等的兄弟身份，构建了中华民族同源同祖的集体记忆。陈金文发表的《盘瓠神话：选择性历史记忆》提出了流传于瑶、苗、畲等民族民众中的神话叙事是在集体“选择性记忆”中产生的，这些神话记忆体现了弱势民族的生存智慧。[④] 王丹在《“同源共祖”神话记忆：中华民族共同体形成的思想文化根基》一文中认为：中国“同源同祖”神话蕴含着中华民族共同体形成的历史逻辑、认知体系和情感关系，其多样化的记忆资源在民族交融中的重塑，有助于实现族群和人群的社会团结。[⑤] 台湾学者钟宗宪(2005)在《求索文化记忆中的神话拼图》中关注到了传播对于神话记忆流变的影响。他认为如同代表民族始祖传说的文化记忆是可以被建立和修改的，保存在书写文本中的神话同样经历了从创生、讲述到再生等传播过程的记忆修改和流变。[⑥] 综上所述，目前有关神话与记忆的研究已经开始观照文化与社会对于神话记忆的建构因素。学者们普遍认同神话记忆是被时空整体文化所界定，而非个人的“私人写作”。

---

① 潜明兹. 神话学的历程[M]. 北京：北京文艺出版社，1989：5.

② [日]小南一郎. 中国的神话传说与古小说[M]. 孙昌武译，北京：中华书局 1993：2.

③ 参见：王明珂. 英雄祖先与弟兄民族. 台北：允晨文化实业，2006：274—279.；王明珂. 华夏边缘：历史记忆与族群认同[M]. 上海：上海人民出版社，2019：310.

④ 陈金文. 盘瓠神话：选择性历史记忆[J]. 民族艺术，2018(03)：59—63.

⑤ 王丹. “同源共祖”神话记忆：中华民族共同体形成的思想文化根基[J]. 西南民族大学学报(人文社会科学版)，2021，42(07)：17—23.

⑥ 钟宗宪. 求索文化记忆中的神话拼图[J]. 民间文化论坛，2005(02)：7—8＋14.

（二）神话记忆的提出

本研究提出神话记忆概念基于以下三个因素：

第一，从话语建构视角来看，扬·阿斯曼将神话视为民族国家文化记忆的“基因”和“源代码”。民族国家文化记忆正是在历史进程中由“神话”不断再编码而孕育、发展、析出、整合而形成的文化“有机体”。“文化记忆”理论是建构在“民族主义”的话语基础之上的，延续了安德森提出的“想象的共同体”等旨在将共同体成员的“记忆”塑造为近代国族认同与相关文化建构的力量。① 王明珂也曾认为这些试图建构近代国族认同的理论有以“近代割裂历史延续性的缺失”②，对于有长远历史文献传统的中国，这种基于“想象共同体”的记忆理论对于中华民族共同体文化认同形成过程解释力较为欠缺。由此，提出了“历史记忆”的概念。

在扬·阿斯曼提出的“文化记忆”和王明珂“历史记忆”基础上，笔者进一步提出了建构“人类命运共同体”话语之上超越“民族主义”的“神话记忆”概念。将“神话记忆”定义为储存于人类文明各种媒介形态中的神话象征符号系统。储存于各种媒介形态中的中国神话记忆映射着上古时期华夏民族与周边民族的交往传播，以及中华文明与周边文明互鉴融合的历史。神话记忆在时间绵延和文化主体赓续不绝文化生产中复刻与创新、接续与叠合；在媒介形态变革中储存与再现。

第二，从功能指向来看，神话记忆的功能性指向与“文化记忆”和“历史记忆”既有相同之处，也有差异。这是由前文所说的神话的“民族性”和“超社会体系”的双重“文明”性质决定的。因此，“神话记忆”既与“文化记忆”一样具有内在指向民族国家共同体的身份认同和文化认同的社会功能属性，又因为神话是“超社会体系”的人类共有的历史意义的情感象征模型，而指向建构超越“民族国家”的更大的共同体的功能。神话的易传播性和国际性，使得神话在族群融合、民族迁徙、宗教传播等人类传播活动中互相渗透融，涵化、重塑。因此，不同民族和国家，尤其是互为周边的民族和国家或多或少都有共享“神话记忆”。中国神话记忆在当今不仅可以发挥凝聚中华民族共同体的社会功能，其与周边国家和世界其他民族国家共享的“神话记忆”还具有推动建立以人类共享价值观和人类情感

① Anderson Benedict. Imagined Communities. Rev. edition: London: Verso 1991.

② 王明珂. 历史事实、历史记忆与历史心性[J]. 历史研究，2001(05)：136—147＋191.

认同为基础的“人类命运共同体”的功能。

第三,从研究范式来看,本研究提出神话记忆的概念,旨在通过人文社科中“记忆”研究的多学科、多维度视角,打破传播学、民俗学、历史社会学的学科壁垒,构建跨学科的神话研究新范式,突破神话研究以“文本”为中心对神话保存和演化问题的研究。既从外向内,探究社会文化语境嬗变、媒介技术变革、社会空间权力关系变迁、神话传播的逻辑起点改变等历史维度、空间维度、媒介维度、权力维度对神话文本演化、神话符号意涵变迁所带来的影响。也从内而外,揭示中国神话记忆在权力关系的竞逐、博弈、耦合下,为“现实”社会语境服务的社会功能。

1.2.3 中国神话概念界定与西王母研究综述

一、中国神话概念界定

19 世纪出现于英语中的“Myth”一词源于希腊语“Mythos”,指一则寓言或故事。[①] 而“神话学”一词,英语为“Mythology”,源于“Mythos”“想象的故事”与“Logus”“记述”两词的复合,指对神话的研究。根据“神话”和“神话学”词源,可以看出神话学与希腊民族深厚的渊源,汉语中的“神话“一词则是 19 世纪末一部分留学日本的中国学人从日文中 Shinwa 借用的外来词。[②] 不同学科乃至同一学科的不同学派,对于神话都有不同的理解和阐述。因此,如何界定中国神话,一直是百年中国神话研究学术发展历程中的基源问题。20 世纪初期的中国学者开始尝试用当时西方人类学中的神话概念来界定中国神话研究的范围。鲁迅(2007)[③]在其学术著作《中国小说史略》中将中国神话的研究范围限定在秦汉之前。认为神话是原始社会到奴隶社会早期,国家等社会组织还没有完全成熟时集体意识的产物。而后茅盾、黄石、谢六逸、林慧祥等援引西方学者安德鲁·兰和泰勒的观点来界定中国神话:比如茅盾以“神们的行事”作为神话的界定标准;谢六逸则认为“神话是神或‘超自然的存在’的行为之说明”;林惠祥则以“宇宙起源,神灵英雄等的故事”来定义神话,且强调“人格化”;黄石则认为神话乃“神奇

① [英]雷蒙·威廉斯. 文化与社会的词汇[M]. 刘建基译,北京:生活·读书·新知三联书店,2005:359.
② 谭佳. 神话中国[M]. 北京:生活·读书·新知三联书店,2019:85.
③ 鲁迅. 中国小说史略[M]. 南京:江苏文艺出版社,2007:7—14.

的故事”,解除了神话和神的捆绑。[①]

茅盾在20世纪20年代全面梳理了中国本土神话,在《神话研究》一书中,茅盾同样遵循西方人类学研究轨辙,从进化的角度和比较的视野,运用训诂、辨伪等传统考据方法,旨在从零星的古籍如《山海经》《楚辞》中提炼出与希腊神话、北欧神话相似的中国神话体系,茅盾界定了中国神话材料的选取范围应该限定在中国文献典籍中,认为对秦汉以后的书籍持保留态度并加以谨慎的辨析。袁珂在对前人基础上的归纳综合和深度拓展后提出了“广义神话论”。他认为“神话是非科学但却联系着科学的幻想的,本身具有多学科的性质,它通过幻想的三棱镜反映现实并对现实采取革命的态度”[②]。袁柯将中国神话的研究材料时间选取从先秦两汉时期的时间下限延伸到了明清。他认为中国神话应包括:1.自然神话;2.神话了的历史和历史化的神话。比如记录在先秦汉初文献中如:《穆天子传》《尚书》《尧典》《左传》《荀子》中的神话古史;3.民间流传的神;4.少数民族神话;5.西汉末年到魏晋南北朝时期具有神仙信仰观念的仙话,如:《神异经》《十洲记》《洞冥记》《神仙传》《列仙传》等;6.佛典中的神话;7.历史人物神话比如成汤、姜太公、徐福等;8.唐以后小说中的神话等。袁柯对于中国神话的界定虽然在学术界存在争议,但是却突破了西方神话学研究的窠臼,为之后的学者的研究开启了崭新的视角。

近年来,围绕着对于中国神话的界定,神话学研究者叶舒宪、吕微、陈连山、陈泳超等学者纷纷提出不同的学术观点。叶舒宪(2009)认为中国神话研究的思路需从“中国神话”转向“神话中国”[③]。神话性是整个中国文化与历史的突出特征,神话思维伴随着中国思想史、观念史、文化史的发展进程。因此中国神话需要突破以文本为中心的学科范式,打通文史哲与政治、宗教心理学等人文社会科学领域,重新审视“中国神话”这一命题。陈连山则提出神话界定标准应为“神圣叙事”[④]是一种社会文化赖以存在的基本叙事形式,可以是神话,也可以是史诗,也可以是所谓的古史。中国古史传说中的三皇五帝代表国家、民族与文化价值观实际是中国传统社会的文化基础。陈泳超(2018)则认为神话应该具有马林诺夫斯基所谓“社会宪章”(Sociological Charter)功能,在战国秦汉间编制完善的帝

① 吕微.“神话”概念的内容规定性与形式规定性[J].长江大学学报(社科版),2015,38(11):1—14.
② 袁柯.中国神话史[M].北京:后浪出版社,2015:14.
③ 叶舒宪.中国的神话历史:从“中国神话”到“神话中国”[J].百色学院学报,2009(1):33—37.
④ 陈连山.论神圣叙事的概念[J].华中学术,2014(01):373—380.

系神话，“比如《大戴礼记》中的《五帝德》和《帝系》两篇作为框架，《史记》前四篇本纪作为权威史学定本，以五帝三王之血统与政统为主要记述对象的完整叙事。在战国时期的轴心转折和大一统的时代趋势，将单一部族的族源神话建构华夏民族共同体神话。”[①]卢晓辉(2019)则认为：应该区分作为“概念”的神话和作为“现象”的神话。“神话应当回归现象。让神话在自身言说中显现。”[②]本研究在袁柯提出的“广义神话论”的基础上，将研究聚焦于中国神话记忆。提出中国神话记忆是神话符号经由主体历时编码而形成的“层累叠加”“复调多元”的中华民族文化内在“凝聚性”结构。

二、西王母研究综述

“西王母”这一符号最早建构于先秦神话地理志《山海经》中，在时空纵横中逐渐成为宗教、文学、艺术等领域进行文化生产的“符号资源”。“西王母”符号经由文化主体的历时编码，以及社会共同体成员的共享和修正后，成为了目前表征于宗教、文学、艺术、民俗等各领域文化样态和媒介样态中的“多元复调”的西王母记忆和独具特色的西王母文化。因此，西王母研究既是中国神话“演化和保存”问题的重要研究内容，又因为其文化中所折射的中国哲学思想诸多命题，成为了宗教学、人类学、哲学家们研究生死观、宇宙观、阴阳五行思想、中国宗教思想观念等问题的切入口。吸引了国内外诸多学者孜孜不倦对其涉及的各个领域文化，从文献学、历史地理学、人类学、民俗学、图像学、宗教学等各个学科视角进行研究。

本研究在对西王母研究文献的梳理中，发现中外学者们对于西王母的研究主要围绕以下几个方面展开，前人的研究为本研究提供了研究思路、研究视角、研究方法等方面的启示。

第一，从晚清延续至今的“西王母”原型的探讨。

对于这个问题的研究又分为两个阶段：第一阶段是从晚清到民国初年，学者们从历史地理学、文献学视角开展的考据研究。第二阶段是 20 世纪 80 年代后期，学者们从历史学、结构主义人类学、比较神话学、文学文本分析等多元视角对此问题进行研究。古代西域地区是东西方文化交流碰撞的接触地带。由于中国

---

① 陈泳超.从感生到帝系：中国古史神话的轴心转折——兼谈古典神话的层累生产[J].民俗研究，2018(03)：80—91+159.

② 谭佳.神话中国[M].北京：生活·读书·新知三联书店，2019：85—112.

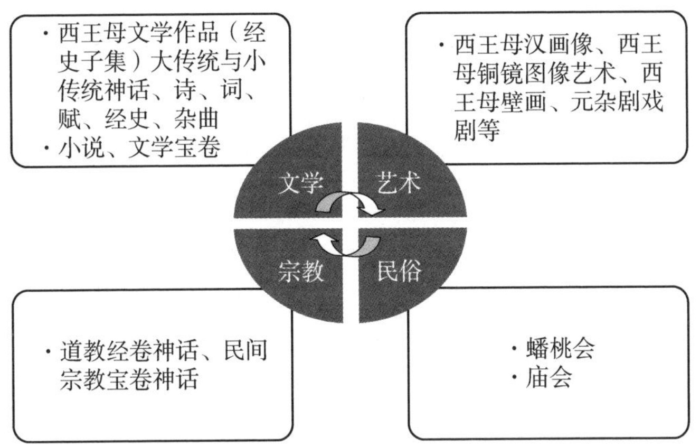

图 1.4　西王母记忆储存媒介和文化领域

古代中央王朝对其控制力和管辖方式的差异，又使其具有复杂的地缘政治背景。尤其是晚清时期清政府与俄罗斯在新疆地区的边界纷争，引发了清代学者们对于西域研究的重视，学者们从“实用主义”的研究立场出发，从历史地理学视角对“西王母”这一神话符号的原型进行考证。在晚清民族主义思潮下，受到“文明西源说”以及人类学“进化论”的双重影响的晚清学者们期待通过对西王母的历史考据将中国文明纳入西方文明体系，证明中国文明也是西方所谓“先进文明”而非落后的“野蛮文明”。章太炎(2002)、蒋观云(1929)、刘师培(1997)、丁谦、顾实(1934)等学者都将西王母原型定位在今天的西亚地区，比如章太炎认为“西王母”等同于“西膜”是西亚赛种斯泰基人的酋长。① 刘师培认为西王母国应该在古亚里西亚国。蒋观云也支持这一观点，认为西王母之地在今和阗也尔羌喀什噶尔之间。② 丁谦则认为西王母之邦在古加勒底。顾实在《穆天子西征讲疏》中认为西王母在今天德黑兰。③ 民国初年，岑仲勉、朱芳圃、吴晗和吕思勉等学者延续晚清时期西王母历史地理学的研究轨辙，认为“西王母神话”起源于西方。在吴晗、吕思勉的研究中，已经开始用“变化”的视角来探索西王母起源问题。吴晗(1988)认为古代地理方位的认知变化和中国古代的疆域伸缩造成了西王母国地理位置的演变。④ 支持西王母神话西来说的还有台湾和国外诸多学者。台湾

---

① 章太炎. 訄书[M]. 北京：华夏出版社，2002：82—83

② 刘师培. 穆天子传补释[C]. //刘申叔遗书[M]. 南京：江苏古籍出版社，1997：1175.

③ 顾实. 穆天子传西征讲疏[M]. 北京：商务出版社，1934. ：130。

④ 吴晗. 吴晗文集[C]. 北京：北京出版社，1988：106.

学者苏雪林(1956)在《昆仑之谜》中提出西王母原型就是巴比伦女神伊斯塔尔(Ishtar)[①]。日本学者森雅子(1988)通过比较西王母与两河流域其他女神,证明西王母的原型是来自地中海的“地母神”[②]崇拜。小川琢治(1916)在《昆仑与西王母》中论及西王母是通过中西交通由西亚进入中国,被中国文化涵化后,成为全面信仰的女神。[③]

20世纪80年代以来,随着神话研究的复兴,西王母起源地问题又再一次进入学者们的视野,比较神话学和结构主义人类学的兴起,使得学者们不再执着于历史地理考据,而是通过多种学术路径进行考证。叶舒宪(2004)、岗·坚赞才让(2003)、吴新锋(2015)、何新(2019)、刘宗迪(2005)等学者基于昆仑山原型的考据基础上,分别论证了西王母神话发源于中国西北部的青海、西藏、西部新疆地区和中国东方地区。学者叶舒宪在《山海经的文化寻踪-想象地理学与东西方文化碰触》中通过结构主义文本分析法论述了西王母的原型应生活在古代华夏周边西北部羌族地区。藏族学者岗·坚赞才让提出:藏族信奉女神贡曼杰姆和西王母是同一人。

目前对于西王母原型的考证聚焦在西王母是西方女神还是本土之神,然而在没有新的出土证据之前,这个研究只能持续在纷如聚讼的现状中。本研究认为历史文献中的西王母神话传说、历史记录反映了被历史社会语境界定的文化主体的创作“意图”,因此,从文化-社会范式去探寻某一时代社会人群的“心理构图”比考据神话发源地更为重要。

第二,从民国时期延续至今的以文本分析为主的西王母神话演变研究。

作为中国现代神话学奠基者的茅盾突破了西王母历史地理考据的研究范式,开启了西王母文本演化研究轨辙。而后学者们围绕着西王母神格演化、西王母形象演化、西王母文本叙事演化等相继开展研究。程憬(2011)在《中国古代神话研究》中通过古代文献分析,探讨西王母各时期形象的演变,并关注到了神话传说演变与信仰变迁的关系。[④] 台湾学者郑志明(2008)将西王母神格演变分为:先秦至两汉神话传说西王母、东汉末年至宋代道教经卷中的西王母、明代至

---

① 苏雪林.昆仑之谜[M].北京:中央文物供应社,1956:7.

② 森雅子.西王母の原像——中国神话における地母神の研究[J].史学.三田史学会,1988(56)03:61~93.

③ 小川琢治.崑崙と西王母[J].芸文.1916(O7).

④ 程憬.中国古代神话研究[M].北京:北京大学出版社,2011:253—269.

民间宗教结社信仰西王母四个阶段。[①],他们的研究为本研究如何确定西王母记忆的逻辑起点给与了一定启示。

张勤(2006)在博士论文《西王母神话传说研究》基于对先秦至魏晋的西王母文献分析后发现:记录在先秦至魏晋时期的西王母神话是经过重新“记忆”的“再生态文化”而非与远古信仰和仪式关联的原生态的原始神话。同时,他还关注到了文献记载中西王母神话诞生于羌戎文化圈、东夷文化圈以及华夏文化圈的文化交融。这篇论文为本研究从周边传播视角对于西王母记忆研究提供了启示。杜文平(2015)在博士论文《西王母故事的文本演变及文化内涵》采用叙事文化学视角对西王母文本演化进行研究,提出了“宗教神权与王权互动”影响西王母文本演化的观点,为本文从“场域周边互动”视角研究西王母记忆形塑提供了学理性支撑。笔者发现:西王母的演化研究目前依旧沿着以文学“文本”为中心的研究范式展开,鲜有学者从文化-社会研究范式从外向内,从多维度的变量视角探究西王母文本演化的外在动因。

第三,从哲学宗教学视角研究开展的西王母文学研究。

宗教学、哲学对于西王母的研究,揭示了内隐性的西王母信仰文化和外显性的西王母艺术、文学等文化的表里关系。并以西王母研究为切入口由表及里探究中国古代哲学宇宙观、社会史和思想史的发展变迁。英国学者鲁惟一(Michael Loewe)(1979)在《通往仙境之路-中国人对长生的追求》中,通过对汉墓葬画像分析揭示了汉代神仙信仰盛行下,可沟通天界与人间,具有“超越性”神格和宇宙循环力量的西王母成为了汉代民众“追求长生”的信仰对象。[②] 日本“京都学派”代表小南一郎、台湾学者李丰楙、大陆历史学家葛兆光等学者分别在论著中涉及了道教对于西王母文学建构的影响。揭示了宗教与文学的结合对于中国中古时期文化发展的影响。小南一郎(1993)在《中国的神话与古小说》中提出了神话敏锐反映了社会变迁与信仰变迁的观点,[③]开启了西王母文学与西王母信仰的互动研究。他认为西王母传说和七夕传统密切相连,西王母信仰是农耕祭祀等结合原始信仰接合而创造的女神信仰。并论证了魏晋小说《汉武帝内传》中

---

① 郑志明. 西王母神话的宗教衍变——神话中的通俗思想[A]. //迟文杰等编著. 西王母文化研究集成·论文卷(上卷)[C]. 桂林:广西师范大学出版社,2008:315—337.

② Michael Loewe. Ways to Paradise: The Chinese Quest for Immortality. London: George Allen &Unwin, 1979.

③ [日]小南一郎. 中国神话与古小说[M]. 孙昌武译,北京:中华书局出版. 1993:2.

的道教背景。台湾学者李丰楙(2010)的西王母研究主要集中在魏晋至唐代的道教文学涉及西王母的诗歌和小说的研究。美国学者柯素芝(Suzanne Cahill)(1993)在《宗教超越与神圣激情—中国中古时代的西王母》(Transcedence and Divine Passion-The queen mother of the West in Medieval China)中,基于西方宗教学“神圣与世俗”二元论的思想,通过比较唐诗中的西王母意象与唐五代时期的《墉城集仙录》中的道教经卷中的西王母意象,认为《墉城集仙录》体现西王母神圣性与超越性,而唐诗中的西王母则更具世俗性面向。[①] 本研究认为这种神圣与世俗二元对立的面向并不适合中国历史文化语境。首先,中国宗教尤其是道教始终具有世俗面向;其次,唐代宗教场域行动者与文学场域行动者并无明显区隔。很多道士本身就是诗人,比如曹唐、吴筠、陆龟蒙等人,而很多诗人也与道教人士交往甚密,甚至本身就曾入道门。因此,在本研究中,笔者通过对唐诗进行基于内容编码的话语分析等方法,通过分析西王母诗歌创作者行动的场域、传受关系、创作意图等,探寻唐代诗歌中西王母记忆的编码逻辑。

第四,从图像学视角开展的西王母汉代图像艺术研究。

西王母的图像艺术研究,主要以考古发现的汉代画像石、铜镜等出土文物为研究对象,与传世文献研究形成了“二元证据”的互为补充,扩展了西王母研究的纵深。美国学者简・詹姆斯(1997)在《汉代西王母图象志研究》和巫鸿(2015)在《武梁祠:中国古代画像艺术的想象性》中采用图像志的研究方法,以汉代墓葬或祠堂西王母图像分析为切入口揭示画像中蕴含汉代的宇宙观、信仰观。巫鸿的研究中还涉及了西王母汉代图像艺术和西来的佛教艺术的关系。李凇(2000)在《论汉代艺术中的西王母图像》全面梳理了汉代画像砖、画像石、铜镜、摇钱树等汉代西王母艺术,并在总结前人研究基础上,概括出了汉代西王母的图像志。学者们对于西王母图像艺术的研究为本研究将西王母图像纳入西王母记忆形塑研究提供了重要研究视角和研究方法。本研究在前人的基础上,将西王母图像的分析范围从汉代扩展至宋元时期有代表性的西王母图像,同时对于文字、图像在储存和再现西王母“记忆”上的功能互补予以系统阐述。

第五,从民俗学、人类学视角开展的西王母研究。

民俗学、人类学研究基于实践方法论,以田野调查和民族志为主要方法开展

---

① Suzanne Cahill. Transcendence and Divine Passion — the Queen Mother of the West in Medieval China. Calif. : Stanford University Press. 1993.

西王母研究。在这一研究领域较为有代表性的有两个研究。其一是新疆石河子大学学者吴新峰(2016)基于新疆阜康地区口传神话的田野调查《心灵与秩序："神话主义"与当代西王母神话研究》,研究从西王母口传神话文本中发现了内在结构中对于象征秩序的指向。并提出神话的"回归心灵价值"对于当代社会秩序建构的意义。其二是人类学研究者刑莉、王雪(2016)所著的《泾川西王母文化调查研究》。此研究以甘肃泾川为田野点,以民族志的研究方法研究泾川西王母文化的历史渊源、文化遗存、信仰组织以及传承与发展等问题。两位学者的研究为本研究的田野点的选取、如何进入田野,以及如何确定研究问题等提供了方法论意义上的启发。

笔者目前检索到的国内以新闻传播学视角展开的西王母研究只有两篇:一篇为刘力、吴寰(2021)发表于《新闻与传播研究》中的《讹言何以惑众——以西汉朝"传行西王母筹"为中心的探讨》。文章将西汉末年哀帝时期发生的"传行西王母筹"事件纳入传播学视域下予以分析。将此事件视为西汉末年的"舆情事件",从谣言传播的角度对"讹言"为何被民众接受和传播,以及事后不同利益团体对其的解读进行解读。在本研究中,笔者将此事件作为汉代西王母神性记忆建构中的重要事件,结合其他历史学研究者比如王子今、曹建国、马怡等人关于此事件的分析和观点,提出:此事件是汉代神学宇宙观思想持续发酵至西汉末年的"引爆",也是汉代中期后西王母逐渐从国家祭祀向民众信仰蔓延的表征。同时此事件开启了持续至东汉的西王母信仰大流行。另一篇为陈丽琴(2009)发表于《青海社会科学》的一篇《西王母神话的传播研究》从传播特征、传播方式、传播启示等三方面分析了西王母新旧形象是如何以共存的形式传承发展。

综上所述,笔者发现西王母研究中存在"重断代、轻历时""重孤立、轻整体""重文本、轻主体"等方面的研究不足。西王母研究目前大部分集中在古神话、古史、古地理、古文化等滥觞细源的考辨上。以先秦到汉代为最多,南北朝隋唐以后的西王母研究较少,但事实上魏晋之后到明清这一时期无论是文学、艺术还是宗领域对于西王母符号的文化实践颇丰。西王母文化是以西王母符号所表征的文化象征体系,从先秦起绵延千年,尤其汉代以后信仰兴起,其神圣逐渐外溢至文学形态中的唐诗宋词、宋元杂剧和明清小说宝卷中。然而由于目前中国人文社科研究的学术分野,使研究者带着各自的研究范式和研究视野进入研究中,缺少以思辨演进的长时段思维来对其文化属性进行解构,从而捉住其本质、底色和内核。西王母研究的传统路径是基于文本为中心,以牺牲历史中的主体实践为代价。本研究通过“记忆”为切入口，打破传播学、历时社会学、媒介学、宗教学等学科壁垒，以传播学视角下的文化-社会研究范式打通西王母文化内部的分支。将“西王母记忆”作为一扇窗户，既向内部探寻西王母记忆形塑的内在发展逻辑，也从外向内探究社会文化语境嬗变、媒介技术变革、宗教思想观念演化对于西王母形塑的影响，以及西王母记忆在地理空间、社会空间、媒介空间中的周边传播中与权力关系的互构。

1.3 研究方法与研究思路

1.3.1 研究方法

本研究聚焦以“西王母”为代表的神话记忆的历史建构和当代重塑。因此，选取“纵贯横排”的研究思路对于中国神话记忆形塑做出深度分析，将中国神话记忆形塑作为社会文化知识和话语的生产、传播和建构过程来研究，揭示作为“整体”文化的“神话记忆”的本质、底色和内核，以思辨演进的长时段思维和“多视界”的整合对以“西王母记忆”为代表的中国神话记忆形塑进行解构。“纵贯”是指对“神话记忆”形塑的问题回溯历史、立足当下、放眼未来的历时性分析，描绘历时高度动态的“文化-社会”一体变革过程中一些支离的历史事件、空间生产、社会实践中的主体互动、媒介技术变革等对于以“西王母”为代表的中国神话记忆形塑的影响和制约。“横排”是指采用多学科的视角和研究方法对“神话记忆”这一文化现象进行跨学科的审视与探索，将分析的焦点放在学科间的交叉联系上。因此，本研究在文化-社会研究范式下整合了传播学、媒介学、图像学、历史社会学、文化地理学、民俗学、宗教学、文化研究等多学科的研究材料、研究理论、研究方法和研究进路，在考古发现的物质文化与文献记载之间、在民间日常的民俗实践与国家意识形态之间、在社会理论与历史事件之间建立联系，探寻神话记忆与权力关系相互建构的逻辑。因此研究选用多路径结合的综合研究法，如：文学人类学的“四重证据法”、田野调查法、话语分析法、案例分析法、比较分析法等相互结合，以求逐点突破研究中的每一个具体问题。

一、文献分析法:"四重证据"研究

"四重证据法"[①]是神话学家叶舒宪在王国维提出的用地下出土之新材料补足传世经典等书写材料不足的"二重证据法"和孙作云[②]提出的加入古俗做证文献和考古的"三重证据法"的基础上,所构建的运用传世文献、出土文献、图像和实物、人类学口传和非物质文化遗产等民俗,以及民间文学资料等构成的"四重媒介场"进行综合阐释的神话学和文学人类学的研究方法。

本研究将"四重证据法"中的材料选取作为文献的选取标准。在研究中查阅和引用大量传世文献和史书、道教经卷、神话小说、民间宝卷以及出土文献比如《竹书纪年》等文字媒介;汉墓葬画像石、汉晋铜镜、日本铜镜、韩国漆盘、永乐宫壁画等出土文物和图像、田野调查中发现的实物和图像等物质媒介和图像媒介;田野调查搜集的西王母民俗传说和祭祀仪式等,并从这些西王母文化表征入手,研究西王母记忆的历史建构和当代重塑。

二、话语分析法

本研究超越"文本"为中心的文学研究范式进入以"话语"层面的社会-文化研究范式中,基于福柯"知识考古学"和"谱系学"中"话语-知识-权力"三位一体的话语理论,揭示了看似纯粹客观的神话记忆的生产背后的决定神话符号编码逻辑的"话语"和"权力关系"。神话记忆的形塑是由特定历时文化语境中的话语构型(Discursive Formation)所决定的,是在社会力量的相互竞争关系中权力竞争关系中的知识生产过程。因此,神话记忆中必然存在着记忆断层与记忆突变。在具体操作层面,本研究在第四章以"西王母记忆"为中心,从横向共时性三个剖面对两汉西王母历史文献文本、唐代西王母诗歌文本、明清西王母小说、宝卷文本等按照费尔克拉夫 Norman Fairclough[③](2004)构建的话语分析三维度:文本维度、话语实践维度和社会实践维度进行分析。从文本维度研究西王母记忆如何在文本中通过互文和接合、重复与修改中形塑。从话语实践维度研究文本生产者所行动的场域及与周边场域的关系对主体编码逻辑和文本产生的影响。从社会实践维度分析不同历史时期的社会思想观念所建构的"话语"对于记忆形塑

① 叶舒宪. 物的叙事:中华文明探源的四重证据法[J]. 兰州大学学报(社会科学版),2010,38(06):1—8.

② 孙作云. 中国古代神话传说研究[M]开封:河南大学出版社,2003:23.

③ [英]诺曼·费尔克拉夫. 话语与社会变迁[M]. 殷晓蓉译,北京:华夏出版社,2004:52.

的影响。同时在本研究的第六章中，研究通过阜康天山天池景区公众号和泰安泰山景区公众号中涉及西王母记忆的文本进行质性阅读和人工编码，结合梵·迪克提出的新闻话语分析框架和甘姆森(Gamson)提出的“诠释包裹”框架进行文本框架和话语立场等维度的话语分析，研究西王母记忆如何在主流意识形态话语、地方话语、国家话语的“缝合下”，在数字空间中的主体文化实践中得以重塑。

三、田野调查法：实地观察、问卷、访谈结合

本研究在第六章通过深入实地的参与式观察、访谈、问卷调查等方法研究西王母记忆以“景观空间”为中心的重塑。研究首先梳理了西王母文化遗产的国内分布状况和相关研究资料，根据W·施密特在《文化史民族学方法手册》提及的“文化圈”的概念“同一文化圈可以在两个地区，其中一个地区有整个文化圈的文化成分，或者只有某一个神话有相关性，就可以认定为同一文化圈”。[①] 发现目前西王母文化遗产以及文化传播的重点区域主要分布于：1. 以甘肃泾川为中心的西王母信仰文化圈。2. 以新疆昌吉回族自治州阜康地区为中心的西王母神话文化圈。3. 以山东泰安市和青海湟源为中心的西王母道教文化圈。4. 以台湾花莲县为中心的慈惠堂西王母“瑶池金母”信仰文化圈。虽然西王母在这些文化圈中的文化样态各异，然而却都遵循周边传播规律，由文化圈中心向周边辐射。

在前期研究的基础上，选取了位于我国西部的新疆维吾尔自治区昌吉回族自治州阜康市和位于我国东部地区的山东省泰安市为主要田野点。分别在两处田野点进行基于比较研究法的调研。研究之所以选择这两个田野点的主要原因如下：

第一，自然地理因素：从地理空间位置来说两地的位置分别位于中国版图的东西两端，足以见证西王母记忆的空间传播范围之广、影响之大。新疆阜康地区处于古代西域地区。而泰山地区则属于是古代东夷文化区。两地都有嵌套于自然景观之中的西王母神话记忆中的“风物传说”[②]阜康天山和泰安泰山在不同学者的研究中，分别被认定为神话昆仑山的原型。

① 乌丙安. 非物质文化遗产保护中文化圈理论的应用[J]. 江西社会科学，2005(01)：102—106.

② 注释：风物传说指那些与当地自然物、人工物或者某种风物习尚有关的传说。参见钟敬文. 浙江风物传说[A]. //民间文艺学文选[C]. 合肥：安徽教育出版社，1991：244.

第二，历史文化因素：位于新疆天山北麓的阜康乃乾隆赐名，寓意“物阜民康”。距离乌鲁木齐仅有 57 公里，是汉族、回族等多民族聚居之地和多民族文化交融之地。唐朝贞观二十三年（公元 649），曾在当时的东莫贺城（现阜康市）设瑶池都护府，瑶池都督为阿史那贺鲁。唐朝可以把军事机关以瑶池命名，说明在唐代，天山天池已经被视为西王母居所。在清朝平定西域的过程中，乾隆也曾多次颁文祭天山高峰博克达。并将其纳入与五岳并祀的国家祭祀系统，赋予天山博格达峰代表“大一统”的政治神圣符号意涵。清代农垦移民以后，甘肃地区边民移民带去了西王母神话传说，这些传说与当地少数民族神话传说融合后，产生了新的神话变体和新的记忆。在此地区的西王母文化是汉族和当代民族周边传播、各民族文化融合传播的产物。

山东泰安是中国儒家文化的发源地。又是重要的道教洞天福地系统中的三十六小洞天之一。泰山是历代帝王的封禅之地，因此既是具有政治神圣性意涵的表征空间，也是中华民族重要的文化符号。泰山西王母文化受到中原儒道文化滋养。最迟在东汉末年，祭祀西王母的祠堂就在泰山建立。坐落于泰山脚下的王母池道观是中国道教协会认定的西王母道场和坤道宫观。泰安西王母记忆融合了西王母道教文化与泰山地区本地民间信仰文化。

第三，文化遗产因素：除了自然景观以外，两地分别出土或留存着承载西王母记忆的物质文化遗产和非物质文化遗产。比如阜康出土了承载西王母记忆的文物若干件，西王母文献古籍十五本，以及以天山天池为中心辐射周边巴里坤、木垒、奇台、吉木萨尔等地区与西王母相关的地方风物传说故事。阜康“西王母神话”在 2014 年获批第四批国家级非物质文化遗产。泰安道教西王母文化可追溯到东汉末年。并以泰山地区为中心辐射山东其他地区以及江苏、河南、河北、安徽等周边省份。泰山地区同样流传大量的西王母民间传说和民俗活动。泰山古建筑群王母池则在 2006 年列为第六批全国重点文物保护单位。

笔者在泰山王母池道观内发放并回收调查问卷 58 份，并分别于泰安市泰山景区王母池道观及其附近区域和新疆阜康天山天池景区管委会和景区内进行了半结构性和拦截式访谈。

表 1.3 田野调查访谈情况表

受访者编号	职业	访谈形式	访谈地点
A	道士	半结构性访谈	泰安市王母池道观
B	个体经营者	拦截式访谈	泰安市王母池道观
C	个体经营者	拦截式访谈	泰安市王母池道观旁民宿餐馆
D	香客	拦截式访谈	泰安市王母池道观
E	国企干部	拦截式访谈	泰安市王母池道观
F	导游	拦截式访谈	新疆天池风景区管委会
G	公务员	半结构性深度访谈	新疆天池风景区管委会
H	公务员	半结构性深度访谈	新疆天池风景区管委会

四、比较研究法

由于本研究采用“横排纵贯”的研究思路对于中国神话记忆形塑进行深度分析，重点关注作为社会“凝聚性结构”的神话记忆所经历的重要的“知识型的间断性变化”，因此历时比较的方法一直贯穿于本研究中。比如第三章对于不同历史时期“西王母记忆”生产和形塑的逻辑起点和传播空间的比较；第四章中对于不同历史时期影响“西王母记忆”形塑的社会空间中的政治、文学、宗教场域周边关系的比较；第五章中对于不同历史时期储存和再现“西王母记忆”的媒介在媒介空间中的“中心-边缘”位置的比较等。除了历时比较之外，在第六章中，笔者通过对于新疆阜康和山东泰安两地的田野调查，进行了西王母记忆在“共时”差异性地域空间中的激活与重塑的比较研究。

五、个案分析法

由于中国神话符号众多，象征系统体系庞杂，为了避免言辞空洞、浮而不实的研究，笔者在宏观性对于中国神话记忆的整体描述的基础上，遵循“小题大做”的学术研究思路，以西王母记忆这一“小题”为切口和重点考察中心，探寻福柯所表述的“权力与知识生产的关系网络”是如何通过周边传播在充满着意识形态表征的地理空间、交织着权力竞争和资本交换的社会实践空间以及文化权力博弈与妥协的媒介空间中得以建构。

1.3.2 研究思路

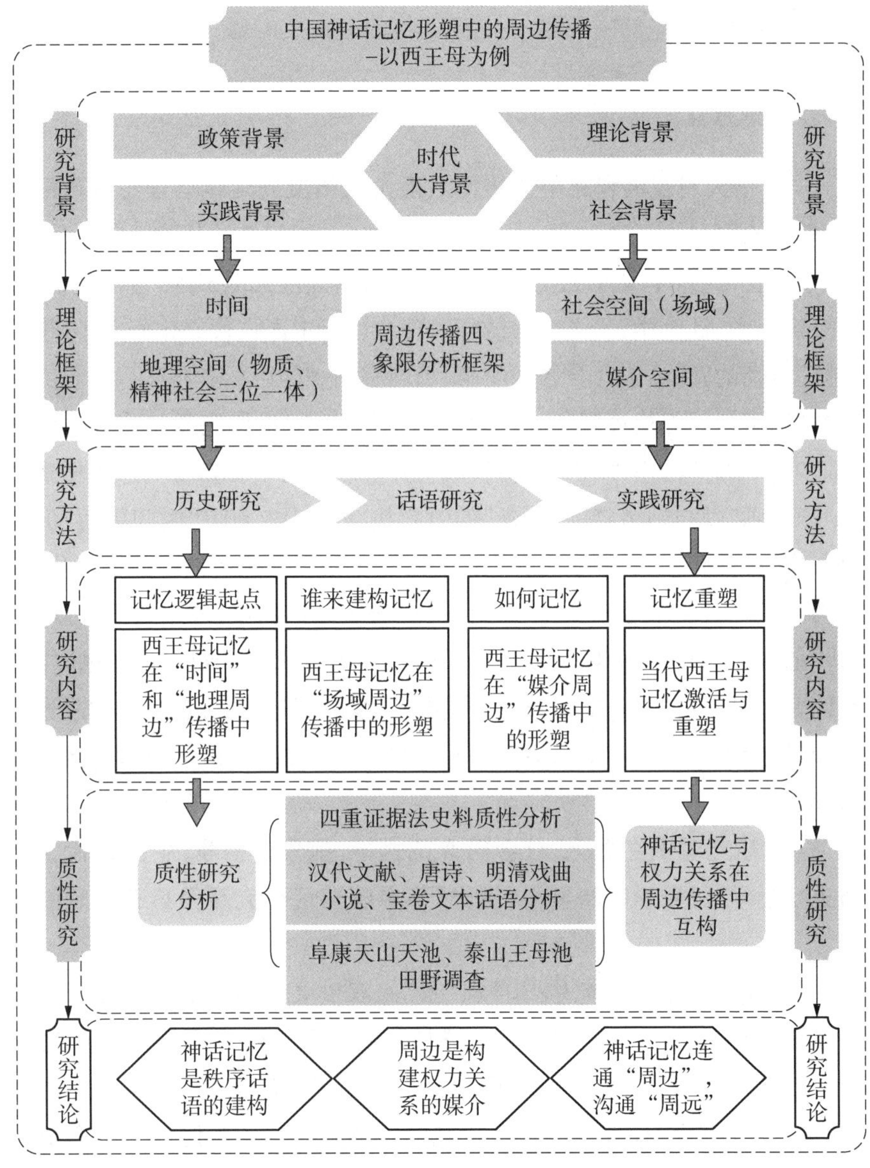

图 1.5　研究思路图

1.4 研究意义与研究创新

1.4.1 研究意义

一、理论意义

（一）本研究对发展和完善周边传播理论及拓展周边传播理论应用领域具有一定的理论意义

从学理性来看，本研究主要是在文化-社会研究范式框架内，将传播学、媒介地理学、媒介学、社会学、人类学中的相关理论用于中国古代文化研究中，根植于探讨地理空间的转换、媒介技术的变革、场域关系嬗变以及背后运行的权力关系与中国神话记忆的互构逻辑。在理论框架的搭建中，本研究通过将周边传播理论中的“时空概念”与中外人文社科领域中其他理论对话丰富了周边传播理论的概念。比如：通过与柏格森的“绵延”的时间概念对话丰富了“时间周边”的内涵与外延；通过与列斐伏尔的空间生产理论对话丰富了周边传播中的“空间”意涵；通过与西美尔的社会空间“边界”理论以及布迪厄的“场域”理论对话提出的“场域周边”的表述；通过与劳斯·埃勒斯特罗姆（Larse Elleström）提出的“媒介边界”和约翰·哈特雷“媒介空间”对话，提出了“媒介周边”的表述。新的表述以及对于已有概念的丰富充实了周边传播理论的学理架构、开拓了周边传播理论的应用领域。

（二）本研究对于在文化-社会研究范式下，探索传播学、中国古代文化研究、历史社会学、民俗学等跨学科“视界”下中国神话研究路径具有一定的理论意义

本研究立足于学术研究中“道”和“术”的双重层面的探索。在“道”的探索方面，本研究回溯历史、立足当下、展望未来的视野去研究中国神话记忆形塑的历史规律和时代特征。在“术”的层面上则是在方法上进行跨学科研究，从多学科的“视界整合”探寻中国神话记忆的形塑问题。中国传播学研究长久以来重现代、轻历史的研究思路，遮蔽了中国历史文化发展演化中的传播现象。本研究以传播学视角，整合历史社会学、中国古代文化研究、媒介地理学、图像学、民俗学等多学科理论研究对于民族国家具有整合社会秩序功能的神话记忆，探索中国神话记忆是如何在共同体成员中通过在文学、宗教、政治场域中的共享、生产、重塑而在不同历史时期，发挥其整合社会文化、建构社会秩序、增进社会共识、凝聚共同体认同的功能。是对于中国传播学“跨学科”研究范式的探索性研究。

中国传统神话研究是以文本为中心研究视角展开，缺少从外部因素研究文本变迁，和从内在文本透视外部文化语境的双重视角的研究。近年来，这种学术范式遭到了神话研究学界的集中反思，逐渐形成了很多新的研究思潮。本研究提出的“神话记忆”概念正是将文本为中心的研究思路转向文化研究的范式。既从文本外部着手，以周边传播理论框架分析历史文化中的文明互鉴、族群交往、思想观念、文化权力、媒介技术的变迁所带来的地理空间、社会空间、媒介空间中权力流动与周边传播如何影响神话符号生产、共享、创新、重构，从而实现中国神话记忆的形塑过程。也从文本内部入手，通过费拉克拉夫的话语分析三维度透视神话记忆生产的话语实践、社会实践维度，从而观照中国神话记忆形塑的社会文化语境以及流淌于话语生产中的权力结构。因此，对于中国神话研究来说，具有研究范式创新、研究方法创新、研究视角创新等理论意义。

二、现实意义

（一）本研究对于探索中华民族共同体的动态形成过程，铸牢中华民族共同体意识具有一定的现实意义

习近平总书记曾经指出：“我们灿烂的文化是各民族共同创造的。中华文化是民族文化的集大成。”中国神话记忆植根于中华民族丰厚文化土壤中，在多民族融合发展跨时空中嬗变、在共享传播中形塑，展现着中华民族文化认同、文化自觉和文化自信。中国神话记忆中映射着中华民族共同体的历史形成过程，是历史上各民族关系和谐的隐喻式话语。本研究以“西王母”记忆为考察中心，通过历史研究和田野调查等研究方法，发现了西王母神话曾在不同时期伴随着文学、宗教、艺术的传播在多民族、多地区被民族地域文化涵化形成不同的记忆变体。通过对多民族聚居的新疆维吾尔自治区昌吉自治州阜康市和中国儒家文化发源地的山东省泰安市两地的西王母文化田野调查，探索两地西王母文化的传播历史、传播路径、传播渠道以及西王母记忆的当代记忆激活和重塑问题。对于加强各民族之间交流交融，构建和谐民族关系提供了有力的历史文化理据支撑。

（二）本研究有助于探寻如何在周边传播和国际传播实践中，挖掘中国文明与世界文明中共有的神话记忆，实现共情与精准传播，从而构建“周边命运共同体”和“人类命运共同体”的具有一定的现实意义

“神话记忆”中体现着超越有限的民族国家“社会共同体”的“超社会体系”的人类文明基因。一个民族神话体系的形成，不可能脱离人类历史文明的发展的普遍趋势孤立发展，神话的“超民族性”是古代世界文明之间的社会冲突、文化融合的产物。一个民族国家的神话形成，与周边文明的传播紧密相连，因而是可成为构建人类命运共同体、促进世界人民情感认同和文化认同的文化象征符号体系。中国神话记忆中不仅蕴含中华民族共同体形塑的镜像，也有与东亚各国乃至亚欧大陆各文化圈文明互鉴的表达。本研究以“西王母”为考察中心，探讨中西文化在草原之路、玉石之路等道路媒介中的流转与融合对于西王母神话传说的文本建构的影响，以及，随着中华文明辐射周边国家和地区，西王母记忆又是如何在诸多周边国家得以重塑。“西王母”符号在东亚“汉字文化圈”国家中具有不同的表征形式，也与世界女神文化联通。西王母“和平”“长寿”“超越”等符号意涵体现着世界人类文明中的共享价值观，是各文明间不同中的“大同”。对于西王母记忆历史建构和当代重塑的研究，有助于探索如何发挥“西王母”这一象征符号链接全球华人情感和世界女神文化的价值。

（三）本研究对于解锁中华文明形成和发展中的诸多密码，指导中国神话在中国现代化话语体系下实现创造性转化和创新性发展具有一定的现实指导意义

中国传统文化传承中最为重要的问题就是价值提取与价值阐释。如何发挥神话记忆整饬社会秩序的“内源性”功能价值，并在中国现代化话语体系下实现神话记忆的重塑，是本研究的重点研究问题之一。本研究通过田野调查，探寻以西王母为代表的中国神话记忆如何在文旅融合的国家文化话语下，在以神话记忆景观为中心的周边传播中得以激活和重塑。对于神话资源如何在价值理性与工具理性的博弈中实现以“回归价值”为本的创造性转化和创新性发展具有现实指导意义。

1.4.2 研究创新

本研究在前人的研究基础上，在周边传播理论建构、周边传播理论研究领域开拓、神话研究范式方法、材料选取等方面进行了以下突破与创新。

一、理论创新

（一）丰富了周边传播理论中基本概念的内涵和外延

目前周边传播的研究大都集中在从国家传播行为的角度理解的物理空间中的周边传播即："一个国家在有效的主权辖区两侧进行的、介于国内传播和国际传播之间的综合性信息传播活动。"鲜少有关于时间周边、社会空间中的关系周边以及从传播主体视角提出的"周边传播"概念的深入探讨。本研究将周边传播理论中的关键概念与中外人文社科领域中相关理论、概念对话，进一步丰富了周边传播理论核心概念的内涵和外延、充实了周边传播理论的学理架构。

第一，扩展了时间周边的内涵和外延。研究通过将时间周边概念与柏格森的"绵延"的时间概念对话，将神话记忆在"时间周边"中记忆的叠加或记忆的湮灭理解为：神话符号在主体文化实践中通过编码系统进行的文本重置和符号创新，是神话符号历史时空变换中的复刻与超越，创新与扩散中不断"绵延"而产生新文本、新叙事和新话语的过程。

第二，提出"场域周边"这一表述。研究将周边传播中主体视角"周边传播"概念、"关系周边"概念与布迪厄的"场域"理论对话，提出了"场域周边"的表述。场域本质上是各种权力竞争的社会关系空间网络。在中国古代尚未完全分化的社会空间中，社会空间中的各场域与临近场域的关系嬗变，是值得关注与研究的问题。场域的"边界"蕴含着联系与互动的巨大可能性。探讨作为社会实践空间的场域"周边"的变化，是对社会结构和在结构过程中的生成型（Productive）与构成性（Constitutive）的描述与阐释。因此，本研究提出"场域周边"的表述，将场域周边传播理解为：某一场域的文化实践主体在周边场域所进行的有目的的传播活动，或者某一场域的行动者的传播活动对于周边场域的影响。旨在探讨未完全分化的中国古代社会实践空间中政治、宗教、文学场域之间共时与历时的依附、嵌套、纠缠、离散等各种关系张力对于神话记忆形塑的影响。

第三，提出"媒介周边"这一表述。本研究将周边传播的空间视域延展至"媒介空间"，提出了"媒介周边"的表述：将其定义为符号在媒介空间不同媒介的编码活动。将周边传播中的"信息"传播，延伸至"符号"传播，将周边传播的研究范围拓展至中国古代文化研究领域中。

第四，提出了周边传播时空"四维分析模型"。本研究为分析中国神话记忆形塑中的抽象的"权力与知识生产的关系网络"提供了时间、地理空间、社会空间、媒介空间四维度的具象化、变量化的阐述模型。此模型也可适用于中国古代文化研究问题中类似的问题。

（二）提出了“神话记忆”的概念

本研究在柏格森、哈布瓦赫、扬·阿斯曼、王明珂等中外学者对于集体记忆、文化记忆、历史记忆等概念的研究基础上提出了“神话记忆”的概念，并将其定义为储存于人类文明媒介形态中表征的神话符号系统，具有“民族性”和“超社会体系”双重“凝聚性结构”。中国神话记忆是储存于中华文明媒介形态中的中国神话象征符号系统。比如储存于文字媒介中的传世经典、汉代谶纬、魏晋六朝笔记小说、唐代小说传奇、唐宋诗词、明清小说中的神话符号系统；储存于图像媒介中的汉墓葬画像艺术、敦煌莫高窟画像艺术中的神话符号系统；储存于口语媒介中的神仙戏曲、神话宝卷、民间神话传说等神话符号系统；储存于仪式媒介中神祇祭祀仪式中的神话符号系统等。神话记忆的功能性指向与“文化记忆”和“历史记忆”既有相同之处，也有差异。这是由神话符号本身建构中的“民族性”和“超社会体系”的双重性质决定的。因此，神话记忆的功能既指向民族国家共同体的身份认同和文化认同，又指向建构超越“民族国家”的更大的共同体的功能。神话的易传播性，使得神话记忆在族群融合、民族迁徙、宗教传播等人类传播活动中互相渗透融，涵化、重塑。因此中国神话记忆在当今不仅可以发挥凝聚中华民族共同体的文化认同的功能，与周边国家和世界其他民族国家共享的“神话记忆”也可以推动建立以人类共享价值观和人类情感认同为基础的“人类命运共同体”。

二、研究领域创新

本研究将周边传播理论的应用扩展到中国古代文化研究领域中，拓展了周边传播理论的应用范围。在看似客观的神话记忆的知识建构中流淌着宏观层面上的意识形态话语的“元权力”和运行于社会关系网络“毛细管”中的各种微观权力。对于福柯所表述“权力与知识生产的关系网络”这一抽象命题，本研究通过建构周边传播“四维分析模型”对于中国神话记忆形塑中的“知识与权力关系互构”具象化、变量化的展现和阐述，将其表述为神话符号在神话符号的历史编码和外在因素的协同共塑中实现了“时间周边”的绵延；在权力关系表征的地理空间周边传播中的生产、共享和修改；在行动者充满“权力关系”的“场域周边”传播中的意义嬗变；在文化权力对冲和妥协的中华文明媒介空间中“媒介周边”的储存与再现。

三、研究方法创新

第一，跨学科视野研究的中国神话研究方法创新。传统的中国神话传说无论是历史流变研究、形态机能研究还是意义审美研究，都是以文本为中心的(Text-Centered)。[①] 这种研究是牺牲历史中的主体实践和历史文化语境(Context)为代价的，人类学和社会学20世纪后期以萨林斯(Marshall Sahlins)和布迪厄(Pierre Bourdieu)为代表的结合历史和结构的实践方法论挑战了传统中国神话的文学分析方法。本研究以福柯"以知识型的间断性变化"为轴心的知识考古学和权力谱系学的话语分析方法，将神话记忆形塑放置在历时文化语境变迁和主体文化生产实践中分析的思路与框架，引入实践方法论中的"实践""媒介""事件""时间""过程""转变"等重要概念。从静止的结构转向主体动态实践，以传播学视角，整合历史社会学、文化人类学、媒介地理学、图像学、宗教学、民俗学等相关理论和方法，以储存于文字、图像、物质、仪式等媒介中国神话记忆文本为切入口，熨开中国古代文化肌理，研究上古神话符号是如何进入民族历史叙事中，并在时空周边中被共同体成员的共享中实现记忆的延展、演化、重塑乃至超越。

第二，采用历史研究、话语研究和实践研究结合的研究思路。哈布瓦赫、扬·阿斯曼、王明珂等学者们的"记忆"理论都是以历史作为重要的实证基础，回应当下的社会现实问题。记忆研究理应回溯历史、观照当下和展望未来。作为中华民族重要文化象征系统的中国神话记忆，研究其如何在当下文化语境中被唤醒乃至焕活，如何在当代发挥文化共同体认同的基石功能，如何在"特定的空间中的被物质化"与"特定的时间中的被现时化"。不断与当下的社会框架互动，实现文化符号的创新与生成新的现实意义同样是本研究中重要研究问题。因此本研究在汲取了学者们以历史维度研究记忆的方法的基础上，运用了费尔克拉夫提出的话语分析三维度(文本维度、话语实践维度、社会实践维度)对于汉代文献、唐诗等进行基于内容编码的话语分析，并在新疆阜康和山东泰安两地进行田野调查，通过比较研究法，探讨迥异的自然地理、文化语境对于两地西王母记忆历史建构和当下记忆重塑的影响。

---

① 陈泳超. 作为地方话语的民间传说[J]. 北京大学学报(哲学社会科学版)，2013，50(04)：94—103.

四、研究材料创新

本研究采用了神话学家叶舒宪提出的文学人类学研究的“四重证据法”，将神话记忆储存“媒介”范围选取从大众媒介传播“媒介”范畴扩展至中国和周边国家经典文献、出土文物（汉墓葬画像石、铜镜）、图像资料、民俗仪式等。对于媒介文明的考古，有助于在“历史连贯统一外表下的，裂缝与碎片中发现新意以此与大传统的文字书写、精英文化历史“形成交锋、质疑、挑战其背后的权力和书写规则”。[①] 笔者认为：对于中国古代历史文化中的器物的媒介属性与文化意涵和媒介化过程的媒介考古是一种以实证的态度去挖掘未被探寻或被人忽略的历史幽深处的学术路径，同时也有助于解蔽这些物质文化作为历史遗迹在场参与历史实践的过程。本研究在学者们的研究基础上，通过目前中日两国出土的承载西王母以及其他神话符号的传世铜镜的研究，探究这些铜镜在中日文化中的文化符号意义与媒介化过程，以及铜镜在中日周边传播中的政治传播、文化传播、构建文化认同等媒介功能。

① 黄旦.媒介考古：与小人儿捉迷藏？——读《媒介考古学：方法、路径与意涵》[J].国际新闻界，2021，43(08)：90—104.

第二章

经纬与纵横：中国神话记忆周边传播“四维分析”框架

中国神话记忆具有可溯性与可塑性的双重特点。可溯性体现在目前储存于文学、艺术、宗教领域各媒介形态中的中国神话记忆，都可以追溯到反映上古时期生活在中华大地上的各民族生活和思想的原始神话。这些原始神话蕴含着初民的宇宙观、宗教意识、道德标准和民族历史最初期的传说。可塑性是指神话作为原始社会的一种特殊同一的意识形态，可以进入新的社会结构①，并被社会其他意识形态所重塑。因此，神话记忆的形塑是在不同历史时期的各种变量因素下，神话符号不断被编码，神话文本不断被解构、再结构和再创生的进程。本章从时间维度、地理空间维度、社会空间维度和媒介空间维度构建中国神话记忆的周边传播时空“四维分析”框架，为后文案例研究提供理论分析框架。

“四方上下曰宇，古往今来曰宙。”②时空相继是一种将时间与空间并置的宇宙观的思维。从人类文明起源起，传播与时空维度就无法分割，周边传播理论的哲学基础正是时空关系和非线性的传播思想观。历史在其宏大的时空维度中展开着它众多伴生、共生、并列、交错的变量因素，多样而辽阔。神话记忆同样也在历史时空经纬交织中形塑。

传播使文化超越时间界域而获得传承与延续。古汉语中的“传”注重信息在时间中的纵向传播，具有较强的时间倾向。③ 美国大众传播研究建立之后，传播学研究甚至一度将传播作为“用时间消灭空间”的工具。在文化地理学中，空间

① 潜明兹. 神话学的历程[M]. 北京：北京文艺出版社，1989：5.

② 刘文典. 淮南鸿烈集解[M]. 北京：中华书局，2006：1.

③ 黄星民. 略论中西方传播观念的异同从“Communication”与“传”词义比较[J]. 厦门大学学报（哲学社会科学版），2000(03)：49—54.

是以文化为核心结成的空间体系，人文和地理景观的差异使空间表现各异。① 在媒介地理学中，媒介所塑造的“空间”表征着与具象空间相对的构想(Conceived)空间。比如《山海经》中所塑造的各种绮丽的充满神仙异兽的神话空间。法国社会学家列斐伏尔在《空间的生产中》界定了多达六十种空间。列斐伏尔的空间观认为空间既是感知的(Perceived)物质空间，也是社会关系和人类社会实践的容器。他认为物质的“具象空间”和意识的“构想空间”的界限是模糊的，因而产生了充满“能指”的表征的空间。② 在福柯的权力观和知识观中，知识、空间和权力是紧密相连的。权力和知识只有通过各种空间安排中才可以发挥作用。空间是描绘权力的工具。③ 传播学者袁艳提出“空间”在传播学中不仅仅应该以物理概念来对待，还应该将社会空间、权力空间、语境空间等引入传播学的研究。④ 周边传播理论将“空间”的视野从物质空间扩展到了社会空间、关系空间，媒介空间等，极大扩展了传播学研究的空间想象力。

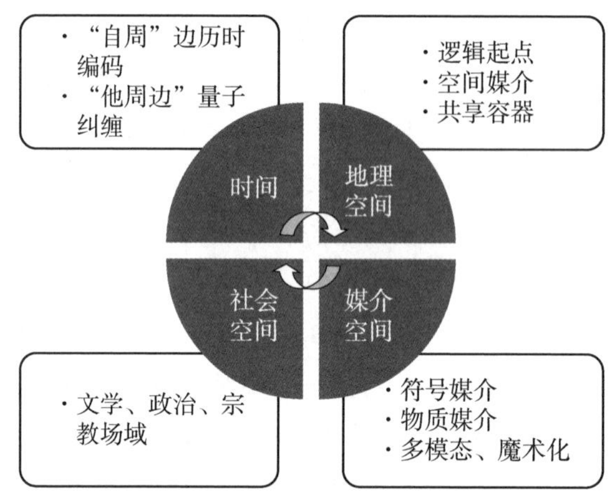

图 2.1　周边传播时空四维分析框架

---

① 邵培仁，杨丽萍. 媒介地理学：媒介作为文化图景的研究[M]. 北京：中国传媒大学出版社，2010：58.

② Henri Lefebvre. The Production of Space, Translated by Donald Nicholson-Smith, Blackwell Publishing, 1991, p.33.

③ Foucault. Discipline and Publish. The Birth of the Prison. Trans. by Alan Sheridan. New York: Random House Inc. 1977.

④ 袁艳. 传播学研究的空间想象力[J]. 新闻与传播研究，2006(01).

2.1 中国神话记忆形塑的时间维度

爱因斯坦的相对论推翻了牛顿的绝对时间观念，证明了不存在一种在宇宙的所有地方都均匀流逝的、统一的、相同的时间。周边传播理论中的“时间周边”既不是线性的机械时间观，也非宗教循环时间观，而是指信息在时空相继或重叠中的生灭过程。这里的时空相继或者重叠是建立在认可时间在不同空间中的流动是非均质和非线性的。周边传播理论认为：时间并非是由过去、现在、未来等严密的点所隔开的“时间边界”所构成的“线性轴”，而是任意时间点都可以在其自身周边不断延展，过去的时间点可以延展至现在和未来，未来的时间点也可以与过去和现在链接。记忆就是在这种时间周边传播中不断交汇、合成和“绵延”。这种绵延意味着“新形式的创新，不断精心构成崭新的东西”。① 记忆将过去的触角延伸到了“它”的周边，也就是现在，并可传递到未来。如同年轮是树的记忆，将它的过去以“同心圆”的形式呈现在当下。

中国有着至少八千年未中断的文明史和四千年传承不绝的文献史，其神话记忆流传五千年。这在人类文明的历史上绝无仅有。中国神话记忆在“时间周边”中的形塑是不同历史时空界定的文化主体对神话符号参与式编码实现的文本重置和符号创新，是神话符号在复刻中超越，在创新中扩散并不断绵延而产生新文本、新叙事和新话语的过程。因此没有终极版本。正如古史辩派代表学者顾颉刚所认为的：中国神话体系或者说神话记忆的形塑是历史“层累”的结果。中国神话记忆至少经历了四次关键性的“时间”建构过程：

第一阶段，上古神话期。神话是人类宗教历史发展进程中不可分解的部分，神话从一开始就是潜在的宗教。② 上古神话记忆与原始信仰密不可分。中国上古神话系统中讲述天地万物的人类起源的创世神话，以及后羿射日、鲧禹治水等抗灾神话都起源于上古时期先民们的原始信仰崇拜。泰勒、弗雷泽、珍妮·哈里森等人类学家认为：神话是原始巫术仪式中的叙事部分。先秦时期，人们将原始口语神话在文字系统中重新编码。神话记忆的传承方式从口语和仪式性一致过渡至文字“非线性”编码传承时代。随着华夏与周边四夷地理空间边界的不断变

① ［法］柏格森．创造进化论．［M］．肖聿译，北京：华夏出版社，1999：16.

② ［德］恩斯特·卡希尔．人论［M］．甘阳译，上海：上海译文出版社，2016：149.

化以及早期人类的文化传播活动，开阔了人们对于世界的空间认知。人们在整合原始信仰神话的基础上，将对“天下”的想象融入《山海经》《楚辞》等文学作品。第二阶段，古史神话期。在战国时期“大一统”的时代趋势下，史官将单一部族起源叙事的上古神话与中国三皇五帝的古史神话进行文化系统上的连接与嵌套，在战国秦汉间以《大戴礼记》中的《五帝德》和《帝系》两篇作为框架，《史记》前四篇本纪作为权威史学定本，构架完善了以五帝三王血统与政统为主要记述对象的华夏民族共同体的起源叙事的“帝系神话”。第三次阶段，宗教神话期。1 世纪到 11 世纪，尤其是 3 世纪起，西来佛教与本土道教两大中国制度性宗教同时并立。他们各具有独特的神学或宇宙解释系统，形式化的崇拜祭祀系统以及独立的组织体系。道教将上古神话吸纳进自己的信仰体系建构中，构建了庞大的道教神仙体系和道教经卷神话。第四阶段，民间神话传说期。11 世纪以后，“三教合一”思想开始在社会兴盛，道教、儒教和佛教开始互相渗透传播，政府对于宗教的控制日趋稳定，形成了中国特有的宗教体系。这一时期，三教浑融的民间信仰与民间神祇大量涌现，民间信仰在吸收原有神话记忆的基础上，建构了诸多口传神话传说。

在这一主要历史脉络下，与信仰和秩序相关的神话符号和文本同时蔓延至其他文学、艺术作品，并在不同时期的文字媒介、语言媒介、图像媒介中重新编码。神话符号在语言文字媒介中编码，形塑了诸如魏晋神仙小说、唐代神话诗歌和小说、宋元神话俗词和官本杂剧、明清神话小说、戏曲、宝卷等。神话符号在图像、物质等媒介形态中编码，则形成了图像神话记忆、物质神话记忆等复杂多元的中国神话记忆。

2.1.1 神话符号的历时编码

神话符号在时空中因其内在可塑性而发生的意义叠加和嬗变是神话符号在时间周边的编码和建构过程。在传统的神话-仪式时间观中，神话时间是一种基于宗教时间的循环时间观。通过仪式，神圣原型被模仿，持续不断再现神圣时刻。人们通过修筑神庙、圣坛和圣所作为各种时间循环的化身，唤起宇宙循环的思想，强调永恒的重复。用仪式一致性抵抗时间流逝，再现宇宙诞生。上古时期，神话曾作为一种承载部落族群集体记忆的媒介，在代际“时间周边”传承，使得集体记忆得以不断巩固。部落、族群甚至民族共同体的集体记忆得以世代绵延。因此，神话在古代社会中可以发挥凝聚“共同体”的社会功能作用。然而随着文字时代的到来，神话符号从口语和仪式传承的“重复性”编码转向了书写传播的“非线性”的多级编码。“非线性”编码指多级代码之间并非是线性前后勾连，而是网状的多向互通。看似复杂的文本关系之间通过“互文和接合”等“记忆术”实现着代码之网的连通。这张网中的任何一个节点，都会敏锐成为文化实践者再编码的灵感和意义之源。神话符号在自周边的历时编码过程中，有些元素会被删去，有些则会增加。在增减变化间，神话记忆呈现新旧之间交接纠缠的“双螺旋”结构。神话符号在不同的历史文化语境、时代精神中按照不同的编码逻辑，组合、拼接、演化，以某种不可预知的方式复现，呈现不同的面向和符号意涵。不同时期的神话记忆不断层累、重叠。因此，中国神话记忆呈现“复调多元性”的特点。

2.1.2 外在因素的协同共塑

神话符号会因为外在因素的历时演变以及与外在因素之间的耦合而产生的意涵叠加或嬗变。中国神话记忆的形塑同样受到历史疆域、社会思想文化、社会关系、媒介技术等外在变量影响。神话在相承、取代、推进、转变等无尽的历时性演化的过程中，各种外在影响因子“量子纠缠”般共生、并列、交错。同时在整个文化场中，神话符号作为自带能量的“粒子”又是与其他文化要素缠绕的。神话符号在外部因素类似量子纠缠中的协同作用中的意涵演变和历时建构同样造成了神话记忆在不同历史时期的嬗变。神话敏锐地反映了历史潮流巨大的转折和飞跃。[①] 神话符号在中华思想文化、宗教观念、媒介技术的“递进变化中”(Progressive Variation)。[②] 搭载不同的宗教信仰、文学体裁、媒介形态从而产生了古史神话、政治谶纬神话、道教神话、佛教神话、民间传说神话、笔记小说神话等中国文化系统中的神话记忆。同时，神话记忆作为弥散在中国文化中的模因，又塑造着中华文明的各种文化形式。神话记忆在“时间周边”的形塑过程映射着更为宏观的中华民族形成、中国社会思想发展、中国城乡空间生产、中国文学发展、中国媒介文明革新等中华文明历史发展进程。历史的发展是“非线性”跳跃

① ［日］小南一郎. 中国神话与古小说［M］. 孙昌武译，北京：中华书局出版. 1993：2.
② ［德］扬·阿斯曼. 文化记忆：早期高级文化中的文字、回忆与政治身份［M］. 金寿福，黄晓晨译，北京：北京大学出版社，2015：305.

式和曲折式前进的，中国神话记忆形塑同样如此。神话记忆并非因为各种外在变量在“时间周边”的演化更迭而完全改变，而是在各种历史因素的影响下存在着一个个相互交接叠合的共时结构。神话记忆在“时间周边”所形成的新的记忆圆周和旧的记忆圆周中交叠绵延。

2.2 中国神话记忆形塑的地理空间维度

20世纪80年代以后，人文地理学的“文化转向”与传播学的“空间转向”两股思潮开始激荡。保罗·亚当斯在《媒介与传播地理学》一书中围绕“空间中的媒介、媒介中的空间、地方中的媒介、媒介中的地方”为四个研究面向，构建了媒介、地方、空间研究的四维分析，强调空间（Space）与地点（Place）的区别在于空间是“被实践的地点”具有社会实践和文化生产的属性。地理空间“是主观与客观、自然与人文、物质与精神二元互动的复合体”。① 他的研究开启了传播学“空间”研究路径。周边传播理论的“空间观”吸收了文化地理学、媒介地理学以及社会学家列斐伏尔、布迪厄、吉登斯、大卫·哈维、卡斯特等学者的“空间理论”认为空间是物质属性、社会属性与意识形态属性不可剥离的三位一体。即使是具象的地理空间也不仅仅只是客观的物质存在形式，“而是人的一种认识、创造和生成，具有历史、社会和实践的属性。”②

地理空间、记忆与传播三维一体的跨学科研究是传播学中的又一个学术增长点。无论是神话的口语传播、书写传播、印刷文字传播，还是电子传播，支撑神话传播的支柱都是由人与媒介等各种节点链接所构成的网络拓扑结构空间。③ 神话传播过的地理空间，以及储存于某一地点碑刻、雕像等物质媒介中的神话记忆共同构筑了神话在地理空间中的“记忆之场”。

2.2.1 神话生产的“逻辑起点”

空间并非只是社会、经济与文化发展过程的被动载体，而是在复杂的社会传

① ［美］保罗·亚当斯. 媒介与传播地理学［M］. 袁艳译，北京：中国传媒大学出版社，2020：译者序 009.
② 张之沧. 论空间的创造和生产［J］. 自然辩证法研究，2007(02)：5—8.
③ ［美］保罗·亚当斯. 媒介与传播地理学［M］. 袁艳译，北京：中国传媒大学出版社，2020：70.

播过程中“不断生产与再生产的社会产物”。[①] 具有宇宙中心意义的圣山、神庙、皇城等“神圣空间”[②]充满着政治、宗教等意识形态对空间意涵的建构。昆仑神话中的昆仑山就经历了从现实高山到神话圣山再回到现实空间的过程，实现了从一个地点(Place)到人们构想的(Conceived)神话空间，再转变为具有神圣性“表征的空间”的过程。在此过程中，神话记忆实现了与地理空间的嵌套，完成了空间中的记忆生产。扬・阿斯曼认为疆域、圣殿等空间是文化记忆的自然框架。因为这些场所本身因其政治神圣性或者宗教神圣性的象征意义会成为记忆形成的机构与代表。他们通常都是记忆发生的场所，也是“记忆的支撑点”[③]和逻辑起点。记忆会以这个点为中心向周边延展，被共同体成员共享和修正，凝聚成共同体的集体记忆。在中国上古神话体系中，神话昆仑山被认为是万神之庭，是中国神话生成的逻辑起点。在中国道教神话体系中，洞天福地、宫观神祠等道教空间是道教神话生成的逻辑起点。神圣同样具有外溢性，可向世俗空间渗透。随着唐宋之后城乡市民空间兴起，市民文化和乡村文化形态逐渐形成并发展。那些曾被上层社会垄断的消遣娱乐形式开始下移至平民阶层。精英文化与大众文化开始在城乡公共空间中破圈发展和融合共生。曾经作为维护皇权、宣告正统“话语”力量的神话被民间大众文化所吸收。神话符号开始在宋元酒楼瓦肆、明清庙会等城乡公共空间中被重新编码成为了宋元俗词、神话戏曲、明清宝卷等。通过这些空间传播枢纽和信息风暴场，神话记忆向更广阔的社会阶层扩散，实现神话记忆跨越阶层、跨越代际的传播与传承。

2.2.2 神话传播的“空间媒介”

近年来国内新闻传播学界的媒介研究迎来了“物质转向”，诸多学者重新审视了“空间”在传播过程中的“媒介”功能，旨在将“媒介”的概念由物质“实体”转向传播“过程”。地理空间作为信息借以流通延展的物理介质，可以实现信息从发生的“原点”或“逻辑起点”向周边延伸的传播过程。基于相对主义的空间概

---

① 唐雪琼，杨茜好，钱俊希. 社会建构主义视角下的边界——研究综述与启示[J]. 地理科学进展，2014，33(07)：969—978.

② [美]米尔恰・伊利亚德. 永恒回归的神话[M]. 晏可佳译，上海：上海书店出版社，2022.7.

③ [德]扬・阿斯曼. 文化记忆：早期高级文化中的文字、回忆与政治身份[M]. 金寿福，黄晓晨译，北京：北京大学出版社，2015：231.

念，空间的边界是社会、文化和历史建构的，因此任何主体和事物的周边都具有可移动性的特点。传播主体行动的地理空间周边同样具有动态变化性。神话随着传播主体地理空间的移动，从产生的逻辑起点向地理空间周边扩散。西美尔认为：国家版图的边界移动、居民的迁徙流动、整个历史也就构成了由“空间放射出来的种种动机”[①]在西美尔看来空间的周边范围的不确定性，蕴藏着巨大的传播力量。人类最初的传播活动正是伴随着族群生存的地理空间周边的扩展而展开。没有族群活动空间周边的扩展，人类早期文明的交融与互鉴就无法实现，神话也无法突破狭小的部落空间局限向周边传播，实现与周边不同文化圈民族神话的交互和转化。一个民族神话体系的形成，不可能脱离历史发展的普遍趋势孤立发展。体系神话的超民族性是古代世界各邻近氏族部落间社会冲突、文化融合的产物。中国神话记忆中映射的历史、描述的事件、表达的情感都记录着历史上中华文明与周边其他文明的互动和中华文明共同体形成的历史进程。中国神话记忆在地理空间周边传播的形塑主要由以下三种模式：

第一，边缘到边缘的晕染模式。顾颉刚是中国神话研究学者中较早揭示神话记忆在地理空间周边传播中形塑的学者。他在《古史辨》中提到：中国古代流传的神话，有两大系统：一是昆仑神话系统，二是蓬莱神话系统。[②] 昆仑神话的发源地正是中国上古时期华夏文化圈、羌藏文化圈、西域文化圈三大圈层的边缘“接触地带”。而后随着羌、戎与华夏的结合，尤其是周的祖先的东迁，昆仑神话又传到了东方，与当地的海洋文化传统中的东夷文化结合，而后在燕、吴、齐、越沿海地区。形成了蓬莱神话系统。中国神话记忆正是上古神话在不同文化圈边缘处彼此碰撞、吸纳与涵化所形塑的。

华夏民族在夏、商、周三代后逐步形成。然而夏、商、周的祖先都不居住于华夏地区，夏和周是羌人后裔，而商则来自东夷。他们由各自文化圈的边缘地区向中心地区迁移时，与当时的诸夏部落经历了一系列的战争后逐步占据了华夏地区。上古昆仑神话产生于夷夏文化边缘接触地带与军事敏感地带，因此《山海经》中记录了上古时期华夏民族形成过程中的诸夏与羌戎、苗瑶等民族冲突与融合的历史。《山海经》中共工触不周即振滔洪水的故事，禹杀相柳及布土故事都应该与华夏民族形成的这一段历史有关。《大荒西经》云：“有禹攻共工国山”，这

① ［德］西美尔. 社会学：关于社会化形式的研究［M］. 林荣远译，北京：华夏出版社，2002：461.
② 顾颉刚. 古史辨自序［M］. 北京：商务印书馆，2011：834.

一座山以“禹攻共工国”为名，显见他们有一场恶战。司马迁将《山海经》中记载的神话作为中国上古史记录在了《史记·五帝本纪》中：“于是黄帝乃征师诸侯，与蚩尤战于逐鹿之野，遂禽杀蚩尤，而诸侯咸尊轩辕为天之，代神农氏，视为黄帝，天下有不顺者，黄帝从而征之，平者去之，披山通道，未尝宁居。东至于海，等丸山，及岱宗。西至于空桐，等鸡头。南至于江，等熊、湘。北逐荤粥，合符釜山，而邑与涿鹿之阿。”“帝喾溉执中而遍天下，日月所照，风雨所至，莫不从服。”“唯禹之功为大，披九山，通九泽。”[①]在华夏民族形成时期，族群间彼此交换着信仰与传说。神话记忆和信仰观念的融合与政权巩固，形成了互为表里的关系。神话和信仰的融合，有利于政权的巩固。政权巩固的版图扩张又进一步促进了神话和信仰的融合。周克殷后，经历文、武、成、康数代，周王朝版图在动态运动中塑造了“所封四百余，服国八百余”的成熟体系，把散落在华夏周边的诸多方国，比如夷、戎、氐、羌纳入礼制中，中国历史上第一个超越血缘的文明共同体华夏民族形成了。而在此过程中，神话在华夏民族形成中无疑发挥了巩固新的族群共同体认同的作用。不同文化圈融合形成的中华民族的文化多样性体现在中国神话记忆中。西部狩猎、游牧文化之粗犷、中原农耕文化之质朴，东夷海洋文化之飘逸圆融无碍地融合于中国神话之中。《西山经》中“蓬发豹尾虎齿，司天之厉及五残”、穴居的人兽合一的女神西王母形象反映了上古时期西部狩猎文化中原始崇拜；《西山经》《海外西经》的“都广之野”“诸夭之野”等描写则具有中原平原景观地貌特征，是典型的内陆型的乐土想象。[②] 而《海外南经》中提及的“不死民”“不死树”“不死国”以及《西次三经》中黄帝服食玉膏等描写则来自于东夷海洋文化之不死观念和神仙信仰。春秋末期楚国政权版图向西部和东北部扩张，到了战国时期发展到古代盛产黄金的西南部四川丽水地区和东北的淮河流域，楚文化与羌戎文化和东夷文化接触日益频繁，逐步吸收了西方的昆仑神话与东部的蓬莱神话，因此呈现于《楚辞》中的昆仑较之于《山海经》中的描写，更加仙气飘飘。屈原的《离骚》中就有“朝发轫于苍梧兮，兮余至乎县圃，欲少留此灵琐兮，日忽忽其将墓。吾令羲和弭节兮，望崦嵫而勿追，路曼曼其修远兮，吾将上下而求索”的名句。正是上古神话在地理空间周边传播才实现了神话记忆被多元地域文化所形塑。

---

① 司马迁. 史记·五帝本纪[M]. 北京：中华书局，2014：1—5.
② 王青. 中国的内陆型与濒海型神话[J]. 南京师大学报(社会科学版)，2010(03)：116—124.

第二，中心到周边的外溢模式。中华民族核心区即华夏文明区表现出强大的文化凝聚力和文化吸纳力，边缘地区也萌生出不同程度的文化向心力。非华夏通过假借华夏神话中的祖源记忆成为华夏。一些“入主中原”的夷狄政权努力把祖先追溯到“中华始祖”黄帝世系，以证明其“奉天承运”统治中原的合法性：比如，我国西南地区的一些少数族群努力把本族的祖先“追溯”到炎帝、黄帝、姜子牙等华夏神话中的著名人物。[①] 11 世纪时华夏边缘的蜀地北川地区，为了构建华夏认同，便更改其祖源神话，创造出“禹兴西羌”之英雄神话以图冲淡本地的边缘性。这些少数民族神话中渗透着文化和集体的结构性记忆与失忆，体现着边缘文化族群渴望建立与文化中心族群之间的认同。南方少数民族神话“盘瓠故事”由汉晋典籍流传到南方非汉族群中，其盛行的原因是神犬盘瓠因功娶了帝王之女，所以他的后代就可以世代免除赋税，苗、瑶、畲的许多后人称自己为盘瓠后人，是为了借此诉说本地人应该解除赋税，体现着他们渴望被华夏中心地区平等对待的心境。

中国神话体系中的一些神话也曾通过民族迁徙融合、朝贡贸易、宗教传播等各种传播方式，沿着古代陆上丝绸之路和海上丝绸之路由游牧民、商人、冒险者、僧人、传教士为传播主体，由东亚汉字文化圈中心的中国传到文化圈边缘的中国周边地区和国家。现如今，在这些国家和地区的文学、艺术、宗教等文化遗产中依然可以发现已经被当地文化涵化的中国神话记忆。对于中华文明所辐射的与古代中国地理接近、朝贡贸易频繁、文化交流密切的周边国家地区，特别是古代中国藩属国家来说，神话的话语变迁表达了他们试图与当时的中原王朝建立一种平等关系的渴望：比如，缅甸人把中国人称为“胞波兄弟”，缅甸人的神话中提到其先祖与中国人先祖同是龙的传人且“同为蛋生”。缅甸与中国是兄弟关系而非君臣关系的一种诉求。朝鲜在元朝统治时期创造了与中华民族祖先唐尧同时期的始祖檀君这个神话人物，也体现出了当时在元朝高压统治下，朝鲜对于华夏族群认同的诉求。《山海经》《太平广记》《搜神记》等中国神话地理志和小说在日本、韩国和越南的传播以及这些作品对于这些国家民族文学的影响，体现了古代东亚文学空间“中心”国家和“边缘”国家文学权力博弈的张力。

第三，从边缘到中心的内卷模式。中国神话不仅因为中华文化在东亚文化的中心地位而影响同属汉字文化圈的其他国家的民族神话，也会受到周边国家

① 王明珂. 英雄祖先与弟兄民族[M]. 台北：允晨文化实业，2006：274—279.

“逆传播“的影响。中国神话记忆中的周边文明基因，是中国与周边文明之共享文化的重要内容。顾颉刚认为中国神话源头在昆仑山，被一些学者们认为是印度的须弥山，婆罗门教和佛教都以须弥山作为中心。① 中国神话与印度神话都以昆仑山为主要发源地。也有学者认为：印度创世故事中的“三位一体”的第一位创世神和中国盘古开天神话同源。饶宗颐认为印度神话主要通过丝绸之路，由西域各民族羌、戎自西北而传入中国，印度神话传入中国远早于佛教。伴随着汉明帝时期的佛教传入中国，佛教神话传说在叙事和情节内容方面对我国后世神话记忆形塑影响深远。特别是魏晋以后小说中的因果报应、来世与灵魂结合等思想，以及仙人神话中的“仙人飞升”“登霞”等都有佛教属性。

2.2.3 神话传承的“共享容器”

空间是“共在”的支撑：詹姆斯·凯瑞提出的传播的“仪式观”②强调媒介实践过程中“共同体建构”和“文化共享”的社会价值。从德布雷“作为关系的媒介”视角来看，空间是人类文明发展史上的重要的媒介，可以将这里或者那里连接起来，形成社会，将以前和现在连接起来，形成延续性③。因此，空间既有传承意义的历时性面向，也有构建人与人、人与物质关系的共时性面向。从共时性视角来说：空间为共同体成员的共享时间、文化和社会实践提供了建构关系的物质支持。一种宗教所设定的固定地理空间是宗教信仰与信仰者关系和团结的链接点，将孤立分散的原子化个体凝聚为信仰共同体。对于和信仰有关的神话记忆来说，需要共同体成员在一个“共在”的“空间”中，比如寺庙祠观通过仪式行为共享和传承。从历时性来说，空间可以将一个群体的某些特定要素或者礼仪的基本对象物凝固，形成记忆。那些充满神话记忆的空间实现了“代与代之间的共在对话”，神话记忆在这些空间中是通过“仪式一致性”得以世代传承。个人记忆与集体记忆在空间中得以链接。

空间具有“回忆的力量”：在阿莱达看来，空间是记忆术的砖石，地点之中虽

---

① 严耀中.述论中国神话与小说里的婆罗门文化因子[J].华东师范大学学报(哲学社会科学版)，2019，51(03)：115—124+175.

② 詹姆斯·凯瑞.作为文化的传播：“媒介与社会”论文集(修订版)[M].丁未译.北京：中国人民大学出版社，2019.

③ [法]雷吉斯·德布雷.媒介学引论[M].刘文玲译，北京：中国传媒大学出版社，2014：5.

然不拥有内在记忆，然而在与神话嵌套的地点，人们可以感受到神祇的力量，这些地理空间成为了神话的记忆之场和回忆之境。[①] 中国神话的“记忆之场”分布于中华大地名山大川之中。随着五岳四渎祭祀系统的形成和道教洞天福地的建构，这些名山大川成为了充满神话记忆的“神圣之地”。人们认为在其中可以与神灵接触和沟通。名山之上修建的祠庙寺观是祭祀中国神话中神祇的神圣场所。当人们在这些充满神话符号的地点祭祀或者游览时，所感受到的文化力量远胜于文字与图像媒介的描述。神话记忆通过空间链接个人记忆，有时还会激发个人文化生产实践活动，使神话记忆重新被书写，完成记忆从肉身到客体储存的循环交互，实现了神话记忆的在时空中不断被共同体成员共享和重塑。

2.3 中国神话记忆形塑的社会空间维度

记忆形塑无法脱离社会空间中的社会关系而实现。神话记忆是神话符号建构和创新的文化知识生产过程。被时空文化语境界定的文化主体在神话符号编码、神话文本建构的过程中受到社会主流意识形态话语、国家政治宏观权力与运行于社会空间中的各种权力关系的制约。福柯认为：权力应该被理解为运行于社会空间“毛细管”中的多重力量关系的交织重叠，[②]知识生产，是依赖作为社会权力网络的知识团体来实现。或者说正是在社会空间中的各种关系形成的权力网络，建构了知识。杜赞奇（Presenjit Duara）提出“权力的文化网络”来描述运行于中国 20 世纪早期的华北农村社会空间中的权力关系。[③] 布迪厄将文化实践特别是传播活动中编码活动和社会空间结合起来，社会决定传播关系的编码，而不是反之。[④] 布迪厄将文化主体行动的社会实践空间称为“场域”。并强调场域对于行动者的群体惯习和行动逻辑的形塑。神话记忆是行动于不同社会实践空间的文化生产主体的编码活动所塑造的。因此，在分析神话记忆的传播主体或承载者时，要将他们作为受到社会和集体所形塑的群体而非个体看待。

---

① [德]阿莱达·阿斯曼. 回忆空间[M]. 潘璐译，北京：北京大学出版社. ，2016：349.
② [法]米歇尔·福柯. 性经验史[M]. 佘碧平译，上海：上海人民出版社，2005：64—67.
③ [美]杜赞奇. 文化、权力与国家[M]. 王福明译，南京：江苏人民出版社，2003：1.
④ [法]埃里克·麦格雷. 传播理论史：一种社会学的视角[M]. 刘芳译，北京：中国传媒大学出版社，2009：93.

与福柯的微观权力理论一样，布迪厄的场域理论同样受到黑格尔辩证法和马克思主义以及结构主义思想中的“关系思维”来理解社会实践空间。他认为社会空间是由已经分化和独立的社会中的小世界，比如：文学、政治、宗教、科学等社会实践空间所构成。这些文化主体行动的小世界也被称为“场域”。场域是处于不同位置的行动者在惯习的指引下，依靠各自拥有的资本进行斗争的场所，是各种权力竞争的关系空间网络。与场域概念联系的是布迪厄所建构的一整套文化社会学理论体系中的其他概念，比如文化权力、符号暴力、文化资本、惯习等。虽然布迪厄的场域理论所提出的时代背景是已经高度分化的资本主义社会。但他也关注了前资本主义时代场域的“非独立性”。他提道：“在古典社会，甚至在前资本主义社会，我们社会已经分化了社会界域（Social Universe）起初却是未分化的。”①

虽然中国古代社会是尚未完全分化的空间，各场域之间还未能完全独立且彼此纠缠嵌套，但是其文化实践的基本逻辑和布迪厄生活的时代还是有相似之处的。国内已有学者将布迪厄的场域理论运用于中国古代社会文化实践活动的分析中。比如：学者王欣尝试用场域理论来分析中国中古文学场域中的不同文学门类在场域中的位置关系的变化，以此来论述中国文学场域的发展走向。王欣在研究中发现：中国古代“准自主型文学场域”与其他场域行动者之间的关系与现代文学场域与其他场域之间的关系是类似的。② 笔者认为：在中国古代尚未完全分化的社会空间中，研究各“准自主场域”与周边场域共时与历时的关系变化，以及探寻在场域周边聚集的权力关系，是研究中国神话记忆形塑的关键所在。

2.3.1 场域周边：流动的场域边界

周边传播中将“空间”概念从物质空间扩展到了社会空间和关系空间，由此提出了“关系周边”这一概念。③ 陆地教授在 2019 年以主体视角提出了周边传播是“任何人或事物、或产业、或机构在自己周围或相关领域所进行的有目的的信息传播活动”。在本研究中，笔者在将布迪厄“场域”概念与“周边传播”结合提

① 朱国华. 权力的文化逻辑[M]. 上海：上海人民出版社，2016：72.

② 王欣. 文学盛衰的权力因素—中国中古文学场域研究中[M]. 苏州：苏州大学出版社，2013：3.

③ 高菲，陆地，陈沫. 周边传播研究[M]. 北京：中国书籍出版社，2021：2.

出了“场域周边”①这一表述。并将场域周边传播定义为：某一场域的文化主体在场域周边(包含相邻场域)所进行的有目的的传播活动以及某一场域的文化主体的传播活动对于周边场域的影响，以此来分析在尚未完全分化的中国古代社会空间中各场域之间存在的依附、嵌套、纠缠、离散等各种关系张力。

首先，场域周边的提出是基于社会空间中各场域的历时生成性和边界的“模糊性”。布迪厄的场域理论虽然没有试图去揭示资本主义社会空间中各场域之间相互关联，以及对每个场域进行生成性分析和比较性研究，然而他却承认场域的“生成性”，并认为“不存在超越历史因素影响的场域之间的关系法则。而且场域确实是在历史语境中得以生成的”。② 也就是说任何一个社会场域都不是天然产生的，而是在与周边场域竞争中和在历史语境中所生成。布迪厄将场域作为一个“潜在开放的游戏空间”。他认为场域的边界具有开放性，或者说场域边界的划分本身就是社会空间中各种场域斗争的关键。③ 万事万物皆有其周边，而且都有联系。事物之间通过周边产生的普遍联系和永恒变化是宇宙的普遍规律。社会空间中各场域之间的关系也是如此。虽然场域边界可以划定行动者的社会实践空间，确定行动者的文化生产活动范围，也可以将行动者聚拢在一起成为社会实践空间的统一体，并对场域的外界放射出排斥的力量。然而场域边界不是机械划分和天然恒定的。而是在与周边场域权力竞争博弈中，呈现出动态性、流动性和模糊性。边界的变化、流动引发了场域周边的收缩或扩张。布迪厄认为“场域的边界位于场域效果停止作用的地方”。④ 或者说场域的边界，已然混同于更大的社会空间或别的场域的一部分。在中国古代社会空间中，并没有形成完全独立自主的场域，因此各“准场域”之间的边界在不同历史时期呈现嵌套、纠缠，离散等不同状态。文化主体常常行动于不同场域中进行文化实践活动。比如：中国古代知识分子(士子)大都同时行动于文学场域、艺术场域和政治场域。一些宗教场域行动者也会同时涉足文学、艺术和政治场域。

其次，社会空间中的场域中也有“中心”和“边缘”的位置关系。场域又可细分为若干“子场域”，这些子场域之间在一个场域空间的位置也会发生历时变化。

---

① 陆地.周边传播理论的创新与活力[J].青年记者，2019(36)：4.

② [法]皮埃尔·布迪厄，[美]华康德.实践与反思—反思社会学导论[M].李猛、李康译，北京：中央编译出版社，2004：149.

③ 潘可礼.社会空间论[M].北京：中央编译出版社，2013.129.

④ [法]皮埃尔·布迪厄，[美]华康德.实践与反思—反思社会学导论[M].李猛、李康译，北京：中央编译出版社，2004：7.

比如在中国古代宗教场域中就存在道教与佛教、民间宗教、其他宗教等各子场域在宗教场域中的位置变化。中国文学场域中,也有经学、谶纬、散文、诗文、词曲、小说等不同子场域在文学场域中位置的竞争。位于场域中心位置的“子场域”在场域中具有最强的传播力,可以将自己场域的力量扩展至场域之外,渗透到周边场域中,从而影响周边场域的行动者的文化生产活动。有时,子场域的行动者为了在其场域中获得中心位置和更大的权力,有意识地通过与周边场域行动者交往,获得来自周边场域行动者的支持和力量。比如魏晋至唐宋时期道教领袖通过与处于政治场域中心的帝王的交往传播活动和资本交换,使道教一度获得了宗教场域中心的位置,并将道教的力量扩展至政治场域和文学场域。

2.3.2 中国神话记忆形塑的“场域周边”关系

在中国古代社会,神话记忆在场域周边的形塑受到以下两个因素的影响:其一,神话记忆承载者所在的社会空间中的场域。神话记忆的承载者的符号编码逻辑是由其所在的场域“惯习”所决定的。对于行动者来说,认清自己所处的社会空间的位置和遵循场域行动逻辑至关重要。宗教人士根据宗教场域中各宗教教派的教义、教规等进行修行、传道等活动。诗人、散文家、小说家遵循文学场域中“建构社会价值规范”和“文学本质的娱情功能”的双重合法性进行文学创作。[①] 而行动于政治场域的统治阶层和官僚也在一整套的由儒家伦理建构下的治国理念中,努力制造支持和维护王权统治的合法性,维护封建王朝的政治统治秩序的“言说”。其二,神话记忆承载者所在场域与周边场域的关系。在中国古代社会未完全分化的社会空间中,文化实践主体的编码逻辑会受到周边场域的影响。虽然中国古代社会实践空间中政治场域是权力场域,但是政治场域的皇权并不具有绝对的“权力”。中国两千年来的古代王朝一直是各种主体之间权力关系交织、博弈、互动的“关系场”而非实体存在。文学、宗教等场域行动者的文化实践活动虽然受到政治场域“国家政治权力”的制约,却也可以通过“文学权力”和“宗教权力”等文化权力通过文化传播活动对政治权力运作产生影响。文学场域和宗教场域行动者常常通过制造“神话”这一具有社会宪章功能、维持社会秩序、凝聚共同体认同的话语,辅助帝王建构统治合法性。因此,讨论神话记

---

① 王欣.文学盛衰的权力因素—中国中古文学场域研究中[M].苏州:苏州大学出版社,2013:7.

忆的形塑乃至在时空中的嬗变就不能不从社会实践空间中的政治、宗教、文学场域之间的共时和历时的权力关系的视角入手进行分析。

一、神话记忆在政治场域和文学场域的周边形塑

在中国古代社会，文学场域与政治场域是社会实践空间中最相邻的两个场域。文学自身既是文化权力的载体，又发挥着政治权力运作的媒介功能。也是政治权力的表征形态。政治机制运作需要文学传播。而文字传播的效果也可以影响政治权力运作。

袁柯的广义神话论认为：神话的要素除了具有“幻想性”“故事性”“原始性”之外的上古神话之外，还应该包括那些表达“物我混同、万物有灵思想，具有人神同台的表现形式，流传较广，影响较大且有意义深远的解释作用的其他文学作品”。① 并将中国神话记忆的文字媒介的存储范围从先秦典籍中的神话扩展到魏晋至明清以来具有神话元素的笔记小说、章回小说中。由此可见，文学场域的行动者是神话记忆承载的重要的文化力量。尤其是那些同时行动于文学与政治两个场域的儒生和士大夫们，他们具有强大的文化资本与政治资本，掌握着政治权力、文化权力和符号编码的符号权力。先秦至两汉时期，文学场域与政治场域深嵌在一起，诸子百家的创作基本都是以文学形式在阐发自己的政治理想，文学此时发挥的是社会秩序建构的功能。因此，在这一时期文学场域的行动者曾通过利用当时唯一的“话语表征系统”的“文学”，对上古神话符号进行再编码，以重新建构社会秩序和重定社会宪章。汉代儒家史官从实践理性出发，将上古神话加以重新编码形塑了“三皇五帝”的帝系古史神话记忆。使其成为构建“大一统”国家意识形态话语的符号资源。

南朝之后，中国古代的文学场域开始逐渐尝试摆脱政治场域的行动逻辑，在“娱乐功能”和“社会功能”两重合法性下保持平衡，文学场域与政治场域周边形成一种“纽结状态”。这时候文学场域行动者在诗赋中常将神话符号作为其创作的素材，一方面基于文学的社会功能性来抒发政治理想，另一方面则是基于文学娱乐性的功能表达情感。帝国晚期，随着印刷时代的到来，文学场域逐渐分化，代表大众文化的通俗文学向着“娱乐性”功能的面向发展。与主流意识形态话语离散的帝国晚期的神话戏曲、神魔小说被认为是“低级”的文类。而只有那些向

---

① 袁柯.中国神话史[M].北京：后浪出版社，2015：15.

大众灌输整体意识形态，可以维护共同体秩序的言说才可以保存，否则会被无情销毁。[①] 神话记忆在这些明清小说、民间传说、民间宝卷等文学类型中加以重塑的同时，文化主体会为他们的作品披上“主流意识形态话语”的外衣。

二、神话记忆在宗教场域和政治场域的周边形塑

中国古代社会空间中政治场域与宗教场域的周边临近关系体现在：从商周时期的原始信仰开始，宗教在中国古代政治生活和国家中就扮演极其重要的角色。传统宗教的神学思想和仪式作为弥漫性宗教形式融合到了中国世俗社会制度中。[②] 带有原始宗教色彩的神学宇宙观思维充斥在中国先秦至两汉的社会中。中国古代国家祭祀活动在本质上都是具有“宗教气质”且宣扬政治教义，具有政治和宗教双重色彩的传播活动。

中国宗教从一开始就嵌入到一个巨大的政治统一体中，是等级制社会的一个内在部分。[③] 中华帝国实际上是一个神权政体，皇帝归为天子，是人间和神界的中介。因此世俗政权对人们的宗教信仰及其关注，有时候会收编民间信仰为统治所用，这些信仰便会受到官方的承认，而如果背离统治的秩序，则被归为异端邪教，受到王朝政权打压。东汉末年外来佛教和本土道教等宗教兴起。然而与世界其他宗教比如基督教等迥异的是，由于中国古代政府对于宗教始终具有支配地位，因此这些宗教只有获得政治场域中心皇权的支持，才可以获得制度性宗教的地位，进行大规模的发展传播。而一旦失去了来自皇权的支持，就会遭受宗教迫害，其宗教力量就会衰弱，场域周边就会收缩。中国历朝历代政权的不同宗教政策和宗教偏好造成了在宗教场域中的佛、道在不同历史时期场域位置的变化和跌宕起伏的发展轨迹。葛兆光在《屈服史及其他：六朝隋唐道教的思想史研究》中提到一个概念：就是宗教“屈服”[④]。宗教话语必须要屈从于主流意识形态话语，宗教教义需要屈从于“国家权力”，其宗教才可以得到更广泛的传播。

处于政治场域中心的皇帝与宗教场域行动者常进行政治资本和符号资本的交换。皇帝常利用宗教领袖为其建构统治“合法性”的政治神话和宗教启示真

---

① 朱国华. 文学与权力. 文学合法性的批判性考察[M]. 北京：北京大学出版社，2014：125.

② 杨庆堃. 中国社会中的宗教[M]. 成都：四川人民出版社，2016：代序 7.

③ Maurice Freedman, On The Sociological Study of Chinese Religion, Religion and Ritual in Chinese Society, edited by Arthur P. Wolf, Stanford University Press, Stanford, California, 1974, pp. 19 - 41.

④ 葛兆光. 屈服史及其他：六朝隋唐道教的思想史研究[M]. 北京：生活 · 读书 · 新知三联书店，2003：9.

理。宗教领袖想要获得场域的中心位置，也需要积极与皇权结盟、成为工具性的宗教力量为国家主流意识形态话语服务。道教领袖常在王朝权力更迭之际支持他们看好的政治势力，通过创造政治神话，符箓、预言等宗教启示赋予“政治势力”超自然意义的合法性权力。同时道教通过吸收上古神话体系和民间信仰神祇体系，塑造了具有国家官僚体制象征的道教神谱体系，以此强化社会伦理政治秩序。

三、神话在宗教场域与文学场域的周边形塑

在中国古代社会空间中，宗教与文学同样一直处于相邻关系。尤其是中国土生土长的道教场域中的诸多行动者都涉足文学场域进行文化生产。因此，东汉至唐宋时期诸多文学作品表征着道教教义和信仰观念。汉晋时期道士葛洪所著的建构道教神仙体系的《神仙传》《枕中书》，以及同一时期，受到方仙道和道教影响的神仙小说《汉武帝内传》《神异经》《十洲记》，魏晋至唐代由道教神话和仪式发展而来的“游仙体”诗和宋代官修的采撷了先秦到宋初的四百余种典籍，收录了有关道教思想和神仙传说的《太平广记》，都见证了道教与文学场域的邻近互渗关系，以及道教行动者在场域周边的传播活动。道教场域行动者借文学作品将较为晦涩的宗教教义向世人表达，将道教场域空间周边扩展至文学场域。不仅是道教，外来的佛教，在两千年的历史中，同样对中国神话记忆的形塑产生了巨大的影响。通过僧侣的佛教俗讲、变文等传播形式，佛教典籍中的神话传说，同样扩散到世俗空间。佛教中的神祇逐渐被中国神话体系涵化吸收。佛典中的诸多神话人物：观世音、龙女、文殊、普贤、十八罗汉、夜叉、哪吒、弥勒[①]等常常出现在唐代传奇、明代神话小说、民间传说、民间文学宝卷和民间宗教宝卷中。

2.4 中国神话记忆形塑中的媒介空间维度

外部媒介是存储、再现、传承记忆的重要载体和工具。当外在媒介取代个体的大脑与神经网络而成为记忆的重要保存载体时，记忆的“时间周边”的持久性半径就被无限扩展和延伸了。在历史上，媒介形态变迁不仅打破了文化权力的

① 袁柯．中国神话史［M］．北京：北京联合出版公司，2015：134．

阶层垄断，也推进了记忆方式的改变。上古时代的神话符号在媒介形态中得以编码、储存和再现，记忆的每一次重塑，都与媒介嬗变性、可供性及技术动量(Momentum)等因素紧密联系。

2.4.1 媒介周边：模糊的媒介边界

中国神话记忆的历时形塑见证着中华媒介文明[①]的发展和变迁。茅盾认为：“神话最初的传布，必全恃口诵。祭神的巫祝，鬻歌为业的瞽者以及私家的乐工，是最初神话的保护者。当时流行的口头神话，被巫祝和乐工编为歌曲，在祭神时颂扬神的功德。飨宴时成礼侑觞，吉凶礼时表白祷祝与哀思，个人或群众集会时歌以娱乐，神话由此流传了千余年。”[②]口语传播时代神话的传播主体和记忆承载者是不留名的巫祝瞽师与乐工，传播方式主要是以歌谣的形式融入于祭祀的仪式，通过“仪式一致性”的记忆之术，神话作为一个部落和族群的集体记忆得以保存和传承。而后文字即兴，巫祝瞽师对于神话记忆和传播的垄断权力被打破，传播主体可以以“非在场”的方式进行文化传播活动。印刷技术的推广带来的是识字率的提高，打破了精英阶层对于符号编码权力的垄断。神话重新回到口述传统之中，在代表大众文化中的俗词、戏曲、宝卷中以更加生动的方式向更广阔的社会群体传播，凝聚“纵向一体”的社会共同体认同。神话符号在历史语境中在媒介空间中的不同媒介之间流转、互文、编码、存储、再现。在重复与差异中塑造着中国神话记忆。

笔者提出“媒介周边”的这一表述，用符号的“媒介周边”传播来描述符号在媒介空间中的不同媒介的多重编码，扩展其媒介空间周边范围的过程。通过神话符号的媒介周边传播，神话记忆实现了新旧文本互文和“记忆接合”的过程。在此，笔者需要解释一下，与“媒介周边”高度相关的三个概念：“互文”“媒介空间”与“媒介边界”。“互文”是指意义跨越历史的迁移，历经数年乃至数个世纪而留存于艺术和大众传媒的隐喻、文体、文字等。[③] “媒介空间”则是约翰·哈特雷

---

① 陈汝东. 论媒介文明[C]//全球修辞学会，全球传媒与伦理法制联合会，绍兴市社会科学界联合会，浙江越秀外国语学院. 媒介秩序与媒介文明研讨会暨第二届新闻传播伦理与法制学术研讨会论文集. 2015：13.

② 茅盾. 神话研究[M]. 天津：百花文艺出版社，1997：17.

③ [丹麦]克劳斯·布鲁恩·延森. 媒介融合：网络传播、大众传播和人际传播的三重维度[M]. 刘君译，上海：复旦大学出版社，2018：95.

基于卡西尔符号学以及卡尔·劳特曼的“符号空间”和文化、艺术、文学研究中“互文性”研究的基础上所提出的。约翰·哈特雷认为媒介传播本质上是符号传播，“媒介空间”存在于“符号空间”中。“媒介空间”(Media Sphere)是包括符号媒介和物质媒介的整个人类世界中所有的媒介形态所构成的媒介世界。① “媒介边界”(Boundary/Border)同样是文化研究领域中的一个概念，此概念的提出，是为了讨论20世纪英国文学研究跨媒介转向中(Intermedia Turn)“媒介间性”问题。21世纪后传播学界出现了媒介融合研究的高潮。尤尔根·E. 米勒(Jurgen E. Muller)认为“媒介间性”是马歇尔·麦克卢汉“媒介杂交”(Media Hybridity)的延展。麦克卢汉认为口语文化与文字文化之间具有天然的边界。然而劳斯·埃勒斯特罗姆(Larse Elleström)却认为：媒介与媒介之间的关系是互相交叉的，而非相互隔绝，并没有明确的边界。媒介的边界是模糊的。“我们有充分理由认为媒介间性是已经建立的‘媒介边界’被穿透的结果，实际上，媒介边界并不天然存在，但是为了解释媒介间性，我们需要讨论边界。”②正是因为媒介边界的“模糊性”，符号才可以穿越一种媒介，在媒介周边传播中，不断扩展在媒介空间的范围。符号在“媒介周边”的共时和历时传播，又分为两种情况：其一是符号编码和储存在同一种媒介，不同文本中的情况。比如：某一神话符号从文字媒介A1到文字媒介A2……直到文字An的编码过程；图像媒介B1，图像媒介B2……直到媒介Bn的编码过程。其二则是一个神话符号编码和建构于不同媒介、不同文本中的过程。比如：某一神话符号从文字媒介A1到图像媒介B1，再到语言媒介C1……直到Zn的编码过程。

媒介在媒介空间中的位置，同样影响着神话记忆的形塑。神话记忆在不同时期被不同的文学类型所形塑，其内在的逻辑则是媒介技术的变革导致的媒介在媒介空间位置的改变。如果将人类社会的全部媒介视为一个媒介空间，那么每一种媒介在不同的历史时期则占据不同的媒介空间位置。先秦至汉代，竹简处在当时中国媒介空间的中心位置。而在东汉至魏晋时期承载图像符号和文字符号的墓葬石和铜镜等物质媒介，也曾一度在媒介空间中占有一席之地，而后随着东汉之后墓葬文化的衰落而逐渐从媒介空间中消失。东汉晚期，造纸术的改

① John Hartley. Uses ofTelevision,. London: Routledge, 1999: p.218.

② Larse Elleström. The Modalities ofMedia: A Model for Understanding Intermedial Relations[C]// Larse Elleström. Media Borders, Multimodality and Intermediality. UK: Palgrave Macmillan, 2010: P.11-50.

良,将纸张推向了媒介空间的中心地位,竹简则被迫滑落到了媒介空间的边缘。北宋印刷术的发展,线装印刷书籍,无疑是那个时期文字符号搭载的核心媒介。当一种媒介走向媒介空间的中心,而成为社会空间中用于信息传播的主要媒介,那个时代的文学、艺术形式也会随之发生改变。这也是文学演化和媒介技术变革之间相伴相生的逻辑。从原始口传神话记忆、到先秦至两汉简牍书写的传世经典中的片段性神话记忆,东汉至魏晋时期的汉墓葬画像中的图像神话记忆,造纸术改良后的魏晋神仙志怪笔记小说中的叙事性神话记忆,印刷术革新之后的明清神话长篇小说中的神话记忆。神话记忆的编码和记忆储存方式的改变与媒介技术变革造成的媒介的兴盛与衰落密切相关。

2.4.2 多模态呈现:记忆在“媒介周边”的储存逻辑

媒介边界的“模糊性”和“可穿透性”,使得神话符号可以实现在语言、文字、图像、物质媒介周边编码,形成了神话口语记忆、书写记忆、图像记忆和物质记忆。所有的媒介都有其在记忆表达上的独特功能。口语记忆和仪式记忆表达上的特点就是重。书写媒介在保存记忆时虽然可以将散乱的口述记忆整合固定,搭建出记忆的框架,却常常因为旧文本与新文本的差异而引发记忆断裂,因此书写媒介在记忆传承中需要通过“文本一致性”在新旧文本之间搭起桥梁,利用文本互文实现记忆接合,才可以实现记忆在文字中的永生。① 相比文字媒介,图像媒介虽然以视觉化的形式再现和储存记忆,然而“因其回顾性的固定形式总是指向过去的东西,并且只能展示原作的一种越来越弱的翻版”。② 不仅如此,雕像、石壁、石碑、建筑物等物质性媒介所承载的神话图像记忆也会因为自然和人为的力量破坏而消失于历史时空中。媒介空间中的不同媒介形态在神话记忆存储上既存在竞争关系,也因为各自其不同的模态优势,而形成了对于神话记忆储存的媒介互补系统。神话符号在媒介周边编码储存,建构了多元立体的中国神话记忆文化景观。

依据媒介所能带给人类的感官体验的丰富性差异,传播学者陆地将古今中外的 25 种媒介划为三种维度种类:只能调动一种人体器官即可使用的媒介为二

---

① [德]扬·阿斯曼.文化记忆:早期高级文化中的文字、回忆与政治身份[M].金寿福,黄晓晨译,北京:北京大学出版社,2015:100.

② [德]阿莱达·阿斯曼.回忆空间[M].潘璐译,北京:北京大学出版社.2016:193.

维媒介、能够调动两种器官才可以使用的媒介为三维媒介，能够调动人体三种器官以上才能使用的媒介，便是多维媒介。陆地认为：媒介的维度越多，“魔术化”程度越强，①传播效果和传播能力就越好。西方学者 Larse Ellesreöm 认为人类文明中的媒介包含四种模态（Modality）：物质模态、感官模态、时空模态和符号模态。每种模态又可以依据不同模式（Mode）进行描述和细分。物质模态是指媒介的物质界面，包括人体、其他具有界限性质的平面或者三维物体，以及具有物质性质却没有呈现出界限性质的电波、声波、镭射光等不同模式。感官模态包括视觉、听觉、触觉、嗅觉、味觉等五种模式，是身体和思维通过感官系统知觉到媒介界面的媒介模态。媒介必须具有一种或一种以上可以被人类感官捕捉到的感官模态，其承载的信息才可以被人类觉察到。时空模态由四个模式构成，宽度、高度、深度以及时间。比如图像媒介就只有宽度和高度两个维度。而物质媒介则具有高度、宽度和深度等三个模式。戏剧则有宽度、高度、深度和时间等四个模式。符号模态分为社会语境建构的象征符号、基于相邻性的指示符号以及基于相似性的图像符号等。② 由于构成媒介的模式不同，媒介的模态结构也是复杂的，单一模态无法作为独立的媒介构成。因此麦克卢汉所说的“媒介即信息”，指的是媒介模态间的相互融合，而非一个媒介中包含另一种媒介。人类文明中几乎所有的媒介都是多模态的。也就是说媒介的“魔术化”程度的高低差异是由媒介包含的模态和模态中的模式的多少决定的。当下兴起的媒介融合的底层发展逻辑实则是媒介的多种模态维度的融合，并向智能化、移动化、魔术化发展的过程。

笔者认为媒介演进的“魔术化效应”理论同样可以迁移至讨论媒介存储记忆的效果研究中。媒介的感官模态和时空模态的模式越丰富，其记忆的储存和传播的效果也就越好。比如，一场互动剧中就同时具有视觉、听觉、触觉、嗅觉等感觉模态，表演者的身体、舞台布景等物质模态，剧目表演时长以及舞台空间等时空模态。因此是具有强“魔术化”的“多模态”媒介。所有的文化符号在媒介演化与革新中的编码逻辑必然通过在媒介周边的传播，突破单一模态而走向多模态的融合，在不同媒介中“互现”，通过模态的互补，实现文化记忆的绵延。符号在

---

① 陆地，高菲. 论媒介演进的“魔术化效应”[J]. 现代传播（中国传媒大学学报），2021，43(03)：10—19.

② Larse Elleström. Intermedial Relations [C]//Larse Elleström. Media Borders, Multimodality and Intermediality. UK: Palgrave Macmillan, 2010:11-50.

媒介周边的传播过程，是“异质符号形态之间错综复杂的表意过程”。[①] 历史中不同媒介的记忆储存功能的不可替代性，使得符号意义表达呈现迥异的状态。而这一切起源于符号的互释冲动也就是符号试图扩展其媒介空间周边的“内爆”（Implosion）的本源冲动。

本章小结

在这一章中，笔者通过周边传播理论中诸多时空概念与中西方学者的相关理论概念进行对话，提出了“场域周边”和“媒介周边”的表述。同时，笔者从宏观层面分析了“时间”“地理空间”“社会空间”“媒介空间”等维度对于中国神话记忆形塑的影响，为以下几个章节进入具体研究问题：以西王母符号建构、符号意涵变迁以及文本发展等“西王母记忆”作为切入口和研究抓手，深入话语实践和社会实践层面，揭示在中国古代文化知识生产实践中的抽象的“权力与知识生产的关系网络”如何在周边传播中被建构，搭建了周边传播四维分析理论框架。

① 胡易容．图像符号学：传媒景观世界的图式把握[M]．成都：四川大学出版社，2014：95.

第三章

区隔与连通：西王母记忆在“时间”与“地理”周边传播中的形塑

西王母记忆呈现出“复调叠加”多元记忆共存的形态。从时间维度来看，西王母记忆在时间周边的形塑可分为先秦至汉初的框架形成期、汉晋至唐五代的记忆重塑期以及宋元之后的记忆凝固期。历时社会文化语境变迁塑造了西王母文本和符号内涵的不同面向。在古史神话中，西王母符号或是指原始粗粝、虎齿豹尾的“凶神”和掌握不死之药、掌管昆仑山“超越性”长生女神；或是指可与周穆王和歌的“西域女王”；抑或是指位于华夏边缘西北的“国家”。在汉晋时期道教文学和道教经卷以及唐诗中，西王母符号或是指与东王公阴阳相对的“至阴女神”；或是指降临凡间授符茅山宗祖师茅盈和授汉武帝《五岳真形图》的道教“女仙之宗”；在宋元之后的俗词、官本、杂剧、民间传说和明清小说、戏曲和民间信仰中，西王母或与玉帝记忆交织，成为具有人性色彩的“王母娘娘”；或是与“无生老母”信仰结合，成为民间宗教宝卷中的“瑶池金母”。

物体的“中心”和“边缘”等“具象”性质，影响着人们对于地理空间的认知，也激发着人们对于“地理空间”的生产和实践，创造蕴含人类“精神意识”的“表征的空间”。地理空间是传播的重要介质，也是信息流转的枢纽和符号共享的场所。无论是口语传播、书写传播、仪式传播、印刷传播、还是电子传播，支撑传播系统的支柱都是由人和媒介等节点连接所构成的地理空间。在其中人、媒介、社会、地点四者之间相互依存和彼此互动。这些作为信息发出中心点的空间并非只是人活动的容器（Container），而是社会力量纠缠的“关系系统”（System of Relations）。空间“边界”具有模糊性和可穿透性的特点，使得由内向外突破和由外向内渗入的两种力量在空间“周边”博弈交织，蕴含着“周边”传播与交融的巨大张力。由此神话记忆不仅可以在这些空间中形塑为文本，也通过周边传播实现了记忆在共同体成员中的共时与历时的传播传承。本章将考察不同时期西王母记忆形塑和传播的“逻辑中心”的地理空间以及在这些空间中发生的传播活动。通过解蔽不同空间中的权力关系,探寻在空间中神话记忆与权力关系的互构。

3.1 框架形成:以“神山昆仑”为中心的西王母记忆形塑

西王母神话的“起源地”一直是百年西王母学术研究争论的焦点。虽然西王母神话的“原点”在未有新的考古发现之前还是未解之谜,然而西王母记忆建构的逻辑中心却非常清晰,在最初建构西王母记忆的文献中,西王母这一文化符号始终与昆仑这一“神话地理”空间紧密连接。苏雪林认为:“西王母与昆仑有析不开的关系,言西王母即言昆仑也。”[①]神话昆仑山这一“神圣空间”是西王母记忆的支撑点,西王母与昆仑是两个深深重叠的文化符号。顾颉刚将《山海经》中发生在“昆仑区”及周边地区的神话称为“昆仑神话”。[②] 在媒介地理《山海经》中昆仑只是先秦时期人们依据现实地理空间所建构的“想象的神山”,而后汉武帝钦定“于阗南山”为昆仑后,“昆仑”便成为了表征“大一统”权力话语的“表征的空间”。在这一虚实空间转化中充满着先秦至两汉华夏王朝对于异域空间的想象、征服、控制的过程。伴随着华夏与四夷的物质交换和礼乐文明传播,西王母记忆以充满中心力量与边缘力量冲突、博弈、妥协的“昆仑神山”为中心形塑、发展、传播、弥散。

“西王母”符号在先秦两汉经史类经典《尔雅·释地》《史记》《竹书纪年》《列子》子部小说类《山海经》《穆天子传》中或为神名、或为国名、或为女王名,其符号意涵经历了从《山海经》中居住在昆仑之丘的粗粝野蛮的“原始女神”、到《穆天子传》《列子》《竹书纪年》中在昆仑瑶池与穆王和歌的”西域女王”、再到两汉之际谶纬中掌管昆仑山具有超越性神格的“至上女神”的意涵转变。昆仑与西王母最早出现在大约战国时期所著的具有神话地理志性质的《山海经》中,《山海经·大荒西经》中,西王母以具有原始图腾崇拜特征的原始女神形象呈现:“昆仑之丘,有神——人面虎身,有文有尾,皆自处之,其下有弱水三渊环之,其外有炎火之山,投物辄然。有人戴胜、虎齿、豹尾、穴处,名曰西王母。”[③]《山海经·西山经》说:

---

① 凌纯生.西王母与昆仑山[A].//迟文杰等编著.西王母文化研究集成·论文卷(上卷)[C].桂林:广西师范大学出版社,2008:80—102.

② 顾颉刚.古史辨自序[M].北京:商务印书馆,2011:784.

③ 袁柯.山海经全译[M].北京:北京联合出版公司,2016:255.

“又西三百五十里曰玉山，是西王母所居也。西王母其状如人，豹尾虎齿而善啸，蓬发戴胜，是司天之厉及五残。”[①]西王母所居住的玉山在昆仑区西部。蒋观云在《中国人种考》中说山海经中的玉山，就是白玉山。属于昆仑山系一山，皆可谓昆仑。在西晋时期出土的春秋时期魏国史官所著的《竹书纪年》《穆天子传》中，西王母是西域女王：“十七年，王西征，至昆仑丘，见西王母。其年西王母来朝，宾于昭宫。”[②]伴随着春秋以来，史官们对于上古神话的改造，上古西王母神话也被“历史化”了。

在这一节中，研究以“神话昆仑山”在媒介地理中的“空间话语”嬗变作为研究抓手，分析先秦至两汉时期上古西王母神话记忆如何随着昆仑“空间话语”的转变不断解构、再结构，最终形成现有西王母记忆框架的形塑过程，熨开华夏族群与周边族群交往历史幽深处的褶皱，探寻围绕政治、文化地理双重“边界”空间符号的“昆仑”而展开的一系列政治、文化、商贸等周边传播活动，从而揭示先秦至两汉时期，在华夏边缘不断向西推进的过程中，王朝是如何通过在神话中塑造空间权力话语和通过祭祀活动整饬山水空间来建构“大一统”的帝国政治秩序。

3.1.1 以山为“边”：“西域女王”记忆与华夷周边传播

表 3.1 先秦至两汉典籍中西王母记忆（西王母指涉原始女神或长生女神）[③]

成书年代	文献出处	原　　文	符号意涵
战国至两汉	《山海经·西山经》	“又西三百五十里曰玉山，是西王母所居也。西王母其状如人，豹尾虎齿而善啸，蓬发戴胜，是司天之厉及五残。”	原始女神

① 袁柯. 山海经全译[M]. 北京：北京联合出版公司，2016：33.

② [清]郝懿行. 郝懿行集·竹书纪年校正[M]. 安作璋主编，济南：齐鲁书社，2010：3892.

③ 参见：袁柯. 山海经全译[M]. 北京：北京联合出版公司，2016：255. 袁柯. 山海经全译[M]. 北京：北京联合出版公司，2016：33.；[宋]吕惠卿. 庄子义集校[M]. 卷第三，北京：中华书局，2009：130.；[汉]刘安. 淮南鸿烈集解[M]. 卷六览冥训. 刘文典撰. 北京：中华书局，2006：217.；[汉]司马迁. 史记·司马相如列传[M]. 卷一百一十七，北京：中华书局，2003：3060.；[汉]班固. 汉书·杨雄传[M]. 卷八十七上，颜师古注，北京：中华书局，1962：3591.；[汉]焦延寿. 焦氏易林注[M]. 尚秉和注，北京：光明日报出版社. 2006：190.

(续表)

成书年代	文献出处	原　　文	符号意涵
战国至两汉	《山海经·大荒西经》	“昆仑之丘,有神——人面虎身,有文有尾,皆自处之,其下有弱水三渊环之,其外有炎火之山,投物辄然。有人戴胜、虎齿、豹尾、穴处,名曰西王母。”	原始女神
战国	《庄子·大宗师》	“西王母得之,坐乎少广,莫知莫始,莫知莫终。”	长生女神
西汉	《淮南子·览冥训》	“譬若羿请不死之药于西王母,姮娥窃以奔月,怅然有丧,无一续之。”	长生女神
西汉	《大人赋》	“低回阴山翔以纡曲兮,吾乃今目睹西王母?矐然白首,戴胜而穴处兮,亦幸有三足乌为之使。必长生若此而不死兮,虽济万世不足以喜。”	长生女神
西汉晚期	《甘泉赋》	“想西王母欣然而上寿兮,屏玉女而却宓妃。”	长生女神
西汉中期	《焦氏易林》	“弱水之上,有西王母,生不知老,与天相保。”	长生女神

所有古文明国家的历史都是从神话叙事开始的。无论是《圣经旧约》讲述的希伯来历史,还是希罗多德在《历史》中讲述的古希腊历史,抑或是中国《尚书》《春秋》《左传》《史记》中都有关于神话的记述。神话与古史之间相互嵌套是世界古文明史的一个重要特点。先秦至两汉时期是中国古史与神话传说嵌套的混沌期,诸子及史官以族源和部落祖先神话传说故事为主,将远古信仰神灵写入史书或是地理博物书中。因此,这一时期的神话传说大都反映了当时中华大地各族群相互兼并和融合的过程。

西王母记忆在先秦至两汉经历了一个较为重要的转折点。“西王母”从神话地理志《山海经》中“可怖”的“原始女神”转变为《穆天子传》《竹书纪念》等具有史书性质的典籍中周穆王所拜会的“可亲”的“西域女王”。这一时期华夏族群和周边族群交往活动的深入,身处华夏中心地区的史官和文学家对于“西部边疆”地区想象逐步变化。“无论神话多么离奇,都包含着共同体历史中所涉及的诸如共同体祖先和边界的传奇,是这些问题催生出了关于历史的神话。”[①]因此,讲述华

① Mali. Joseph. Mythistory. The Making of a Modern Historiography. Chicago: The University of Chicago Press, 2003:P.4.

夏与四夷之间“边界”变动的历史是西王母记忆在这一时期嬗变的重要原因。

表 3.2 先秦至两汉典籍中西王母记忆(西王母指涉西域女王)①

年代	文献出处	原　文	符号意涵
西周至魏晋	《穆天子传》	“吉日甲子,天子宾于西王母。乃执白圭玄璧以见西王母。好献锦组百纯,□组三百纯。西王母再拜受之。□乙丑,天子觞西王母于瑶池至上。西王母为天子谣……西王母又为天子吟曰……天子趋升于弇山,乃纪名迹于弇山之石,而树之槐,眉曰西王母之山。”	西域女王或国名
战国到魏晋	《列子・周穆王》	“遂宾于西王母,觞于瑶池至上。西王母为王谣,王和之,其辞哀焉。”	
战国末期荀子	《荀子・大略》	“舜学成于务成昭,禹学于西王国。”	
战国-西汉初	《尔雅・释地》	“觚竹、北户、西王母、日下,谓之四荒”	
西汉初年	《新书・修政语》	“尧曰:‘身涉流沙,地封独山,西见王母,驯及大夏、渠叟。’”	
西汉初年	《史记・赵世家》	“缪王使造父御,西巡狩,见西王母,乐之忘归。”	
西汉初年	《淮南子・坠形训》	“西王母在流沙之濒。”	
西汉中期	《大戴礼记・少间》	“西王母来献其白琯。”	

一、接触地带与文化融合:政治与文化地理“边界”双重表征

疆域是一个国家实施政治管辖的领土范围。“疆”从“畺”演化而来,“畺”,界也,表示领土的空间边界,域则指疆内空间。疆域表述的政权的“边界”和“内容空间”两个含义。我国历史上长期以来都处于一种“有域无疆”或是“以域代疆”

① 参见:[晋]郭璞注. 穆天子传汇集释[M]. 王贻樑、陈建敏校释,北京:中华书局,2019:143. 杨伯峻. 列子集释[M]. 卷第八. 周穆王传. 北京:中华书局,1979:98. ;[清]王先谦. 荀子集解[M]. 卷十九. 大略篇第二十七. 北京:中华书局,1988:489. ;[清]郝懿行. 郝懿行集・尔雅义疏[M]. 卷七. 释地第九. 安作璋主编,济南:齐鲁书社,2010:5690. ;[汉]贾谊. 新书校注[M]. 闫振益. 钟夏校注,北京:中华书局,2000:360. ;[汉]司马迁. 史记[M]. 卷四十三. 赵世家第十三. 北京:中华书局,2003:1779. ;[汉]刘安. 淮南鸿烈集解[M]. 卷四. 坠地训. 刘文典撰. 北京:中华书局,2006:149. ;[清]王聘珍. 大戴礼记解诂[M]. 卷十一. 王文锦点校,北京:中华书局,1983:216.

的领土边界模糊的状态。古代大自然的高山、河流、海洋、蛮荒形成的天然的空间边界和标志成为了中国古代族群和王朝塑造领土边界的“工具”。19世纪德国地理学家F·拉采尔对“边界”的定义为:“界限是相邻民族扩展的结果,边界既要服从自然走向,也是政治关系不同的人类集团间力量抗衡的结果。”[①]由此,在这些可作为“边界”的山川湖海等自然空间处,积蓄着族群之间对抗、争端、兼并、融合等巨大的力量。这些自然空间也从自然地理上意义的“难以跨越性”转变为政治地理意义上的“不可跨越性”,乃至文化地理意义上的“不可接近性”。从政治地理视角来看,象征“他界”与“我境”区分的自然空间归属的变动,所引发的领土收缩与扩展、族群的兼并与融合,被古代人们理解为来自于“空间的力量”。古人通过在神话传说中去构造这种“空间边界”,将其塑造为开疆扩土的“空间话语”。从文化地理视角来看:“边界”促成了分属不同文化区域的“内部文化”与“外部文化”中的思想接触、流动与转化的(Cultures of Circulation)[②]的文化特征模糊的“周边地带”。

先秦时期的人们就是将原本位于华夏边缘的群山在文本中建构成为了《禹贡》《山海经》等媒介地理空间的“昆仑山”,将其视为政治上的华夏王朝与周边四夷之政治地理的周边地带和文化礼制上“华夏”与“蛮夷”的“文化过渡区”和“接触区”。

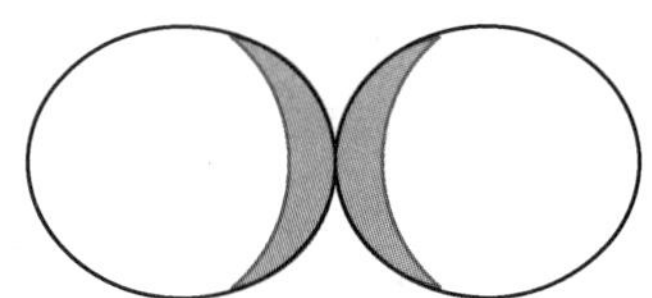

图3.1 周边传播“晕染”模式图

首先,从政治地理上来看,“地理话语和战略权力话语之间存在概念的流通。”[③]在古代,文学是唯一的“话语表征系统”。因此,先秦诸子和史官通过在文字媒介建构的“地理空间”中通过标识领土边界。建构国家对于现实空间掌控的“空间权力话语”。叶舒宪认为《山海经》一书的构成,带有明确的政治动机,是“具有国家级权力背景的官修之书”。[④] 反映了先秦时期人们的地理空间观念和古代中国疆域生态特征。《山海经》和《禹贡》为战国之后国家逐渐形成“大一统”的政治格局提供了神权政治的空间证明。《山海经》中的《西次山经》《海内西经》《海内东经》《海内北经》《海外南经》《海外北经》《大荒西经》《大荒北经》等八处昆

① 韩茂莉.中国历史地理十五讲[M].北京:北京大学出版社,2015:28.
② 唐晓峰.文化地理学释义[M].北京:学苑出版社,2012:149.
③ [法]福柯.权力的眼睛—福柯访谈录[M].严峰译,上海人民出版社,2005:212—213.
④ 叶舒宪.山海经的文化寻踪:想象地理学与东西文化碰撞[M].武汉:湖北人民出版社,2004:50.

仑区所描绘的媒介地理景观是以“昆仑之丘”为中心的处在当时华夏西部地区的群山。顾颉刚认为昆仑区依照次第远近可划分为三圈，山海经中的“昆仑”可对应为现实地理中横卧我国西部北、中、南的三条山系。北山系实际延伸到祁连山，中山系延伸为积石山，直到西秦岭；南山系为巴颜喀拉山，为长江和黄河分水岭。三个山系之间夹杂着广阔的草原，也就是“西荒”，在这些草原中间和边沿地区，常有沙漠堆积，也就是《山海经》中描述的“流沙之地”。这些群山代表华夏与四夷的政治地理的周边区域。《海内东经中》将“昆仑”建构为华夏西北边缘处的“大山”。“国在流沙外者，大厦、竖沙、居繇、月支之国。西胡白玉山在大夏东，苍梧在白玉山西南，皆在流沙西，昆仑虚东南。昆仑山在西胡西，皆在西北。”[①]《尚书·禹贡》将天下由中心向周边，塑造了五个空间层次：甸服、侯服、绥服、要服、荒服。[②] 而《山海经》中的大荒世界，对应着《禹贡》中的荒服，是政权的边缘。东汉马融的《尚书注》说：昆仑在临羌西，析支在河关西。指的是与华夏有毛皮贸易往来的三个西戎部落。《禹贡》中要服地区的雍州就包含昆仑，同样说明昆仑是处于华夏的西部区域，大概在今天山西和甘肃地区，是华夏中心与“荒服”地区接触的周边地带。这种政权统摄的圈层思维体现着中国古代人对于传播效果与空间距离之间关系的认知：政治统摄力与文化影响力受到空间距离远近的影响。随着空间距离的增加，其传播效果必然降低的传播规律。

其次，从文化地理属性来看，在中国古代，无论代表中央之地的“王城”还是周边四夷，都不仅仅是一个政治地理空间，而是凸显着一种以文化地理建构政治秩序的理念。“中心”区域有着与“周边”地区完全不同的礼仪风范，“中国之礼仪之大，故称夏；有服章之美，谓之华，华夏一也。”[③]礼仪、祭祀、服章等强调的都是文化，凡视为中国的区域，就以华夏文化风范盛行。政权的核心圈层在先秦人眼中被认为是文明化的，而当时的云南、贵州、四川、甘肃、青海等地，则主要是汉、羌、藏、氐等民族混杂地区，被认为是文化圈的是介于文明与野蛮之间的中间地带，或者说与荒服异域的“接触地带”。[④] 是一种中国天下观的思想的图景的想象的认知空间（Mental Space）的媒介镜像表达。

① [清]焦循. 禹贡郑注释[M]. 陈居渊主编，南京：凤凰出版社，2015：235.

② 袁柯. 山海经全译[M]. 北京：北京联合出版公司，2016：225.

③ [清]阮元校刻. 十三经注疏·春秋左传正义　卷五十六[M]. 北京：中华书局，2009：4664.

④ 王铭铭. 三圈说——另一种世界观，另一种社会科学[J]. 西北民族研究，2013(01)：82—99.

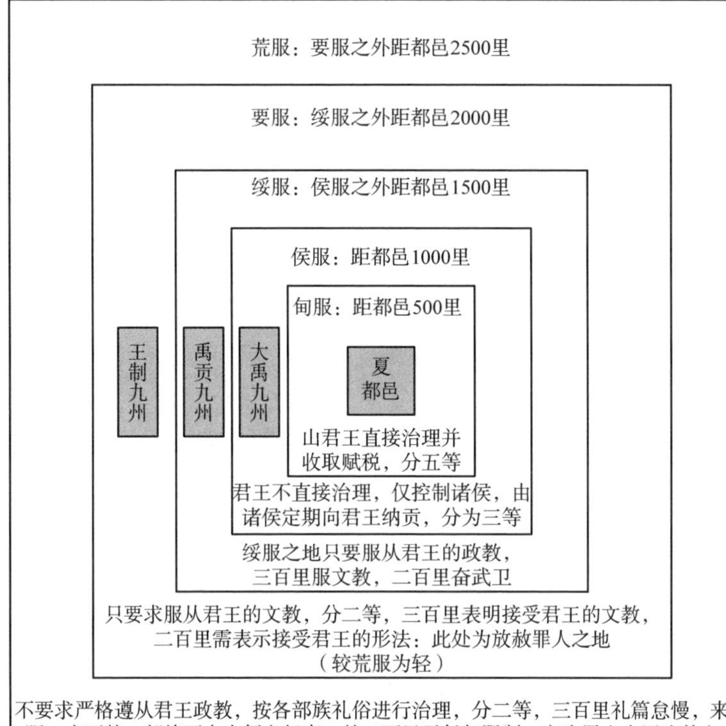

甸服五等：
一百里赋纳穗禾，
青穗禾草可饲马；
二百里纳■
（千禾带穗）；
三百里纳秸
（去禾秸谷穗）；
四百里粟
含壳曰粟，
即俗语的谷；
五百里纳米
（谷去壳曰米）。

侯服三等：
百里卿大夫邑地，
再二百里男爵之国，
三百里起为侯国。

由内而外以邑地、
小国、大国安排

图 3.2　禹贡的政治文化地理观

二、文化他者与异域想象:“蛮荒”与“乐土”的双重镜像

徐炳昶在《中国古史的传说时代》指出:“很古时代的传说总有它历史方面的质素、核心,并不是向壁虚造的。”①道明了神话与古史的互为镜像的关系。苏雪林也认为:“中国古代的历史与地理,本皆朦胧混杂。如隐一团迷雾之中。昆仑者,亦此迷雾中事物之一者。昆仑问题,比之其他,尤不易董理。”②中国上古时期的社会生活、人文地理、历史事件盘根错节于先秦至两汉的各种不同文类的典籍中。因此,学者们才会孜孜不倦探求昆仑山与西王母在历史中的真实原型。事实上,《山海经》中的西王母形象确实有其作为原始女神和传说人物的现实基础。先秦时代,西域乃至中亚,最重要的三个族群分别是氐羌、华夏和戎狄(含塞

① 徐旭生. 中国古史的传说时代增订本[M]. 北京:文物出版社,1985:3.
② 米海萍. 专家学者话昆仑[M]. 北京:社会科学文献出版社,2018:94.

种)。而先秦时期羌人装扮既蓬发也戴胜。《后汉书·南蛮西南夷列传》说:“盘瓠之后,好五色衣服,制裁皆有尾形。”与《山海经》中的西王母蓬发戴胜、虎齿豹尾形象较为吻合。说明《山海经》中西王母的形象记忆是参考了华夏边缘处西南夷羌戎族人的装扮而塑造。西王母的“穴居”并非野兽所居的山洞,而是当时羌戎部落避免沙漠酷热挖掘的地穴。现在中国甘肃、青海地区依然保存着凿嵌于山腰峭壁之间古洞窟。石室文化在世界上渊源古老,乌拉尔图的战神兼主神哈尔德居住在石窟中,苏美尔人的主神兼战神恩利尔所栖居的“尼普尔神庙”被称为“山宫”其实也是石室。[①] 马林诺夫斯基在介绍美拉尼西亚人神话时也说:“有许多特别地点,如石洞、树杈、石堆、珊瑚露层,泉水之类,美拉尼西亚土人都叫作“孔”或“屋”。[②] 因此《山海经》中原始粗犷居住于昆仑山一带的“西王母”,是先秦时期生活华夏中心的族群对于当时华夏边缘的西北族群乃至更加遥远地带的文化他者的“想象”。将对西部遥远地区的认知、信念、情感形塑于《山海经》昆仑与西王母的想象的文本建构中,这是媒介对于“现实空间”在认知加工过程中的过滤、筛选、塑造的结果。加拿大学者 Berry Weller Berry Wellar[③] 曾建构了一个模型解释了传播主体是如何将真实的事实经由数据和信息筛选处理,再经由个体或者社会认知框架中的知识转化为信息接受者更为偏爱的事实。笔者在这个模型的基础上,用下图展现先秦至汉代,人们是如何将中国西北部现实中的高山和西部的部落女王通过想象与认知加工,变为呈现于传世经典中的“昆仑”与“西王母”。

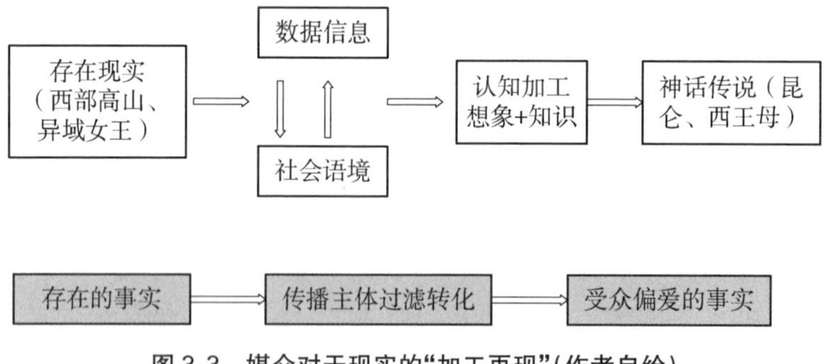

图 3.3　媒介对于现实的“加工再现”(作者自绘)

① [苏]阿甫基耶夫. 古代东方史[M]. 王以铸译,三联书店,1957:116,536.

② [英]马林诺夫斯基. 巫术科学宗教与神话[M]. 李安宅译,北京:中国民间文艺出版社,1986:97.

③ Berry Weller Berry Wellar Geography and Media: Strenthening the Relationship, Discussion Paper for Symposium on Projecting Geography in the Public Domian in Canada Association of Geograhers Annual Meeting, University of Western Ontario, London, May 31. June 4,2005, p.9.

对于异域想象所建构的神话传说不会脱离神话传说的“中心-边缘”叙事框架中[①]在这一认知框架中有双重面向，既有中心对边缘的蛮荒的凝视与刻板印象的一面，也有对于遥远处神秘、美好的乐园与极乐之境追寻的另一面。如果说《山海经》中的西王母形象主要保留着先秦对于西部地区的蛮荒的想象与认知。那么在《穆天子传》中的西王母记忆则突出了第二个面向。两种面向的更替是随着战国时期华夏族群与周边族群的交往深入、互动增多而引发。《穆天子传》中昆仑和西王母所在的西部地区不再是遥远的、蛮荒的不可接近的地区。西王母也不再是可怖而不可亲近的“凶神”。变成了可以与穆天子和歌，商谈政治理念的西域女王。

三、以“路”为媒与礼乐传播

（一）玉石之路与草原之路

西王母记忆复杂多变的另一重要原因是西王母的文本叙事常与古史之间嵌套交叠、杂糅共生。西晋初年在战国墓中发现的竹简书籍《竹书纪年》和《穆天子传》都载有西周第五位君王周穆王姬满西行至昆仑拜会西王母的故事。虽然这些文本具有一些神秘色彩，但根据李学勤、杨树达、于省吾等学者对于西周青铜器铭文《班簋》的研究发现，证明了《穆天子传》中的一些人物和事件并非完全子虚乌有，而是反映了周人与西域交通的事实。杨树达先生在其《毛伯班簋跋》中说：“《穆天子传》一书，前人视为小说家言，谓其记载荒诞不可信，今观其所记名见于彝器铭文，然则其书固亦有所据页，不尽为子虚乌有虚构之说也。”[②]“周穆王西行以由成周到所谓西北大旷原的路线道理计算，超过我国的疆域之外，最低限度表明了先秦人民对于东西交通的认识。”[③]书中对于穆天子西征的交通路线，沿途风俗人情、物产气候以及各部落与穆王之间的贡献与赠赐等都有详细记载，反映了先秦时期西北各民族居住、习俗、分布和迁徙情况。“历史文献作为一种集体记忆的传递媒介，记录的未必是客观历时，而是当时某一人群或社会阶层

---

① 注释：关于神话传说中心-边缘叙事框架参见：［日］池上嘉彦. 符号学入门［M］. 张晓云译. 北京：国际文化出版社，1985：168.

② 杨树达. 积微居金文说［M］. 北京：中华书局，1997：104. 大部分学者认为《穆天子传》成书最早是战国时期，也有学者将其视为汉代以后，甚至更晚的作品。关于《穆天子传》成书年代的研究，可参考杨宪益. 穆天子传的作成年代及其作者［A］//译余偶拾［M］. 北京：三联书店，1983：99—109.；童书业.《〈穆天子传〉疑》［A］. //中国古代地理考证论文集［C］. 北京：中华书局，1962：40—42.

③ 李学勤. 走出疑古时代［M］. 长春：长春出版社. 1994：43.

所选择的重要的‘过去’，以合理化社会现实，反映着当时社会集体‘心理结构’和创造者的某种‘意图’。”①《穆天子传》即使无法作为周朝的信史，至少记录了其创作时期东西方交通密切、经济文化传播兴旺的壮观景象，凝聚了自周朝延续至秦汉帝王们的“和治夷夏”“柔远能迩”的政治梦想，同时反映了那一时期华夏民族和西部民族，乃至更遥远的文明在物理空间和文化空间上的连通。

“道路”是实现物质文明和精神文明互动传播的基础。道路不仅实现了物资在空间中运输，促进了华夏民族与周边民族商贸的交流。更为重要的，它们成为了华夏民族与周边民族文化、组织、信仰、思想、经济乃至政治权力连接的媒介。② 传播学的空间转向使得学者们展开道路作为传播空间“媒介”的讨论，道路是以中心向四周发散的周边传播网络空间拓扑结构。中国古代狭义的西域地区指玉门关、阳关以西，葱岭也就是今天帕米尔高原以东，巴尔喀什湖东、南及新疆的广大地区，而广义的西域则是指凡是通过狭义西域所能到达的地区，包括亚洲中、西部，印度半岛的地区等。华夏与西域地理上虽然有横亘于两者之间的诸多山系，然而并非“绝而不通”。远在汉代张骞出使西域之前，中原与西域就存在连通彼此的“玉石之路”与“草原之路”。沿着距今 3000 多年前的玉石之路。绵羊、黄牛、玻璃、马车、铜和冶铁技术以及来自新疆的和田玉等传入了中原。考古学家发现了距今 4000 年前后的龙山文化晚期和齐家文化时代，新疆和田玉资源就已经开启了西玉东输的华夏资源供应。③《山海经》《淮南子》中多次提到玉石，并对玉石的产地、质地、光彩进行了描写：《西次山经》中的峚山、乐游之山、嬴母之山、玉山等，多产美玉。《淮南子·览冥训》说：“羿请不死之药于西王母。”④这里的不死之药应该就是玉石。《西次山经》中又说：“峚山……瑾瑜之玉为良，天地鬼神，是食是飨，君子服之，以御不详。”⑤战国至两汉之间成书的《尔雅·释地》也说：“西北之美者，有昆仑虚之璆琳琅玕焉。”⑥再结合管子中明确提出“北用禺氏之玉”。⑦ 这些证据都可以证明山海经中的昆仑所描述的昆仑之玉

---

① 王明珂. 华夏边缘：历史记忆与族群认同[M]. 上海：上海人民出版社，2019：310.

② 郭建斌，王丽娜. 由“路”及“道”：中国传播研究的一种新的可能[J]. 国际新闻界，2021，43(11)：23—43.

③ 叶舒宪. 玉石之路与华夏文明的资源依赖——石峁玉器新发现的历史重建意义[J]. 上海交通大学学报(哲学社会科学版)，2013，21(06)：18—26.

④ 陈广中，陈青远，付芮. 淮南子译注[M]. 上海：上海三联书店，2014：101.

⑤ 袁柯. 山海经全译[M]. 北京：北京联合出版公司，2016：37.

⑥ [清]郝懿行. 郝懿行集·尔雅义疏[M]. 安作璋主编，济南：齐鲁书社，2010：198.

⑦ 注释：王国维和日本的江上波夫等认为禺氏是游牧在北方草原与河西地区的西域民族大月氏。王国维. 月氏未西徙大夏时故地考[M]//王国维全集：第十四卷. 浙江：教育出版社，2010：58.

产于新疆和田地区。

在公元前7世纪到4世纪之间，斯基泰人控制了欧亚草原从西向东之路，这条路也被称为黄金之路或者草原之路。中原地区的丝绢、铜器都通过这条路向西运越过葱岭，延伸到乌拉尔，波洛伏齐草原和伊朗高原。① 从阿尔泰山到喀喇昆仑山之间，包括七河至帕米尔，各族人民交往频繁。文化互相渗透，神话互相融合。产生了诸多同源异流的变体。日本学者森雅子将西王母与地中海沿岸中的不同地母神比较，认为山海经中的西王母神话与古希腊和罗马一带流行的地母神信仰在很多方面类似。② 比如，与在《山海经》中西王母“司天之厉及五残”的刑神和厉神，在汉代谶纬《龙鱼河图》中，西王母是遣使授符助黄帝战胜蚩尤的战神，与希腊女神雅典娜具有类似的神格。同时，西王母还具有人类原始地母神孕育生命、负责生殖和象征丰饶的神格，在《大荒西经》和西汉《焦氏易林》的繇辞中，西王母就被赋予赐子和保佑土地丰饶的功能：《大荒西经》中有“王母之山，……有沃之国，沃民是处”。《焦氏易林》中则有“稷为尧使，西见王母。拜请百福，赐我嘉子”以及“中天稾黍，以享王母，受福千亿，所求大得”。同时，西王母按照五行之说属金，被民间称为“金母”，且为“至阴”之神和月神，因此，常与月亮与捣药兔等图像同时出现在汉晋时期的墓葬画像石图像中。在两汉时期形成的西王母神话和信仰中，西王母又是可接引亡灵升入天界的幽冥之神，与具有金星女神、月神、冥界之神、丰饶之神等多重神格的西亚女神伊斯塔尔极为相似。

不同族群、民族、国家神祇的传说在这些连通华夏与周边民族、文明的“道路”中流转、交融、传播。在华夏西北部边缘地区生发出“昆仑神话”，诞生了最初的上古口传西王母神话，随着西域部族如羌族一支或数支进入中原境内，在民族融合形成汉民族的过程中，昆仑神话成为了中国神话体系中最重要的一部分。并分两条路径传播：一条是从远西北传入近西北，再由近西北传入内地，直到传播到东部沿海地区与东夷风物传说融合，成为了讲述神仙信仰的“蓬莱神话”。另一条则是随着羌族进入四川地区的楚地，与楚地的“巫文化”结合。随着楚国

① 沈福伟．中西文化交流史[M．上海：上海人民出版社，2017：14．

② 森雅子．西王母の原像——中国神话における地母神の研究[J]．史学．三田史学会，1988(56)03：61～93．森雅子认为西王母与库巴巴(Kubaba)在三个方面具有相似性：1．山岳之神；2．百兽之主；3．两性共具。与阿那特(Anat)的共同点也有三个：1．死神；2．战神；3．王权守护神。与伊南娜(Inana)的共同点体现在同为月神、生育之神、婚嫁之神和丰饶之神。

不断向东扩展的过程中，昆仑与蓬莱两个神话系统又逐渐融合。形成新的神话记忆。

（二）瑶池宴饮与柔远能迩

“关系互动比信息传递更具有基础性和优先性。”①“礼”，协调着统治权，祭祀权、财产权和话语权。历经两周发展后，逐步形成“经礼三百，曲礼三千”②的宏大体系。先秦文献中与《穆天子传》相似的一些内容也出现在《尔雅·释地》中，“觚竹在北，北户在南，西王母在西，日下在东，皆四方昏荒之国，次四极者。”③这里的西王母国在地理志中被“华夷之辨”的话语建构为外服的蛮荒之国，是需要通过以“礼”教化的对象。因此《穆天子传》中的“记忆”折射的是创作者意图通过描述穆王西游的壮举，彰显从周朝延续至秦汉帝王们期待通过礼乐传播实现“大一统”的梦想。正如涂尔干所说：“不是自然，而是社会才是神话的原型。神话的所有基本主旨都是人的社会生活的投影。”④

《穆天子传》记载，周穆王西行，每到一处就会馈赠给各部落酋长丝绢、铜器、贝币。各部落酋长向穆王赠送大量马匹、牛、羊、穄酒。比如“赤乌之人其献酒于千斛于天子，食马九百，羊牛三千，穄麦百载。天子乃赐赤乌人□亓墨乘四、黄金十镒、贝带五十，天子于是取嘉禾以归，树于中国”。穆天子西行的另一个目的是玉石，“群玉之山，爰有□木，西膜之所谓□，天子于是攻其玉石，取玉版三乘，玉器服物，载玉万双。”⑤人类早期文明中为了缔结契约，会经由各自首领为中介，进行礼物交换，馈赠与回报。通过这种“跨族群”礼仪性的礼物交换，从而建构更大的共同体。穆王颁赐礼物一西征路上，属于“锡命”（锡同赐）之礼。通过礼物这种具有政治象征作用。⑥ 不但彰显国力，也是对部落首领政治上的肯定、奖赏和笼络。一旦接受，哪怕简单的“再拜受之”，都表达了接受大国权威的政治秩序。通过赐礼物的方式，中央王朝实现对周边部族的控制，将其政治形象和文化势力“广被”边陲。

《周礼·春官》记载，古代有五礼，吉礼、凶礼、军礼、宾礼和嘉礼，其中嘉礼内容广泛，包含有饮食、婚冠、宾摄、燕饮、脤膰、贺庆等。其中“燕飨礼”为嘉礼中的

---

① 胡百精. 共识与秩序：中国传播思想史[M]. 北京：中国人民出版社，2022：161.
② [清]阮元校刻. 十三经注疏·周礼注疏　卷十七[M]. 北京：中华书局，2009：1623.
③ [清]阮元校刻. 十三经注疏·尔雅注疏　卷七[M]. 北京：中华书局，2009：5690.
④ 恩斯特·卡西尔. 人论[M]. 甘阳译，上海：上海译文出版社，2013：134.
⑤ [晋]郭璞注. 穆天子传汇集释[M]. 王贻樑、陈建敏校释，北京：中华书局，2019：385.
⑥ 沈文倬. 略论礼典的实行和(仪礼)书本的撰作[A]. //文史第15辑[C]. 北京：中华书局，1982：35.

重要内容。《周礼·春官·大宗伯》云：“以飨燕之礼，亲四方之宾客。”[①]主宾燕飨之礼达到友好邦国、和谐君臣、施恩犒赏、分别君臣等目的。《穆天子传》中最华彩的部分是周穆王与西王母在昆仑山附近的瑶池欢宴与和歌。“十七年，王西征，至昆仑丘，见西王母。”[②]“天子觞西王母于瑶池至上。西王母为天子谣……”[③]人类学家列维·斯特劳斯将“宴”作为一种集体仪典。伴随着宴而产生的礼仪，可以调节与世界的交流，是一种调节两个极端的“中介”手段。从而实现一种平和节律。[④] 因此代表东方王朝的天子与西域女王在象征华夏与西部蛮夷“接触区”和象征山水秩序空间的“昆仑”“瑶池”上的这一场欢宴。表征着通过华夏礼乐的传播，东西方之间、文明与蛮荒之间、中心与边缘等“二元话语”在文化接触区的弥合和消解，东西方文明的交融和互鉴。西王母为天子谣曰：“白云在天，山陵自出。道里悠远，山川所之。将子无死，尚能复来？比及三年，将复而野。”穆天子答之曰：“予归东土，和治诸夏。万民平均，吾顾见汝。比及三年，将复而野。”[⑤]穆王返回东方的国土，是为了协调诸夏与中土的关系，并承诺其三年后与之相见。周穆王与西王母两位国主之间的唱和，象征着在战国时期“大一统”的社会思想下，华夏王朝意图通过“礼乐文明”的传播实现对于周边部族“和夷诸夏”的控制意图。

表 3.3　结构主义视角下周穆王与西王母的瑶池和歌分析

	周穆王	符号意涵		西王母
空间方位	东土	中心（自我）	边缘（他者）	西土
身份地位	天子	阳	阴	帝女
文明等级	笙簧	文明	蛮荒	虎豹
政治秩序	和治诸夏	秩序	无序	爰居其野

① [清]阮元校刻. 十三经注疏·周礼注疏　卷十八[M]. 北京：中华书局，2009：1640.
② [清]郝懿行. 郝懿行集·竹书纪年校正[M]. 安作璋主编，济南：齐鲁书社，2010：3892.
③ [晋]郭璞注. 穆天子传汇集释[M]. 王贻樑、陈建敏校释，北京：中华书局，2019：143.
④ [法]列维·斯特劳斯. 神话学：餐桌礼仪的起源[M]. 周昌忠译，北京：中国人民大学出版社，2007：501.
⑤ [晋]郭璞注. 穆天子传汇集释[M]. 王贻樑、陈建敏校释，北京：中华书局，2019：143.

3.1.2 “边界”重定:“昆仑女神”记忆与华夏周边西扩

西王母记忆的另一个“转折点”,发生在汉初之后,在汉代神学宇宙观和神仙信仰的流行下,方士们所建构的西王母的“长生不死”的神格逐步在华夏大地流传,尤其是在西汉中晚期至东汉时期,西王母进入了官方祭祀系统,在谶纬神话中被建构为掌管昆仑山,具有“超越性”神格的“昆仑女神”,并在两汉之际到东汉末年出现了西王母信仰大流行的局面。“西王母”与“昆仑”两个符号从此深度嵌套。这种转变与汉代华夏“周边”的扩展和边界的重定,以及昆仑在媒介地理中的“空间话语”有什么关系呢?在下文中,笔者将对以上问题进行阐述。

一、天下一统:汉代开疆拓土与西王母祭祀传播

前文提及,“昆仑”在先秦时期不是具体特定的山,而是神话地理志中被形塑的政治地理与文化等级华夏与四夷周边“接触区”的概念。“昆仑”在媒介地理中的“空间话语”表征着先秦时期统治者期待通过整饬“山川秩序”,建构华夏与四夷的文明等级秩序的构想。秦汉“大一统”王朝建立后,尤其是汉武帝时期张骞“凿空西域”之后,汉王朝“遐迩一体,中外提福”,“天下平均、合为一家”的“大一统”天下观政治理念逐渐形成。“天下观”思想消解了先秦时期“华夷之变”的“他者”和“异端”的话语,华夏与四夷的组成的“中心”与“四方”的政治文化秩序转变为皇权为中心枢纽的“华夷一体”的秩序。由此,汉武帝钦定西域地区的于阗南山为“昆仑”①这一重大的政治举措旨在将代表中土与西域、华夏与蛮夷的领土边界和文明等级秩序重新标定。显示了武帝企图将华夏空间周边向西推进、实现对西域直接行政管辖的政治构想。

“仪式是以一套象征符号系统,以可感知的功能传播宇宙观和价值观,形成社会的组织化和系统化的心理基础”②祭祀之礼同样也是中国古代礼文化中最为重要的一个组成部分:被称为“吉礼”③中国古代祭祀是重要的政治传播中的教化手段和媒汉宣帝在神爵元年时期(前61年),确定了五岳四渎的山川祭祀系统,将东岳泰山、中岳太室,南岳潜山、西岳华山,北岳恒山设立为五岳;河水、江水、淮水、临邑等设为四渎之祀实施。汉代统治者通过国家山水祭祀体系的建立,将这些在不

---

① 注释:“于阗南山”位于今天新疆、西藏交界处延伸至青海的喀喇昆仑山。

② 何勇.象征符号与仪式传播:人类传播起源的重构[J].全球传媒学刊,2016,3(02):64—83.

③ 白文纲.中国古代政治传播研究[M].北京:中国社会科学出版社,2014:155.

同区域“象征宇宙中心的高山名川”通过国家祭祀系统整合为构建“大一统”政治秩序的“神圣空间”,是汉代“国家建构”的重要政治举措。

汉昭帝始元6年(前81年)为了抵御羌族的入侵,王朝在西部边界地区设立了金城郡(今甘肃兰州西)。汉宣帝平羌后,又将金城郡向西扩展至临羌(今青海湟源),并在该县设立昆仑山与若水二祠,西王母石室。《汉书·地理志》曰:“西北至塞外,有西王母石室、仙海、盐池。北则湟水所出,东至允吾入河。西有须抵池,有弱水、昆仑山祠。”[①]《汉旧仪》明确规定:“祭西王母于石室,皆在所二千石、县令、长奉祀。”[②]说明西汉时期西王母祭祀已经被列入国家正式祀典,且每年皆由各级地方行政首长郡太守、诸侯国相、县令等担任代表并定期于石室[③]奉祀。西王母石室处在西汉时期领土的“边界”处。除了具有山川之祠的职能外,更有彰显西汉疆域范围的政治传播意味。《左传》说:“神不歆非类,民不祀非族。”汉代宣帝时期确立的西王母和昆仑山祭祀,表明随着华夏空间周边不断向西扩张,汉代实现了对于西部地区的管辖,并且收编了这位先秦典籍中的“西域女王”,并将其作为本族神灵加以崇拜祭祀。西王母就这样从“他界女王”成为了“我祀女神”。西王母这一符号也成为了西汉建构“大一统”国家话语的“工具”。随着西汉君王拓疆扩土引发的一系列周边政治、军事、文化传播活动,特别是汉宣帝在西域地区建立了“西域都护府”,到了西汉中晚期,华夏与西域之间的互动更加频繁,汉民族的生存圈的不断向西部推进。华夏与西域地区民众之间的心理距离逐渐缩小,以前遥远的神秘莫测的西部之境也可以被华夏民众清楚认识了。“宣、元后,单于称藩臣,西域服从,其土地、山川、王侯、户数、道里远近翔实矣。”[④]西汉中期将先秦时期象征“外化”世界的“西王母”编入“王化”的女神祭祀系统中,反映了西汉时期华夏与西域政治、文化、商贸等周边传播活动所带来的华夏族群与周边部族彼此之间心理距离缩短,文化认同感不断增加的传播效果。

二、天下之中:谶纬政治神话中的西王母“神圣化”

先秦至两汉不同文本中的昆仑山在媒介地理空间方位上的变化体现了华夏空间周边动态变化历史演进过程。前文提到,在山海经和禹贡中,“昆仑”处在华

---

① [汉]班固.汉书·地理志[M].颜师古注,北京:中华书局,1962:1611.

② [元]马端临.文献通考卷九十郊祀考[M].北京:中华书局 2011:23.

③ 注释:此之石室,即指祭祀西王母之专用场所。

④ 班固.汉书[M].颜师古注,北京:中华书局.2002:3874.

夏西北部地区，在汉初《淮南子》中的昆仑山居于华夏中心与华夏西部的交界处：“中央之极，之昆仑东绝两恒山，日月之所道，江、汉之所处，众民之野，五谷之所宜，龙门……。”①已经比先秦时期典藉中的“昆仑”向华夏中心位移了。成书于两汉之际的具有神话地理性质的纬书《河图括地象》直接把“昆仑”定位在华夏政权中心“地中央曰昆仑。昆仑东南，地方五千里，名曰神州，其中有五山，帝王居之”。“昆仑之虚，下洞含石，赤县之州，是为中则。”②谶纬之说是占测天道、操作政治，是用来塑造君权天命神受，维护帝王统治的话语，纬书通过将原本汉初《淮南子·地形训》中建构的通向汉代崇拜的天界“太一”之所的“昆仑”③的位置直接明确定为“大地中央，天下之中”。成为用来构建两汉年间王权至上的神圣性和合法性话语。纬书《河图玉版》中说：“西王母居昆仑之山。”④两汉的汉画石像中，西王母基本都“坐于昆仑之上”。可见西汉后期，“昆仑”与“西王母”两个符号不仅已经深嵌为一体，并且被统治阶级有意识地建构为极具“神圣性”的象征符号。昆仑是“通往天国的阶梯”，西王母则成为掌管“昆仑山”，并可沟通人间和天界的“至上女神”。

表 3.4　两汉谶纬中的西王母记忆⑤

成书年代	文献出处	原　　文	符号意涵
两汉之际	《尚书帝验期》	“舜在位时，西王母又尝献白玉琯”	祥瑞女王
两汉之际	《尚书帝验期》	“王母之国在西荒，凡得道受书者，皆朝王母于昆仑之阙。王褒字子登，斋戒三月，王母授以琼花宝曜七晨素经。茅盈从西城王君，诣白玉龟台，朝谒王母，求长生之道。王母授以玄真之经，又授宝书，童散四方。洎周穆王，驾龟鼍鱼鳖，为梁以济弱水，而升昆仑悬圃阆苑之野，而会于王母，唱白云之谣，刻石纪迹于弇山之下而还。	昆仑女神

① 陈广中，陈青远，付芮. 淮南子译注[M]. 上海：上海三联书店，2014：88.

② 中村璋八，安居香山. 纬书集成[M]. 石家庄：河北人民出版社，1994：1089.

③ 参见：[汉]刘安. 淮南鸿烈集解[M]. 刘文典撰. 北京：中华书局，2006：135. “昆仑之丘，或上倍之，是谓凉风之山，登之而不死。或上倍之，是谓悬圃，登之乃灵，能使风雨。或上被之，乃维上天，登之乃神，是谓太帝之居。”

④ 中村璋八，安居香山. 纬书集成[M]. 石家庄：河北人民出版社，1994：1147.

⑤ 参见：中村璋八，安居香山. 纬书集成[M]. 石家庄：河北人民出版社，1994：387，428，1255，1149，1089，1147.

(续表)

成书年代	文献出处	原　　文	符号意涵
两汉之际	《尚书帝验期》	西王母于大荒之国,得益地图,慕舜德,远来献之。”	祥瑞女王
两汉之际	《尚书中候・考河命》	“西王母献白环玉玦。”	祥瑞女王
两汉之际	《洛书・灵准听》	“舜受终,凤皇仪,黄龙感,朱草生,蓂荚孳,西王母授益地图。”	祥瑞女王
两汉之际	《龙鱼河图》	“帝伐蚩尤,乃睡梦西王母遣道人,披玄狐之裘,以符授之曰:太乙在前,天乙备后,河出符信,战则剋矣。”	昆仑女神
两汉之际	《河图括地象》	“昆仑之弱水中,非乘龙不得至。有三足神鸟,为西王母取食。”	昆仑女神
两汉之际	《洒图括地象》	“殷帝大戊,使王孟采药于西王母,至此绝粮,食木实,衣木皮,终身无妻,而生二子,从背间出,是为丈夫民,去玉门两万里。”	昆仑女神

两汉之际西王母信仰从汉代都城长安这一象征宇宙中心的空间向周边郡国传播,造成了从两汉之际持续至东汉末年的西王母信仰大流行。从已经出土的西王母汉代画像石和铜镜的空间分布来看,西王母信仰在两汉之间直到东汉末年的传播范围十分广泛。东汉时期,以洛阳为中心的豫中地区取代了长安,成为东汉政权的神圣中心。西王母信仰也由洛阳为中心向周边地区发展传播。西王母图像记忆现保存于河南、山东、陕西、四川、山西、浙江、江苏、湖南等汉代版图核心区域,以及甘肃、内蒙古、乐浪(今朝鲜)的汉代版图中的华夏边缘地区出土的汉墓葬画像石和铜镜等物质媒介中(详见第五章)。

神话记忆常与历史记忆嵌套,历史记忆又常在神话记忆中曲折呈现。神话传说的一端接近历史,与历史界限模糊,另一端则需要文学形式呈现。传说是历史的副本,其中隐藏着重大政治事件,是历史乃至政治的隐喻。“昆仑”与“西王母”的符号从表征“边缘蛮荒”转变为“中心神圣”,映射着华夏空间周边向西部扩展、各部族文化认同不断加强的历史记忆。先秦至两汉时期华夏王朝与周边民族的传播活动所造成的各族群之间的神话记忆交融是西王母记忆框架生产的重要因素。神话与信仰的融合可以促进更大的共同体的形成,并具有巩固新的族群共同体认同的作用。这便是各民族神话历史演化的内在逻辑。民族国家的神话传说叙事，都是经由这种族群融合所带来的“记忆”与“失忆”交叠的产物。神话传说像一个经过编码的历史记忆库。解构神话记忆生产的历史话语，族群演变的线索便可清晰浮现。西王母神话传说的文本演变和西王母符号的意涵变迁，折射的是华夏周边不断扩展，四夷族群不断变成华夏族，不同族群原有的“多源起源叙事”向神话记忆整合后的“一元起源叙事”大规模整合的历史进程。春秋至汉初，大量的神话逐渐进入中国上古史，成为构建“大一统”帝国神圣叙事的符号力量。

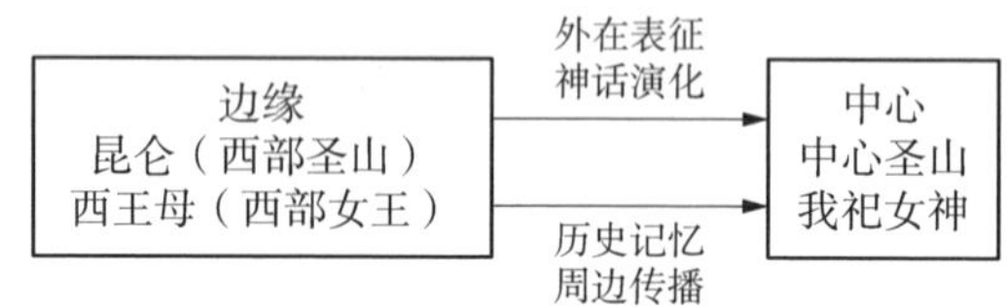

图 3.4　先秦两汉西王母记忆嬗变与周边传播关系图

3.2　记忆重塑：以“道教圣地”为中心的西王母记忆形塑

汉晋之后逐渐兴起的道教，将先秦至两汉时期包括西王母在内的上古神话吸纳构建道教经卷中的神仙系统。目前历史留存的西王母祠观、造像、碑刻大都分布于华夏大地各大名山之中。这些名山基本是汉晋到唐五代道教在经卷中构建的人间仙界“洞天福地”媒介地理空间在现实世界中的原型。这些自然空间与宫观神祠共同表征着道教宇宙观和宗教权力，同时也是道教传播的“中心”与“枢纽”。西王母记忆在这些道教“宗教空间”中通过祭祀活动、经卷书写、诗人创作等方式得以“道教化”重塑，并以这些空间为中心向周边传播，创造了大量的西王母道教物质与非物质的历史文化遗产。它们共同构筑了西王母道教文化的“记忆之场”与“回忆之境”。随着道教在魏晋至唐宋传播范围的扩张，道教宗教空间中充满着宗教权力与世俗皇权冲突、博弈、妥协的张力。

3.2.1 圣境标定：“道教女神”记忆与洞天福地建构

一、虚实圣境：道教“神圣空间”的建构

“洞天福地”系统是从南朝至唐五代逐渐建构的过程。这一时期的道教领袖将上古神话、汉代纬书中的神秘地舆图谱、汉唐时期表征儒家“大一统”思想和神学宇宙观的“五岳四渎”等祭祀空间以及道教在南方传教地中的石窟洞穴等彻底仙道化，建构了道教仙境的天上仙宫、海中仙岛和凡间仙窟①等三个空间维度的道教神圣空间。魏晋南北朝时期，道教创发的“神仙三品说”中又将仙分为天仙、地仙和尸解仙。② 洞天福地就是天仙和地仙们修炼居住的“凡间仙窟”。“洞天”意指通天之山洞，在此修道可以通天仙；“福地”则意指受福之胜地，在此修道可以成地仙。东晋之后，中国经济文化中心逐步向南移动，道教传教中心地点也逐渐转移至江南地区。尤其是在魏晋隋唐时期，道教领袖通过为统治者出谋划策、制造符命等与皇权结合的方式，使得道教在世俗世界中获得了更多的宗教空间。在唐五代时期杜光庭所著的《洞天福地岳渎名山记・序》中，“洞天福地”系统最终得以确立。杜光庭整合了魏晋南北朝道教经卷所建构的神话地理中的上仙、天仙、地仙的居住地，并将道教仙境分为十类，首为仙山，次为五岳，次为十大洞天，复次为五镇海渎，三十六靖庐、三十六洞天、七十二福地、二十四化。③

与佛教向世俗世界公开传播佛法和教义不同，道教主要通过道教经卷中较为隐晦的语言向教众传达教义，并对世俗世界封锁。因此，像“三洞四辅”④等道教经卷主要以东汉末年以后逐渐形成的道教传教点为中心向周边传播。这些传教地点就是魏晋至唐五代道教经卷中的“洞天福地”的现实原型。因此，“洞天福地”实际上是道教领袖们将魏晋至唐五代道教在现实空间中所“标定”的道教空间表征于媒介空间中。洞天福地在现实地理空间中的分布主要是以当时中国疆域中的各大名山为中心向四周辐射，在南方的分布明显多于北方。除了山西、陕

---

① 梅新林. 仙话：神人之间的魔幻世界[M]. 上海：上海三联书店. 1995：115.

② 李丰楙. 误入与谪降：六朝隋唐道教文学论集[M]. 台北：学生书局，1996：90.

③ 洪玲芳.《神仙传》与洞天福地的建构[D]. 上海大学，2015.

④ 明代编纂的《道藏》中辑录的三洞四辅，以《上清经》为核心的洞真部、以《灵宝经》为核心的洞玄部、以《三皇经》为核心洞神部称为“三洞”；四辅成为道教经典较晚，主要收录了道家思想的《道德经》、东汉末年流传的《太平经》、炼丹的《太清经》，以及天师道经典《正一派》经卷。

西、河南、河北、山东等零星几处江北地区之外，绝大多数分布在东汉末年中原人士躲避战乱，魏晋王室南迁的江南一带，尤其以长江下游地区最为密集。[①] 道教人士将现实地理中的高山、洞穴、石窟等自然景观在道教经卷中塑造成为象征道教宇宙观和宗教权力的“洞天福地”系统，是汉唐道教重要的文化生产实践。如果说圣山昆仑的在媒介地理中的方位变化，意味着先秦至两汉时期国家边界的移动和汉王朝意图通过整饬山川秩序，实施国家政治管辖权力。那么南朝至唐五代建构的虚实莫辨的道教神圣空间“洞天福地”系统映射着这一时期道教权力与世俗皇权的斗争、推拉直至屈服的过程。

“洞天福地”的最初原型是东汉时期张道陵创立的“五斗米道”（也称“天师道”）以蜀中为根据地的二十四个被称为“治”的教会组织。它们是最早的道教祭祀修行场所与传教地点。“五斗米道”以这些地点为中心向蜀中民众传播道教教义，规范民众的社会行为，并用征收信米的方式取代了官府的税收，用命籍制度取代了朝堂的户籍制。“五斗米道”通过将二十四治打造为政教合一的组织形式，试图重整东汉后期失序的社会秩序。晋室南迁之后，那些追求稳定秩序的士族阶层常常害怕类似公元二世纪的太平道黄巾军这样的起义会卷土重来。佛教人士释玄光在《辨惑论》就说：道教“挟道作乱……不以民贱之轻，欲图帝贵之重”。[②] 因此“二十四治”这种表征宗教权力的组织形式和称号因具有浓厚的与世俗皇权对抗的意涵，必然无法在古代中国以皇权为中心的王朝存在。魏晋隋唐时期（公元五世纪到七世纪），道教具有“克理斯玛”气质的领袖陶弘景、葛洪、陆修静等人对道教进行了“清整”运动。他们改变了道教的组织架构，将张道陵建立的半军事化组织，变为道教经卷中半神话半想象的“洞天福地”的虚拟道教神圣空间。其传播教义的方式，也从主动扩展宗教空间周边，转变为以道观为中心吸纳信仰者的形式。由此，媒介地理中的虚拟空间“洞天福地”和现实空间中的道教宫观组成了道教空间系统，这种松散的组织传播形式加上中央政府的控制管理，基本消除了道教充当世俗社会管理者和实现政教合一的愿望。

---

① 周能俊. 唐代洞天福地的地理分布[J]. 中国道教，2013(06)：50—52.

② 葛兆光. 屈服史及其他：六朝隋唐道教的思想史研究[M]. 北京：生活·读书·新知三联书店，2003：27.

表 3.5 洞天福地分布表

省份	十大洞天	三十六小洞天	七十二福地	数量
浙江	委羽山、赤城山、括苍山	四明山、会稽山、华盖山、盖竹山、金庭山、仙都山、金华山	东仙源、西仙源、南田山、金庭山、灵墟、沃州、天姥岑、若耶溪、陶山、三皇井、烂柯山、天柱山、司马梅山、仙磕山	26
湖南		衡山、小沩山、洞阳山、幕阜山、大西山、桃源山	马岭山、鹅羊山、洞真墟、青玉坛、光天坛、洞灵源、绿萝山、君山、德山、云山	17
江西		庐山、鬼谷山、玉笥山、麻姑山	龙虎山、灵山、金精山、郁木洞、丹霞洞、阁皂山、始丰山、逍遥山、东白源、虎溪山、彰龙山元晨山、马蹄山	17
江苏	句曲山、林屋山	钟山、良常山	地肺山	10
四川	青城山	峨眉山	平都山、大面山、绵竹山、泸水、甘山、瑰山	8
陕西		华山、太白山	高溪蓝水山、蓝水、玉峰、商谷山	6
福建		霍桐山、武夷山	蕉源、洞宫山、勒溪、卢山	6
广东		罗浮山	清远山、安山、泉源、抱福山	5
河南	王屋山	嵩山	桐柏山、北邙山	4
山东		泰山	玉溜山、清屿山、长在山	4
安徽		潜山、西山	鸡笼山、天柱山	4
广西		都峤山、白石山、句漏山		3
山西			中条山、金城山	2
湖北		紫盖山		1
河北		常山		1
云南			艾湖鱼澄洞	1

二、人间仙踪:异度空间与“三界”周边传播

(一) 非有非无:道教宇宙观中的“时空周边”传播思想

道教神学宇宙观用神、仙、人的三分世界代替了神与人区隔的二分宇宙观,

是中国道教思想区别于西方宗教思想最重要的内容。“仙”是介于人与神之间群体，也是人与神之间交流沟通的媒介。人可以通过在“洞天福地”向内寻求的修炼方式羽化升仙，被神引渡进入天界；神也可以降临于“洞天福地”之中，授箓于修仙的凡人，助其成仙。因此，在道教经卷与文学中，“洞天福地”就是道教在媒介地理中建构的“人间的仙界”，是浑容了虚拟与现实、神圣与世俗、想象与自然的人间与天界周边的“异度空间”和“超现实空间”。

洞天福地是人、仙、神都可以进入的自然空间。在道教经卷中，它的存在，消弭了神界与人间的绝对区隔，使得人界、仙界和天界“三界”的空间边界具有了“非有非无”的模糊性和可穿透性特点。当然，道教经卷中的人间仙境“洞天福地”只对道教之人开放，不通道教义理的世俗之人是无法在洞天福地之中修炼升仙或者获得“遇仙”的神秘体验的。凡人若想进入“洞天福地”之中，必须通过某种机缘，或者经过一些仪式性的活动，通过“洞口”或者“通道”才可以进入仙界或者与仙为友。而时间在“洞天福地”中也是非线性和非均质的，从“常”的此界进入“非常”的“洞天福地”，就进入了天上一天、人间百年的异度空间，时空在这个空间中多维交织。体现着中国道家思想中的“非二元”“非线性”的时空周边传播思想。道教“洞天福地”的人间仙境的建构为唐以后“游仙体”诗歌、“仙游小说”乃至当代“仙侠小说”中“游历仙境”类型主题发展提供了素材与依据。

（二）道教女神：道教经卷对于西王母神格的重塑

东汉末年，军阀大施横暴，政治与社会动乱，豪族土地兼并、百姓流离失所，黄巾军农民等叛乱此起彼伏，从中原直到长安周围的关中地区一片荒凉，呈现出“西京乱无象，豺虎方遘患”的无序混乱的社会景象。秦汉以来“大一统”理念为基础的共同体的即将被摧毁。如何将“构建共同体基石的神话”在旧的基础上创造性转化，重新整饬新的社会秩序，成为魏晋时期道教在创建其教义时思考的重要问题。西王母作为两汉之际全民信仰的具有超越性神格，充满政治神圣性与宗教神圣性意涵、是可以实现社会“共识”的“文化符号”，因而被道教吸纳、改造和重塑，使其成为建构道教宇宙创生秩序和道教宗教权力的符号资源。正如哈布瓦赫在集体记忆中写道的：“新的宗教不是一个绝对的开端，因为社会希望采纳更广博以及更深刻的信仰，同时不完全破坏之前的观念框架，期待将新的概念投射回过去的同时，也期待旧的崇拜要素纳入新的宗教里面。”[①]道教将先前在

① [法]莫里斯・哈布瓦赫. 论集体记忆[M]. 毕然，郭金华译，上海：上海人民出版社，2002：152.

共同体成员中所共享的神话记忆重新塑造，将其炮制为服务于道教信仰和建构道教在世俗世界权力的宗教话语体系。这些神话符号的重启，意味着新的社会与旧的秩序不是完全对立，而是对过去秩序的修正与扬弃。

早期张角太平道传教经卷《太平经·师策文》中就写有"乐莫乐忽长安市，使人寿若西王母"。[①] 公元四世纪之后，魏晋南北朝时期的道教领袖葛玄、葛洪、陆修静、陶弘景等人吸收了老子、庄子、驺衍以及众多先秦至两汉星象家、医方家、谶纬家等人的思想的结晶。构筑了庞大的自然、社会、人类三合一的起源与结构理论，并采撷了流传于古代中国尤其是楚文化圈的神话体系中的神仙，将他们改造、排次、构筑了一个等级森严、名目众多的神祇谱系并完成了宗教性的转化。不仅如此，道教领袖们同时建构了道教的斋醮科仪等仪轨体系。由此，道教具备了涂尔干所定义的作为一个宗教必须具备的"仪式信仰与仪轨所组成的统一体系"[②]也是从这时开始，道教人士开启了系统性对西王母符号的编码和记忆塑造的历程。道教领袖们将先秦至两汉时期的西王母神话传说、纬书神话；汉晋时期方仙道和早期道教人士所创作的神仙笔记小说《十洲记》《汉武帝内传》《神异经》等西王母记忆筛选、挪用、修正后用来构建道教宗教神话和重构宇宙秩序。道教神话中保留了先前神话传说框架中的西王母"昆仑女神""帝王之师"、西王母会穆天子和汉武帝等大部分文本"记忆"。并将这些神话传说彻底"道教化"，在接合增饰西王母旧说的基础上，对西王母的神格神职发展创新。

表 3.6　汉晋神仙小说中的西王母记忆[③]

文献出处	原　　文
《神异经》	"上有大鸟，名曰希有。南向，张左翼覆东王公，右翼覆西王母。背上小处无羽，一万九千里。西王母岁登翼上，会东王公也。"
《洞冥记》	"昔西王母乘灵光辇以适东王公之舍。西王母驾玄鸾，歌春归乐，谒乃闻王母歌声而不见其形。"
《汉武帝内传》	"又命侍女索桃，须臾以盘盛桃七枚，大如鸭子，形圆色青，以呈王母。母以四枚与帝，自食三桃。桃之甘美，口有盈味。帝食辄录核。"

① 道藏·太平经[M]. 影印版. 卷三十九. 32—38.

② [法]涂尔干. 宗教生活的基本形式[M]. 渠东. 汲喆译，北京：商务印书馆. 2011:58.

③ 参见：[清]陈梦雷. 古今图书集成·神异经[M]. 卷 222《神仙部》. 北京：中华书局，1985:21.；道藏·汉武帝内传[M]. 影印版. 2.；[汉]刘向. 列仙传[M]. 山海：上海古籍出版社，1990:1.；[汉]东方朔. 十洲记[M]. 上海：上海古籍出版社，1990:9.

（续表）

文献出处	原　文
《列仙传》	“赤松子者，神农时雨师也。服水玉以教神农，能入火自烧。往往至昆仑山上，常止西王母石室中，随风雨上下。”
《十洲记》	“又有墉城、金台、玉楼相鲜，如流精之阙，光碧之堂，琼华之室，紫翠丹房，景云烛日，朱霞九光，西王母之所治也。”

东晋道士葛洪(284—364)所著《枕中书》中吸收了东汉时期流传的盘古创世神话，将盘古变为道教“元始天王”，与同为天地之气所化的“太元圣母”生下了东王公、西王母等天皇十九头。“元始天王再经一劫乃一施太元圣母生下了扶桑大帝东王公，号为元阳父，又生下了九光玄女号为太真西王母。”①以后，又生下地皇十一头，人皇九头，各治三万六千岁。再后才是八帝三王。所谓三王，即夏禹、殷汤、周武三位开国君主。在《老子中经》中，西王母位列道教神仙谱的第四位，仅次于三位男性神祇太一道君、太上元君、东王父之后。而在南朝陶弘景的《真灵位业图》中，西王母列在道教第二阶的女真位之首，尊号为“紫薇元灵白玉龟台九灵太真元君”②。

在魏晋至唐宋时期的道教主流教派上清派经卷中，西王母被赋予了龟山等仙山的主治者，传经接引与降真开导的济度者、为登仙之人授箓、管理仙界户籍的定箓者，以及母养群品的众女真在墉城的掌管者等诸多神职。汉晋时期方士们所著的神仙地理志笔记小说《十洲记》为道教经卷西王母为昆仑主治者定下了记忆框架。“昆仑号曰昆陵，在西海戌地、北海之亥地。去岸十三万里……名曰昆仑官……又有墉城、金台、玉楼相鲜，如流精之阙，光碧之堂，琼华之室，紫翠丹房，景云烛日，朱霞九光，西王母之所治也。”③上清派道教经卷中又将西王母所治之所，由昆仑山改为了龟山。《上清道类事相》卷三《宝台品》引《元始宝真经》说“西王母静斋龟山，登华琼台、朝礼玄文业”。④ 上清派经还将西王母置于朝元仙杖的天山官仪之中，定期朝元谒帝而具有仙官身份，负责检校地下众真司之职，是地仙界的龟山统领。在道教经书《无上秘要》中，昆仑被塑造成为秘藏天文秘字的宫室，而掌管昆仑的西王母成为了师从元始天王，道教宝经的传授者。唐

① 道藏·元始上真众仙记[M]. 影印版. 1—8.

② 张若雨，熊铁基. 王母道派试探[J]. 宗教学研究，2020(01)：10—16.

③ [汉]东方朔. 十洲记[M]. 上海：上海古籍出版社，1990：9.

④ 道藏·上清道类事项[M]. 影印版. 卷三：26—38.

初王悬河《上清道类事相》卷三中说:“昆仑瑶台,西王母之宫,所谓西瑶上台,天真秘文,尽在其中。”[①]唐五代杜光庭在《墉城集仙录》中为西王母书写了最完整的传记《金母元君》,其中写道:“天上、天下、三界、十方女子之登仙得道者,咸所隶焉,所居宫阙在龟山之春山昆仑玄圃板风之苑而西王母所居宫阙。”[②]西王母统领墉城包括上清派创派者魏华存在内的道教 50 多位女仙。

(三)记忆嵌套:“洞天福地”中的西王母道教神话传播

在道教经卷中。西王母通过在天上仙宫与人间仙境穿梭往来,降真显圣于“洞天福地”之中为修行者传授经书,引渡修炼之人成仙。《历代崇道记》记载:“穆王于昆仑山、王屋山、嵩山、华山、泰山、衡山、恒山、终南山、会稽山、青城山、天台山、罗浮山、崆峒山致王母观,前后度道士五千余人。”[③]因此,除五岳之外,终南、峨眉、青城、罗浮、王屋、武当、崂山、茅山、天台、洞庭等全国各大名山中都流传着西王母在“洞天福地”中降真引度的神迹传说。西王母道教文化也以这些名山为中心向周边地区传播。这些与“西王母”嵌套的名山成为了激活西王母记忆的“记忆之场”和“回忆之境”。当魏晋隋唐诗人们游历此中时,原本深埋于“潜意识”层面的文化记忆会被激活,迸发出创作的灵感并开启意识层面的创造,将西王母的“心象”转化为诗歌“意象”。现实与神话在媒介地理和现实地理虚实空间结合的“洞天福地”中得以重叠、交会。地方与传说、个人记忆与集体记忆由此嵌套共生。

在“洞天福地”系统之中,五岳被列在三十六小洞天中,三国时期曹植《仙人篇》就曾写过“东过王母庐,俯观五岳间”的诗句,庐,庐字从“广”,是房屋。可知,祭祀西王母的早期建筑从东汉年间就已存在,西王母神话在泰山地区的传播不会晚于东汉末。唐代李白在泰山访道时,也曾写过“朝饮王母池,暝投天门阙”的吟咏,王维在《赠东岳焦炼师》中写道:“先生千岁馀,五岳遍曾居。遥识齐侯鼎,新过王母庐。不能师孔墨,何事问长沮。”[④]可见唐代时期,泰山地区的西王母道教信仰依旧兴盛。《墉城集仙录》记载汉武帝“太始四年三月,行幸泰山,祠西王母,求灵应”。[⑤] 目前在山东泰安岱岳庙碑刻廊中还保存有依据《汉武帝内传》

① 道藏·上清道类事项[M].影印版.卷三:26—38.
② [唐]杜光庭.墉城集仙录[M].道藏　影印版.卷一.
③ [唐]杜光庭.历代崇道记[M].道藏　影印版.1—19.
④ [清]曹寅.全唐诗[M].清文渊阁四库全书本.卷一百二十七:761.
⑤ [唐]杜光庭.墉城集仙录[M].道藏　影印版.卷一.

中，西王母所授汉武帝的《五岳真形图》主图而篆刻的石碑。

西王母道教传说同样流传于中岳嵩山。武则天时期，曾经登封嵩山，礼见群臣，接受百官朝贺，礼仪如当年封泰山。并封嵩山为“神岳”封嵩山神为“天中王”。① 李白在《赠嵩山焦炼师》写道：“潜光隐嵩岳，炼魄栖云幄。霓裳何飘飖，凤吹转绵邈。愿同西王母。下顾东方朔。”②在东汉时期，华山就有西王母降授道要的传说，贞观年间，华山下已经设立了王母宫观，李商隐在《华山题王母祠》中将西王母与穆天子传的神话重述：“莲花峰下锁雕梁、此去瑶池地共长。好为麻姑到东海，勸栽黄竹莫栽桑。”③在《华岳下题西王母庙》中，李商隐写道：“神仙有分岂关情，八马虚随落日行。莫恨名姬中夜没，君王犹自不长生。”④

十大洞天中最有名的是道教茅山宗祖师茅盈修炼之地第八洞天句曲山。道教经卷《茅盈传》《墉城集仙录》以及北宋时期类书《太平广记》中都记载了西王母曾降临句曲山，授经于道教茅山宗祖师茅盈，并渡其升仙的传说。“西灵王母与夫人，降于句曲之山金坛之陵华阳天宫，以宴茅君焉……，王母王君授以灵诀，亦受锡命紫素之册，固为定录君，衷为保命君，亦侍贞会。”⑤“十大洞天”之一的王屋山中同样流传着西王母神迹传说。西王母目前仍然是王屋山地位最高的神灵，山上目前还有王母洞、王母祠、王母瑶池等西王母等文化遗存。

“桃源”山洞为三十六洞天之三十五，得名于东晋陶渊明的《桃花源记》中桃花林中的山洞。“林尽水源，便得一山，山有小口，仿佛若有光。”常世之人，需要通过狭长山洞，才可通往想象与现实交织的与世隔绝的人间乐土。道教将陶渊明笔下的桃源山洞仙道化。由此进入桃花源的洞口就代表着道教宇宙观中仙境与凡间的边界。刘禹锡在《游桃源一百韵》中写道：“仙翁遗竹杖、王母留核桃。姹女飞丹砂，青童护金液。宝气浮鼎耳，神光生剑脊。”⑥

张公洞是第五十九福地，在今江苏宜兴市，诗人皇甫冉从小生长在茅山地区，深受道教茅山派影响，曾写下《祭张公洞二首》其中一首曰：“云开小有洞，日出大罗天。三鸟随王母，双童翊子先。何时种桃核，几度看桑田。倏忽烟霞散，

① [宋]欧阳修　宋祁. 新唐书[M]. 本纪第四则天皇后. 北京：中华书局，1975：87.
② [清]曹寅. 全唐诗[M]. 清文渊阁四库全书本. 卷一百六十八：1036.
③ [清]曹寅. 全唐诗[M]. 清文渊阁四库全书本. 卷五百三十九：3785.
④ [清]曹寅. 全唐诗[M]. 清文渊阁四库全书本. 卷五百四十：3718.
⑤ [唐]杜光庭. 墉城集仙录[M]. 道藏影印版. 卷一.
⑥ [清]曹寅. 全唐诗[M]. 清文渊阁四库全书本. 卷三百五十五：1677.

空岩骑吏旋。”[①]诗人将三青鸟为西王母取食的神话传说融入诗歌其他意象中，感叹世事变化常常在瞬息之间。

西王母记忆可以于“洞天福地”之中，在唐代诗人笔下得以传承和重塑，主要有以下两点原因：其一是唐代诸多诗人，比如：储光羲、顾况、皇甫冉、张籍、孟郊、陆龟蒙、徐铉等都是出生或成长于“洞天福地”密集之地的江左地区。因此他们深受道教文化熏陶，并有阅读道教经卷神话的经历和知识储备。其二是唐代诗人多崇道或者与道士交往密切，这些诗歌是在诗人访道寻仙于“洞天福地”时所创作，比如韦应物、刘长卿、皮日休、孟浩然、李白等人，它们幻想在人间仙境之中获得遇仙的神秘体验。（此部分将在第三章第二节详细论述）

3.2.2 圣俗相融：“女仙之宗”记忆与道教祠观扩张

寺庙祠观等宗教场所并非仅仅是物质化的“实体建筑”，而是充满社会权力关系的社会空间和传播枢纽。其一，宗教空间中的符号象征系统赋予了空间“宗教意识形态”。其二，中国古代的宗教场所大都是具有“传播拓扑网络”结构的社会空间，[②]连接着社会各阶层人士，汇聚着社会多重力量，是神圣空间与世俗空间的“周边”交汇之所、宗教权力与世俗权力的博弈之场。西王母道教“女仙之宗”记忆在充满力量耦合交织的道观空间中，在祭祀传播、诗文传播、立碑传播等传播活动中被书写、创造，并以此为中心向周边扩散。

一、开放与封闭：道教祠观的双重空间属性

与“洞天福地”通过“虚拟形式”标定其宗教神圣空间和彰显宗教权力不同，道教祠观的建立需要通过物质实体“建筑”占领世俗空间，将世俗空间挪用为宗教用途。在“普天之下，莫非王土”的中国古代社会背景下，是没有绝对脱离王权的化外之地的。因此，从道教前身方仙道时期开始，方士就们就通过攀附统治者，将神仙信仰传播到宫廷的，以获取王权的支持，并在“王土”中争取“宗教空间”。杜光庭在《历代崇道记》中写道：“秦始皇帝并吞六国，招方士，好长生之术，遣使往蓬莱采不死药，造宫观一百余所，度道士一千七百余人。汉文帝、窦太后

---

① ［清］曹寅．全唐诗［M］．清文渊阁四库全书本．卷二百四十八：1080．

② ［美］保罗・亚当斯．媒介与传播地理学［M］．袁艳译，北京：中国传媒大学出版社，2020：67．

并好黄老之术，造宫观七十二所，敕天下如不通黄老经者，不得注官。又亲访河上公问道德之要，天下大治。计度道士一千余人。孝武帝奉道弥笃，感王母降于宫中。”[①]杜光庭的描述虽然有通过夸大帝王兴建宫观行为，来体现帝王们崇道的思想，然而他笔下所反映的先秦至两汉时期方士们通过借用皇权力量，扩展宗教空间的行为，是基本符合史实的。魏晋南北朝时期，北朝寇谦之和南朝陆修静、陶弘景等道教领袖依旧采取与世俗皇权结合的方式来发展教义，扩展“宗教空间”。他们通过理论化与精致化道教教义、改革道教组织形式等手段与皇权和士族贵族力量结合，争取它们的支持，逐渐将道教宗教势力的力量和“空间周边”向世俗空间渗透推进。北朝新天师道（也称北天师道）创始人寇谦之（334—448）获得了北朝少数民族鲜卑拓跋氏建立的北魏政权的青睐，甚至一度成为太武帝的军事参谋和政治顾问以及“帝王之师”。自寇谦之起，道教不仅获得了少数民族统治者的承认，也成为北魏的官方宗教乃至国教，在北朝兴盛了一百多年。北朝太武帝曾下令在京城东南设立大道坛，供给道士 120 人衣食。《魏书・释老至》记载了寇谦之曾建议太武帝建造高可通天“与天神交接”的静轮天宫，因“功役万计，经年不成”，最后只得作罢。[②]

道教在魏晋时期，也通过在南方与皇权结合，标定了固定的宗教空间。东汉三国时期，孙权就与道士葛玄交往甚密。《历代崇道记》称：孙权在天台山为其建造桐柏观。这类道观共修建 39 个，度道士 800 名，归葛玄一人管理。[③] 著名南朝道士陆修静受到了宋文帝、宋明帝的青睐和重视，宋明帝为陆修静在京师建立崇虚馆。也就是在这里，陆修静完成了《三洞经书目录》的整理和编撰。到了唐代，随着道教准国教地位的确立，宫观数量更是激增。杜广庭在《历代崇道记》中统计了唐代的宫观数量达到了一千九百余所。[④]

道教祠观具有世俗空间的开放性与神圣空间的封闭性双重空间属性。一方面，从凡俗的经验来看，道教空间是同质和中性的，大部分宫观的建造是为王朝和帝王祈福，在皇权的支持下建造的。通过道观这一枢纽空间连通各个阶层，发挥国家主导的宗教思想对于百姓行为控制和教化的功能。因此，宫观有其世俗空间的开放属性，否则，就无法完成宗教教义在王权、道士、民众三者之间的传播

---

① ［唐］杜光庭. 历代崇道记［M］. 道藏　影印版. 1—19.

② 李国荣. 帝王与道教［M］. 北京：人民出版社，2018：68.

③ ［唐］杜光庭. 历代崇道记［M］. 道藏　影印版. 1—19.

④ ［清］董诰. 全唐文［M］. 上海：上海古籍出版社，1990：卷 933：4306.

与链接。另一方面，道观空间有别于世俗社会组织的空间秩序。道教宫观是道士修行、执行斋醮、上章等宗教仪式，以及从皇帝到民众祈求神明救济和期待神明“圣显”(Hierophany)的场所。宗教空间设立可以修正世界的不完美秩序，同时也是一个为世人净化心灵，为修道之人提供生活的净土空间。道观空间中的神仙造像和仪式活动是一种完成世俗空间向神圣的转化的“圣显物”(Hierophany)。[①] 人们一旦进入了道观中，就等同脱离了日常的均质的时空，进入了神圣时空中。俗世之人进入道观祭拜之前需要进行斋戒沐浴、更衣焚香等门槛活动(Limen)，与世俗生活分离。因此，宫观也具有神圣空间的封闭属性。世俗与神圣在道观空间中交汇流转。

二、信息风暴场：作为信息传播枢纽的祠观空间

（一）祠观的网络拓扑周边传播结构

“空间不是社会的反映，而是社会的表现，空间不是社会的拷贝，空间就是社会。”[②]对于任何一种宗教来说，在地理空间中设定的宗教空间是信仰与信仰者建立链接，宗教共同体构建团结关系的“中心点”，它具有巨大的力量，可以将原本孤立分散的原子化个体凝聚在一起，成为信仰共同体，因而宗教空间具有“社会学中关系的旋转点的意义”。[③] 在唐代，世俗之人与宗教修道者可以在道教宫观中杂居，世俗中各个阶层之人都可以在此空间中求仙体道，寻求心灵慰藉。因而，道教宫观不仅具有团结道教信仰共同体的功能，还是一个汇聚复杂社会权力关系的社会空间和信息交汇的风暴场。苏珽在《景龙观送裴士曹》中写道：“池傍坐客穿从筱，树下游人扫落花”，[④]展现了俗世之人在道观中穿梭如织的景象。某种意义上，道教宫观的设立，打破了中国古代的社会阶层区隔，构建了一个不同社会阶层交往传播的复杂关系空间。尤其是居住于道观之中的备考科举的士子，常以此地作为“终南捷径”，寻找机会结交权贵，等候提携，实现阶层的跨越。唐宪宗元和年间任御史中丞的萧祐在《游石堂观》中就记录了一名仕途不顺的士子与之攀附的场景。“我来斯邑访遗迹，乃遇沈生耽载籍。沈生为政哀茕嫠，又

---

① [英]维克多·特纳. 仪式过程：结构与反结构[M]. 黄剑波，柳博赟译，北京：中国人民大学出版社，2006：序7.
② [英]曼纽尔·卡斯特. 网络社会的崛起[M]. 夏铸九译，北京：社会科学出版社，2003：9.
③ [德]西美尔. 社会学：关于社会化形式的研究[M]. 林荣远译，北京：华夏出版社，2002：474.
④ [清]曹寅. 全唐诗[M]. 清文渊阁四库全书本. 卷七十三：485.

能索隐探灵奇。欣然向我话佳境，与我崎岖到山顶。”①

（二）祠观中的西王母记忆生产与传播

在道教宫观中，既发生着百姓之间、道教人士与帝王皇室之间、官员与士子之间的人际传播，也常进行道教斋仪的仪式传播、官方祭祀的政治传播和诗人创作的文化传播活动。西王母记忆就以道教祠观这一逻辑起点通过各种传播活动形塑，并向周边扩散。

仪式传播：阿斯曼认为：“仪式可促进一个群体记住强化他们身份的知识，重复仪式实际上就是传承相关知识的过程。”②在祭祀西王母的仪式活动中，共同体成员通过“仪式一致性”的记忆之术将西王母文化世代传承。魏晋之后道教的各名山宫观都专门营造了供奉西王母的神祠。《太平寰宇记》卷三十二引北周所修《周地图记》载安定郡有西王母祠：“王母乘五色云降于汉武，其后帝巡郡国，望彩云以祠之。而云五色屡见于此，因立祠焉。每水旱百姓祷祈，时有验焉。”河北并州的西王母庙民间也有着灵验的名声。《隋书》记载了并州司马张祥在西王母庙祈雨之事。隋文帝仁寿（601—604）末年汉王谅举兵造反，纵火焚烧并州城，“祥见百姓惊骇，其城侧有西王母庙，祥登城望之再拜，号泣而言曰：‘百姓何罪，致此焚烧，神其有灵可降雨相救。’言讫庙上云起须臾骤雨其火遂灭。”③隋唐时期房山的西王母祠中也常有祭祀西王母仪式。《元和郡县志》道：“房山一名王母山，在县西北五十里。汉武帝于此山上立祠。今王母观是也。”④唐代成德军节度使景镕就曾多次赴房山西王母祠祈祷。《旧唐书》载唐高宗永淳二年（683），朝廷将祭祀西王母纳入国家的祭祀仪礼。“遣使祭嵩岳、少室、箕山、具茨等山西王母、启母、巢父、许由等祠。”⑤

诗文传播：在唐代宫观空间中，大量西王母祠观诗和应制诗创作于诗人与道士、诗人与帝王的交往传播活动中。除了前文中提及的李商隐在华山拜访王母祠观时写下的《华山题王母祠》和《华岳下题西王母庙》之外，唐代其他诗人到访道观时，也曾在此空间中感受到西王母“圣显”的力量，而激发起创作的热情。白居易在《玉真张观主下小女冠阿容》中写道：“绰约小天仙，生来十六年。姑山半

① ［清］曹寅. 全唐诗［M］. 清文渊阁四库全书本. 卷三百十八：2131.

② ［德］扬·阿斯曼. 文化记忆：早期高级文化中的文字、回忆与政治身份［M］. 金寿福，黄晓晨译，北京：北京大学出版社，2015：88.

③ ［唐］魏征. 令狐德棻. 隋书［M］卷七十一. 北京：中华书局，1973：1657.

④ ［唐］李吉甫. 元和郡县图志［M］. 卷第十七. 北京：中华书局，1983：482.

⑤ ［后晋］刘昫. 旧唐书［M］. 卷五. 北京：中华书局，1975：110.

峰雪,瑶水一枝莲。晚院花留立,春窗月伴眠。回眸虽欲语,阿母在傍边。”①道教上清派将西王母塑造为统领墉城众女仙的“女仙之宗”和“母养群品”的神格。女冠入道后修仙成功可成为陪在弱水彼岸墉城瑶池宫阙的西王母的“玉女侍”。西王母侍女和女儿都称其为阿母,所以唐代人常亲切称“西王母”为“阿母”。储光羲在《题应圣观》中写道:“合砖起花台,折草成玉节。天鸡弄白羽,王母垂玄发。”②诗人在应圣观中,看到了西王母造像后,感受到了“圣显”,由此写下了“上心方向道,时复朝金阙”。表明自己崇道之心。

唐朝统治者进行政治、文化、宗教祭祀活动时,常有士大夫随侍在旁,记录和作诗。这种诗体被称为“应制诗”。《唐诗纪事》卷九:“景龙三年(709年)十二月十五日,幸白鹿观。”③唐高宗幸白鹿观时有所吟咏,命李峤、沈佺期、李峤、刘宪等应和。几位诗人写下了同题诗《幸白鹿观应制》将道教西王母神话中的“西王母”“瑶池仙境”等象征符号写入应制组诗中。沈佺期将《汉武帝内传》中西王母降真会汉武帝的部分情节写入诗歌中:“紫凤真人府,斑龙太上家。天流芝盖下,山转桂旗斜。圣藻垂寒露,仙杯落晚霞。唯应问王母,桃作几时花。”④刘宪将西王母瑶池仙境世界中仙人们的生活在诗中展现“玄游乘落晖,仙宇蔼霏微。石梁萦涧转,珠旆扫坛飞。芝童荐膏液,松鹤舞骖騑。还似瑶池上,歌成周驭归”。⑤ 这些诗歌在祠观中被创作出之后,有些会悬挂在祠观中的门窗、墙壁之上,很快就会以祠观这个信息风暴场和传播枢纽为中心,通过诗人的社交网络、或是被访问祠观的香客与游客阅读、传抄、记诵等口传等方式,通过四通八达的交通要道,向周边空间迅速传播,并流传到社会各个阶层中。使西王母记忆实现个人记忆与共同体成员集体记忆的链接。

立碑传播:石刻是中国最古老的物质媒介之一。人们通过石刻的方式在摩崖、碑碣、造像和墓志之上承载述德、纪事、铭功、纂言等。⑥ 唐宋时期是石刻的兴盛期,人们在修建或重修祠观将修建、重修事件始末刻在石碑上,并举行立碑仪式。这是宫观空间中发生一种具有“仪式性”特征的文化传播方式。通过这一传播活动,实现了宗教对于世人教化以及维护社会秩序稳定的社会功能。

---

① [清]曹寅.全唐诗[M].清文渊阁四库全书本.卷一百三十六:819.
② [清]曹寅.全唐诗[M].清文渊阁四库全书本.卷四百四十二:2979.
③ [宋]计有功.唐诗纪事[M].四库义刊景明嘉靖本.卷第九:62.
④ [清]曹寅.全唐诗[M].清文渊阁四库全书本.卷九十六:616.
⑤ [清]曹寅.全唐诗[M].清文渊阁四库全书本.卷七十一:470.
⑥ 钱锡生.唐宋诗词的传播方式研究[M].上海:复旦大学出版社,2009:178.

立碑同样是一种记忆之术，通过在某地立碑，人们将事件与发生地紧密联系在了一起，石碑大都立在人流量较大的庙宇、道观等地方，利于扩展以石碑为媒介的信息的传播广度和深度。① 碑文的撰写者一般为官员或者有功名的地方文化精英，立碑仪式也大都由国家或者地方政府主导，反映的是帝国世俗权力对于宗教空间的渗透。《道家金石略》中收录了北宋时期今甘肃泾川纪念重修王母宫所立的《重修泾州回山王母宫颂碑》。其中碑文题为《泾川回山重修王母宫记》，记录了泾川王母宫从重修之前的破败景象到修缮后壮丽华美的转变。“薙蔓草於庭除，封植嘉树，易颓檐於廊廡，替构宏材，丹青尽饰於天姿。”②碑刻中还记录了《尔雅》《穆天子传》《汉武帝内传》以及道教经卷中有关西王母的记忆。碑文为北宋翰林学士陶穀所撰。秉持儒家思想的国家官员参与碑文的撰写，表明了在道观立碑早已超越了道教宗教权力的范畴，彰显着世俗王权对于宗教空间的控制。表征着道教宫观处于神圣空间与世俗空间的周边接触地带。

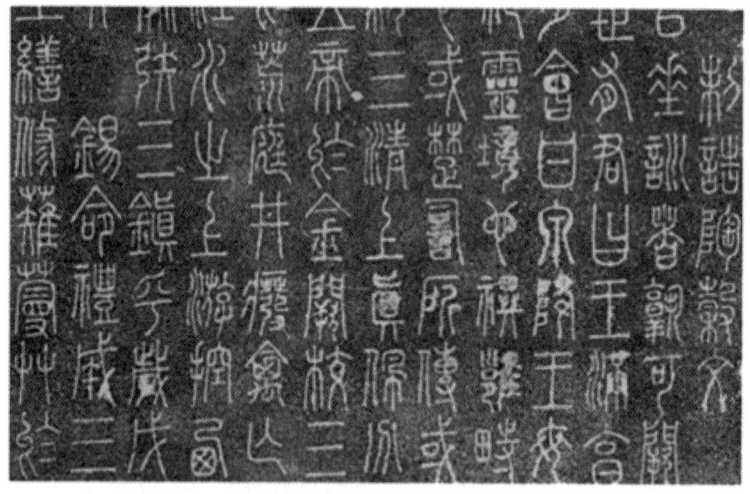

图 3.5 《重修泾州回山王母宫颂碑》拓片局部③

道教宗教空间周边连通世俗世界，神圣世界的文化主体（宗教人士）与凡俗

① 白文刚. 中国古代的政治传播研究[M]. 北京：中国社会科学出版社，2015：66.
② 陈垣. 道家金石略[M]. 北京；文物出版社，1988：213.
③ 图片来源：台北故宫博物院展出一件北宋篆书碑刻：讲述西王母的千年传奇故事[EB/OL]. (2022-08-08)[2023-09-01]. http://www.thepaper.cn/newsDetail_forward_19334579.

世界的文化主体（统治者、文人、平民）之间的人际传播、政治传播、仪式传播等活动，使西王母记忆以分布于道教“洞天福地”与“道教祠观”为记忆生发点，并以此中心向世俗空间渗透。这些记忆与各地域独特的自然与人文景观嵌套后，发展出了地域性的西王母民间传说和民俗活动。

3.3 记忆凝固：以“公共空间”为中心的西王母记忆形塑

如果说神话“昆仑”的现实化与神圣化，是汉王朝整饬山川秩序以建构“大一统”帝国权力的空间生产。“昆仑”在媒介地理中由充满华夷权力关系张力的华夏边缘地区变为天下之中，西王母由“西域女王”变为“我祀女神”表征着汉代天下观从华夷之辨转为“华夷一体”；魏晋以来，道教在媒介空间和世俗空间中所建构的虚实结合的“洞天福地”以及道教宫观等是道教为了标定宗教权力所进行的空间生产，凸显宗教权力与世俗皇权的关系张力。那么帝国晚期，宋元瓦舍勾栏与明清庙会等城乡公共空间的出现，则表征着中国古代社会文化权力“重心下移”、中央集权对于市民权力的“让渡”。北宋以后城市“开放性”公共空间的出现，打破了唐代坊市造成的城市空间“区隔”，实现了代表上层社会的精英文化与下层社会的平民文化之间的破圈发展和融合共生。各社会阶层、各职业群体在“共意空间”中具备了共同从事文化生产的可能性。从而孕育了两宋至元朝独特的市民文化。南宋以后地域性文化的发展，使得地方精英通过建构地域性信仰凸显地方力量，地方性庙会空间凝聚了地区共同体的身份认同和文化认同。无论是大众文化还是地域性文化，都开始脱域于“中心话语”走向自主发展的道路。宋元时期的瓦舍勾栏、明清时期的庙会空间则成为西王母“世俗性”记忆形塑的逻辑起点、传播与共享的空间媒介。西王母神话逐步从高雅文学中走出，在宋元词曲、杂剧、明清小说、民俗活动等“充满市井气息的叙事”的大众文化中得以形塑。以社交娱乐、实用功能为目的的文化生产消解了西王母作为道教信仰女神的神圣性，突出了其在社会娱乐、人际交往、民俗文化等世俗性面向。“西王母瑶池蟠桃仙宴”的故事情节以及“王母娘娘”的民间信仰和民俗文化成为了帝国晚期西王母在民众中的“主流记忆”并逐渐凝固。

3.3.1 公域扩展：“瑶池仙宴”记忆与瓦肆酒楼兴盛

笔者在“中华诗词库”（http://www.zhgc.com/）以宋元民众对于“西王母”的主要称谓：“西王母”“王母”“金母”“阿母”等称谓为关键词进行检索，经过人工删选，共检索出宋元词133首，经质性阅读分析后发现，宋元词作只拣选和保留了西王母神话传说中的“瑶池仙宴”和“王母蟠桃”等情节记忆加以重塑。结合相关史料研究后，笔者发现：这些词主要是为了庆寿、宴饮等社交娱乐功能而创作的“祝寿词”或者“宴饮词”。因此，这些词的创作和传播应该发生各种觥筹交错的宴饮祝寿场景之中。宴饮祝寿本身是需借乐舞以添彩助兴的喜庆活动，少不了寿曲、寿词的加入。词本是一种“文乐相表里”的文学样式，词人创作宴饮词或者祝寿词后通常会付诸歌妓于寿筵歌唱以佐欢寄情。宋元词中的“西王母瑶池蟠桃宴”的记忆映射出宋代市民休闲、宴饮文化生活的繁荣以及宋代休闲娱乐等公共空间的发展。

中国市民文化滥觞于两宋时期。虽然唐代的城市发展也较为兴盛，然而却有三个主要原因制约了唐朝城市市民文化的发展：其一，唐代的城市布局是坊、市分离，居民住宅区分为若干坊，彼此之间有墙隔开。长安城“畦分棋布闾巷皆中绳墨，坊有墉（墙），墉有门”。① 长安城内夜间则进行宵禁的城市管理制度。城市空间壁垒与活动时间限制都在客观上制约了城市公共娱乐空间的发展。其二，唐代的文化单位主要是官方教坊，表演人员也就是“歌妓”则归官方统一管理。她们主要在宫廷、官府和贵族大宅举办的礼仪、教化和娱乐性宴会中表演。因此娱乐文化尚未脱离上层社会私人领域的社交功能和娱乐功能而走向公共空间。其三，唐代的商品经济尚未得到充分发展，出版业也远不及北宋时期发达，尚未形成具有独立文化力量的市民阶层。

一、城市公共空间“周边”扩展

宋代的公共空间与哈贝马斯提出的公共领域有本质区别：哈贝马斯认为公共领域是“一个关于内容、观点也就是意见的交往网络。在那里，交往交流被以一种特定方式加以过滤和综合，从而成为根据特定议题集束而成的公共意见或

① ［宋］宋敏求．长安志·长安志图［M］．辛德勇，郎杰点校，西安：三秦出版社，2013：19．

舆论”①。学者许纪霖指出:“公共空间相对于公共领域宽泛得多,主要是指在社会与国家之间人们实现社会交往和文化互动的场所。”②宋代的城市公共空间则更偏向交往实践、文化实践、娱乐休闲的平台而非思想观念碰撞的场域。宋代的知识分子的思想交流更多发生于庙堂之上与府宅之地。

北宋时期,中国古代的城市化进程开启,与汉唐长安、洛阳两京对于文化中心的垄断不同,北宋时期 10 万户以上的城市 40 多座,宋徽宗崇宁年间上升到 50 多个,汴京在北宋末年达到 130 万人以上,是世界上人口最多的城。③ 南宋时期,临安人口增长也极为迅速,城内人口达到 80 万至 90 万人。④ 两宋时期,伴随着规模化的城市发展的是繁荣的城市经济,“士民富庶、财物毕会,难以俭率,易以奢侈。”⑤不仅如此,两宋时期已经形成发达的交通网络,不仅有大运河水路联通杭州、苏州、南京、扬州等城市。而且各州、县之间都有陆路官路(驿路)相通,发达的交通传播网络使得各地区文化之间得以联通。“东京华夷辐辏,水陆会通”“工商外至,络绎无穷”。各色人等聚合在了汴梁等大都市,使得城市更具有吸附力、向心力、聚合力和文化辐射力。形成了以“都会性”的城市空间和市民文化公共空间为中心的周边文化传播模式。大规模移民向城市涌入,为城市带来大量劳动力,也形成了商人、小贩、工匠、手工业者等不同社会利益群体,北宋天禧三年(1019)年,宋代户籍制度中建立了坊郭户和乡村户,制定了十等坊郭户的等级。坊郭户的出现标志着中国古代社会中新兴阶层-市民阶层开始逐渐形成。与市民阶层伴生出现的是城市娱乐活动的繁荣和发展,城市公共娱乐空间的形成。

在北宋时期,出现了被称为“瓦舍勾栏”的文化娱乐商业场所,并在南宋时期至元朝兴盛发展,明清时期绝迹。《辞源》中的“瓦子”条说:“即妓院、茶楼、酒肆、娱乐、出售杂货等场所。”⑥瓦舍是融合了赏、饮、赌、嫖、玩等感官享乐为一体,集视、味、嗅、触等生理感觉为一体的娱乐消遣的城市“娱乐综合体”空间。勾栏则是宋代形成的固定性的商业演艺场所,因为演出时用栏杆和板壁圈出演出场地,

---

① [德]哈贝马斯. 在事实与规范之间——关于法律和民主法治国的商谈理论[M]. 北京:生活·读书·新知三联书店,2003:446.

② 许纪霖. 都市空间视野中的知识分子研究[J]. 天津社会科学,2004(03):123—130+134.

③ 周宝珠. 宋代东京研究[M]. 郑州:河南大学出版社,1992:369.

④ 吴淞第. 中国人口史[M]. 上海:复旦大学出版社,2002:431.

⑤ [宋]王安石. 王文公文集[M]. 上海:人民出版社,卷 32.

⑥ 辞源[M]. 第三册. 北京:商务印书馆,1979:2084.

故称“勾栏”。每座瓦舍都有数量不等的勾栏，少者一、二座，多者十几座，最大的勾栏可容纳观众上千人。在勾栏之中有“小唱、杂剧、嘌唱剧、傀儡戏、杂手伎、球杖踢弄、讲史、小说、散乐、舞旋、小儿相扑、掉刀、蛮牌、影戏、乔影戏、弄虫蚁、诸宫调、商谜、合生、说浑话、杂班、装神鬼、说《三分》《五代史》、叫果子等”不同的表演形式。观众们常常“终日居次，不觉抵暮”。宋元两代院本、杂剧大都在勾栏中演出。《东京梦华录》中写北宋汴京有桑家瓦、中瓦等九处著名瓦舍，在东南楼一带瓦舍最为集中。中州西瓦“南自汴河岸、北抵梁门大街，亚里其瓦，约一里有余”。[①] 南宋临安瓦舍，各种史料《咸淳临安志》《梦粱录》《武林旧事》等史料中记载不一，但显示都是超过北宋汴梁，基本范围在20处左右。元代的瓦舍在全国的分布范围除了大都之外，还有黄河和长江中下游，大都道江浙运河沿岸的城镇。“保定、石家庄、邢台、平阳、洛阳、汴京、东平、武昌、扬州、金陵、松江、杭州等地，都有大小勾栏演出杂剧。”[②]

瓦舍作为城市公共空间，绝非只是物质实体建筑，而是宋元两代居民的文化生产、娱乐、消费的重要文化空间。也是社会各阶层进行人际交往传播的重要社交空间。吴人宋自牧曰：“瓦舍者，谓其‘来时瓦合，去时瓦解’之义，易聚易散页，不知起于何时。顷者京师甚为士庶放荡不羁之所，亦为子弟流连破坏之门。”[③]说明进出瓦舍的人群品流复杂，士庶各阶层都可来自消费娱乐，上至王公贵胄子弟，下到市井平民，也有外地来到京城的士子、商贾、游客。比如，离大内不远的西角楼大街，附近的州西瓦，汴河大街西德保康门瓦子“东去沿城皆客店，南方官员商贾兵级，皆于此安泊”[④]具有强大的文化融合力。而且两宋没有城市宵禁制度，因此“夜市直至三更尽，才五更有复开张，如要闹之处，常通宵不绝”。[⑤]

二、俗雅相融：宋元词曲中的西王母记忆

（一）风格转变：市民文化繁荣下的词曲通俗化发展

王世贞在《曲藻》中将先秦至元中国古代文学由诗赋到词曲发展的原因简单

---

① [宋]孟元老. 东京梦华录[M]. 卷2. 济南：山东友谊出版社，2009：19.
② 吴晟. 瓦舍文化与宋元戏剧[M]. 北京：中国社会科学出版社，2001：29.
③ [宋]吴自牧. 梦粱录[M]. 北京：中华书局，1962：298.
④ [宋]孟元老. 东京梦华录[M]. 卷2. 济南：山东友谊出版社，2009：21.
⑤ [宋]孟元老. 东京梦华录[M]. 卷3. 济南：山东友谊出版社，2009：33.

阐明为:“《三百篇》亡而后有骚、赋,骚赋难入乐而后有古乐府,古乐府不如俗而后以唐绝句为乐府,绝句少宛转而后有词,词不快北耳而后有北曲,北曲不谐南耳而后有南曲。”①王世贞试图从文学的娱乐性发展逻辑来揭示文学文体的变迁。从唐入宋是中国思想重要转型期,中国文学创作从强调儒家伦理秩序的社会功能性开始向娱情功能转变。唐诗强调“诗言志”“诗主意”,其创作的意图和基本面向是知识分子“形而上”的“观乎人文化成天下”的维持儒家社会秩序的教化功能,因此诗的创作从意象到立意都力求雅致。而由唐五代“曲子词”发展而来宋代词曲则更加注重娱情娱性,以消遣娱乐为主要目的的娱乐功能和社交功能。这种转变与宋代城市发展,尤其是城市公共娱乐空间的发展催生的市民文化的繁荣密切关联。词的发展从唐五代到两宋,分为三个阶段,歌妓的词、文士的词,词匠的词。以苏轼为分界点,第一阶段是唐五代至北宋初年,这时的词大都创作于教坊酒楼之间,唐五代的《花间集》中的词大都是教坊乐工和娼家妓女为酒宴助兴的承欢之作。内容多为相思离别、儿女欢情醉酒绮语。第二阶段的词主要是文士所作,比如北宋宰相晏殊、常驻娼家的柳永。仕途多舛的苏轼到南宋豪放派辛弃疾、刘克庄等人所作。而到了第三阶段,姜夔之后,出现了专门从事词曲生产的“词匠”②两宋词的发展风格整体上是由小令和雅词向更加适合城市娱乐空间的雅俗共赏的俗词方向发展。并成为了风行于宋代的主要城市娱乐文学样式,“词自南唐以后,但有小令,其慢词盖起宋仁宗朝。中原息兵,汴京繁庶,歌台舞习,竞赌新声。耆卿失意无俚,流连坊曲,遂尽收俚俗语言,便于词中,以便伎人传习。一时动听,散播四方。”③

(二)文化融合传播:休闲空间中的西王母词曲跨界生产

吴熊和在《唐宋词通论》中就提到:宋词风格转向“并非仅仅作为文学现象而存在,它的产生不但需要燕乐风行这种具有时代特征的音乐环境,还同时关涉到当时的社会风习,人们的社交方式,以歌舞侑酒的歌妓制度,以及文人同乐工歌妓交往的特殊心态等一系列问题”。④ 宋词雅俗共赏的发展趋势不仅与在统治者的默许下,城市公共娱乐空间的产生和市民文化兴起有关,也与文士文化心理的转变下“文人与歌妓”跨界合作、词人的专业化发展的文化实践相关。两宋统

① [明]王世贞.曲藻[A].//中国古典戏曲论著集成[M].第四册,北京:中国戏剧出版社,1959:27.
② 谢珊珊.休闲文化与唐宋词[M].广州:暨南大学出版社,2011:99.
③ [清]宋翔凤.乐府余论[A]//唐圭璋.词话丛编[M].北京:中华书局,1986:2499.
④ 吴熊和.唐宋词通论[M].杭州:浙江古籍出版社,1989:455.

治者实施较为宽容的社会治理政策，并且尝试通过发展城市休闲空间和市民文化，促进社会文化力量的整合。休闲空间可成为社会矛盾的“缓冲区”，市民文化可发挥社会秩序的“平衡器”的功能，从而达成社会文化共识思想、确保社会秩序正常运行、减少社会冲突和阶级对抗。

在统治阶层的推动下，各阶层之间文化互动和生产合作增加。赵匡胤主张：“当今天下无事，宜纵市民行乐。”在一些重大节活动中，朝廷会组织各阶层大联欢的“赐酺”活动。史料记载：“丙申大酺，集开封府及诸郡乐人，自丹凤门前至朱雀门东西凡数里，迁四市货殖、五方士女大会，作山车旱船往来于御道，为鱼龙曼衍之戏，音乐杂发，观者阗咽。”①两宋时期的社会文化思潮造成了两宋文士的“闲旷尚雅”的文化审美心理和“外儒内俗”的文化生活实践的矛盾统一。“盖宋儒真知灼见人之心性，与天地同流。故所言所行，多彻上彻下，不以事功而止境，亦不亦禅寂为指归。”②一方面，宋朝复归儒学独尊天理，并结合佛、道思想的本体论和认识论充实和完善儒学体系，形成独特的理学“心本论”的思想。程朱理学主张约束人的自然欲望、强调儒家的道德伦理规范。而另一方面，在统治阶层的推动和商业繁荣下，宋代都市之间各个阶层都形成了重消费、喜奢靡的世俗风尚。因此，宋代文士在内在尊重儒学本位的社会思想，而外在生活表现和文化实践中，非但不排斥世俗享乐，反而在其中追寻和思辨个人生命价值的意义。他们常常在酒楼瓦肆之中进行词曲创作的文化实践和生命实践。

在保存和重塑西王母神话的 133 首宋元词中，有 23 首为“无名氏”所作，可见与传统诗文被少数精英阶层垄断的文化生产局面不同，宋元词是士大夫与市井民众共同参与的文化生产实践活动。上到帝王、下到百姓，对词的创作都表现出高涨热情，王兆鹏先生指出：“在宋代，帝王将相、贩夫走卒、文坛墨客、家庭妇女、方外僧人、风尘歌妓、江湖好汉、民族英雄、无不参与词的创作。”③宋词的创作队伍，几乎涵盖各个社会阶层，包括各种社会角色身份。其中具有较高的音乐和文学素养歌妓也同样是词曲创作和传播的主体，尤其是通过“倚声填词”这种方式，将词与乐融合，将文字符号通过音声媒介和身体语言呈现。促进了词向通俗化发展，更好地发挥词的娱情消遣的娱乐功能。中国古代的礼乐文化传播中，歌妓是重要的传播主体之一，上到严肃的国家礼乐庆典、下到百姓的世俗享乐，

---

① [宋]李焘. 续资治通鉴长编[M]. 卷 25，上海古籍出版社，2006：596 页.
② 柳诒徵. 中国文化史[M]. 上海：上海古籍出版社，2001：578.
③ 王兆鹏. 唐宋词史论[M]. 北京：人民文学出版社 2000：109.

社会形成了以歌妓表演为主要形式的礼乐、社交和娱乐体系。唐朝诗人就曾将教坊歌妓表演比喻为西王母座下的仙女表演仙乐、仙歌、仙舞。刘禹锡《和乐土拓枝中》中对于舞娘表演拓枝舞技精湛的赞美：“柘枝本出楚王家，玉面添娇舞态奢。松鬓改梳鸾凤髻，新衫别织斗鸡纱。鼓催残拍腰身软，汗透罗衣雨点花。画筵曲罢辞归去，便随王母上烟霞。”[①]薛能在《赠韦氏歌人二首》中赞美歌妓韦氏的歌艺之出众难得恰似王母仙桃三千年才可遇见。“弦管声凝发唱高，几人心地暗伤刀。思量更有何堪比，王母新开一树桃。”[②]李群玉在《和吴中丞悼笙妓》中写道：“丽质仙姿烟逐风，凤凰声断吹台空。多情草色怨还绿，无主杏花春自红。堕珥尚存芳树下，余香渐减玉堂中。唯应去抱云和管，从此长归阿母宫。”[③]薛宜僚在《别青州妓段东美》写道：“阿母桃花方似锦，王孙草色正如烟。不须更向沧溟望，惆怅欢情恰一年。”[④]表达对于青州妓段东美的不舍之情。

宋代歌妓制度大致承袭唐代以来的惯例。北宋时期歌妓隶属教坊管理，南宋时则废除了教坊。[⑤] 歌妓们多活动于城市中的瓦舍酒肆等娱乐场所，将自己的声色才艺“商品化”加以售卖。为了迎合不同顾客的文化审美趣味、提高自己的演出竞争力，歌妓与词人乐工为了寻求新声新词开始了与文士的合作，在词的雅俗之间寻求平衡，史料记载：“今都邑有新声，巷陌竞歌之，岂为其辞义之美哉，直为其声新耳。”[⑥]而后逐渐形成了歌妓唱词侑酒，文人填词听曲的合作式文化生产。因此宋词发展到中晚期，多是词人与歌妓两个阶层跨界文化生产、文化审美融合的产物。瓦舍酒肆中的听众成分复杂，审美趣味也大相径庭。普通市民阶层的需求注定了词需要从曲高和寡走向雅俗融合的通俗化发展。歌妓通过语言和非语言符号结合的多模态表演方式，将词的抒情、娱乐、社交等功能完美呈现。也是在歌妓的参与下，才能催生出“人人歆艳”“竞至妖靡”的词曲佐宴的宴饮风俗。词曲通过这种方式在勾栏瓦舍、茶楼酒肆所汇聚而成的人际网络中传播，这种传播辐射效果，颇为惊人。陆游在《范戴制诗集序》中云：“公（范成大）素以诗名一代，故落纸墨未及燥，士女万人，已更传诵，被之乐府弦歌，或题写素屏

① ［清］曹寅．全唐诗［M］．清文渊阁四库全书本．卷三百六十：2429．
② ［清］曹寅．全唐诗［M］．清文渊阁四库全书本．卷五百六十一：3899．
③ ［清］曹寅．全唐诗［M］．清文渊阁四库全书本．卷五百六十九：3946．
④ ［清］曹寅．全唐诗［M］．清文渊阁四库全书本．卷五百四十七：3783．
⑤ 李剑亮．唐宋词与唐宋歌妓制度［M］．（修订版）杭州：浙江大学出版社，2006：25．
⑥ ［宋］郑樵通志［M］第 49 卷．景印文渊阁四库全书　第 374 册，台北：台湾商务印书馆，1986：4．

团扇，更相赠遗，盖自蜀置帅守以来未有也。"[①]陆游当时是范成大幕僚，见证了范成大词传播的速度之快的过程，"尝为蜀帅，没有篇章，即日传布，人以先睹为快"[②]。

三、瑶池蟠桃仙宴：西王母词曲创作主题

西王母神话最早被曲艺形式所记录，可追溯到唐五代敦煌词曲的抄卷《云瑶集杂曲子》，后蜀欧阳迥《花间集序》云："是以唱《云谣》则金母词清，挹霞醴则穆王醉"点名了《云谣集》得名于西王母与穆天子瑶池宴饮和歌的典故。敦煌地区处在西域与中原地区的交通要塞，在北朝时期就是西北音乐中心，也是西域音乐与关中音乐的交汇之地。可见，西王母神话的传播范围之广。《云谣集杂曲子》主要收录的都是唐五代主要流行于三陇一带的民间曲子词作品，其题材也会与盛唐诗歌相合。内容方面主要表达征戍、相思离别。语言风格质朴，感情真挚。比如其中一首将女性比作王母仙宫仙女的词：

内家娇

两眼如刀。浑身似玉。风流第一佳人。及时衣着。梳头京样。素质艳丽青春。善别宫商。能调丝竹。歌令尖新。任从说洛浦阳台。谩将比并无因。半含娇态。逶迤缓步出闺门。搔头重慵憁不插。只把同心。千遍捻弄。来往中庭。应长降王母仙宫。凡间略现容真。[③]

初始时期的唐五代民间词并非以文学形象出现，而是配合"燕乐"创制的曲子词。燕乐也称为"宴乐"流传于社会各阶层的音乐娱乐和消费方式。到了两宋逐渐发展成为友人相聚或离别时在酒宴上借酒兴抒发宴席间感慨、共同唱作和歌舞宴前"娱宾遣兴"的"宴饮词"。西王母瑶池仙境宴饮的神话意象经常被使用到"宴饮词"中。苏东坡在《戚氏》中就重述了西王母以琼浆玉液在玉龟山宴请周穆王的神话记忆。

玉龟山东皇灵媲统群仙。绛阙岧峣，翠房深迥，倚霏烟。幽闲。志萧

① [宋]陆游. 范待制诗集序[A]. //陆游集[M]. 北京：中华书局，1976：2098.
② 黄昇. 中兴以来绝妙词选[A]. //唐圭璋. 唐宋人选唐宋词[M]上海：上海古籍出版社 2004：717.
③ 郑振铎. 中国俗文学史上[M]. 上海：上海人民出版社，2006：100.

然。金城千里锁婵娟。当时穆满巡狩,翠华曾到海西边。风露明霁,鲸波极目,势浮舆盖方圆。正迢迢丽日,玄圃清寂,琼草芊绵。……尽倒琼壶酒,献金鼎药,固大椿年。缥缈飞琼妙舞,命双成、奏曲醉留连。云璈韵响泻寒泉。浩歌畅饮,斜月低河汉。渐渐绮霞、天际红深浅。动归思、回首尘寰。烂漫游、玉辇东还。杏花风、数里响鸣鞭。望长安路,依稀柳色,翠点春妍。①

西王母在《汉武帝内传》中已被形塑为掌管着三千年开花、三千年结果的蟠桃的仙界女神。“蟠桃”和“王母”的意象符号组合代表长生不老,延年益寿。因此常被词人用于喜庆色彩的“祝颂之意”的寿词中。宋词中的“王母麻姑同寿、更无期”“朱颜阿母逢生旦”“阿母蟠桃种几年”“昨夜瑶池,亲逢阿母,欲寄蟠桃桃始栽”“长伴瑶池金母宴”“寿觞阿母年年劝”丑奴儿(寿词)“晓来佳气穿帘幕,郁郁葱葱。宝鸭烟浓。戏彩庭前玉树丛。肌肤绰约真仙子,王母宫中。欢会曾同。笑问蟠桃几度红。”这些词句都直接反映了这些词是为了为祝寿庆贺娱宾而作。对于大部分市民阶层来说,两宋时期瓦舍酒肆就是大众首选的娱乐宴饮和举办寿宴之场所,大部分的宴饮词和寿词也都是在瓦舍酒楼中传唱。两宋的酒楼颇具规模。“凡京师酒店门首,皆缚彩楼欢门,唯任店入其门,一直主廊约百余步,南北天井两廊皆小阁子;向晚灯荧煌,上下相照,浓妆妓人数百,聚于主廊颜面上,以待酒客呼唤,望之宛若神仙。”②《东京梦华录》中记载“新声巧笑于柳陌花衢,按管调弦于茶坊酒肆”,所谓“花光满路,何限春游;箫鼓喧空,几家夜宴。伎巧则惊人耳目,侈奢则长人精神”。③ “西王母蟠桃仙宴”情节在宋代以后逐渐凝固,并成为了中国传统宴饮庆寿文化的重要象征。而后又经由从事不同曲艺文化的创作者、表演者合作生产的宋代杂剧和元代院本剧中被创作为戏曲形式,出现了宋杂剧《西池宴王母瑶台会》《宴瑶池爨》;金、元院本《王母祝寿》《蟠桃会》《瑶池会》《八仙会》《宴瑶池王母蟠桃会》④等西王母剧目。这些剧目多在宋元勾栏或者私家戏园中演出。

---

① 唐圭璋.全宋词[M].王仲闻参订,孔凡礼补辑.北京:中华书局,2005:382.
② [宋]孟元老.东京梦华录[M].卷2.济南:山东友谊出版社,2009:21.
③ [宋]孟元老.东京梦华录[M].序.济南:山东友谊出版社,2009:2.
④ [元]陶宗仪.南村辍耕录[M].李梦生校点.上海:上海古籍出版者,2012:277.

表 3.7　宋元词中的西王母记忆(阿母)

序号	词　牌	作者	年代	词　句
1	两同心	黄庭坚	宋	春思翻教阿母疑。
2	鹧鸪天	晁补之	宋	顾阿母、教窣珠裙。
3	减字木兰花	陈克	宋	弟劝兄酬阿母前。
4	聒龙谣	朱敦儒	宋	劝阿母、偏与金桃。
5	芰荷香	曹勋	宋	正西瑶阿母。
6	浣溪沙	仲并	宋	经卷但知从阿母。
7	蝶恋花	张抡	宋	碧海灵桃花朵朵。阿母□□。
8	水调歌头	杨万里	宋	好为阿母作生辰。
9	鹧鸪天	张孝祥	宋	阿母蟠桃不记春。
10	鹧鸪天	卢炳	宋	朱颜阿母逢生旦。
11	沁园春	姚勉	宋	有玉龟阿母。
12	醉蓬莱	吴季子	宋	阿母当年,暂辍瑶池会。
13	满江红	刘克庄	宋	阿母瑶池枝上实。
14	传言玉女	何梦桂	宋	蟠桃新熟,阿母齐长久。
15	沁园春	何梦桂	宋	昨夜瑶池,亲逢阿母,欲寄蟠桃桃始栽。
16	西江月	刘涧谷	宋	阿母神仙苗裔。
17	蝶恋花	无名氏	宋	阿母开颜笑。
18	酹江月/念奴娇	无名氏	宋	阿母人间今百岁。
19	鹧鸪天	无名氏	宋	阿母蟠桃种几年。
20	醉蓬莱	无名氏	宋	阿母当年,罢瑶池佳会。
21	满庭芳	仲殊	宋	阿母旧慈容。
22	满江红	石孝友	宋	问瑶池、阿母手栽花。
23	南歌子	陈晔	宋	乃翁阿母醉何妨。
24	玉楼春	李朝卿	宋	奉觞阿母年年劝。
25	鹧鸪天	胡于	宋	阿母蟠桃下记春。

（续表）

序号	词　　牌	作者	年代	词　　句
26	鹧鸪天	张思济	宋	红颜阿母逢占颸。
27	露华　赋碧桃用南湖韵	陶宗仪	元	问他阿母消息。甚落莫梨云，青鸟难觅。
28	苏武慢鸣鹤余音	凌云翰	元	谁曾伴、阿母重游。
29	点绛唇　上太夫人寿	王寂	元	阿母瑶池，梦回风露青冥晓。
30	玉楼春	元好问	元	寿觞阿母年年劝。
31	念奴娇	元好问	元	阿母分桃，桂娥馈药，称庆于今夕。
32	沁园春　夜梦	白朴	元	西真阿母，唤作儿郎。一笑人间，
33	宴瑶池	白朴	元	玉龟山、阿母统群仙。
34	洞仙歌　庆张闾总管母八十	朱晞颜	元	问阿母西池底事时来。
35	贺新郎　寿李西隐馆於李氏	洪希文	元	阿母临行宣曼倩。
36	水龙吟	李孝光	元	阿母瑶池，琼花新好，正逢初度。
37	木兰花慢	姬翼	元	笑阿母蟠桃。
38	长生乐	晏殊	宋	为传王母金箓。
39	菩萨蛮	晏殊	宋	便随王母仙。
40	玉楼春	杜安世	宋	淹雅洞中王母队。
41	韵令	程大昌	宋	为询王母，桃颗几时赪。
42	鹧鸪天	崔敦礼	宋	王母瑶池景物鲜。
43	青玉案	史浩	宋	轻掷霓裳忤王母。
44	丑奴儿/采桑子	姚述尧	宋	王母宫中。欢会曾同。笑问蟠桃几度红。
45	念奴娇	吴儆	宋	王母当年亲手种。
46	浣溪沙	张孝祥	宋	西王母授九霞丹。
47	柳梢青	辛弃疾	宋	何处有、西王母难。
48	满江红	汪莘	宋	五柳爱寻王母使。
49	满江红	丁黼	宋	王母瑶池鸾凤驭。

（续表）

序号	词　牌	作者	年代	词　句
50	卜算子	邹应龙	宋	王母初筵启。
51	鹧鸪天	邹应博	宋	喜归王母初生地。
52	摸鱼儿	邹应博	宋	问王母。天上桃红几度。
53	贺新郎	葛长庚	宋	王母夜临香案。
54	贺新郎	葛长庚	宋	归举似，西王母。
55	水龙吟	陈德武	宋	命睽王母。
56	霜天晓角	刘子寰	宋	妆成个、西王母。
57	烛影摇红	吴文英	宋	笑从王母摘仙桃。
58	风入松	吴文英	宋	王母最怜生。
59	乐语	王义山	宋	西崑王母，来从光碧驾飞軿。
60	满江红	姚勉	宋	步随王母共徘徊。
61	声声慢	何梦桂	宋	好是王母瑶池。
62	满江红	文天祥	宋	王母欢阑琼宴罢。
63	满江红	邓剡	宋	王母仙桃，亲曾醉、九重春色。
64	卜算子	黄右曹	宋	来约西王母　王母问摩耶。
65	临江仙	赵文	宋	堂前王母鬓方玄。
66	满江红	汪元量	宋	醉王母、蟠桃春色。
67	夏日燕黉堂	赵必	宋	年年王母来称寿。
69	千秋岁引	梅坡	宋	王母宴，瑶池客。
70	念奴娇	高子芳	宋	瑶池王母，何妨引领仙眷。
71	鹧鸪天	刘清之	宋	异时早约西王母。
72	虞美人	刘公子	宋	王母麻姑同寿、更无期。
73	满江红	无名氏	宋	任年年、王母献蟠桃。
74	满江红	无名氏	宋	千年王母桃方实。
75	瑞鹤仙	无名氏	宋	幸王母、人间得见。
76	减字木兰花	无名氏	宋	王母襟期醉九霞。

(续表)

序号	词 牌	作者	年代	词 句
77	沁园春	无名氏	宋	白昼传呼王母来。
78	满江红	无名氏	宋	笑问堂前王母看。
79	满江红	无名氏	宋	问千秋千岁与谁同,西王母。
80	庆千秋	无名氏	宋	如王母、款对群仙。
81	杏花天	无名氏	宋	麻姑王母,年年同宴春酒。
82	壶中天/念奴娇	无名氏	宋	况有瑶池王母在。
83	壶中天/念奴娇	无名氏	宋	请伊亲问王母。
84	壶中天/念奴娇	无名氏	宋	更祈王母,共看桃结桃熟。
85	应天长	无名氏	宋	西王母、来人世。
86	满江红	无名氏	宋	王母当年,瑶池会、曾充坐客。
87	洞仙歌	无名氏	宋	诮一似、王母会瑶池。
88	临江仙	无名氏	宋	愿同王母寿延长。
89	壶中天/念奴娇	无名氏	宋	好陪王母,共看几度桃熟。
90	惜奴娇	巫山神女	宋	向王母高陈之。
91	西江月	吴淑虎	宋	更祈王母寿而康。
92	满庭芳	王子容	宋	庆传王母骖鸾。
93	木兰花慢	李商英	宋	似王母、宴瑶池。
94	江城子	莫蒙	宋	曾侍瑶池王母宴。
95	鹧鸪天	沈长卿	宋	便是蟠桃王母家。
96	南乡子	林伯镇	宋	王母瑶池会列仙。
97	满江红	华岳	宋	蟠桃王母无双实。
98	太常引	汪元量	宋	世间王母,月中仙子,花甲一周天。
99	满江红	游子蒙	宋	但时从、王母借蟠桃。
100	百字令	华幼武	元	争献瑶池王母。
101	瑞鹤仙细君寿日	李俊明	元	共寻天上王母。
102	酹江月	李俊明	元	不为王母生客。

（续表）

序号	词　牌	作者	年代	词　句
103	念奴娇	元好问	元	王母蟠桃初熟。
101	满江红	元好问	元	但时从王母借蟠桃。
102	玉楼春	元好问	元	遐算愿同王母寿。
106	好事近	元好问	元	王母醉中微笑。
107	碧桃春寿广微天师	程文海	元	云中王母九霞觞。
108	尾犯	李纲	宋	少姑传、金母信。
109	减字木兰花	李纲	宋	龟台金母。绀发芳容超敻古。
110	瑞鹤仙	张元干	宋	对木公金母，子孙三世，妇姑为寿满酌。
111	六花飞	曹勋	宋	赞木父金母至乐。
112	太清舞	史浩	宋	宴瑶池金母
113	醉蓬莱	曾觌	宋	金母龟台，傍碧桃阴里
114	柳梢青	曾觌	宋	玉皇金母情亲
115	洞仙歌	王之望	宋	金母盘中屡献
116	满庭芳	沈瀛	宋	时会三元金母
117	鹧鸪天	廖行之	宋	欢传金母下瑶城
118	万年欢	郭应祥	宋	西极金母。笑捧蟠桃，更酌九霞清醑
119	水调歌头	彭叔夏	宋	邀请金母伴麻姑
120	喜迁莺	程珌	宋	金母此时，云軿先绛，又见枢星光吐。
121	万年欢	丁察院	宋	西来金母，霓旌云旆。
122	醉公子	仇远	宋	误游金母家
123	瑞鹤仙	熊禾	宋	正金母、西游瑶台宝殿
124	望江南/忆江南	无名氏	宋	长伴瑶池金母宴
125	鹧鸪天	无名氏	宋	若非金母生今日
126	洞仙歌	范成大	宋	金母嗔尝，回首处，还又三千岁矣。

(续表)

序号	词　牌	作者	年代	词　句
127	鹧鸪天	范成大	宋	坐中金母欣馀庆
128	千秋岁	高伯达	宋	口传金母信
129	风入松　题石坛道士焚香	沈禧	元	西邀金母乘鸾
130	苏武慢	凌云翰	元	为问木公金母
131	茶瓶儿	王哲	元	孝顺先知金母
132	踏莎行　总咏	王哲	元	劈开金母紫芒攒

西王母符号在宋代以来表征市民文化的城市公共空间“周边”不断扩展的过程中,在更多社会群体的生产实践中得以重新编码和传播。神话符号的解码过程也是再创作过程。传播者在传播中自觉与不自觉地加入到创作活动中来。打破了精英文化对于神话符号编码权的垄断。从西王母走出道教经卷,走入诗词、杂剧、戏曲中,发挥侑宴、娱宾、祝寿功能的那一刻起,西王母道教女神的宗教“神圣性”符号意涵在大众文化的创作中已然消解,成为了可以在休闲娱乐场合消费的“符号”,具有融入世俗生活的意蕴。西王母神话记忆与市民文化生活相融,按照符合市民审美趣味的方向发展,释放出了更具人文情怀的特征,为明清小说中的西王母文本叙事的发展奠定了基础。

3.3.2　常与非常:“王母娘娘”记忆与庙会空间形成

如果说神话通过口语传播或文字传播,建构了古代民众的神圣,那么神话在庙会活动中的传承,则通过模式化和象征化的行为,使民众的现实生活获得精神意义。古代西王母庙会是西王母民俗记忆的发源与传承之逻辑起点,当今依旧在中国大江南北许多地方的“王母庙”“王母宫”“王母观”中开展。我国目前比较著名的西王母民俗活动有甘肃省泾川县每年农历三月二十举办的西王母庙会和山东泰山王母池道观每年农历三月三举办的西王母香会。泾川王母庙会历史悠久,可追溯到宋代开宝戊辰年(公元 968 年),也就是前文所提及的陶穀所撰《泾川回山重修王母宫记》中王母宫修缮完工的那一年。至今已传承了 1055 年,如今已经传承一千多年。三天庙会活动中,不仅有诸如鸣炮、鸣炮奏乐、敬香、焚表等集体奠酒共同祭祀仪式，还有如：“仙鹤舞”“关公点红”等当地的民间艺术展演活动。① 泰山西王母庙会历史同样悠久。泰山王母池院内有碑文这样记载：“泰邑城东石碑庄有祭泰山之会由来已久，饮和食德，咸获神庥，靡有缺遗矣。……会中人恐世远年湮之后，善事或有不继者，故于道光十五年挂匾王母之上，……今又立石以志，以永建此会云。”

台湾学者李丰楙曾用“常”与“非常”取代西方传统圣俗二分视角讨论民众日常生活中的日常劳作和具有信仰活动性质民俗活动在空间、节奏、形态中的转换。② 北京大学历史学家赵世瑜也曾用日常状态与非常态的狂欢状态来描述中国传统乡土社会中，由日常的农忙耕种的刻板单调状态进入特地时空中举办的“庙会”时的具有西方酒神精神的“狂欢状态”。③ 本研究则通过论证庙会空间的周边传播的“空间媒介”属性，将庙会空间定义为中国传统社会中共同体成员介于农业生产活动的“日常空间”和庄严祭祀活动“礼俗空间”周边的“第三类空间”。当下庙会活动因保存了中国各地区的神话和民俗记忆，是传播与传承民间神话、民间习俗、促进地区经济发展、凝聚地区共同体文化认同的重要文化空间。

一、文化中心地：西王母庙会的周边传播空间属性

庙会是以祠庙这一物质空间为依托，“在特定时间举行的祭祀神灵，交易货物，娱乐身心的集会，具有空间的结节性、主体的广泛性和内容的重合性等表现特点。”④庙会文化是中国传统民俗文化的重要内容之一。发源自上古时期的原始信仰崇拜和祖先崇拜的仪式活动。“庙”原指帝王、贵族祭祀祖先的宗庙。《释名·释宫室》言：“庙者，貌也。先祖形貌所在也。”⑤而后宗与庙结合，形成宗庙制，也就是将民族共同体成员归于一脉。宗庙祭祀成为了凝聚华夏民族共同体成员身份认同的重要礼仪传播手段。东汉之后，随着外来佛教传入和本土道教的发展，逐渐兴建了佛教的寺庙、道教的祠观等。之前以“庙”为中心的庙会文化，其依托的物质空间逐渐扩展为佛教寺庙、道教祠观等佛道宗教空间。“庙”也

---

① 刑莉，王雪. 泾川西王母文化调查研究[M]. 北京：商务印书馆国际有限公司，2016：181.

② 李丰楙：由常入非常：中国节日庆典中的狂欢化[J]. 中外文学，1993(03)：116—154.

③ 赵世瑜. 狂欢与日常：明清以来的庙会和民间社会[M]. 北京：生活·读书·三联书店，2002：116—139.

④ 小田. “庙会”界说[J]. 史学月刊，2000(03)：103—109.

⑤ [清]郝懿行. 郝懿行集·尔雅义疏[M]. 安作璋主编. 济南：齐鲁书社，2010：130.

就可以泛指道教宫观、佛教寺庙、民间庙宇等供奉神灵和祖先的建筑以及宗教性质的场所。“会”，最早指天子与诸侯，或者诸侯与诸侯之间的会见。后来也指为了佛教、道教的宗教仪式而举办的集会、聚会。因此庙会最初指的是以“庙”为中心而开展的祭祀神灵或为了某个特殊日子举办的带有祭祀、信仰仪式性的聚会。古人祭祀先祖和鬼神，讲求以“乐舞礼仪”作为人神沟通的媒介。商王就有亲自以羽舞祭祀四方之神的记录，到周、秦、汉代，非乐舞不能通神的观念加强。《周礼·春官·大司乐》说：“若乐六变，则天神皆降，可得而礼矣……若乐八变，则地示可出，可得而礼矣……若乐九变，则人鬼可得而礼矣。”①可见乐舞娱神是祭祀活动重要的内容。同时古代重大祭祀活动的时间都是固定的。历代帝王会通过诏令形式建立朝代的祭祀制度，规定时间、地点、内容等。上古时期带有原始信仰和祖先崇拜的祭祀活动是后世庙会文化产生的母体和根脉。随着唐宋之后道、佛、民间信仰活动的增加，民间祭祀活动也随之增多，出现了原始神庙会、宗教性庙会、世俗性庙会等不同变体。这些都是现代民间庙会的雏形。无论庙会以何种形式组织，其大都具有：区域性、季节性、集体性、神秘性等特征。② 明清时期是民间庙会活动发展的鼎盛期，从那时起，庙会活动也大都开始从“娱神”向“娱人”方向发展。庙会空间成为了具有娱乐民众身心、传播民间文化、促进商贸交流、教化民众行为、调节社会秩序等多重社会功能，介于“世俗”的日常生活空间和“神圣”的庄严祭祀空间周边的“第三类空间”。

从周边传播理论视角来看，庙会因以物质性空间为依托，且具有中心固定性和边界开放性等空间特点。可被理解为一个重要的信息周边传播枢纽的空间媒介。

首先，传统中国，尤其是帝制晚期的乡土中国经济文化生活的展开是以寺庙为中心而分布的。寺庙一般坐落在城市或者乡村的中心位置。“无论是城镇还是乡村，寺庙大都处于交通要道附近和人口稠密地区的中心。它们往往成为一个特点区域的政治、宗教和经济文化中心，也是人们心目中的‘中心’，即文化凝聚力所在。”③庙会举办时，活动一般以这些地区寺庙祠观为中心而展开，而庙会空间周边则常常延展至数条街道。有些大型庙会和集镇贸易融为一体，周边还会有小庙成为补充活动空间。围绕在寺庙周边的是多功能的城乡经济文

① [清]阮元校刻. 十三经注疏·周礼注疏　卷十八[M]. 北京：中华书局，2009：1634.

② 高有朋. 庙会与中国文化[M]. 北京：人民出版社，2008：65—82.

③ 赵世瑜. 狂欢与日常明清以来的庙会和民间社会[M]. 北京：生活·读书·三联书店，2002：204.

化综合体。因此，庙会空间构成了中国基层社会重要的文化、商贸传播网络中心。不仅如此，庙会也有权力网络运行于其中。地方性信仰与围绕地方性信仰展开的庙会是地方政府和精英意图“对国家控制的含蓄挑战和反抗”。因此，明清庙会空间中形成了地方权力与国家权力博弈的“空间话语”。南宋之后，黄河中下游地区主要以女娲、黄帝、伏羲等上古神祇神庙为主要活动空间展开庙会活动，长江以南地区则主要以城隍庙、妈祖庙为空间开展庙会活动，而华北地区则以碧霞元君、王母娘娘、斗姆娘娘为代表的各类娘娘为主要信仰对象开展庙会活动。这些庙会具有凝聚地区共同体的身份认同和文化认同的社会功能。

其次，诸多研究发现，庙会空间的“边界”是较为模糊的，其周边同样具有伸缩性。杜赞奇曾在研究中发现：庙会往往跨越宗族与村界，对乡村政权内部结构产生影响。① 大型庙会一般和集镇贸易融为一体，建于交通便利之地，或是香火鼎盛之所，会带动跨地域的商贸、文化活动繁荣，从而成为所在城镇内部发展和城市边界拓展的因素。因此，虽然中国自古以来，有“祭不越望”之说。然而，自南宋之后，特别是明清时期商业活动发展，交通网络的发达，致使各地区间交往日益频繁，民众之间联系加强，文化观念互相影响。庙会举行时，各地区和各阶层人汇聚于此，算命看相、江湖郎中、唱戏的、要杂技的，僧人道士、商人小贩等江湖艺人，他们奔走于城乡之间。传播信息、流通物品，商人流动性与开放性特征带动了民俗文化的传播与演化。② 在庙会中，人-空间-文化链接为一个“无缝之网”(Seamless Web)。因此，庙会不仅是特定时间、特点空间发生的民俗文化生产空间，也是链接行动者关系的空间和信息周边传播的中心和枢纽。以这个空间为中心，可以形成一个边界开放可实现人际沟通功能、娱乐功能、社会规范功能的传播网络空间。地方性灵验的神祇也可以通过庙会这一联通周边的空间走出其起源地。北方地区民众广为信仰的“西王母”在明清时期就传入了广州。“广州多有祠祀西王母。左右有夫人，两送子者。两催生者。两治痘疹者。凡六位。盖西王母弟子。若飞琼、董双成、萼绿华之流也。相传西王母注寿注福注禄，诸弟子亦以保婴为事。”③广州的西王母民间信仰中增加了西王母可保福禄及保佑孕妇顺利产子的职能。而随着清代边疆移民和清

---

① 杜赞奇. 文化、权力与国家- 1900—1942 年的华北农村[M]. 王福明译，江苏人民出版社，2010：95—97.
② 李鸿斌. 庙会[M]. 北京：北京出版社，2005：4.
③ [清]屈大均. 广州新语[M]. 北京：中华书局，1985：234.

政府对于民间宗教的打击,西王母民间信仰和民间传说传播到了新疆天山北部以及东南亚和中国台湾等地区(分别在第六章第一节和第四章第三节详细论述)。

二、地区共同体凝聚:庙会空间中的西王母信仰民俗周边传播

明清时期,随着道教向着与民众靠近的“庶道化”方向发展以及社会“三教合一”的思潮,道教神祇多与民间信仰融合或被民间教派吸收,西王母由原本供奉在道观中的道教女神,进入到了民间大小祠庙之中,成为了民众心目中具有多重神格的“王母娘娘”,主管送子、催生、痘疹、眼疾等人间职能。在民间传说中,旧历三月三日是西王母的寿诞,天上要举行蟠桃盛会,各路神仙赶来为王母娘娘祝寿,届时民间祀西王母的祠庙都会举办庙会,一般为期三天。在下文中,笔者将以明清时期老北京主祀西王母的蟠桃宫庙会为例,结合史料对于庙会的记载,论证庙会空间在西王母信仰传播、民俗文化传播中的中心枢纽功能。蟠桃宫,也叫太平宫,位于北京东便门外大通桥南,门临护城河。因宫里供奉西王母之像,故曰“蟠桃宫”,全称为“护国太平蟠桃宫”。相传蟠桃宫建于明代,后残毁。清康熙元年(1662 年)工部尚书吴礼达奉旨重建。《京都风俗志》曰:三月三日,蟠桃宫“所居羽士,修建佛事,自初一至初三日,士女拈香,游人甚众”。《京华春梦录》说:“上巳良辰,倾城士女,或挟所欢,或偕巾友,小溪左右,声色顿喧。”①

(一) 西王母信仰周边传播

北京蟠桃宫,虽然规模不大,仅有两进殿宇和配房。前殿为王母殿,供奉西王母神像。后殿为斗姥殿,供奉斗姥元君,但因为西王母主天下女子登仙之事,且民间视其为长生不老的象征。因此每逢蟠桃宫开庙之际,世人求福求寿,求子求孙,消灾除病,祈求发财,都会到宫里烧香拜佛。依前文所述,虽然在庙会活动中,传播教义功能主要是依托娱乐功能实现的。然而古代庙会的核心依旧是神灵的供奉,所有的娱乐活动也都是围绕某种信仰具体展开。神庙中的碑文、壁画等“圣显物”依旧具有信仰传播功能和凝聚地区信仰共同体的功能。有些民间宗教信徒会在庙会举行之时,将宗教义理和地方民间文艺结合形成宗教宝卷传播,延续崇祀神灵的记忆。明代以来,庙会活动和王朝的政治措施结合紧密。在三

① 林岩. 老北京的庙会[M]. 北京:文物出版社,2004:106.

教合一的宗教政策下，明代统治者注重礼制，郊祀活动频繁，并主张举国皆祀，在民间广造传说，虽然明清两代政府对于有组织的民间宗教活动的基本政策是防范和打压，比如清律规定：“凡寺、观、庵、院，除现在所处外，不许私自创建增置。违者，杖一百。僧道还俗，发边远充军；尼僧，女冠入宫为奴。”①但是对于“庙会”这样弥散融入群众日常的民俗活动却无法根本上禁止。以寺庙为中心的庙会空间成为了民间信仰传播的重要传播枢纽。

（二）西王母民俗周边传播

庙会因提供了一个“高度集成化”的展演空间，在娱乐活动相对不发达的古代社会，形成了强大的文化向心力和辐射力，地域性民间艺术的精华汇聚其中。《东京梦华录》就记录了北宋时期大相国寺庙会中的各色表演内容：“天晓，诸司及诸百姓献送甚多，袛社火呈于露台之上。所献之物，动以万数。自早呈拽百戏，如上竿、趵弄、跳索、相扑、鼓板、小唱、斗鸡、说浑话、杂扮、商谜、合笙、乔筋骨、乔相扑、浪子杂剧、叫果子、学像生（相声）、倬刀装鬼、砑鼓、牌棒、道术之类，色色有之，至暮呈拽不尽。”②

《京华春梦录》就记载了北京蟠桃宫庙会期间。民间艺人们聚集于蟠桃宫后广场献艺。“宫后有广场，五陵豪贵，畿辅游侠，咸乘名骥，驰逐于香尘软草间，竞夸捷足，博得美人芳彩。”扁担戏、花鼓戏、杂技、相声、大鼓、单弦、拉洋片、变戏法、舞叉、弄棍、假人摔跤、扒竿、角抵、飞刀、蹬梯、马戏，应有尽有。③ 吸引人接踵而至。庙会文化活动的高潮和兴奋点是“戏曲演出”。乡间有“高搭戏台过庙会”之说。经济实力雄厚的庙会组织者会邀请当地最有名的戏班和最有名的角色，“迎神赛会，搭台演剧一节，耗费尤甚，酿祸更深”。④ “每会所费无算，而彼不惜也”每逢庙会搭台唱戏时候，就会有人从四面八方来到这个地区中心。《北平岁时志》记载，每逢会期，许多著名演员会前往蟠桃宫进香，并于初三日特演西王母戏曲“蟠桃会”。通过庙会这种形式，西王母戏曲文化也得以庙会空间为中心向周边传播。

---

① 钦定大清会典事例[M]卷 390，4.

② [宋]孟元老. 东京梦华录[M]. 卷 8. 济南：山东友谊出版社，2009：81.

③ 林岩. 老北京的庙会[M]. 北京：文物出版社，2004：84.

④ [民国]吴县志[M]. 卷 52：19.

本章小结

本章通过对储存西王母记忆的传世文献、出土文献、图像、民俗活动以及相关史料的考据钩沉,得出以下发现:第一,从记忆形塑的时间维度来看,西王母记忆可分为记忆框架期、记忆重塑期、记忆凝固期。西王母符号在不同时期历史文化语境中按照不同的编码逻辑,组合、拼接、演化,其记忆具有符号意涵“突变”和文本“互文”的知识间断和接合的双重特性,呈现新旧记忆交接纠缠的“双螺旋”结构。第二,从记忆形塑的地理空间维度来看,本章发现了西王母记忆在不同时期形塑的逻辑起点、传播路径与范围,以及西王母符号是如何通过以这些空间为中心的编码和共享等周边传播活动中,被空间“周边”内外权力关系博弈所形塑的同时,又成为建构各种权力的符号资源。西王母记忆框架期的记忆“原点”是与表征“政治地理”和“文化地理”华夏与四夷“周边”的“神话昆仑山”。在先秦至两汉“大一统”的思想观念和话语建构下,在华夏周边的动态移动中,由“西域女王”转变为“我祀女神”,成为建构“大一统”意识形态话语的重要符号。西王母信仰几乎遍及汉代全境,乃至传播到华夏边缘地区。

西王母记忆在魏晋至唐宋时期被道教所重塑。以世俗皇权与宗教权力博弈的表征世俗空间与神圣空间“周边”的“洞天福地”和“道教祠观”为逻辑起点,随着道教的传播,在宗教和世俗世界的文化主体的互动中重塑为“道教女神”,成为了整饬东汉以来瓦解的社会秩序、构建社会各阶层人群纵向一体文化认同,以及建构道教话语体系的重要符号。西王母道教文化在道教在中华大地,乃至其他东亚国家传播的过程中,流传到越南、日本、韩国等东亚汉字文化圈国家。分布于中华大地乃至东亚大地的各个角落、成为了中华民族乃至汉字文化圈国家的共享记忆。

宋元之后,尤其是明清时期西王母记忆逐渐凝固,在表征“集权文化”与“大众文化”周边,“中心文化”与“地方文化”周边的“瓦舍酒楼”和“庙会空间”中被塑造,其符号意涵逐渐“人性化”,成为了构建大众文化权力和地区共同体文化认同的重要符号资源。尤其是道教西王母与不同地域的民间信仰结合,发展出具有不同地域特色的民俗文化,随着清代边疆移民和清政府对于民间宗教的打击,西王母民间信仰和民间传说传播到了新疆天山北部以及东南亚和中国台湾等地区(这一部分将在第四章第三节详细论述)。

西王母文化周边传播路径图

01 先秦至两汉以神山昆仑为中心，西王母神话和信仰传播到汉代华夏全境及华夏边缘地区

02 魏晋至唐宋以道教圣地洞天福地和道教宫观为中心，西王母道教文化传播到长江以南地区乃至当时周边国家

03 帝国晚期以瓦舍酒肆和的地域庙会为中心，西王母道教文化与地域性民间信仰结合，伴随清代移民传播到新疆地区

04 西王母民间宗教“瑶池金母”信仰逃逸式传播到东南亚和中国台湾省

图 3.6　西王母文化周边传播路径图

在下一章中，笔者将研究转向西王母记忆的建构的社会场域。以西王母记忆建构的三个重要历史“横剖面”为入口。探寻西王母记忆是如何在不同历史文化语境界定的社会场域关系中，通过文化实践主体的场域周边传播，实现西王母记忆与社会权力关系的互构。

第四章

言说与秩序：西王母记忆在“场域周边”传播中的形塑

中国传播思想史的基源问题是研究古代社会文化实践主体如何通过“言说”实现共同体成员的共识，从而构建社会秩序，探寻传播与秩序的互构关系。① 文化实践主体在传播活动创造的社会共享的符号系统是共同体成员共享的“记忆”和构建认同的重要基石。“传播的本质是寓于传播关系的建构和传播主体的互动之中的。”②在这种互动中实现了社会关系整合，使权力关系可以渗透到社会实践空间中与知识生产实现互构关系。在第二章中，笔者已经详细论述了在中国古代尚未分化的社会空间中，政治、宗教、文学场域周边在不同时期呈现嵌套，纽结和离散的状态。这种状态构建了行动者在“场域周边”复杂的传播活动轨迹，也影响着身处这些场域中的行动者的文化实践和符号编码逻辑。

本章以西王母记忆历时形塑中的“起源、分支、转变、中断”等关键过程为考察重点，以西汉、唐代和明清西王母记忆形塑的三个历史“横断面”为研究进路。在研究方法上，本章主要采用了诺曼·费尔克拉夫提出的话语分析方法，对于三个时期西王母文本开展文本向度、话语实践和社会实践向度的分析。研究主要基于以下三个问题展开：第一，基于文本向度的分析，本章考察西王母记忆在不同时期的文本中如何实现“互文”与“接合”、符号意涵的“增加”与“重塑”，从而实现记忆的“层累”传承。第二，基于话语实践向度的分析，本章研究不同时期的西王母文本生产者主要行动于哪些场域、文本生产的动机和传受关系。第三，基于社会实践向度的分析，本章探索不同历史时期的主流意识形态话语、社会结构和不同时期的场域周边关系是如何制约和影响社会文化实践主体的符号编码逻

① 胡百精. 共识与秩序：中国传播思想史[M]北京：中国人民大学出版社，2022. 22.

② 陈先红. 论新媒介即关系[J]. 现代传播(中国传媒大学学报)，2006(03)：54—56.

辑，西王母文本生产与权力关系如何通过场域周边传播活动互构。

4.1 场域周边深嵌传播中的西汉西王母“神性”记忆形塑

如第三章中所述。西王母在先秦至汉初时期，是一个“所指”不确定的符号，在《山海经》中她是“豹尾虎齿而善啸，蓬发戴胜，是司天之厉及五残”的原始女神，在穆天子传中她是可与周穆王对歌的西域女王，在《尔雅·释地》中，西王母的符号意涵又是西荒中的一个国家。先秦至汉初年间的西王母文本大都曲折反映了华夏族群与周边族群交往中的历史记忆以及“大一统”意识形态和话语建构下，民族历史从“多元起源叙事”逐渐走向“一元叙事”的大规模整合的过程。笔者从对于这一时期西王母文本向度、话语实践向度和社会实践向度分析后发现：在风行于西汉年间阴阳五行、神仙思想等神学宇宙观的思想观念下，在社会空间宗教、政治、文学场域深嵌关系中，西王母在西汉文献中的记忆建构主要有以下两个发展趋势：一是沿着道家思想，与战国时期的《庄子》形成文本纵向互文，在方士与帝王的场域周边传播中，塑造了西王母在《淮南子》《甘泉赋》中具有超越性神格的掌握不死药的“长生女神”的符号意涵，逐步向宗教神圣性发展。二是延续先秦史官的“理性思维”，延续《穆天子传》等先秦文献中的西域女王记忆，在儒生和帝王的场域周边传播中，在汉代经史等传世文献中塑造为《史记·赵世家》《新书·修政语》《大戴礼记·少间》中体现着儒家“大一统”思想和“和夷诸夏”的政治主张、彰显帝王德行的“西域来献”女王的政治祥瑞符号，成为了构建汉代理想政治秩序“大一统话语”和“祥瑞话语”的符号资源，西王母符号向政治神圣性发展。在两汉之际，西王母符号则大量出现于谶纬神话中，成为用于建构政治新秩序和新话语的“符号资源”。方士和儒生合作将先前文本中的西王母记忆析出、缝合，写入了具有极强服务于帝王统治的汉代谶纬政治神话中。将西王母塑造成为具有了“政治神圣”与“宗教神圣”的双重“神性”的符号。西王母成为了两汉之际延续至东汉末年汉代全境民众最崇拜的神祇之一。

汉武帝之后，以董仲舒为代表的儒生通过吸收战国时期邹衍等人充满神学宇宙观的“阴阳五行”思想，编织了一套构建儒家“公天下”理想政治秩序的“天人感应”的“灾异话语”，并在与文吏的竞争中获胜走向了政治场域的中心，使得带有浓郁“神学”色彩的儒家“经学”霸占了西汉的思想文化领域,[①]成为了文学场域的中心“文类”。汉儒们掌握了文化资本与文化权力,拥有以“五经”解释“天命”的符号解码权。汉代统治者不仅无法与商周帝王一样垄断诠释灾异和阐明天命的话语权力。反而受制于“灾异话语”中灾异降临则代表君王德行有违天道的话语桎梏。因此,西汉年间的皇权事实上不是权力之“源”或是“本”。而只是一个平衡文官武将、皇亲国戚、中央地方、内廷外朝等权力关系的中心枢纽。[②] 将王朝中的多种较量的思想和各方对峙的权力平衡、牵制、侵夺与毁灭。皇帝一方面需要儒生建构实现社会共识的话语,树立自己的权威;另一方面也试图突破此话语的限制,释放个人权力。因此,汉代皇帝大都宠信来自“宗教场域”的方士,他们希望方士帮助他们同神仙建立直接联系。掌握解码“天命”的神秘符号的能力,也希望方士为他们炼丹制药,帮助他们实现长生不老的个体生命诉求。由此,在皇权中心枢纽的斡旋下,在政治、文学、宗教场域周边的嵌套关系中,儒生与方士,时而分兵两路,时而重叠交织,开启了汉代符号体系和话语建构工程。在下文三个部分中,笔者将详细阐释,西王母记忆在西汉时期,是如何在汉代儒、道共同建构的“神学宇宙观”和“大一统”的社会主流话语下,在帝王、儒生和方士场域周边传播中形塑,并成为与社会实践场域中的权力关系互构的话语。

4.1.1 背靠背:方士与帝王推动“不死”观念

一、神仙思想与“长生女神”

闻一多将在道教创立之前,由原始宗教转化的方仙道时期称为古道教。[③] 方士群体是古道教中未被组织化的主体。他们的壮大与春秋战国时期盛行于齐鲁地区日益流行的神仙思想的扩散密切相关。神仙信仰是古道教的理论基础,方士是神仙信仰传播的主体力量。方士是由商周时代负责国家祭祀的巫觋演变而来。说文曰:“巫,祝也。女能事无形,以舞降神者也。”[④]方士们因为可

① 顾颉刚.秦汉的方士和儒生[M].北京:北京出版社,2016:前言23.

② [美]王爱和.中国的宇宙观与古代政治[M].金蕾,徐峰译,上海:上海古籍出版社,2018:200.

③ 闻一多.神话与诗[M].长春:吉林出版集团股份有限公司,2016:136.

④ 王平,李建廷.说文解字标点整理本[M].上海:上海书店出版社,2016:531.

以与天地鬼神沟通曾经是商代最有权势的人群，他们不仅履行占卜、祈雨、圆梦等神职能，在政治、军事、外交等国家大事方面同样拥有话语权。然而殷商后期，统治者逐渐将分离的祭祀权力与统治权力合并。帝王取代了"巫"垄断了与天沟通的渠道。原始时代的"家为巫史"到"绝地天通"之后，"巫"则成了"君"具有了政治首领的特权职能，君成为了巫之首，而后又分化出一整套的巫、祝、卜、史的专业职官。[①] 原先身处宫廷政治中心的大量巫觋被流放到民间。成为喜好漫游的方士群体。这些群体从周王朝中心三晋地区向东迁徙的过程中，将上古西部昆仑神话中的灵魂不死和东方蓬莱神话中的肉身不死结合，融入了邹衍等人创造的"阴阳五行"思想。将原本具有维持社会"秩序功能"的宏大宇宙起源叙事的"神话"通过道家老、庄生命哲学为理论基础的"神仙信仰"思想加以改造，创造出了以个人修仙求长生，强调个人生命的"仙话"。其中一些方士通过学习儒家思想和经世治国理念，赋予神仙思想世俗性，借此向社会上层靠拢。他们既可以著书立说，又深通天文术数，具有了涉足文学场域和政治场域的文化资本。成为了儒生化的"方士"。《汉书·司马相如列传》曾说："相如以为，列仙之儒，居山泽间。"[②]王充在《论衡·道虚》中提及那些讲述刘安得道仙去，鸡犬升天的书，乃"儒书"。[③]《庄子·大宗师》中记载："夫道，……神鬼神帝，生天生地……，伏犧氏得之，以袭气母……黄帝得之，以登云天；颛顼得之，以处玄宫；禺强得之，立乎北极；西王母得之，坐乎少广，莫知其始，莫知其终。"[④]西王母在《庄子》中被塑造为可以与三皇五帝等并肩的具有"不死"的神格特征的女神。《山海经》中"不死国""不死山""不死树"等长生传说都表达着先秦时期人们对于长寿的热切欲望。汉代之前，齐威王（前358—前320）、齐宣王（前319—前301）、燕昭王（前311—前279）、秦始皇（前259—前210）等帝王都曾派人入海求仙寻找不死之药，汉武帝也曾多次派方士出海求仙药追求肉身不死的"世间不朽"。在帝王对于长生不老的追求，对求取仙药的渴望与诉求，大批方士重返汉代宫廷。汉武帝时期的求仙热潮中，涌现出大量著名宫廷方士如：李少君、少翁、宽舒、谬忌和栾大等人。他们深谙帝王的期望永享人间荣华富贵的心理，将自己打造成可以帮助帝王实现长生不老之梦想的人间仙人。汉武帝曾声称："吾诚得如黄帝等仙，吾视去妻

---

① 李泽厚. 由巫到史　释礼归仁[M]. 北京：生活·读书·新知三联书店，2015：1.

② [汉]班固. 汉书·司马相如列传[M]. 颜师古注，北京：中华书局，1962：2592.

③ 黄晖. 论衡校释[M]. 北京：中华书局，1992：325.

④ [宋]吕惠卿. 庄子义集校[M]. 卷第三，北京：中华书局，2009：130.

子如脱履而！”[①]笔者发现，汉之前的文献中都没有明确提出西王母可以帮助世人实现不死，真正将西王母塑造为掌管长生之药，主管人间生死的存世文献是《淮南子·览冥训》中所述：“羿请不死之药于西王母，姮娥窃之以奔月。”[②]而此书的主要创作者正是投靠淮南王刘安的方术之士。《淮南子》也是以道家思想为主体而创作。方士们为了迎合统治者对于不死药的渴求，为进入政治场域做准备，将西王母塑造为“掌握不死之药”的“长生女神”。

二、官方祭祀与女神信仰

在方士与帝王的合力推动下，神仙思想逐渐成为战国到两汉时期的社会主流思想。西王母也在汉代中晚期以后成为了上至皇帝、下至平民信仰得可保“长生不死”的女神。在帝王的宠信下，方士们不仅宣传自己的神仙思想，还出入宫廷，参与王朝政治活动，涉足政治场域，左右朝廷局势。由于篇幅有限，笔者仅列举西汉时期方士涉足政治场域进行传播活动的两个事例：一是方士们全程参与汉武帝时期泰山“封禅”的政治传播活动。方士将神仙思想和封禅祭祀结合，鼓动武帝泰山封禅，可视为方士逐渐进入政治场域中心，从事政治传播活动的标志事件。汉武帝宠信的齐人方士公孙卿鼓动武帝应该效仿黄帝泰山封禅。他说“汉主亦当上封，上封则能仙登天矣”。[③] 方士出自齐地，因此方士们也就自然选择泰山作为封禅之地。武帝多与方士而非儒生讨论封禅事宜，可见方士在政治场域的行动对于朝堂的影响。特别是西王母被塑造为掌握不死之药的女神后，武帝在多次派方士出海巡不死药无果后，又转向传说中的西方昆仑山西王母居住处获取仙药。余英时认为：“汉武帝通西域不仅为了军事、政治、外交等国家事物，也极有可能为异域方物，比如为了寻找西域的‘天马’和个人求仙欲望寻求不死之药。”[④]同样深受道家与神仙思想的司马相如在武帝时期创作的汉赋《大人赋》中写道：“低回阴山翔以纡曲兮，吾乃今目睹西王母？ 皬然白首，戴胜而穴处兮，亦幸有三足乌为之使。必长生若此而不死兮，虽济万世不足以喜。”[⑤]此赋的大意是：即使成为西王母一样长生之神，有三足乌可供驱使，却孑然一身，独居穴

---

① [汉]司马迁. 史记·封禅书[M]. 卷二十八，北京：中华书局，2003：1394.

② [汉]刘安. 淮南鸿烈集解[M]. 卷六览冥训. 刘文典撰. 北京：中华书局，2006：217.

③ [汉]司马迁. 史记·封禅书[M]. 卷六，北京：中华书局，2003：1393.

④ [美]余英时. 东汉生死观[M]. 侯旭东译，上海：上海古籍出版社，2005：31.

⑤ [汉]司马迁. 史记·司马相如列传[M]. 卷一百一十七，北京：中华书局，2003：3060.

中。这样的生活又有什么乐趣呢？司马相如试图以此赋劝谏汉武帝不要如此痴迷于长生之术。

二是方士们在宣帝时期(前73—前49年)推动国家祭祀系统改革。汉宣帝时期宫廷内外又掀起的一波求仙热潮：“宣帝循武帝故事，招选名儒俊才置左右……上复兴神仙方术。”[①]不仅如此，汉宣帝还研读《淮南子》中记载的神仙方士使用的各种仙术，可见汉宣帝对于方士之术的迷恋。在方士的鼓动下，宣帝时期民间大建神仙祠，帝王祭祀广度超越了汉代郊祀系统，西王母也在此时正式进入了官方祭祀系统。西王母“长生女神”的神格在宣帝时期，已经深深印刻在统治阶级乃至民众的心中。西王母信仰在汉代中晚期皇室的推崇下，以长安这一象征宇宙中心的“圣城”为中心，逐渐向民间蔓延。西王母神祠开始在“大一统”的王朝内大肆兴建。从目前汉代墓葬考古发现来看，最早出土的带有西王母图像的汉代墓葬正是汉昭帝与汉宣帝之间的河南洛阳卜千秋墓壁画。[②] 足见汉代中晚期政治场域中的帝王也是推动西王母信仰发展的重要力量。

4.1.2 心连心：儒生为帝国构建“祥瑞”话语

一、“天人感应”与灾异祥瑞

合法性是中外古今政治统治中需要确立的最核心问题之一。[③] 中国古代政权中合法性的构成复杂庞大。战国时期的邹衍提出了“五德始终”说，此学说旨在道明朝代兴亡变化，要遵循五行生克规律。这是一种不以人意志为转移的“天命说”，来源于“公天下”的民本思想学说，将政权是否可以获得天意民心作为政权合理性的标准。汉代儒生董仲舒在此基础上，提出了“天人感应”思想，将“天命”视为政权合法性的同义词。“天是一个有意志、有情感、无法彻底认识、只能顺应其“道”与之和谐相处的庞大的神秘活物”[④]它是一切的主宰，君王是否具有圣德是中国古代王朝是否具有“天命”的重要依据。董仲舒将原始思维中的超自然的基于“互渗律”的“交感巫术”，“天-地-人”之间的神秘交感去原始神秘化，加

① [汉]班固. 汉书[M]. 卷三十六，颜师古注，北京：中华书局，1962：1928.
② 黄明兰. 洛阳西汉卜千秋壁画墓发掘简报[J]. 文物，1977(06)：1—12＋81—83.
③ [美]让—马克·夸克. 合法性与政治[M]. 佟心平，王远飞译，北京：中央编译出版社，2002：12.
④ 江晓原. 天学真原[M]. 北京：译林出版社，2011：9.

以儒家思想和阴阳五行等思想将其理论化、体系化和准逻辑化,逐渐建构了两汉“君权神授”的话语体系。关于祥瑞和灾异的界定,董仲舒认为:“美事召美类,恶事召恶类,类之相应而起也。……帝王之将兴也,其美祥亦先见;其将亡也,妖孽亦先见。物故以类相召也。……。”[①]董仲舒认为这些祥瑞与灾异,一般会发生在事件发生之前,并且还会寄托于特点的标志物上。并且标志物出现非人力所能招致,纯属天意的安排。董仲舒的“天人感应”思想对中国文化影响极其深远,从短时期看,这套思想被掌握文化资本的儒生和方士们吸收,以此为理论进行符号生产,构建了一套“灾异与祥瑞”的符号系统,创造了可以更好论证统治阶级政治合法性的谶纬政治神话,造成了两汉之际直到东汉末年的谶纬学说取代经学成为了文学场域的中心文类。从长时期看。董仲舒构架的这一套神学思想和神话思维也几乎与中国整个封建王朝历史相伴。

二、“来献女王”祥瑞与帝王圣德

符瑞或者“祥瑞”是符命的一种,是专指天命转移或归属之外的象征天意嘉许的一套异象符号系统。[②] 这些符瑞多依托上古时期圣王的故事来呈现,《宋书・符瑞志》中记载了90多类与上古三皇五帝圣德对应的符瑞。这些符瑞中既有动植物,比如:嘉禾、福草、比目鱼等;想象中的异兽,比如:凤凰、麒麟、黄龙、神鸟等;也有神话传说中人物比如西王母等。一旦这些祥瑞符号在世间出现,就代表着帝王的德行和功绩得到了上天的认可。汉宣帝在位的二十五年,七个年号中有四个都与祥瑞有关,分别为神爵、五凤、甘露、黄龙。元帝哀平之世,国运衰败激发了帝王对于灾异祥瑞说的信仰,他们希冀借助经学的力量将祥瑞神圣化以构建其政权的合法性。

西王母之所以被儒生在注解《五经》的汉代经学中建构为祥瑞符号,代表君王圣德,起源于战国时期逐渐形成的“大一统”以及“和夷诸夏”的政治治理梦想。西汉初年的儒生们创造了不少西王母与尧、舜、禹等圣王会面,西王母来献的故事。西汉文帝时期的儒生贾谊在《新书・修证语》上篇说:“尧曰:身涉流沙,地封独山,西见王母,驯及大夏、渠叟。”[③]这种彰显帝王政治美梦的记忆,随着汉代疆域扩大,华夏边缘西移,华夏空间范围的不断延展,被西王母“来献”归顺的记忆

① [汉]董仲舒.春秋繁露[M].卷十三.同类相动第五十七.叶平注释,郑州:中州古籍出版社,2009:173.
② 白文刚.中国古代政治传播研究[M].北京:中国社会科学出版社,2015:67.
③ [汉]贾谊.新书校注[M].闫振益.钟夏校注,北京:中华书局,2000:360.

所取代。《尚书大传》说：“舜之时，西王母来献白玉琯。”汉武帝时期戴德编撰的《大戴礼记·少闲》记载：“昔虞舜以天德嗣尧，布功散德制礼，朔方幽都来服，南抚交趾，出入日月，莫不率俾。西王母来献其白琯，粒食之民，昭然明视，民明教，通于四海，海外肃慎、北发、渠搜、氐、羌来服。”①“西王母来献白琯”中的“玉琯”也就是“玉管”。张光直认为“玉管”是中国新石器时代晚期所崇拜的圣物，象征着“天地贯通”，也是微型宇宙之轴的象征。掌握玉管便可通神灵。② 儒家经书中天下一经安定，西王母就会来献的情节设定，将西王母符号塑造为代表“天下太平”“四海臣服”并彰显帝王圣德的重要祥瑞。

在这些汉初到汉代中期的汉代儒学经学文献中，西王母还不具备可以媲及上古圣王的政治神圣性。而且从“来献”文本来看，西王母的地位是不如尧舜的，只是上古时期，尧舜构建天下版图中的一国女王。那么西王母又是如何一步步在汉代谶纬中被建构为可助圣王实现功绩具有政治神圣性与宗教神圣性的“至上女神”符号呢？在下文中，笔者将详细论述这种符号意涵转变的原因。

4.1.3 肩并肩：儒生、方士、僭主同构“神圣”意涵

一、谶纬神话与秩序重构

如果说在哀平之前，吸收了神仙思想的“方士化”的儒生只是小试牛刀地尝试用神学思想注解五经构建灾异祥瑞符号来创建政治话语体系。那么在哀平之际，由王莽主导的召集大量儒生和方士创造的谶纬政治神话，则正式掀开了意图构建西汉晚期政治新秩序的文化政治运动帷幕。方士与儒生联手合作将经学转化为可以更好地为王权统治合法性背书的谶纬之学。方士和儒生制造大量神话，反向将三皇五帝乃至孔子建构成神话人物。历史记忆与神话记忆嵌套交织，使得中国上古时期真实历史更加扑朔迷离。

“谶”是指神的预言，汉代训诂学者释为“验”。吕宗力解释说“谶言”是以口语或文字表述的异常言论或征兆，其中暗藏玄机，以隐喻、隐晦的方式启示天命

① [清]王聘珍. 大戴礼记解诂[M]. 卷十一. 王文锦点校，北京：中华书局，1983：216.

② Chang Kwang-chih,. Ancient China and Its Anthropological Significance. In Archeological Thought in America, ed. C.C. Lamberg-Karlovsky, pp. 155 – 166 Cambridge, Eng.; Cambrige University Press, 1989.

所归，预言个人或政权的命运。[①] 谶言的传播载体可以是口语比如谶谣，也可以是文字。而"纬"是与"经"相配的，是汉代儒生对于经的阐释。[②] 谶纬的孕育期很长，那些具有神秘逻辑联系的事件和记载叙事在先秦就已经出现，甲骨卜辞，《尚书》《春秋》《左传》等经学中皆有类似谶纬所记录的预测叙述。刘师培《谶纬论》说："后世之论纬者，或谓溯源于孔氏，或谓创始于哀平。吾谓谶纬之言，起源于太古，然以经淆纬，始于西京，以纬俪经，基于东汉。"[③]两汉之际的"谶"与"纬"有些是王莽为图篡汉授意方士与儒生所进行的符号建构和话语生产。他们将远古神话和中国古史中的神话符号在工具理性驱使下挪用杂糅，通过神话怪诞的隐喻，来预示当前或未来吉凶。

《汉书・王莽传》记载：王莽曾"征天下通一艺教授十一人以上，及有逸《礼》古《书》《毛诗》《周官》《尔雅》、天文、图谶、月令、兵法、《史篇》文字，通知其意者，皆诣公车，网罗天下异能之士，至者前后数千"。[④] 这段话描述了王莽为了窃取汉室，授命于众多方士和儒生搜集各种民间流传的大量筮卜之辞、谶言、阴阳五行学说、神话、今文经说，进行符号提取和融合，编造了各种谶纬文书，使得《河图》《洛书》《紫阁图》《河图赤伏符》等在民间公开流传。方士和儒生在创造谶纬神话中，将图谶中象形化的抽象符号，转化为文字符号，以上古神话中的圣王神话、创世神话等为蓝本，重新建构上古神话记忆和宇宙秩序。在谶纬神话中，西王母和昆仑山都是重要的符号。在第三章第一节，笔者已经论述过昆仑山在纬书中是具有地中、地首、地轴、天柱等政治地理意义的圣山。纬书中其他诸多祥瑞之物大都隶属于昆仑山，而其主宰之神就是西王母。在西汉中晚期出土的画像石中就有西王母坐于昆仑山上的图像记忆，一旦人间帝王能行仁道，西王母便让栖息于昆仑山的其他祥瑞之物出现，彰显帝王德行。上古昆仑神话中的西王母与圣王神话嵌套融合后，西王母祥瑞的符号意涵在谶纬中继续征用，并升级为可通过"授书""授符""献白玉琯""献地图"等帮助黄帝、尧、舜、禹等三皇五帝这些上古圣王建立功勋的"至上女神"，被赋予了无与伦比的神圣性。而在主要由方士们所作的谶纬神话中，西王母则成为了带有宗教色彩的"传经"女神。东汉

---

① 吕宗力. 汉代的谣言[M]. 杭州：浙江大学出版社，2011：120.

② 钟肇鹏. 谶纬论略[M]. 沈阳：辽宁教育出版社，1991：11.

③ 刘师培. 谶纬论[A]，//李妙根. 刘师培论学论政[M]. 上海：复旦大学出版社，1990：73.

④ [汉]班固. 汉书[M]. 王莽传第六十九上. 颜师古注，北京：中华书局，1962：4069.

末年之后出现的道教的许多创世经卷中，也沿承谶纬之说。[①] 编码活动是建立在传受双方心理模型和文化框架一致的基础之上。西王母符号在汉代末期谶纬神话中被编码，说明西王母符号早已进入当时社会的文化符号象征系统之中。

二、末世讹言与符号解码：“传行西王母昭筹”事件周边传播

（一）“传行西王母昭筹”事件传播学解读

依据历史文献和出土文物“二重证据”的考据。笔者发现：最终引发西王母获得国家认可的政治神圣性的事件是王莽将西王母写入诏书中，以论证篡汉的合法性。而导火索则是发生在哀帝建平四年的（公元前 3 年）的“传行西王母诏筹”事件。也是在这一时期西王母图像开始大量出现在汉代墓葬艺术中。关于此事的史书记载较多，为了讨论方便，笔者将这些史料记载罗列于下表：

表 4.1　史料中的“传行西王母诏筹”记载[②]

文献出处	原　文
《汉书・哀帝纪》	“（建平）四年春，大旱。关东民传行西王母筹，经历郡国，西入关至京师。民又会聚祠西王母，或夜持火上屋，击鼓号呼相惊恐。”
《汉书・五行志》	哀帝建平四年正月，民惊走，持稾或棷一枚，传相付与，曰行诏筹。道中相过逢多至千数，或被发徒跣，或夜折关，或踰墙入，或乘车骑奔驰，以置驿传行，经历郡国二十六，至京师。其夏，京师郡国民聚会里巷仟佰，设（祭）张博具，歌舞祠西王母，又传书曰：“母告百姓，佩此书者不死。不信我言，视门枢下，当有白发。至秋止。”
《汉书・天文志》	哀帝建平元年正月丁未日出时，有著天白气，广如一匹布，长十余丈，西南行，如雷，西南行一刻而止，名曰天狗。传曰：“言之不从，则有犬祸诗妖。”到其四年正月、二月、三月，民相惊动，哗奔走，传行诏筹祠西王母，又曰“从目人当来”。十二月，白气出西南，从地上至天，出参下，贯天厕，广如一匹布，长十余丈，十余日去。占曰：“天子有阴病。”
《汉书・鲍宣传》	“是时郡国地震，民讹言行筹，明年正月朔日蚀，上乃征孔光，免孙宠、息夫躬，罢侍中诸曹黄门郎数十人。”

不同的史料对这件事件的记录详略不一，然而内容是较为一致的，笔者基于对这些史料内容的质性细读和话语分析，运用周边传播理论和人类学相关理论

① 萧登福. 谶纬与道教[M]. 台北：台湾文津出版社，2000：序 1—2.
② 参见：[汉]班固. 汉书[M]. 颜师古注，北京：中华书局 1962：342，1476，1312，3091.

对此事件分析如下：

首先，史料都记载了这次事件是由于哀帝年间，以关东地区为中心，波及二十六个郡县的"末世讹言"的周边传播引发的，最终使得各郡国民众汇集长安的集体聚集性事件。民间传言："西王母告百姓：佩此符者不死。不信我言，视户枢中有白发。"西王母昭示汉代民众：信仰她可以逃离末日死亡的灾祸。讹言即谣言，汉代对于谣言的定义是"诵不详之辞"。而此末世谣言具有如此大的传播力主要是因为它直击哀帝时期民众的心理。"传播不能直接产生社会效益，必须首先作用于受传者的心理，以受传者心理中介转化，才可以显示社会功能。"[①]谣言之所以可以惑众，需要在受众心理层面接受和认可，甚至借助其表达意见和情绪，恰逢其时的谣言、表达民意和舆论的谣言才会有巨大的传播效力。汉代元帝、成帝、哀帝年间，被儒家经书解释为"灾异"的朔日日食、流星雨、彗星等天象和干旱、洪水、地震等自然灾害频发。"汉世衰于元、成、怀于哀、平。哀平之际，国多衅矣。"[②]在灾异频发、社会失序的西汉末期，末世讹言，快速以口语传播的形式从信息中心关东地区向周边"多点交叉辐射，接力传递"快速散播。

其次，此事件是一场大型西王母民间信仰祭祀活动的宗教传播事件。在方士与帝王的联合建构推动下，西王母在西汉成为了掌握不死之药，主管人间生死的具有超越性神格的女神，被汉代各阶层所信仰。汉代民众对于神祇信仰崇拜基于实用性原则只要可以消灾庇佑的神灵，都可以祭祀、掌管生死，拥有不死药的西王母成为了当时全国性的跨社会文化阶层的信仰女神。西王母在汉墓葬画石艺术中常与汉代时期的四神：青龙、白虎、朱雀、玄武四物一起出现。人们"持稾或棷一枚，传相付与，曰行诏筹"。"稾"代表的是西王母的标记，宛如神的躯体，手持膜拜可以避灾挡祸。人们互相传递这种代表西王母的圣物，在道上相遇时众达"千数"。这些人有的披发赤脚，有的连夜冲击城关，有的越墙而入，有的骑马驾车奔驰，共经历二十六个郡国而到达京师长安。人们相信只要信仰西王母，就可以获得女神庇佑，可以躲过末世灾祸。

再次，此事件具有较强的"集体欢腾"(Corrobori)的仪式传播事件性质。涂尔干认为部落氏族的人们平时忙于农业生产和经济生活，社会组织较为松散分散，生活单调乏味，而在集会和宗教仪典的"集体欢腾"开始之后，人们很容易失

---

① 孙旭培. 华夏传播论[M]. 北京：人民出版社，1997：75.

② [汉]班固. 汉书[M]. 佞幸传第六十七. 颜师古注，北京：中华书局，1962：4741.

去对自己的控制。“一旦他们来到一起，由于集合而形成一股如电的激流从而达到极度亢奋状态，爆发的热情，而集体情感要想通过集体性的活动表达出来，又必须遵循一定的秩序，以便在协调中合作，所以那些举动和叫喊会趋于节奏、有规律、舞蹈和唱歌产生了。”①此事件中人们“披发徒跣”“持火上屋”“击鼓号呼”“欢哗奔走”“聚祠西王母”“歌舞祠西王母”“博弈歌舞”等行为，都类似于涂尔干所描述的人们进入集体欢腾中的表现。涂尔干认为宗教的观念似乎诞生于这种欢腾的社会环境和欢腾本身。“传行西王母诏筹”事件体现了汉代民众较为原始的“以乐去灾”“万物乐喜”而“大纵乐”的宗教观念。

（二）长安的神圣性建构与西王母信仰周边传播

那么这些乡民们为什么要聚集到长安祭祀西王母，以避祸禳灾呢？笔者认为这与长安在西汉年间被建构为王朝的神圣中心有重要关联。伊利亚德在《永恒回归的神话》中，提出与圣山具有宇宙中心象征意义相似，王城和皇宫也同样可以通过“神圣化”建构成为象征性的宇宙中心所在。“上帝在天上创造了耶路撒冷，然后人类之手在地上建造。”②“在中国，完美君主之首都坐落于宇宙的正中心”③，人间的圣城便是天上圣界的投射，可以在天上找到其原型。格尔茨认为“早期的政体是一些村庄的集合体，面向一个共同的城市中心，都城与皇城就像无线电波从发射台向外发送信息，都城是宇宙秩序的缩影。军事力量、文化力量和向外扩张的实力的有效同心圆的范围与朝堂政权的势力正相关。”④汉代都城长安的神圣性建构在帝王、儒生和方士等三方力量主导推动下，从汉代初年开始，在武帝时期达到顶峰，最终完成于王莽时期。主要包括以下两项内容：一是修建可以沟通神灵的宫殿，比如武帝时期建造的建章宫，就具有浓厚的仿天界仙境的特点。《三辅黄图》引《关辅古语》载：建章宫“昆明池中由二石人，立牵牛、织女于池之东西，以象天河”。⑤ 武帝将长安变成一个大型华丽且虔诚的迎神装置，以便沟通神灵。二是汉代祭祀系统收缩到长安城附近的郊祀。王莽在平帝、哀帝时期以及篡汉以后的郊祀改革，将周礼引入国家祭祀，将原先分布于全国的重大祭祀迁移至长安四郊。并且一改匡衡只迁移天地之祭，不废地方祠畤的做

① ［法］涂尔干．宗教生活的基本形式［M］．渠东，汲喆译，北京：商务印书馆．2011：297.

② ［美］米尔恰·伊利亚德．永恒回归的神话［M］．晏可佳译，上海：上海书店出版社，2022．5.

③ ［美］普鸣．成神［M］．张常煊，李健芸译，北京：生活·读书·新知三联书店，2020：44.

④ ［美］克利福德·格尔茨．文化的解释［M］．韩莉译，北京：译林出版社，2014：223.

⑤ 何清谷．三辅黄图校注［M］．西安：三秦出版社，2006：300.

法，将地方神祠清理出国家祭祀，独尊郊祀。保障了郊祀的威严与神圣。加强了以长安为中心的神圣化空间的建设。长安的神圣性地位的确立，使得这些民众认为只有在长安这个神圣空间祭祀西王母，才可以实现长乐去忧、接近神谕和攘灾避祸。甚至在民众看来，“长安”二字本身就能够应和其宗教诉求，具有积极的心理暗示。

（三）事件的解码

“传行西王母诏筹”事件引发了朝堂之上关于此事件性质是“祥瑞”还是“灾异”的论辩。这场论辩的主要参与者是儒生和文吏。西汉末年朝堂之上存在三股政治力量。一派是汉成帝的母亲王政君，也就是王莽的姑姑所主导；另一派是哀帝的祖母傅太后以及母亲丁姬，以及她们背后的外戚势力所把控；第三派则是哀帝和他所宠信的董贤、息夫躬等人以及他们的朋党。在这种复杂的朝廷政治局势下，富有政治智慧的王政君让王莽等外戚主动远离朝堂纷争，以保存实力。因此在“传行西王母诏筹”发生不久后的朝廷讨论中，王莽并没有参与。朝臣们大都将对于外戚势力和董贤等人的不满投射于此事的解读上，因此舆论风向是将此事件视为“灾异之兆”来打击傅丁两家的外戚势力以及董贤等宠臣。儒生们对此事的解读依据的是汉代经学著作。比如王嘉将“行诏筹”解读为：“奢僭放纵、变乱阴阳，灾异众多，百姓讹言，持筹相惊，被发徒跣而走，乘马者驰，天惑其一，不能自止。或以为筹者策失之戒也。”①杜邺因为依从于王氏一族，因此当哀帝诏求其直言时，他将矛头对准了傅太后和丁姬。《汉书·五行志》记载杜邺对此事的解读为：“《春秋》灾异，以指象为言语。筹，所以计数也。民，阴，水类也。水以东流为顺走，而西行，反类逆上。象数度放溢，妄以相予，违忤民心之应之也。西王母，妇人之称，博弈，男子之事……今外家丁、傅并侍帷幄，布于列位，有罪恶者不坐辜罚，亡功能者毕受官爵。皇甫、三桓，诗人所刺，《春秋》所讥，亡以甚此。指象昭昭，以觉圣朝，奈何不应也。”②

当王莽重回朝堂后，他借“谶纬”之说，将“传行西王母诏筹”解读为“祥瑞”。认为此事件乃是预示为其姑母王政君复兴汉室的符命。王莽对此事件的解码不仅论证了其姑母王政君临朝摄政的合法性，也为自己代替王政君治理汉室赢得了政治资本。而后王莽代汉自立为皇帝。又将王政君的身份变为“新室文母太

---

① ［汉］班固．汉书［M］．卷八十六．颜师古注，北京：中华书局，1962：3496．
② ［汉］班固．汉书［M］．卷二十七．颜师古注，北京：中华书局，1962：849．

皇太后”。颁发诏书:“予伏念皇天命予为子,更命太皇太后为‘新室文母太皇太后’,协于新故交代之际,信于汉氏。哀帝之代,世传行诏筹,为西王母共具之祥,当为历代母,昭然著明。”①此诏书通过将西王母与王政君联系在一起,在神化王政君、巩固自身地位的同时,也将西王母为“祥瑞”的政治神圣性以官方诏书的形式坐实下来。作为古代重要的政治传播方式的诏书,不仅会在皇帝登基仪式上对大臣和外藩使臣公开宣读,也会由王朝的信息传播系统传布到各级地域和各级臣民之中,在帝国各基层流动,从而形成统一的舆论。王莽在建立新朝后,曾派遣王奇等十二人,将符命诏书等四十二篇“普天之下、迄于四表,靡所不至”②诏书的传播推动了西王母信仰在汉代全境的大流行。

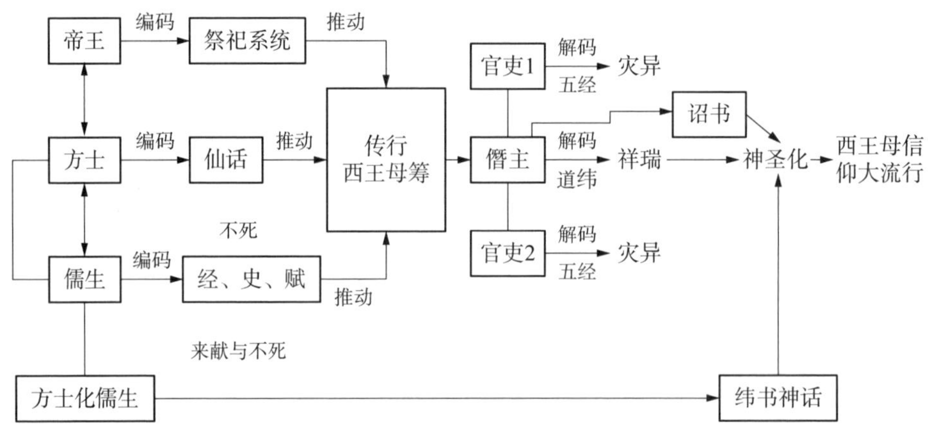

图 4.1　西汉西王母记忆形塑中的场域周边传播示意图

本节通过对含有西王母记忆的相关文献、史料的话语分析后发现,秉承“托古立说”的文学创作宗旨,汉代西王母记忆在文本上实现了“新”与“旧”的接合。支配西汉社会的价值系统和信念秩序的“阴阳五行”的神学思想的宇宙观以及君权至上的“大一统”的中心价值观构建着西汉社会的话语秩序,决定着西王母的文本走向。这些中心价值观是社会“终极和不可化约之物,然而却被许多人感知的中心。”③西王母在两汉之际被建构为充满政治神圣性和宗教神圣性的“符号”正是在这种“王权至上”的中心价值观发展到一定时期,社会话语逐渐从“公天

---

① [汉]班固. 汉书[M]. 卷九十八. 颜师古注,北京:中华书局,1962:4033.

② [汉]班固. 汉书[M]. 卷九十六. 颜师古注,北京:中华书局,1962:4115.

③ [美]爱德华·希尔斯. 中心与边缘:宏观社会学论集[M]. 甘会斌,余昕译,南京:译林出版社,2019:3.

下”的“圣王”向“私天下”的“王圣”转型中所形塑的。西汉时期来自文学场域的儒生与来自宗教场域的方士同时向帝国政治场域中的中心枢纽帝王靠拢。在宗教、文学、政治场域周边深嵌传播中,西王母符号也成为了建构“大一统”的意识形态和帝王政权合法性话语的符号资源。

4.2 场域周边组结传播中的唐代西王母“仙性”记忆形塑

中国古代社会思想观念在公元三世纪左右的魏晋时期发生了关键性转变。一方面在佛道义理激荡和融汇下,社会中出现了持续至公元八世纪的追寻“超越性”(Transcendental)价值和“自然性”本质的思潮。这种思潮在唐代时期道教成为国家准国教时发展至鼎盛。另一方面,秦汉以来建立的以构建“大一统”国家“王化”秩序的“儒家中心主义”话语,在公元六、七世纪,发展为推崇君王,构筑以统治者为中心的“国家中心主义”话语。① 在社会二元思想话语下,唐代政治、文学、宗教场域周边出现了纠缠纽结的关系状态。

由此,唐代文人心理出现了“外儒内道”的倾向。他们在政治场域和宗教场域周边徘徊。并将含有“超越性”意涵的神话符号运用于诗文创作中,或以诗言志、以诗文表达对于理想政治秩序建构的希冀;或以诗抒情,表达自己在道与俗、入世和归隐、庙堂与山林之间的矛盾选择。在这一节中,笔者以唐代处于文学场域中心的文类唐诗中含有“西王母”符号的文本为研究对象进行话语分析,之所以选用唐诗文本为研究对象,主要基于下面三点原因:第一,马克苏勒认为(Mark Schorer)认为:“神话是诗中不可免除的因素。”②神话一直都作为诗歌中的重要意象渗透在诗人的创作中,是诗歌的灵魂。诗歌可以提纯和创新“旧文本”中的神话符号,对神话记忆具有极强的储存功能。诗人对于神话意象的回忆与重述是古老神话复归和记忆再现的重要传播路径。第二,西王母符号大量出现在唐代诗歌文本中。从公元 7 世纪到 10 世纪,近 2000 名作者写的 50000 首唐诗中,超过 500 首诗歌与西王母神话相关。③ 可见“西王母”在唐代已经是当

---

① 陈弱水.唐代文士与中国思想的转型[M].桂林:广西师范大学出版社,2009:123—125.

② Myth and Literature, ed. John B. Vickery, Lincoln: University ofNebraska press, 1969, pp. 67 - 68.

③ Suzanne Cahill. Transcendence and Divine Passion — the Queen Mother of the West in Medieval China. Calif.: Stanford University Press. 1993.

时全体民众集体记忆中的重要文化符号。神话传说中的西王母与穆天子、西王母与汉武帝、西王母与三皇五帝圣王的历史传说，以及西王母作为道教女神的记忆都在唐代诗歌中得以再现或重塑。第三，诗歌同样体现主流话语秩序，“诗言志”中的“志”原本的意义就是记忆，说明记忆与诗歌这种文体有密切关系。[①] 而当诗人被主流话语和权力规训，诗歌的创作便不再只是为了记忆与记录发生的事实，而成为了实施符号暴力与意识形态的话语。这一节中，笔者将对包含“西王母”符号以及西王母周边符号的唐诗进行基于内容编码的话语分析。首先，笔者以“西王母”在唐代的主要称谓“西王母”“王母”“金母”“阿母”“金母”以及唐人认为西王母所居之所的“瑶池”“龟台”等为关键词在“爱如生中国基本古籍库·全唐诗”“中华诗词库”（http://www.zhgc.com/）中进行关键词检索，经过人工删选，确定了 110 首唐诗作为分析文本。然后，笔者通过质性阅读并结合史书等相关历史文献，以传播主体的行动场域、诗歌意象、创作目的以及主要目标受众等四个维度对选定文本进行内容编码，进而以诺曼·费尔克拉夫提出的话语分析的文本向度、话语实践向度和社会实践向度对其进行话语分析。

4.2.1 力与利：道教领袖与皇权的利益交换

宗教场域中拥有符号权力的宗教领袖通过为新王朝的统治“合法性”编造符瑞、出谋划策可以快速获得统治者的青睐。北朝道教新天师道派创始者寇谦之（公元 334—448）就曾是少数民族鲜卑族建立的北魏政权魏文帝和太武帝的军事参谋和政治顾问。南朝道士陆修静同样为南朝刘宋政权的宋文帝和宋明帝出谋划策；而南朝最著名的茅山派道士陶弘景，虽然大部分时间隐居于茅山中，却一直涉足政治场域进行传播活动，对于梁武帝称帝发挥了极其重要的作用。南北朝时期的道士们在涉足政治场域的行动中，将自己道派的宗教空间的周边不断延展，蔓延至政治场域中，使得南北朝时期宗教场域与政治场域呈现纽结状态，并一直持续至唐朝时期。

唐代初年统治者为了证明自己的统治乃天命所归，主动和已经在魏晋时期获得广泛民众基础的道教领袖们交往，许诺他们宗教地位，请他们为自己制造符

① 郑临川. 闻一多论古典文学[M]. 重庆：重庆出版社，1984：10.

瑞。在符号权力与政治权力之间的较量、博弈与交换中。以上清派为代表的道教走入了唐代宗教场域中心的位置。而作为上清派神谱中的重要女神西王母信仰，继两汉后重获兴盛。史书记载中的皇室中的女性贵族入道的热潮和唐诗中西王母作为道教女神的记忆中都折射了西王母信仰在唐代兴盛的历史。

一、符号权力与政治利益

道教之所以可以在唐代从边缘的、秘密的、下层的宗教攀升到了唐代宗教场域中的中心位置，成为“准国教”，并可以将其宗教空间周边向政治场域与文学场域渗透。主要基于以下三点原因：

其一，从南北朝时期开始，具有“克里斯玛”(Charisma)气质和掌握符号权力的道教领袖们以儒家伦理道德为基础，从教义理论及组织结构两方面对其进行整肃。在教义理论方面，从重视世俗化与个人化的追求长生、炼制外丹、修炼道法等形而下的术，转向形而上的存思和内丹修为。其教义中追求高雅、淡泊的人生哲理和生活情趣逐渐符合上层统治者的审美趣味以及儒家政治伦理需求。特别是太宗和高宗时代的“三教互相观摩、商榷意旨”的佛道论辩，使得道教领袖们创新出富有哲学思辨意义的理论体系。唐代显庆年间(656—661)道士李荣立就开创了“本际义”“道生万物义”等理论讨论宇宙本源的问题。① 在组织结构方面，道教放弃了东汉末年以来“方”和“治”的半军事化与皇权对抗的组织方式，将这些地方变成媒介地理中的“洞天福地”的政治想象。并将与官方冲突的岁时令节的祭祀获得取消，清理了祭祀和授度仪式中与世俗伦理相悖的活动。

其二，具有“符号资本”的道教领袖为李唐王室制造“符命”论证其统治合法性。论证“政权合法性”是每一个王朝开国之初最为重要的任务。唐朝统治者出身于北朝鲜卑军户。他们为了抬高门第，获得汉族贵族的支持，在起兵之际，就曾与道教领袖合作，尊道教始祖“太上老君”老子为祖先。道教领袖们也看好鲜卑贵族出身的唐国公李渊，他们主动投靠为李渊、李世民等制造“老君显灵”等“君权神授”的谶言和舆论。比如王远知就曾向李渊“密传符命”②。道士薛颐，在武德初年跑到当时还是秦王的李世民府中，密告他“德星守秦分，王当有天

① 荣新江.唐代宗教信仰与社会[M].上海：上海辞书出版社，2003：21.
② [后晋]刘昫.旧唐书[M].卷一百九十二.北京：中华书局，1975：5125.

下”。[①] 这些符命谶言，延续的是上一节中提及的自两汉之际以来的弥漫在中国文化思想中的“谶纬之说”。道教们不仅通过制造符谶为李唐夺取政权大造舆论以证明李家天下符合天意，而且在李渊起兵后，也在经济上给与了其支持。李唐王朝建立后的武德八年(625)，唐高祖李渊下诏宣布三教中道教第一、儒教第二、佛教第三。[②] 从此以上清派为代表的道教进入了唐代宗教场域的中心。王远知(580—667)、潘师正(？—682)、司马承祯(647—735)、李含光(683—769)等道教领袖也随之进入了政治场域。王远知就是唐初第一个受皇帝敕命为银青光禄大夫成为道士兼官员的人。[③]《全唐文》收录了有关官方道教的表彰和册封文件，高宗时期就有《赠王远知太中大夫诏》(卷一三)、中宗朝有《赠王远知今紫光禄大夫诏》(卷十六)，睿宗时期有《赐天师司马承祯三敕》、玄宗朝有《赠司马承祯银青光禄大夫制》(卷二二)、《赐司马承祯敕》(卷三六)。通过符号资本与政治资本的交换，在公元七世纪，中国社会便同时完成了政治场域内部的政权更迭与宗教场域内部的势力更迭。至此，李唐王室走入中国政治场域的中心，而上清派道教也走入了中国宗教场域的中心。自道教被尊为李唐国教之后，仙道思想自始至终弥漫着大唐王朝宫廷内外，道教在大唐皇权的保驾护航下进入了发展黄金时期。

其三，上清派道教领袖还将个人与道派的宗教场域空间周边延展至文学场域。由此唐代的诗人与道士，诗人与皇室、道士与皇室之间形成了错综复杂的社会人际关系网络，他们成为推动唐代社会文化生产的主要力量。诗人、道士、帝王之间形成的“交往共同体”和“文化共同体”主宰着当时社会文化发展方向、文化形式的创新与传播，引领社会主流文化风尚。活跃于武则天时期和玄宗时期的著名道人司马承祯就曾与陈子昂、李白、王维、王适、贺知章、毕构、宋之问、卢藏等诗人交好，他们被称为“仙宗十友”。这些盛唐文人集团虽然并不生活在同一时期，但都结缘道流。在这十人中，司马承祯无疑是最为核心关键的人物。[④] 由于道教人士与诗人场域周边的传播活动，上清派道教神谱中最重要的女神“西王母”自然成为了唐代诗歌中频繁出现的意象。

---

① 葛兆光. 道教与中国文化[M]. 上海：上海人民出版社，1987：178.
② [后晋]刘昫. 旧唐书[M]. 卷一百九十一. 北京：中华书局，1975：5089.
③ [后晋]刘昫. 旧唐书[M]. 卷一百九十二. 北京：中华书局，1975：5125.
④ 高丽杨. “仙宗十友”：盛唐气象的一个表符[J]. 中国道教，2014(05)：55—57.

二、帝王崇道与女性入道

帝王崇道，也推动了皇室女眷与平民女性入道的社会风尚。除了史书记载之外，大量唐代诗歌也反映了唐代女性入道这一社会风尚。有唐一代，在 200 多位公主中，有明确记载的入道者就有 18 位。后宫妃嫔、宫人入道者更是不计其数。① 唐五代道士杜光庭撰写的《墉城集仙录》中，除了有西王母等道教女神的传记以外，还有其他西王母身边的女仙的事迹，《太平广记》中也有“女仙”类，共 15 卷，90 多位女仙的事迹。这两部著作中的女仙，基本都是唐代妇女。唐代史书文献中对于金仙公主和玉真公主入道着墨较多。由于西王母在唐代道教经卷中已经被赋予了墉城中统摄众女仙的“女仙之宗”的神职。因此这些入道的公主经常在诗作中常被比喻为王母坐下的仙女。金仙公主去世后，玄宗曾亲自为其书写墓志碑铭：“……气将巽风不散，故得佩王母之秘箓。”②《全唐诗》中有三首含有“西王母”的诗歌都与玉真公主有关。李白曾写下《玉真仙人词》：“玉真之仙人，时往太华峰。清晨鸣天鼓，飙欻腾双龙。弄电不辍手，行云本无踪。几时入少室，王母应相逢。”③高适也有《玉真公主歌》：“常言龙德本天仙，谁谓仙人每学仙。更道玄元指李日，多于王母种桃年。仙宫仙府有真仙，天宝天仙秘莫传。为问轩皇三百岁，何如大道一千年。”④唐代公主入道后常以自己舍宅为观，玄宗之女唐昌公主于开元二十六年入道门，她的舍宅也随之改名为唐昌观。观中有唐昌公主亲自种植的玉蕊花。坊间传闻唐昌观常有王母座下仙女降临。当时诗人纷纷赋诗记录此事。刘禹锡、白居易、张籍、王建、杨凝等人皆有唐昌观玉蕊花诗作。白居易的《同严给事闻唐昌观玉蕊近有仙过》中写道：“千枝花里玉尘飞，阿母宫中见亦稀。应共诸仙斗百草，独来偷得一枝归。九色云中紫凤车，寻仙来到洞仙家。飞轮回处无踪迹，唯有斑斑满地花。”⑤唐代后妃入道者，最著名的首推杨贵妃。唐玄宗在《度寿王妃为女道士敕》中说：“圣人用心，方悟真宰，妇女勤道，自昔罕闻。寿王瑁妃杨氏，素以端懿……宜度为女道士。”⑥也因此唐代诗人常将玄宗比作汉武帝，将杨贵妃比作瑶池居住的道教女神“西王

① 王永平. 信仰与习俗：社会文化史视野下的唐代道教[M]. 北京：社会科学文献出版社，2023：98.
② 周绍良. 赵超唐代墓志汇编续集[M]. 上海：上海古籍出版社，2001：552.
③ [清]曹寅. 全唐诗[M]. 清文渊阁四库全书本. 卷一百六十七：1028.
④ [清]曹寅. 全唐诗[M]. 清文渊阁四库全书本. 卷二百十四：1329.
⑤ [清]曹寅. 全唐诗[M]. 清文渊阁四库全书本. 卷三百八十六：2604.
⑥ [清]董诰. 全唐文[M]. 卷三十五. 北京：中华书局出版社，1983：389.

母”。白居易长恨歌开篇就是“汉皇重色思倾国”将玄宗和杨贵妃的故事，与《汉武帝内传》中，汉武帝会西王母的故事类比。王昌龄《宿灞上寄侍御(王与)弟》也说：“是时燕齐客，献术蓬瀛内。甚悦我皇心，得与王母对。”[①]李白的《清平调·其一》中写道：“云想衣裳花想容，春风拂槛露华浓。若非群玉山头见，会向瑶台月下逢。”[②]瑶台是西王母所居之所，此诗同样是将杨贵妃容貌与西王母仙姿媲美。

4.2.2 奉与讽：仕子诗人与庙堂的亲疏纠葛

魏晋时期以后，文学场域内部以及与文学场域与周边政治场域之间的关系复杂而多变。文学场域的行动者们一直试图在文学抒情娱乐性以及儒家伦理性双重功能之间取得平衡。直到唐代，“政治场域对文学的要求和文学场自主运作产生的自我要求逐渐吻合。”[③]唐代武则天执政时期，科举从单纯经学的考察转向诗赋取士。徐松在《登科记考》卷二“永隆二年(681)条曰：‘自今以后，考功试人，明经试帖，取十帖得六以上者，进士加试杂文两首。’”[④]玄宗朝试诗赋成为常例，并进一步提高了诗赋在科举考试中的比重。那些原本因“善诗赋”在文学场域崭露头角的士子经由诗赋选拔后而进入唐代政治场域中心。他们自觉利用文化资本创作可以服务于皇室或者有助于建构儒家伦理秩序的诗歌以换取政治场域较为中心的位置。笔者在对含有“西王母”符号的唐代诗歌的内容编码后发现，其中有两类西王母唐诗创作的主要受众是帝王或者皇室女性贵族。第一类是奉和应制诗，创作这类诗的仕子诗人一般为君王亲信，他们频繁出入于宫廷与朝堂之中，处在政治场域的中心位置。这些宫廷诗人随侍君王时，常以王母瑶池宴饮、王母仙居圣境来夸赞皇家威仪，或以王母仙姿赞美皇室女性贵族。第二类则是政治讽喻诗，仕子诗人在创作这些诗时，大都处于外放之中，远离庙堂皇权中心，这时诗人常以古喻今的，用穆天子、汉武帝和西王母之间的历史传说来劝谏君王，以期实现构建儒家理想社会秩序的政治抱负，或者重新受到君王器重。

---

① [清]曹寅. 全唐诗[M]. 清文渊阁四库全书本. 卷一百四十：845.
② [清]曹寅. 全唐诗[M]. 清文渊阁四库全书本. 卷二十七：247.
③ 王欣. 文学盛衰的权力因素—中国中古文学场域研究中[M]. 苏州：苏州大学出版社，2013：10.
④ [清]徐松. 登科记考[M]. 北京：中华书局出版社，1984：70.

一、奉和应制与严肃游戏

(一) 走入政治场域的诗人

唐朝初年,政治场域内部权力交替频繁,时常有官员从权力中心滑落到边缘,或从边缘进入政权中心,陪侍于君王左右。为了打压关陇门阀势力,高宗、武则天时期,为了打压关陇门阀势力,一批新科士子被提拔进入了政治场域的中心。奉和应制诗的作者大都是这些科举出身的新进士子。作为帝国新兴政治力量,他们在获得政治权力后,将“善诗文”作为赖以进身的文化资本,将文学创作变为政治活动的附庸。因此,从文学艺术性上来说,奉和应制诗的文学价值是较为欠缺的。然而此类诗却因折射出初唐、盛唐相对稳定的政治环境下君臣交往传播活动、帝王政治文化生活等,而具有较高的史料价值。奉和应制诗延续的是六朝之风,《历朝应制诗选》凡例中写道:“应制诗虽然盛于唐,实在于汉魏。自武帝柏梁台肇开君臣唱和之端,曹植应诏诗始备阙庭尽献之体。”[①]奉和应制诗的创作主体一般是宫廷文学侍从或朝廷重臣,他们穿梭于朝堂和内庭,陪王伴驾,同时活跃于政治场域与文学场域。他们诗歌创作的目标受众主要是帝王和宫廷贵族。从创作的意图来看,奉和应制诗主题创作主要围绕帝王日常的政治、宗教、文化活动而拟定展开。宫廷诗人负责以诗歌的形式对帝王的活动进行记录。从传播学视角来看奉和应制诗同时具备两种诗歌属性:第一,从传播的主体和受众来看,这些诗歌是帝王和诗人的交往实践中所创作的,一般是帝王发起诗题,诗人唱和,因此具有以交往赠答为目的的唱和诗属性,第二,从传播内容来看,这些诗歌的创作意图是为服务君王,因此也具有宫廷诗的属性。从高祖到玄宗时期先后出现了龙朔宫廷诗人群,珠英学士、文章四友、沈宋、神龙逐臣等绵延的宫廷诗人群落。他们在和帝王以及诗群之友互动和交往传播中从事奉和应制诗的创作。全唐诗收录了从高祖武德元年(公元 618 年)到玄宗开元元年(713)年间诗作 2444 首,确认写于宫廷的诗歌有 1520 首。其中有 600 首题名中有“奉和”“应制”。[②] 数量是初唐全部诗歌的四分之一,可见初唐时期奉和应制诗颇为兴盛。明人杨慎乃云:“唐自贞观至景龙,诗人之作,尽是应制。”[③]笔者认为,奉和应制诗是唐代初期这一特定历史文化语境中发生的一场“知识和权力”之间互动

---

① 赵以武.唱和诗研究[M].兰州:甘肃文化出版社,1997:29.

② 聂永华.初唐宫廷诗风流变考论[M].北京:中国社会科学出版社,2002:5

③ 杨慎.历代诗话续编[M].卷八.升庵诗话.北京:中华书局,1983:787.

的“严肃的游戏”。一方面，奉和应制诗的创作与传播多发生在国家重大政治礼仪活动，比如帝王祭祀、巡游、宴请外国使臣等严肃场合。奉和应制诗的创作实则是唐代重要的新闻生产。诗人在随侍伴驾中将帝王活动以诗歌的方式记录。然后以朝堂为中心向帝国内外传播，将帝王活动面向民众广而告之。另一方面，游戏精神是文化发展的本质。① 奉和诗一般发起于皇帝唱和的提议，按帝王规定的诗题、诗韵等创作。诗人需要在限定时间和规定场景内完成创作。诗歌“意象”选取多以咏在场之物，美人、美酒、美景为主，文辞也需要符合帝王审美，多华丽造作。因此，诗人的创作自主性受到极大限制。创作完成之后，还会由帝王来评判诗人创作的优劣，拔得头筹者还会得到帝王的奖励。整个创作过程充满着游戏竞赛的紧张、刺激。

奉和应制诗因讲究用典庄重典雅，诗人多将神话符号运用其中。客观上起到了对中国神话的保存与传播功能。奉和应制诗意象的选择需要迎合帝王的审美趣味。因为崇道之风在唐代宫廷之中盛行，因此道教女神“西王母”以及相关神话意象大量出现在奉和应制诗中。尤其是在宫廷宴饮或者帝王游览道教名山，驾临宫观朝拜祈祷等场合，为了突出皇家天子风范和崇道思想，诗人多用道教神仙隐喻帝王和皇室贵族，将“神仙飞天”“瑶池仙境”与皇家威仪联系在一起。比如在唐中宗李显游幸长安白鹿观时，就有李峤、崔湜、刘宪、苏颜、徐彦伯、张说、李乂、沈佺期、武平一、赵彦昭等文官学士共创作《幸白鹿观应制》同题诗十余首。这些诗描述了皇帝临幸白鹿观的浩大场面。宫廷诗人在魏晋时期奉和应制诗的基本创作模式风格下，也将江左道教中的神话符号积极开发运用于诗歌。沈佺期写道：“唯应问王母，桃作几时花。”②李峤写下“伫看青鸟入，还陟紫云梯”。③ 刘宪也有“还似瑶池上，歌成周驭归”④等优美诗句。

（二）唐代女性势力的崛起

唐代诗人常用“西王母”来比喻女性帝王（武则天）和其他女性贵族。唐中宗景龙年间，天授元年（公元690年），武则天自立为帝，宣布改唐为周，定都于神都洛阳。虽然武则天统治时期更加尊崇佛教，然而从史料记载来看，晚年的武则天

① William Stephenson. The Play Theory of Mass Communication. New Brunswick, New Jersey: The University of Chicago Press, 1967.

② [清]曹寅. 全唐诗[M]. 清文渊阁四库全书本. 卷九十六：616.

③ [清]曹寅. 全唐诗[M]. 清文渊阁四库全书本. 卷五十八：424.

④ [清]曹寅. 全唐诗[M]. 清文渊阁四库全书本. 卷七十一：470.

也是崇道的。她曾多次召见司马承祯、张果等道士为其炼制仙丹。[①] 武则天曾携群臣游龙门御香山寺,传下口谕,令群臣赋诗,先成诗者,将赐予锦袍嘉奖。宋之问所作《龙门应制》脱颖而出,而宋之问凭此诗夺得这次文学游戏的冠军“锦袍”。这首诗中“彩仗、霓旌、香阁、仙乐、瑞鸟、鸟旗、芳草、紫衰”等意象都是宫廷应制固定词汇,并无特别出彩。然而此诗中的最后一句却是点金之笔:“吾皇不事瑶池乐,时雨来观农扈春。”[②]“瑶池”是周穆王与西王母欢宴的地方,宋之问将武后比作瑶池西王母,将武则天塑造为不沉迷享乐,一心关心农桑之事的民君圣主形象,为武周政权建构统治“合法性”。久视元年(公元700年),武则天率领群臣游嵩山附近的石淙山。自制七言一首,而后众侍从皆有奉和应制之作。这次应制诗诗人数量之多,规模之大在唐代应制诗中是空前的,其中武则天宠臣张易之与大臣姚崇的应制诗中都有“西王母”意象。张易之所作之诗《奉和圣制夏日游石淙山》风格较为清新轻松,语言精美灵巧,反映了夏日泉林,清凉静谧的意境。“六龙骧首晓騑騑,七圣陪轩集颍阴。千丈松萝交翠幕,一丘山水当鸣琴。青鸟白云王母使,垂藤断葛野人心。山中日暮幽岩下,泠然香吹落花深。”[③]姚崇所作之诗《奉和圣制夏日游石淙山》胜在立意精巧独到:“二室三涂光地险,均霜揆日处天中。石泉石镜恒留月,山鸟山花竞逐风。周王久谢瑶池赏,汉主悬惭玉树宫。别有祥烟伴佳气,能随轻辇共葱葱。”[④]诗人与朝臣双重的身份的姚崇在咏叹美景的同时,更是创造性的将武则天与西王母比肩、歌颂武则天具有西王母的神姿与神圣。“周王久谢瑶池赏,汉主悬惭玉树宫”是赞美武则天建立了连周穆王征西以及汉武帝通西域都比不上的功德。长寿元年(692年),武周政权重新收复安西四镇,安西都护府重新移至龟兹。而由于后突厥叛唐攻陷漠北,从东北部威胁西域安全,为了加强对西域的统治,武则天又于长安二年(702年)设北庭都护府,负责管辖天山北路、热海以西的西突厥故地,安西都护府则只负责管辖天山南路、葱岭以东地区。此等功绩也确实可以比肩周穆王与汉武帝。

唐中宗时期,朝堂实际被韦皇后等女性贵族把控。有些宫廷诗人在应制诗中借谄媚之词以求获得中宗、韦皇后和其他皇室女性成员的青睐。在诸多皇家宴饮以及陪侍帝后驾幸公主府邸时,宫廷诗人也常将韦皇后比作西王母。比如

---

① 王永平.信仰与习俗:社会文化史视野下的唐代道教[M].北京:社会科学文献出版社,2023:192.

② [清]曹寅.全唐诗[M].清文渊阁四库全书本.卷八十:520.

③ [清]曹寅.全唐诗[M].清文渊阁四库全书本.卷八十:520.

④ [清]曹寅.全唐诗[M].清文渊阁四库全书本.卷六十三:452.

诗人赵燕钊就在《侍宴桃花园咏桃花应制》中写下：“红萼竞燃春苑曙，粉茸新吐御筵开。长年愿奉西王母，近侍惭无东朔才。”①在诗中他借用了东方朔和西王母之间的历史传说，自谦不如西汉的东方朔的才华，期待通过此诗取悦她以获得恩宠，从而长久侍奉韦皇后。

宫廷奉和应制诗是规律性发生在政治、文学场域周边的文化政治传播活动。这种诗人通过赞颂帝王功德以攀附皇权，看似“文人软骨”的文化实践活动实则是由与政治场域周边纽结的文学场域的惯习所决定的。

表 4.2　奉和诗内容编码

序号	诗名	传播主体	行动场域	目标受众	创作意图	意象
1	奉和圣制夏日游石淙山	张易之	政治、文学	武则天	奉和应制	青鸟、西王母
2	奉和圣制夏日游石淙山	姚崇	政治、文学	武则天	奉和应制	瑶池
3	幸白鹿观应制	沈佺期	文学、政治	唐中宗、韦皇后	奉和应制	王母
4	奉和幸白鹿观应制	刘宪	政治、文学	唐中宗、韦皇后	奉和应制	瑶池
5	幸白鹿观应制	李峤	政治、文学	唐中宗、韦皇后	奉和应制	青鸟
6	奉和皇帝上礼抚事述怀应制	陈子昂	文学、政治	武则天	奉和应制	瑶池
7	春日芙蓉园侍宴应制	宋之问	文学、政治	唐中宗、韦皇后	奉和应制	瑶池
8	龙门应制	宋之问	文学、政治	武则天	奉和应制	瑶池
9	银潢宫侍宴应制	魏元忠	政治、文学	武则天	奉和应制	瑶池
10	奉和行经破薛举战地应制	许敬宗	政治、文学	唐太宗	奉和应制	瑶池

① [清]曹寅. 全唐诗[M]. 清文渊阁四库全书本. 卷一百四：653.

(续表)

序号	诗名	传播主体	行动场域	目标受众	创作意图	意象
11	奉同郭给事汤东灵湫作	杜甫	文学、政治	唐玄宗	奉和应制	王母、瑶池
12	侍宴桃花园咏桃花应制	赵彦昭	文学、政治	唐中宗、韦皇后	奉和应制	王母、桃
13	奉和幸安乐公主山庄应制	卢藏用	文学、政治	高中宗、安乐公主	奉和应制	瑶池
14	侍宴桃花园咏桃花应制	李乂	文学、政治	唐中宗、韦皇后	奉和应制	王母、桃
15	春日奉献圣寿无疆词十首	杨巨源	文学、政治	唐德宗	奉和应制	瑶池
16	德宗神武孝文皇帝挽歌二首	刘禹锡	文学、政治	唐德宗	奉和应制	瑶池
17	奉命和后池十韵	许浑	文学、政治	唐文宗	奉和应制	瑶池
18	奉和鲁望早秋吴体次韵	皮日休	文学、政治	陆龟蒙	奉和应制	瑶池

二、儒家理想与怀古讽谏

笔者研究发现:西王母符号在“政治讽喻”诗中的编码和创新,出现在“安史之乱”后的中晚唐时期。当社会秩序再次失序之时,那些身处政治场域的诗人们借诗歌创作,抒发自己意图恢复儒家理想社会秩序的政治愿景。安史之乱的铁蹄不仅踏破了大唐江山,也蹂躏着中晚唐时代上至宫廷贵胄,下到平民百姓的集体心理。渔阳鼙鼓声声响,霓裳羽衣曲终断。对于宫廷贵族来说,梦幻般的生活像突然断了丝弦的琴似的戛然而止。虽然战争平息、硝烟渐散,然而唐代人们的心理却无法恢复如往昔,整个民族心理以及民族文化发生转型。民族心理的集体“失重”体现在文化上从宽容、自信、豪迈的“盛唐气象”转为“细腻、敏感与封闭”。[①] 这种民族心理同样体现在诗歌创作中,诗人和帝王之间的奉和应制的

① 葛兆光. 道教与中国文化[M]. 上海:上海人民出版社,1987:215.

“文字游戏”不再盛行，“瑶池王母”宴饮成为了昨日追忆。中晚唐时期政治讽喻诗逐渐兴起。这类诗也称为“美刺”，是唐代政治诗中的一种。在含蓄温柔敦厚的笔调背后实则讽刺现实，表达诗人忠君爱国，心系百姓的儒家伦理精神。这些诗的目标受众同样是帝王，而创作这些政治讽喻诗的诗人常处于政治场域的边缘。诗人期待他们的诗可以通过自己的社交网络圈(见图 4.3—4.5)和在民众间广泛传播后，被帝王看见，从而实现劝谏君王，重回朝堂的目的。这些政治讽喻诗的诗体大都为唐代中晚期白居易等诗人所倡导的“新乐府”诗。白居易在《新乐府序》中所写：“为君、为臣、为民、为事而作，不为文而作。”[①]郭茂倩《乐府诗集》卷九十《新乐府辞》序曰：“自风雅之作，以至于今，莫非讽兴当时之事。”[②]新乐府讲求“用新题”“写时事”“重讽谕”“其辞旨而轻，欲见之者易讽也；其言直而切，欲闻之深诫也”[③]从传播学视角来看，“新乐府”诗具有“瞭望哨”的社会环境监控功能和强烈的社会批判意识。

西王母与穆天子和汉武帝之间的历史传说故事，被这些诗人们重新在诗词中创新和再现。在当时的时代语境下，赋予其新的意涵。诗人们通过对于盛唐景象的描述与中晚唐时期衰败现局对比，通过对于汉代历史的追忆、反思，以期起到对于君王的劝导作用。笔者对含有“西王母”符号的唐代政治讽喻诗进行了质性阅读，通过钩沉相关史料，发现了西王母记忆在政治讽喻诗中主要通过以下三种形式得以再现：

第一，诗人通过“以物起兴”的修辞手段，将与西王母有关的历史传说记忆重现于诗歌，表达政治情感、实现讽谏目的。比如白居易在新乐府诗《八骏图》中写道：“穆王八骏天马驹，后人爱之写为图。背如龙兮颈如象，骨竦筋高脂肉壮。日行万里速如飞，穆王独乘何所之？四荒八极踏欲遍，三十二蹄无歇时。属车轴折趁不及，黄屋草生弃若遗。瑶池西赴王母宴，七庙经年不亲荐。璧台南与盛姬游，明堂不复朝诸侯。”[④]白居易借八骏图起兴，以周穆王丢下朝政，驾驭八骏马不远万里与西王母瑶池会面。暗讽唐德宗西逃事件，同时也托古事讽刺唐宪宗。

李白在《寓言三首之二》中写道：“摇裔双彩凤，婉娈三青禽。往还瑶台里，鸣

① [唐]白居易.白氏长庆集[M].四部丛刊景日本翻宋大字本.白氏文集卷第二：25.
② [宋]郭茂倩.乐府诗集[M].四部丛刊景汲古阁本.卷九十：218.
③ 王立增.唐代乐府诗研究[D].扬州大学，2004.
④ [清]曹寅.全唐诗[M].清文渊阁四库全书本.卷二十七：2824.

舞玉山岑。以欢秦娥意,复得王母心。区区精卫鸟,衔木空哀吟。”[①]在这首诗中,李白以神话中的”彩凤和西王母的三青鸟”起兴,将瑶台、玉山比作唐代政治中心的皇庭宫,用彩凤、三青鸟比喻出入宫廷的佞臣,将王母比作帝王。而将如自己一样的忠贞之臣比作精卫鸟。表达诗人怀揣报国之心,尽忠竭诚而不被看见的苦闷。

杜甫的《秋兴八首》是其寓居四川夔州(今重庆市奉节县)时创作的以遥望长安为主题的组诗。在第五首写道:“蓬莱宫阙对南山,承露金茎霄汉间。西望瑶池降王母,东来紫气满函关。云移雉尾开宫扇,日绕龙鳞识圣颜。一卧沧江惊岁晚,几回青琐照朝班。”[②]唐高宗龙朔二年(662)曾重修大明宫并改名蓬莱宫,因此这里是用蓬莱宫殿起兴。感叹自己在晚年远离朝堂,卧病夔州,无法参加朝列的遗憾。

李贺在《马诗其七》中写道“西母酒将阑,东王饭已干。君王若燕去,谁为拽车辕?”[③]借马起兴,感叹自己怀才不遇,以及无法建功立业的抱负和愿望。王建在《上阳宫》则写道:“上阳花木不曾秋,洛水穿宫处处流。画阁红楼宫女笑,玉箫金管路人愁。幔城入涧橙花发,玉辇登山桂叶稠。曾读列仙王母传,九天未胜此中游。”[④]诗人以唐代东都洛阳上阳宫起兴,将上阳宫的繁华比作九天之上西王母宫阙。“宫女笑”与“路人愁”形成巨大反差,皇宫里一片歌舞升平,奢靡无度,然而如诗人一样的“路人”却已感知到了王朝败落之态。表达了诗人的对王朝未来的担忧。

第二,诗人通过“以汉喻唐”的意象隐喻,将《汉武帝内传》《海山十洲记》等魏晋小说中描写的汉代西王母与汉武帝历史传说,映射唐朝宫廷生活,表达自己对于当今朝堂政局的看法,或讽刺帝王求仙之举。比如李商隐在《汉宫》中写道:“通灵夜醮达清晨,承露盘晞甲帐春。王母不来方朔去,更须重见李夫人。”[⑤]旨在讽喻唐武宗的服丹求药的行为。王建的乐府诗多用今昔对比的手法,前半部分写富丽豪奢,有南朝艳体诗之风,后半部分或者到了结尾描写反差极大的惨败镜像,突出作者的怀古讽谏之意。王建的《温泉宫行》写道:“十月一日天子来,青

---

① [清]曹寅. 全唐诗[M]. 清文渊阁四库全书本. 卷一百八十三:1113.
② [清]曹寅. 全唐诗[M]. 清文渊阁四库全书本. 卷二百三十:1510.
③ [清]曹寅. 全唐诗[M]. 清文渊阁四库全书本. 卷三百九十一:2635.
④ [清]曹寅. 全唐诗[M]. 清文渊阁四库全书本. 卷三百:2032.
⑤ [清]曹寅. 全唐诗[M]. 清文渊阁四库全书本. 卷五百三十九:3702.

绳御路无尘埃。宫前内里汤各别，每个白玉芙蓉开。朝元阁向山上起，城绕青山龙暖水。夜开金殿看星河，宫女知更月明里。武皇得仙王母去，山鸡昼鸣宫中树。温泉决决出宫流，宫使年年修玉楼。禁兵去尽无射猎，日西麋鹿登城头。梨园弟子偷曲谱，头白人间教歌舞。”①此诗前半篇八句，描写唐玄宗全盛时期温泉宫的繁盛景象，唐玄宗和杨贵妃游行的极乐之境，后半篇则把唐玄宗比喻为汉武帝，将杨贵妃比作“西王母”，描写玄宗遐升之后，骊山温泉宫的衰败景象。宫苑声曲极其凄凉悲怆，以感慨之词寓讽诫之意。

第三，诗人通过“以男女喻君臣”的比喻创新，将《穆天子传》中周穆王与西王母两个君王的瑶池会盟的历史传说，解读为穆天子与西王母之间男女之间的爱情，这是唐代诗人对于西王母历史传说记忆的重新建构。比如李商隐在《瑶池》中写道：“瑶池阿母绮窗开，黄竹歌声动地哀。八骏日行三万里，穆王何事不重来。”②两句写西王母和周穆王作唱的歌谣深情哀婉，令人感动。后两句笔锋忽转，穆王拥有可以日行三万里的八匹骏马，随时能去想去的地方，那么为什么这么多年过去了，却杳无踪影。在中国的文化传统中，夫妻关系与君臣关系同为最基本的伦理纲常，由此李商隐在诗中将西王母与周穆王之间的故事视为可以比喻君臣关系的“爱情隐喻”。李商隐将自己比喻为“西王母”，他曾一度获得帝王的青睐，然而很快就陷入牛李党争而长期沦落于各地幕府，这与西王母一度得到穆王眷顾而后长期遭受冷落的命运相同。李商隐在诗中表达自己被朝廷弃置的苦楚，以及渴望得到朝廷任用的恳切，对朝廷始终不渝的忠诚。

表 4.3　政治讽喻内容编码

序号	诗名	传播主体	行动场域	目标受众	创作意图	意象
1	八骏图	白居易	文学、政治	帝王	政治讽喻	王母、周穆王、瑶池
2	牡丹芳	白居易	文学、政治	帝王	政治讽喻	王母、桃
3	寓言三首之二	李白	文学、政治	帝王	政治讽喻	瑶台、王母、三青鸟
4	秋兴八首之五	杜甫	文学、政治	帝王	政治讽喻	瑶台、王母

① ［清］曹寅. 全唐诗［M］. 清文渊阁四库全书本. 卷两百九十八：2007.
② ［清］曹寅. 全唐诗［M］. 清文渊阁四库全书本. 卷五百三十九：3707.

(续表)

序号	诗名	传播主体	行动场域	目标受众	创作意图	意象
5	宿昔	杜甫	文学、政治	帝王	政治讽喻	王母
6	千秋节有感二首	杜甫	文学、政治	帝王	政治讽喻	王母、桃
7	温泉宫行	王建	文学、政治	帝王	政治讽喻	汉武帝、王母
8	上阳宫	王建	文学、政治	帝王	政治讽喻	王母
9	初日照凤楼	李虞仲	文学、政治	帝王	政治讽喻	王母
10	汉宫	李商隐	文学、政治	帝王	政治讽喻	王母、汉武帝
11	津阳门诗	郑嵎	文学、政治	帝王	政治讽喻	王母
12	穆天子	李群玉	文学、政治	帝王	政治讽喻	周穆王、王母、瑶池
13	马诗其七	李贺	文学、政治	帝王	政治讽喻	西母、东王公
14	忆郊天	鲍溶	文学、政治	帝王	政治讽喻	神母、瑶池
15	瑶池	李商隐	文学、政治	帝王	政治讽喻	瑶池、阿母、周穆王
16	忆春日太液池亭候对	李绅	文学、政治	帝王	政治讽喻	三青鸟、阿母、桃
17	辞辇行	鲍溶	文学、政治	帝王	政治讽喻	汉武帝、阿母
18	咏史诗·瑶池	胡曾	文学、政治	帝王	政治讽喻	阿母、瑶池、周穆王
19	穆天子传	唐彦谦	文学、政治	帝王	政治讽喻	王母、瑶台、周穆王
20	开元杂题七首·照夜白	陆龟蒙	文学、政治	帝王	政治讽喻	周穆王、瑶池
21	八骏图诗	元稹	文学、政治	帝王	政治讽喻	周穆王、瑶池

4.2.3 忧与游:出世诗人与道士的跨界交往

“超越性”是神话的核心主题,也是初期仙话小说和道教仙说的一贯精神。对于唐代士人来说,成仙求道的动机可以归因为“忧”与“游”的心理挣扎。“忧”是“心忧天下”的儒家伦理思想在唐代诗人集体心理结构层面的塑造。“忧”不仅仅是对于客观世界的不满，也是诗人生命体验中对于世事无常、生存困境等相关情绪，而这种情绪的发酵有时也可成为诗歌创作的心理冲动。“游”则为“解忧之法”，通过“洞天福地”中的“游仙幻想”，表达对于超越性和自然本真的追求。唐代诗人通过造访道教宫观与道教人士结交，获得宗教神秘体验和奇幻之趣。如果说诗人在政治场域和文学场域周边传播活动所书写的西王母记忆是受到了道教场域的间接影响，那么在这一部分中，笔者将分析在文学场域和宗教场域进行周边传播活动行动者塑造西王母记忆的编码逻辑。通过话语实践向度的分析，笔者发现这些诗歌的创作主体主要分为两类：第一类是主要行动于宗教场域的道士，他们时而会涉足文学场域，进行诗歌创作，笔者将其称为“诗心”道人。第二类则是主要行动于文学场域的诗人。他们有些曾经入过道门，而后进入仕途，有些曾经是士人，而后归隐入道，他们一生曾涉足宗教、政治、文学三个场域，成为连通三个场域的文化生产者。笔者称其为“道心”诗人。从创作诗类来看，涉及宗教场域和文学场域周边传播的西王母符号主要出现在“访道与送道”和“游仙诗”中。西王母在这两种诗体中多延续道教经卷中的记忆。

一、访道赠道与归隐求索

前文提及，唐代道教以上清派茅山宗最盛，此教派将东汉末年发展起来的道教精致化，其中守一、存思的思想，抓住了“圆首含气，孰不乐生而微”这一人类的共同心理。既可以享受人间欢乐，也可以超尘脱俗，快乐而高雅。这种教义既与儒家思想中强调人的社会性，将人们的思想与行动局限在半强制性的社会框架中，自觉服从社会规则大相径庭，又与外来的佛教过分否定人的自然本性和享受欲念，将人生视为痛苦，旨在追求彼岸世界的乐土的思想迥异。因此，上清派教义非常符合南朝以来士族阶层的审美趣味。唐朝时期，上清派道教的教义不仅受到唐代统治阶级的推崇，也同样受到唐代士族文人的推崇。在与道教人士的交往，慕道求仙的过程中。诗人在现实世界中的惆怅与忧虑，在道教创造的仙境中，在升仙与畅游的想象中而释怀。这是唐代士人投身道教信仰或者与道士交往的主要动机。然而奈何朝堂时局动荡，当从仙境中醒来后，却仍然要面对残酷的政治斗争，不免满腹惆怅。由此，唐代文人在诗歌中将入仕与归隐中的徘徊、理想和现实的矛盾与冲突充分表达。初唐诗人中的王勃、卢照邻、杨炯、王绩；盛唐时期的李白、杜甫，还是中晚唐时期的白居易、施肩吾、刘禹锡、王建、项斯等人的部分诗中，都折射出他们崇道慕道的思想以及归隐的冲动。诗人与道士的交往最直接的结果是诞生了唐代诗歌中独特的两种类型“赠道诗”与“送宫人入道诗”。这些诗歌记录着诗人与道士之间互赠书信、互相拜访、诗人为道人送行等交往传播行为。

(一) 访道诗中的西王母记忆

李白(701—762),被称为“谪仙人”,足以见其一生崇道慕仙之举。由于其幼时随父迁居四川青莲,受到蜀地道教影响。因此,终其一生,无论是忧国悲苦之际,还是游览名川之时,他的思想与活动都与访道求仙有关。公元725—742年,李白“仗剑去国。”[①]于道教名山中漫游。与道士交往和游览道教圣地激活了李白脑海中神话记忆,使其创作了不少含有“西王母”意象的诗歌。比如,在游览东岳泰山时,他写下六首诗以表达自己登山求仙之情。其中就有:“朝饮王母池,瞑投天门关”的诗句。李白与当时道教领袖司马承祯、元丹丘等人私交甚好,在《李太白全集》中,有关元丹丘的诗文至少十多篇。这些诗歌中也表达了他的政治理想与价值观:“吾与尔,达则兼济天下,穷则独善一身……。奋其智能,愿为辅弼,使寰宇大定,海县清一。”[②]李白希望通过“终南捷径”隐居学道的方式而一鸣惊人,而后发挥自己的“智能”辅弼君主。而后李白被道人吴筠推荐给唐玄宗,却因为被认为“非廊庙器”而赐金放还。政治上的失败与济世理想的破碎,使李白原有的神仙思想更加膨胀,与道士的交往和寻道之行为更加频繁。李白曾登嵩山查访传闻中焦炼师居住地(“炼师”是对德高思精的道士的称谓。),并创作了《赠嵩山焦炼师》,其中就有“愿同西王母。下顾东方朔。紫书傥可传。铭骨誓相学。”[③]的诗句。将箫炼师比作《汉武帝内传》中陪侍在西王母身边的女仙。王维(701—761)在二十一岁时就中了进士。随后官至尚书右丞,因在仕途宦海中跌宕,因此也一直过着亦官亦隐的生活。他在隐居“洞天福地”中的终南山时,与道教人士之间的人际传播交流频繁,从而产生了向道之心。王维在青年时大展宏图,诗歌多豪迈之言,而后在归隐之时,诗中多记录其参与道教活动,以及与道人相处之事,展现其崇道之心。他也曾登泰山王母庐去寻访此位“焦炼师”。在《赠东岳焦炼师》中,他写道“先生千岁馀,五岳遍曾居。遥识齐侯鼎,新过王母庐。不能师孔墨,何事问长沮。”[④]表达自己既然无法“师孔墨”实现政治

① 詹石窗.道教文学史[M].上海:上海文艺出版社,1992:264.
② [唐]李白.李太白文集[M].北京:中华书局,2011:1225.
③ [清]曹寅.全唐诗[M].清文渊阁四库全书本.卷一百六十八:1036.
④ [清]曹寅.全唐诗[M].清文渊阁四库全书本.卷一百二十七:761.

理想，不如归隐于山林之间，炼丹、钓鱼、听泉、观松。杨嗣复有一首《赠毛仙翁》“羽衣茸茸轻似雪，云上双童持绛节。王母亲缝紫锦囊，令向怀中藏秘诀。”①毛仙翁是道教中德高望重者，诗中充满诗人对于毛仙翁得道羽化仙后，西王母赐其锦囊的想象。

中晚唐时期，在历史转折与社会动荡下，社会矛盾内化为诗人思想的矛盾冲突，他们思想迂回，既写成讽喻帝王和世人的求仙行为的诗作，也常寓情于诗，表达自己试图独善其身、寻道归隐的愿望。白居易就是在入仕与归隐中左右摇摆的唐代诗人之一。他忧民入仕思想，体现在诗歌创作中的现实主义道路上。在白居易步入仕途之时，就立下“兼济”的宏愿。在前文中他所创作的美刺时政的诗歌，曾用西王母与周穆王的传说来讽刺君王对于求仙的热衷。一首题为《海漫漫》的新乐府诗就是以“戒求仙”为主题：“秦皇汉武信此语，方士年年采药去。蓬莱今古但闻名，烟水茫茫无觅处。……不言药，不言仙，不言白日升青天。”②讽刺帝王的求仙之举。然而随着仕途上的挫折，白居易思想也发生了较大变迁，从对求仙的讽喻转向了求道访仙。用避世归隐代替忧国忧民，开始了直接或间接与道士之间的接触交往，他曾作《送箫炼诗步序词十首卷后以二绝继之》“欲上瀛州临别时，赠君十首步虚词。天仙若爱应相问，可道江州司马诗。花纸瑶缄松墨字，把将天上共谁开？试呈王母如堪唱，发遣双成更取来”。③ 在另一首唱和诗《和送刘道士游天台》中他写道：“阆宫缥缈间，钧乐依稀闻。斋心谒西母，暝拜朝东君。”④诗中重现了道经中关于道教人士升仙后先拜谒西王母，后拜谒东王公，才可获得仙籍的道教神话记忆。

（二）“送宫人入道”诗中的西王母记忆

“送宫人入道”成为一个诗题，反映了唐代宫廷生活的一种独特现象。前文提及，公主与皇室贵族女性入道是唐代社会流行风尚。公主入道的政治意义在于为王朝祈福，需要在原本公主府中立观或者重新设观。公主入道按例还需要宫女随侍，这些陪侍中多为宫中的歌舞妓或是退宫嫔御。《送宫人入道》诗反映了唐代道教对于宫廷生活全面渗透。《文苑英华》与《全唐诗》中所收的《送宫人入道》诗的作者主要有中唐时期的王建、张藉、于鹄、张萧远、戴叔伦、殷尧藩和中

① [清]曹寅. 全唐诗[M]. 清文渊阁四库全书本. 卷四百六十四：3186.
② [清]曹寅. 全唐诗[M]. 清文渊阁四库全书本. 卷四百二十六：2816.
③ [清]曹寅. 全唐诗[M]. 清文渊阁四库全书本. 卷四百四十：2956.
④ [清]曹寅. 全唐诗[M]. 清文渊阁四库全书本. 卷四百四十五：3003.

晚唐时期的诗人项斯。王建是已知最早创造此题者。诗人之所以争相以此诗题作诗,除了唐代中晚期宫人入道之风盛行之外,也有彼此观摩、竞作而写了同一题名的原因。在这些诗中,入道的女冠常被比喻为道教“女仙之宗”西王母座下,侍奉西王母的女仙们。王建在《送宫人入道》中写道:“休梳丛鬓洗红妆,头戴芙蓉出未央。弟子抄将歌遍叠,宫人分散舞衣裳。问师初得经中字,入静犹烧内里香。发愿蓬莱见王母,却归人世施仙方。”①这位宫人的本来身份是宫中教坊舞姬,一旦入道,便要洗净铅华,从宫妆打扮换做女冠妆饰。将歌曲付与弟子,舞衣散给宫人,从此生命进入另一层次。入道女冠祈祷自己可以修仙成功拜见王母之后重回人间度人。项斯在《送宫人入道》写道:“愿随仙女董双成,王母前头作伴行。初戴玉冠多误拜,欲辞金殿别称名。将敲碧落新斋磬,却进昭阳旧赐筝。旦暮焚香绕坛上,步虚犹作按歌声。”②项斯曾创作了多首涉及道教的诗歌,这首《送宫人入道》主要再现了《汉武帝内传》西王母侍女董双成的传说。入道宫女期待自己可以与董双成一样,随侍在西王母身旁。

表 4.4 赠道诗内容编码

序号	诗名	传播主体	行动场域	创作意图	目标受众	意象
1	送萧炼师	刘禹锡	文学、政治	赠道	道士	王母
2	玉真仙人词	李白	文学、政治、宗教	赠道	公主	王母
3	赠嵩山焦炼师	李白	文学、政治、宗教	赠道	道士	西王母
4	游清都观寻沈道士得都字	陆敬	文学、政治	访道	道士	王母
5	赠东岳焦炼师	王维	文学、政治	赠道	道士	王母
6	玉真公主歌	高适	文学、政治	赠道	公主	王母、仙桃
7	送宫人入道	王建	文学、政治	送道	女冠	王母
8	不食姑	张籍	文学、政治	赠道	女冠	西王母
9	赠毛仙翁	杨嗣复	文学、政治	赠道	女冠	王母
10	送宫人入道	项斯	文学、政治	赠道	女冠	王母

① [清]曹寅. 全唐诗[M]. 清文渊阁四库全书本. 卷三百:2029.
② [清]曹寅. 全唐诗[M]. 清文渊阁四库全书本. 卷八十二:1093.

（续表）

序号	诗名	传播主体	行动场域	创作意图	目标受众	意象
11	赠道者	刘威	文学、政治	赠道	道士	王母
12	和送刘道士游天台	白居易	文学、政治	唱和赠道	道士	西母
13	玉真张观主下小女冠阿容	白居易	文学、政治	赠道	女冠	阿母
14	戏赠张炼师	权德舆	文学、政治	赠道	女冠	龟山、阿母
15	赠成炼师四首	刘言史	文学、政治	赠道	女冠	阿母
16	赠女道士郑玉华二首	施肩吾	文学、宗教	赠道	女冠	阿母
17	赠凌仙姥	施肩吾	文学、宗教	赠道	女冠	阿母、汉武帝

二、潜隐叙事与诗性表达

文学场域与宗教场域虽然有本质区别，其场域行动者在各自场域惯习的影响下遵循着不同的行为逻辑。然而有时两个场域行动者也会因为对于某一宗旨的追求而“相似相融”。在唐诗创作中，就有这么一批文化实践者，他们常跨越自己行动的场域边界，在周边场域进行文化实践和传播活动。他们或是怀着“道心”却主要行动于文学场域的诗人，比如唐代诗人孟郊、柳泌、陆龟蒙、李白等曾有过道士身份，而后主要从事诗歌创作。有的却是拥有“诗心”，却主要行动于宗教场域的道士。比如施肩吾、吴筠、曹唐等人。导致唐诗在宗教与文学场域纽结关系中创作的主要原因有以下两点：其一是诗歌中所追寻的“反抗时间流逝，反抗瞬息即逝和驻行无常”[①]与上清派道教教义中强调通过修行达成不朽的理念吻合，因此诗人常从道教的神仙传记中寻找意象典故，在诗中加以化用，表达自己对于超越性和不朽的追求。其二是道教人士在传播教义时，会借助诗歌这种文学形式，以朦胧的方式来传播道教教义。他们将不能对世俗公开的道教经卷中宗教神话，通过宗教与文学的联姻的方式，转译为诗歌中的“潜隐叙事”，从而创造了著名的游仙诗体。游仙诗体源于汉代以前的歌赋，早在《楚辞》远游类诗

① ［德］H. R. 姚斯，［美］. R・C・霍拉勒. 接受美学与接受理论［M］. 周宁，金元浦译，沈阳：辽宁人民出版社，1987：94.

赋中就已经有仙人轻举登霞的篇章。通过诗歌的口语传播将古老神话的记忆传递,是每个民族都会使用的文化记忆之术。魏晋时期,来自宗教场域的道士将道教经卷神话中游历仙境和与仙人偕游等神仙思想和对于仙境乐园的向往,写入诗歌中,有些就直接以《游仙诗》为诗名,不仅如此文人对此题材的创作也蔚然成风。文学场域的行动者的创作只要是内容和制题与神仙传说有关,都可以归为游仙诗。三国时期曹操、曹丕都有此类作品,借游仙之意来抒发情感。刘勰在《文心雕龙·明诗篇》中论及游仙,谓"仙诗缓歌,雅有新声"。①

在现实的挫败之下,唐代诗人常在游仙诗中将现实与仙境作对比。因此,相比较魏晋时期的游仙诗,另有一番世情韵味。同时,唐代诗人还为游仙诗赋予新意象和新题名。唐代游仙体诗中出现了如《大仙游诗》《怀仙诗》《升天行》《学仙诗》《求仙行》《步虚词》等新题名。其中,步虚词来源于道教灵宝斋法的仪式颂歌,如同其他世界性宗教一样,作为颂歌的步虚词是灵宝派道教斋醮仪式中一个过程,道教认为通过一种模拟登天的旅行的充满象征性的仪式与口咏《步虚蹑无披空洞章》。神人之间就可以在神圣时空中沟通与交流。② 魏晋南北朝道教蓬勃发展,宗教活动的盛行与仙道神话的传播,使这种道教的颂歌开始与乐府诗相结合,被视为早期的道乐艺术。唐代诗人创作的步虚已经大不同于道经中用于斋教礼仪的步虚词,其宗教宣教意义已基本消失,表达的思想也由魏晋时期文学与道教融合的仙趣转化为借题发挥和抒情言志。"当步虚词不再由道士而由文人创作的时候,他的内容不再是宗教的诱惑而是文人的追求,情感也不再是宗教情感而是现实世界中俗人的情感。"③唐代诗人在延续神仙小说和道教经卷神话中的西王母记忆时,不愿被旧文本束缚,沦为宗教神话的附庸,而是通过神话的"诗性"叙述,将神话符号的意境创新。

然而,不可否认的是步虚词毕竟脱胎于道教,无论文学对道教的步虚词如何改造,它的先天基因中的道教因子不会改变。因此诗中主要意象均来自道教经卷中的求道羡仙的主题,其内容也免不了辞藻华丽、充满道教隐喻典故,旖旎的道教仙境描写。

(一)"诗心"道人的西王母游仙诗创作

道教中的宗教意象在诗歌中呈现,表征着道教象征符号进入到了唐代文学

① [南朝]刘勰.文心雕龙[M].四库义刊景明嘉靖刊本.卷一:10.
② 李丰楙.忧与游六朝隋唐仙道文学中[M].北京:中华书局,2010:107.
③ 葛兆光.想象力的世界[M].北京:现代出版社,1990:120.

符号系统之内，是道士在临近的文学场域周边传播活动的效果。尤其是有些道人并非隐居于山林之中，而是积极入世，将宗教教义在与统治者和唐代士人交往传播中进行传播，将宗教场域的周边扩散到俗世。

施肩吾原本是唐宪宗元和年间进士，而后因淡于名利，潜心修道炼丹。《历世真仙体道通鉴》记载施肩吾：“施君，名肩吾，字希圣，号华阳，睦之分水人，世家严陵七里濑。少举进士，习《礼记》，有能诗声，趣尚烟霞，慕神仙轻举之学，唐宪宗元和十五年(820)，登进士第……文宗太和(827—835)中，乃自严陵入西山(今江西新建西部)访道栖静真矣。”[①]施肩吾的诗涵盖主题较为广泛。《全唐诗》中收录施肩吾诗多首，其中不少是以道教经卷西王母神话典故为主题的游仙诗。《嵩山嫁女记》中施肩吾描述了凡人步入真境，见众仙云集明月之下，庆贺神女与仙郎婚配。筵席之中，众仙以西王母为中心唱和。先是周穆王把酒，请王母歌。王母歌罢，亦持杯劝酒，穆王回歌，然后汉武帝与西王母对歌。期间也有其他仙人为唐明皇与杨贵妃旧事歌。施肩吾将西王母神话传说中的人物和情节与唐明皇和杨贵妃的爱情故事交织在一起，将历史社会变迁融入诗歌叙事中，表达时光流逝，山河依旧却人事全非的悲凉气氛。“劝君酒，为君悲且吟，自从频见市朝改，无复瑶池宴乐心。”这一首西王母所唱悲歌与她初见穆王的情绪吻合。她对穆王说：“瑶池一别后，陵谷几迁移，向来观洛阳东城，已丘墟矣，定鼎门西路，忽焉复新。市朝云改，名利如旧，可以悲叹耳。”王母如此悲哀，周穆王也是如此。他奉酒而歌云：“奉君酒，休叹市朝非。早知无复瑶池兴，悔驾骅骝草草归。”[②]他后悔自己不该草率从瑶池欢宴上归回。以后的日子再也没有体会到瑶池宴饮的那种欢乐气氛。

吴筠字贞节，华州华阴人。《旧唐书》说他“少通经，善属文，举进士不第”。可见他曾接受过儒家经学训练。并且参加过科举考试，吴筠在唐高宗年间由上清派传人潘师正度为道士，玄宗年间常出入于宫廷。因此他的诗歌创作高峰是在玄宗时期。吴筠的诗“尤工比兴，观其自古王化诗与‘大雅’吟、步虚词、游仙、杂感之作，或遐想理古，以哀世道，或磅礴万象，用冥还枢，稽性命之纪，达人事之变”。[③]《宗玄先生文集》中收录吴筠游仙诗二十四首，步虚词十首，其中多首使用了西王母道教神话作为诗歌意象。游仙诗中常将昆仑与蓬莱意象对举，吴筠

---

① [元]赵道一. 历世真仙体道通鉴[M]. 道藏影印本. 卷四十五：778—791.

② [明]袁宏道，虞初志[M]. 卷三. 上海：上海书店出版社，1986：21.

③ [唐]吴筠. 宗玄集[M]. 明正统道藏本. 宗玄先生文集序：1.

在《览古十四首》其六就写道：“安期返蓬莱，王母还昆仑。”①同样曾隐居修道后又重新入仕的储光羲在《升天行贻卢六健》也写道：“真人居阆风，时奏清商音。听者即王母，泠泠和瑟琴。坐对三花枝，行随五云阴。天长昆仑小，日久蓬莱深。”②

曹唐是唐代游仙体诗人创作造诣最高的道士诗人，他突破了前人所惯用的游仙诗意象的窠臼，灵活新颖运用神话素材。对道教神话中的符号进行重新编码创新。他的《小游仙诗九十八首》中有多首重塑西王母记忆的诗歌：“玉箫金瑟发商声，桑叶枯干海水清。净扫蓬莱山下路，略邀王母话长生。”③在这一首诗中，曹唐大胆创新，将西王母塑造在蓬莱仙境中。“西妃少女多春思，斜倚彤云尽日吟。王母相留不放回，偶然沉醉卧瑶台”④“九天王母皱蛾眉，惆怅无言倚桂枝。悔不长留穆天子，任将妻妾住瑶池”⑤“八景风回五凤车，昆仑山上看桃花。若教使者沽春酒，须觅余杭阿母家。”⑥在这些诗中，曹唐在延续前人书写的西王母记忆的基础上，将凡人之心与情感投射到“西王母”这个神话人物上。实现了叙事视角的转化和西王母符号的创新。在曹唐的游仙诗创作中，多次选用《穆天子传》与《汉武帝内传》中穆王、武帝与西王母宴饮的场景为主题。宴饮在中华民族的神话记忆和西方神话记忆里都象征丰饶，具有调节社会秩序的功能。曹唐敏锐捕捉到了神话中宴饮情节的关键性场景意义，在《穆王宴王母于九光流霞馆》中就有仙宴的场景描写：“桑叶扶疏闭日华，穆王邀命宴流霞。霓旌著地云初驻，金奏掀天月欲斜。”⑦这里流霞为仙酒名，流霞馆是昆仑仙境中的仙馆。在诗中穆天子不是西游而宾于西王母，觞于瑶池之上的古代帝王，西王母也不再是西域女王，曹唐将穆王与西王母宴饮的神话记忆进行道教化重塑。在另一首《汉武帝于宫中宴西王母》中，曹唐写道：“鳌岫云低太一坛，武皇斋洁不胜欢。长生碧字期亲署，延寿丹泉许细看。剑佩有声宫树静，星河无影禁花寒。秋风袅袅月朗朗，玉女清歌一夜阑。”⑧曹唐在这首诗中舍弃了《汉武帝内传》中的武帝与西王

① [清]曹寅．全唐诗[M]．清文渊阁四库全书本．卷八百五十三：5673.
② [清]曹寅．全唐诗[M]．清文渊阁四库全书本．卷一百三十七：821.
③ [清]曹寅．全唐诗[M]．清文渊阁四库全书本．卷六百四十：4379.
④ [清]曹寅．全唐诗[M]．清文渊阁四库全书本．卷六百四十一：4383.
⑤ [清]曹寅．全唐诗[M]．清文渊阁四库全书本．卷六百四十一：4385.
⑥ [清]曹寅．全唐诗[M]．清文渊阁四库全书本．卷六百四十一：4382.
⑦ [清]曹寅．全唐诗[M]．清文渊阁四库全书本．卷六百四十：4375.
⑧ [清]曹寅．全唐诗[M]．清文渊阁四库全书本．卷六百四十：4374.

母宴饮情节的现成材料，而以现实世界中的宫树、禁花、秋风、朗月和玉女清歌等情景为创作素材对武帝与王母夜宴场景进行重塑，实现了现实世界与想象世界的互动。

（二）“道心”诗人的西王母游仙诗创作

那些崇道的“道心”诗人有些是从小生活在道教文化圈的江东人士，比如李欣、刘禹锡、顾况、张籍等；有的则是像韦应物、刘长卿、皮日休等人因曾经在江东为官，而结下了道缘；还有的则是因有游历江东的经历而受到道教影响。《唐才子传》收录诗人 278 人，曾在浙东游历者就有 174 人，[①]江东道教文化圈游历者更是不止这个数。他们在游览洞天福地以及造访道观仙窟时候，掌握了丰富神仙传说资料，作为诗歌创作素材。

当士子诗人在波谲云诡的宦海沉浮中被排挤到了政治场域的边缘。只能通过创作游仙诗在幻想的仙游世界中逃避现实的烦忧。在神仙胜境之中，既没有官场倾轧，宦海浊水，也可以暂时将对于国家和人民的忧思放下。诗人们常常在现实与仙境中往返，自由舒畅心灵。在游仙诗中，诗人常将“王母仙桃千年一开花”的神话典故表达着一种对世事无常的感叹。比如李贺的《浩歌》《闰月》，韦应物的《王母歌》都是将西王母神话中的这一部分再现。具有“鬼仙”之称的李贺(790—816)同样是在入世与归隐两种思想徘徊的诗人，作为王室贵族后裔的李贺，曾“以远大自期”，希望干出一番惊天地、泣鬼神的大业。然而现实中他仕途颇为坎坷，长期做着“奉礼郎”的卑职。“掌君臣版位，以奉朝会祭祀之礼。”[②]李贺因身为奉礼郎，因此对于朝廷的宗教生活尤其是道教仪轨和道教经卷十分熟悉。因此在诗中他常用神话来编织梦境，用游仙遐想表达对于现实的不满及其忧患意识。在《浩歌》中他写道“南风吹山作平地，帝遣天吴移海水。王母桃花千遍红，彭祖巫咸几回死?”[③]前两句写高山夷平，水泊移海，沧海桑田的时空变化，后两句中感叹时间不可测，往事不可追，天地悠悠，王母桃花三千年开一回，也不知开了几回，长寿八百岁的彭祖，也不知死过几回。李贺的游仙诗既是对于帝王求仙现象的一种讽喻，也是对所处时期社会意识形态错综关系的反映。韦应物是京兆长安人，深受道教茅山宗的影响。《唐诗纪事》载：“(韦)应物性高洁，所在

① 李乃龙. 道教与唐诗[D]. 陕西师范大学，2002.
② 傅璇琮. 唐才子傅校笺[M]. 北京：中华书局，2002：288.
③ [清]曹寅. 全唐诗[M]. 清文渊阁四库全书本. 卷二十五：212.

焚香扫地而坐，惟顾况、刘长卿、丘丹、秦系、皎然之俦得厕宾列，与之酬唱。”①从韦应物的诗作中同样可以看出，他对于茅山宗的经典特别是《真诰》中的神仙传说极为熟稔，并可灵活运用。因此，西王母神话记忆也常在他的诗中再现：在《王母歌》中他写道：“众仙翼神母，羽盖随云起。上游玄极杳冥中，下看东海一杯水。海畔种桃经几时，千年开花千年子。玉颜眇眇何处寻，世上茫茫人自死。”②在这首诗中，诗人用王母桃花千年一开花的神话时间作为想象，来完成对时间意识开拓。事实上人类长时间的历史中都曾借助神话和宗教想象来拓展时间观念。“虚构的神话和宗教观念事实上反映的是创作者的理性思考。”③游仙诗中表现的是道教的神仙世界中的时空二维交融、时空非均质的观念。也构成了中华民族文化心理中的重要方面。受到神仙思想启发的唐代诗人借“王母仙桃”对宇宙时间意识睿智发问，感叹渺小人类的生命长度。李贺的《瑶华乐》同样采用游仙形式，以周穆王为游仙的主人公，拜见西王母为主题展开对神仙世界的想象。“穆天子，走龙媒。八辔冬珑逐天回，五精扫地凝云开。高门左右日月环，四方错镂棱层殷。舞霞垂尾长盘珊，江澄海净神母颜。”④这首诗中的西王母记忆来源于“道教化”的《穆天子传》和《竹书纪年》中的西王母与穆天子的神话传说。从中可窥见李贺对于“列仙之趣”的道教神话意象的熟悉。鲍溶在唐宪宗元和四年登第后不得志，一生穷困潦倒，只有将对于现实生活的苦闷与忧思寄托于神仙仙境的遐想之中。他晚年隐居于江西南昌的道教洞天福地之中，多与道教中人交往，度过人生最后的生涯。他将道教经卷吸收的汉代谶纬神话中的西王母授舜地图的，辅助其成就帝王之功的神话记忆在《怀仙》中再现。“昆仑九层台，台上宫城峻。西母持地图，东来献虞舜。虞宫礼成后，回驾仙风顺。十二楼上人，笙歌沸天引。裴回扶桑路，白日生离恨。青鸟更不来，麻姑断书信。乃知东海水，清浅谁能问。阆峰绮阁几千丈，瑶水西流十二城。曾见周灵王太子，碧桃花下自吹笙。”⑤在魏晋六朝的道教经卷中，昆仑不再是人间的圣山，而是道教神仙所居之所，昆仑山和西王母的组合在上清经系中道教经卷中出现得最多。上清派的神仙谱系中，昆仑山为西王母所治，是三品仙的地仙所栖息的宫府。⑥ 刘复在《游

① [宋]计有功. 唐诗纪事[M]. 四部义刊景明嘉靖本. 卷二十六：214.
② [清]曹寅. 全唐诗[M]. 清文渊阁四库全书本. 卷一百九十四：1192.
③ 王钟陵. 中国前期文化心理研究[M]. 上海：上海古籍出版社，2006：498.
④ [清]曹寅. 全唐诗[M]. 清文渊阁四库全书本. 卷三百九十三：2648.
⑤ [清]曹寅. 全唐诗[M]. 清文渊阁四库全书本. 卷四百八十五：3320.
⑥ 李丰楙. 仙境与游历：神仙世界的想象[M]. 北京：中华书局，2010：123.

仙》中写道:“俯视昆仑宫,五城十二楼。王母何窈眇,玉质清且柔。扬袂折琼枝,寄我天东头。相思千万岁,大运浩悠悠。安用知吾道,日月不能周。寄音青鸟翼,谢尔碧海流。”①

与上面几位诗人所描写的游仙诗不同的是,司空图诗中的西王母形象增加了些许世俗生活中的儿女情趣,更符合平民阶层的文化审美。比如他在《步虚》和《游仙》二首诗中都将西王母唤为“阿母”,诗中描述西王母与座下女仙和女儿的日常生活。“阿母亲教学步虚,三元长遣下蓬壶。云韶韵俗停瑶瑟,鸾鹤飞低拂宝炉。”②“蛾眉新画觉婵娟,斗走将花阿母边,仙曲教成慵不理,玉阶相簇打金钱。”③

唐代的游仙体诗虽然题名大都为《游仙词》《升天行》《梦仙谣》《怀仙曲》等,但是大体都已经失去了乐制,基本已不再可歌。但是在唐代的教坊中,因皇帝崇道而制作曲调、曲词,其中就有了如“祈仙”“翘仙”诸曲,也有“女冠子”“天仙子”等曲牌,而后转化为宋词中有谣、词等曲名称,反映了唐代道教音乐和游仙文学的激荡。这些游仙诗后来在教坊中传唱流散后散播于宋代勾栏之中。笔者在第二章中已经详细论述了宋代俗词中的西王母记忆,这里就不再赘述。

表 4.5 游仙诗内容编码

序号	诗名	传播主体	行动场域	诗体	目标受众	意象
1	神仙曲	李贺	文学、政治	游仙	无目标受众	王母
2	闰月	李贺	文学、政治	游仙	无目标受众	王母、蟠桃、汉武帝
3	浩歌	李贺	文学、政治	游仙	无目标受众	王母、桃花
4	瑶华乐	李贺	文学、政治	游仙	无目标受众	穆天子、神母、昆仑
5	登天坛夜见海日	李益	文学、政治	游仙	无目标受众	王母
6	飞龙引其二	李白	文学、政治、宗教	游仙	无目标受众	王母、瑶池
7	游泰山六首	李白	文学、政治、宗教	游仙	无目标受众	王母
8	王母歌	李欣	文学、政治	游仙	无目标受众	王母、桃花

① [清]曹寅. 全唐诗[M]. 清文渊阁四库全书本. 卷三百五:2066.
② [清]曹寅. 全唐诗[M]. 清文渊阁四库全书本. 卷六百三十三:4333.
③ [清]曹寅. 全唐诗[M]. 清文渊阁四库全书本. 卷六百三十四:4338.

（续表）

序号	诗名	传播主体	行动场域	诗体	目标受众	意象
9	玉华仙子歌	李康成	文学、宗教	游仙	无目标受众	王母、桃花
10	游仙	刘复	文学、政治	游仙	无目标受众	王母、青鸟、昆仑
11	会仙歌	鲍溶	文学、政治	游仙	无目标受众	王母、昆仑、瑶台
12	仙女词	施肩吾	文学、宗教	游仙	无目标受众	王母、仙桃
13	玉清行	柳泌	文学、宗教、政治	游仙	无目标受众	王母、瑶池
14	汉武帝将候西王母下降	曹唐	文学、宗教、政治	游仙	无目标受众	王母、昆仑、青鸟
15	小游仙诗九十八首	曹唐	文学、宗教、政治	游仙	无目标受众	王母、瑶台、穆天子、瑶池
16	忆仙谣（第二举	沈彬	文学、政治	游仙	无目标受众	王母
17	弄玉	蜀宫群仙	文学、宗教	游仙	无目标受众	王母、瑶池
18	游仙二十四首	吴筠	文学、宗教	游仙	无目标受众	王母
19	览古十四首	吴筠	文学、宗教	游仙	无目标受众	王母、昆仑
20	七言	吕岩	文学、宗教	游仙	无目标受众	王母、仙桃
21	怀仙二首	鲍溶	文学、政治	游仙	无目标受众	昆仑、西母、青鸟、
22	杂歌谣辞·步虚词	韦渠牟	文学、宗教	步虚	无目标受众	金母、东王公
23	会真诗三十韵	元稹	文学、政治	游仙	无目标受众	金母
24	巫山高	陈陶	文学、政治	游仙	无目标受众	金母
25	朝元引四首	陈陶	文学、政治	游仙	无目标受众	金母
26	游仙二十四首	吴筠	文学、宗教	游仙	无目标受众	金母
27	步虚词十首	吴筠	文学、宗教	步虚	无目标受众	金母
28	王母歌（一作玉女歌）	韦应物	文学、政治	游仙	无目标受众	金母

（续表）

序号	诗名	传播主体	行动场域	诗体	目标受众	意象
29	杂曲歌辞·升天行	僧齐己	文学、宗教	游仙	无目标受众	阿母、桃花
30	升天行贻卢六健	储光羲	文学、政治	游仙	道士	王母
31	杂歌谣辞·步虚词	刘禹锡	文学、政治	步序	无目标受众	阿母、桃
32	步虚	司空图	文学、政治	步序	无目标受众	阿母
33	游仙二首	司空图	文学、政治	游仙	无目标受众	阿母
34	飞龙引	陈陶	文学、政治	游仙	无目标受众	瑶池、阿母
35	上元夫人	蜀宫群仙	文学、宗教	游仙	无目标受众	阿母
36	曲龙山歌	顾况	文学、宗教	游仙	无目标受众	阿母
37	上元日梦王母献白玉环	丁泽	文学、宗教	游仙	无目标受众	王母
38	醉吟	许碏	文学、宗教	游仙	无目标受众	王母
39	歌	戚逍遥	文学、宗教	游仙	无目标受众	王母
40	书任生案	嵩山女	文学、宗教	游仙	无目标受众	王母
41	上清词	张继	文学、政治	游仙	无目标受众	王母、汉武帝

（三）东亚文学空间中心与边缘互动：朝鲜游仙体诗歌中的西王母记忆

布罗代尔在《物质文明，15—18世纪的经济和资本主义》中写道：“中国很早控制了广大临近地区，构成了一个经济世界。”①在汉唐时期，中国不仅是东亚经济空间的中心，也是东亚文学空间的中心。中华文学同时具有漩涡效应和辐射效应，既可以吸收周边国家文明精华，博采众长，也对周边国家地区影响深远。卡萨诺瓦认为：“文学世界有着自己边界地理划分。文学空间中也有其中心与边缘地带，而且与政治和经济中的地图中的中心边缘关系异变不同，知识地图的改变是缓慢的。”②文学史上的文学空间的中心大都在某个国家的首都，居于文学

① 费尔南·布罗代尔．15至18世纪的物质文明、经济和资本主义[M]．顾良，施康强译，北京：生活·读书·新知三联书店，2002.11.

② [法]帕斯卡尔·卡萨诺瓦．文学世界共和国[M]．罗国祥等译，北京：北京大学出版社，2015：5.

空间的中心地位,为了得到中心的认可,提高自己的文学地位,边缘空间的文学会不自觉地向中心聚拢。在汉唐时期,长安成了无可争议的东亚文学中心,日本、朝鲜半岛、越南等国家的文学会主动吸收、模仿、内化长安文学。朝鲜诗人在16—17世纪所创作的“游仙诗”就是东亚文学空间边缘向文学空间中心趋近的重要表征之一。

目前在朝鲜半岛发现的最早的西王母记忆储存于东汉末年乐浪王盱墓漆盘图像中。先秦时期燕、齐之地与朝鲜半岛接壤,神仙传说很早进入朝鲜半岛,中国海山仙山中的三座神山:蓬莱、方丈和瀛洲,在韩国也有相对应此说,他们将岛内的智异山比为方丈山、金刚山比为蓬莱、汉拏山比为瀛洲。朝鲜半岛三国鼎立时期大约在汉成帝(公元前33年—7年)汉四郡设置以来,汉文化源源不断输入朝鲜半岛。①

图4.2 东汉末年乐浪王盱墓漆盘图像中的西王母②

汉晋以来流传于江南的五斗米教在北上传播的过程中,经由当时已经将疆域周边扩大到唐朝版图深处的高句丽传入了朝鲜半岛。《三国遗事》中的《高丽本纪》就曾记载高句丽民众在武德贞观年间(618—649)信奉五斗米教的史实。而后道教虽然没有在朝鲜半岛形成凝聚民众的教派组织,然而道教思想却通过道教医学、符箓、图谶、等传播形式渗透到了朝鲜半岛文化中,扎根在了朝鲜本岛

① 车柱环.韩国道教思想[M].北京:人民文学出版社,2005:16.

② [日]原田淑人,田泽金吾.乐浪:五官掾王盱の坟墓[M].东京:东京帝国大学文学部,刀江书院,1930:56.

人们的民族意识中。道教神仙世界诱发朝鲜半岛文人的浪漫想象和天马行空的思维，奇幻的天界仙宫、海上仙岛等，神兽仙鸟，无一不激发朝鲜文人的创作想象。宋代之后《太平广记》以及中国历代神仙传说和神仙图在朝鲜半岛开始流传，推动了游仙文学的兴盛。李氏朝鲜时期，诗人们创作了无数的游仙诗，尤其16世纪和17世纪，游仙诗占文学作品的百分之九十。① 经笔者在“韩国文集丛刊数据库”以“西王母”“王母”等为关键词的搜索后发现，这些诗中具有西王母意象的大约290余首。游仙诗之所以可以在程朱理学为主要意识形态的李氏朝鲜复归，同样是李朝诗人内心儒家入仕与道家归隐两种思想的矛盾表现。朝鲜诗人与唐朝诗人一样，期望通过“谪仙意识”和与天上神仙逍遥自在的意念逃避来自于现实生活的逆境和挫折，将自己被驱逐到政治场域边缘。怀才不遇视为谪仙必遇之苦痛。值得注意的是，朝鲜诗人创作的游仙诗并非基于道教的宗教信念，而只是出自诗人对唐朝游仙诗体的模仿和文学想象力的释放。诗人沈义在《蟠桃赋》中写道：“悲生死之浮休兮，超尘寰以远徂。跆上界之仙府兮，俯下土之积苏。过瑶池以怅往归兮，王母怵余以启途。”②诗人坦诚自己进入仙界中的目的就是“悲生死之浮休兮”感叹人间世事无常。只有通过食王母之桃才可以获得永生，摆脱轮回之苦是登山仙界的必由之路。朝鲜王朝宣祖、仁祖年间的学者和文臣申钦在《升天行》中写道：“却笑西王母，倏然首如丝”③，希望可以解脱尘世的迷惘。李民宬(1570—1629)在《过东方朔墓》中写道：“三偷王母桃，来作金门客。一朝辞万乘，登空拊龙角。天上有岁星，人间无方朔。千秋一片坟，乃在城东北。至今燕齐士，犹说长生术。”④他将《汉武帝内传》以及《十洲记》中的西王母记忆再现，反映了神仙思想对于朝鲜半岛文人思想意识的深刻影响。韩国著名女诗人许兰雪轩的《望仙谣》中写道：“琼花风软飞青鸟，王母麟车向蓬岛。兰旌蘂帔白凤驾，笑倚红阑拾瑶草。天风吹擘翠霓裳，玉环琼佩声丁当。素娥两两鼓瑶瑟，三花珠树春云香。平明宴罢芙蓉阁，碧海青童乘白鹤。紫箫吹彻彩霞飞，露湿银河晓星落。”⑤诗人将中国道教神仙传说中的文本中西王母神话中的若干符号提取，加以想象创造。先写西王母乘着麟车，三青鸟与白凤引路的西王

① [韩]郑珉．16、17世纪游仙文学的叙事结构和道教的想象力朝鲜[A]．郑判龙等．朝鲜-韩国文化与中国文化[M]．1995：255.

② 韩国文集丛刊数据库：大观齐乱稿卷之一.

③ 韩国文集丛刊数据库：象村稿卷之四.

④ 韩国文集丛刊数据库：敬亭集卷六.

⑤ 历朝闺雅[M]．清康熙刻本，卷二：9.

母出行的场景。又描述了西王母穿霓裳仙衣,戴“玉环琼佩”的雍容之姿。最后写西王母芙蓉阁夜宴,奏神曲,跳仙舞的仙宴场景。金得臣(1754—1822)是李朝中晚期的画家,在《题海上寺》中,他写道:“岁晚幽栖此一庵,朝朝痴坐小窗南。乘槎欲向瑶池去,王母蟠桃结子三。”①诗人期待,通过划船去往西王母居住的瑶池极乐世界,服食西王母掌管的蟠桃,以逃离现实的困扰苦闷。李朝诗人游仙诗中的西王母记忆的再现,反映了早已接受儒家治国伦理思想的李朝诗人在面对李朝中晚期社会现实时内心的矛盾与冲突。大量游仙诗体也说明李朝中晚期出现,也说明儒家思想观念在16—17世纪当时的李朝,经由王辰、丙子党派争斗已经趋于瓦解。儒家士人纷纷转向老庄与道家乃至道教神仙传说,寻求他们的乌托邦世界。

诗人通过诗歌解释存在于共同体深层心理结构中的集体无意识,因此诗歌表现的不仅是个人情感,还是可与共同体成员的共通和共享的情感。在唐代社会文化主体在宗教、政治、文学场域之间相互纽结的周边传播中,西王母记忆经由诗歌为载体再次“进入”共同体的集体记忆中。唐代诗人突破六朝诗歌的陈腐,打破了道教经卷中刻板僵硬。他们将魏晋神仙传说和道教经卷神话中的西王母记忆,通过与现实世界的勾连,在诗歌中创造了西王母的新意象和新记忆。西王母符号在奉和应制、怀古讽谏等服务于国家中心主义话语的诗类以及游仙诗与赠道诗等表达追求“超越性”和自然思想的诗类中被编码创新。其符号意涵在世俗与神圣之间流传,呈现了一种介于神性和人性之间的“仙性”记忆。

4.3 场域周边离散传播中的明清西王母“人性”记忆形塑

明清以后,中国文化在整合与分化两股力量拉扯下发展前行。中央集权的加深促使国家主导的文化整合模式成为了这一时期文化发展的主导模式,然而却无法阻挡社会文化多样性发展趋势下出现的“文化分化”趋势。国家主导的文化整合的力量来自于交通传播的发达和政治场域伦理宣教。首先,交通传播网络的发展加强了人际传播的通畅、强化了城乡之间的联系。其次,来自政治场域

① 韩国文集丛刊数据库:柏古先祖诗集册二.

的伦理宣教，使得精英的观念体系与农民传统趋于一致。文化分化趋势则源于印刷技术的发展和识字率的提高，具有文化资本的社会人群范围不断扩大，“国家中心主义”话语建构的文化权力重心进一步下移，致使文学场域内部出现分化，形成了以古典文学为代表上层精英文化的高雅文学与代表大众文化的通俗文学。文学场域双重合法性中的“娱乐功能”在此时期彰显。西王母记忆在明清时期在文学场域较为边缘的戏曲、小说、民间讲唱宝卷以及民间教派的宗教宝卷之中重塑为更具世情韵味的“人性”记忆。

4.3.1 术与庶：道教人士与政治中心疏离

道教在明清时期“三教合一”的宗教文化发展主流思潮下，已经逐渐趋向于宗教场域的边缘位置。道教的衰微起源于公元1281年的佛道在元大都的论辩中道教的失败。禅宗化的佛教更符合士大夫审美文化自然战胜了道教，使道教势力受到重创。①

一、三教合一与宗教教化

“三教合一”是明清时期中国社会中的重要“社会思潮”，也是推动文化整合力量的重要话语和治国之“术”。封建统治者即依靠儒家治世理论匡治天下，又希望在佛教境界中寻求精神归宿，从道教令人眼花的仪式中得到享乐以求永生。明太祖朱元璋的宗教思想是以政治实用主义为原则，儒家国家政治理论为主，也不排斥佛、道中的“生死轮回、善恶有报、羽化飞升”等可以使人民有所规矩，民安而国治，为国家、社会秩序和治理有用的思想。倡导“以儒文本，以佛道为用”，对百姓的思想行为教化和规训。朱元璋撰写《释道论》《三教论》等文章，提出用人要以儒教思想为主，同时对佛道也给予肯定，“与斯三教，除仲尼之道祖尧舜，率三王，删除制典，万世永赖。其佛仙之幽灵，暗助王纲，益世无穷，惟常是吉。尝闻天下二道，圣人无两心。三教之立，虽持身荣俭之不同，其所济给之理一。然于斯世之愚人，与斯三教，有不可缺者。”②同时，士大夫们为了弥补程朱理学中人文情怀的缺失，力求参究佛道经典，打通佛道壁垒，将佛道思想与儒家思想结

① 葛兆光. 道教与中国文化[M]. 上海：上海人民出版社，1987：291.
② 姚士观等，明太祖文集[M]. 文渊阁四库全书. 223[Z]. 台北：商务出版社，1982：108.

合,最大发挥宗教教化的工具理性价值,明代心学大师王守仁的理论就多取自佛道思想,其后学则秉持这一思想。晚明时期一些饱学之士也皈依宗教,将宗教复兴作为晚明教育扩展的产物,“三一教”创始人林兆恩(1517—1598)和“善书”编撰者袁黄(1533—1606)都出身显贵之家,不仅精通儒学,对道教和佛教思想也极为熟稔。

二、政治打压与民间发展

明代朱元璋在未称帝之前,曾短期利用过龙虎山正一派道教,为自己谋取天下。然而,自明代建立后,他就通过各种政治手段打压道教。具体手段有:罢黜曾经对其夺取天下的正一派领袖张正常的“天师”号、清整道教教团,减少道观,限制出家等。清军入关以后,满族统治者对于汉族信仰,特别是道教信仰给与更加严重的打击,康熙十二年(1673)明确规定,“巫师、道士、跳绳驱鬼以惑民心者处死,其延请跳绳趋神逐邪者亦治罪”。康熙十六年(1677)诏令僧录司、道教司稽查设教聚会,严定处分。① 其后清朝统治者对道教的压制愈演愈烈,道光元年,直截了当诏令第五十九代正一派天师张钰“停止朝觐,着不准来京”。道教与上层统治者的疏离,使其逐渐远离政治场域和上层阶级,向“庶道”方向发展,开始与民间信仰相融合,首先,道教通过大量吸收民间信仰神祇,尤其是吸收了公元 12 世纪以后,官方敕封的“地方教化性力量”的地方性神祇扩充自己的神谱。这些神祇大都生前为人,并且曾为民众百姓立下功劳,死后被地方百姓“神圣化”而加以崇拜。比如关羽、妈祖、碧霞元君等。② 其次,道教也通过外化的“法术”斋教祈禳、禁咒符箓等,征服下层民众。明清时期,中国神与人的关系发生了重大的改变,神灵需要遵循凡人的逻辑发挥威力。社会对于神灵的建构逐渐向“人本化”“人性化”发展。明清时期原本作为道教女神的西王母,也不再只是供奉于道教庙观中的道教女神,而在“三教合一”的民间信仰中逐渐被塑造为更具人情世韵,具有多重神格,并且与玉帝配偶的“王母娘娘”,出现在全国各地的民间祠庙中,主管送子、催生、痘疹、眼疾等。③

---

① 赵尔巽. 清史稿[M]. 北京:中华书局. 卷一一五,志九 0.

② [美]韩森. 变迁之神:南宋时期的民间信仰[M]. 包伟民译,北京:中华书局,2016:79—109.

③ 葛兆光. 道教与中国文化[M]. 上海:上海人民出版社,1987:336.

4.3.2 戏与玺:亚精英阶层与中心话语离散

一、整合与融通:亚精英阶层的崛起

魏晋伊始,文学场域开始试图摆脱政治"元场域"。寻求独立和自主性发展。在文学"娱情功能"与"服务儒家伦理"两重合法性的张力中,文学场域与政治场域一直处于周边纽结状态中,以至于虽然魏晋至唐宋的文人们逐渐尝试着"文化自觉"的创作。然而其创作内容大都无法脱离王朝主流话语秩序而发散。宋元之后,中国通俗文学逐渐脱离士大夫文人的书写传统且与代表皇权的"国家中心话语"逐渐离散向民间演进。话本、诸宫调、杂剧、南戏等都是里程碑性质的通俗文学文体。明后期之后,小说又成为通俗文学的主流,小说源于民间口语文化的民间集体生产。而后经文人个人创作成为了书写文化中的通俗文学的重要组成部分。其受众依旧以广大平民为主。① 明清时期,随着资本主义的萌芽,社会分工的不断细化,文学场域的行动者对文化实践的主体意识更加强烈与张扬。晚明思想家提出的"本我""故吾""真吾"的思潮塑造了文学场域的新惯习。文学领域中的通俗文学兴起正是源于这种思想意识的变革。在整个帝国的话语权力体系中,作为大众文化符号象征系统的"通俗文学",其内在能指的自我指涉性就意味着与官方话语体系和主流意识形态的疏离。因此常常被中央话语权力驱逐而滑落至文学场域的边缘。

从文体来看,中国古代正统文学或者说高雅文学主体就是散文与诗歌,因此,诗文以外的文学体裁皆可称为通俗文学。从作品风格来看,通俗文学是指那些体裁上使用俗语言,白话或者半白话,内容上反映民间信仰观念等文学作品。明清时期,在文学场域的分化下,以经学为代表的高雅文学占领了文学场域的中心地位。明代推行八股取士制度。如康有为所说:"明儒少年作八股,中进士后言心学。"读书人从朱熹的《四书集注》中去找题目,"替圣贤立言",统治阶级通过这种形式将知识分子引导到为主流话语服务的轨道上来。因此,明清时期文学场域的一批行动者,在明清王朝加强专制统治的历史语境下,向政治场域靠拢。他们熟读儒家文化复古思潮下复归的古典经学,期待在明清八股取士制度下,考取功名,入仕为官、跻身上流社会。这些入仕为官的文学场域的行动者,也行动

---

① 胡适.白话文学史[M].南京:江苏文艺出版社,2013:10.

于政治场域,同时具有政治资本和符号资本。是具有法律特权的士绅精英阶层。他们将文化实践的中心放在了“注六经”上。而另一批文人,则被称为“亚精英阶层”。虽然他们大都受过儒家经典教育,但因为主客观原因没能入仕为官,不享受法律特权。在文学创作上,他们试图摆脱主流话语的桎梏、突破上层精英文化圈层的内卷环境,通过向民间汲取民众文化心理最深处的记忆为写作素材。因此他们是精英文化和大众文化之间联通的纽带。也是社会重要的文化整合力量。

二、伦理与秩序:通俗文学中的共享主题

由亚精英阶层撰写的小说、戏曲等通俗文学在主题上彼此相互关联。使中华民族的文化记忆可以在社会各个阶层纵向传承。因此,他们同时也成为了整饬社会秩序、建构儒家思想观念建构,国家政治话语宣教、民众文化认同凝聚的重要文化主体力量。这些通俗文学同样是哲学思辨和政治理想的载体,是当时社会生活的镜像,影响着民众的行为意识。明清戏曲家和小说家将中国古代神话传说记忆,融入到明清戏曲和小说创作中。在朱有燉、罗贯中、施耐庵、吴承恩、曹雪芹的小说戏曲创作中,引用了大量的中国古代神话传说,用神话这一中国人“心理秩序”的爆发点来映射社会现实,然而,这些相同神话主题在不同阶层传播时,叙事文本却会呈现较大的差异。正如布迪厄所说:“文化分裂使每类作品与自己的公众联系在一起。”①

笔者对明清戏曲、小说、宝卷进行文本向度话语分析后发现,在这些通俗文学中,先秦至唐五代构建的西王母与穆王瑶池和歌、西王母会汉武帝、西王母来献地图、献玉等神话传说记忆;道教经卷中西王母授箓接引、度人成仙等宗教记忆都基本消失了。通俗文学中只保留了西王母蟠桃献寿、西王母瑶池仙宴等反映太平盛世的叙事情节。笔者在翻阅史料后发现西王母会君情节在通俗文学中“失忆”的原因是:明清时期政治场域统治者不断加强中央集权和思想控制。在统治阶层主流意识形态话语秩序建构中,不希望出现超越于世俗皇权统治之上的神性话语存在。明清时期统治者颁布了许多限制文学自由创作,试图对民众进行思想禁锢和精神控制的禁令。比如明洪武六年(1373)朱元璋就颁布了戏曲装扮帝王圣贤的禁令。认为这是“犯上诬贤”。永乐九年(1411)又有“但有亵渎

---

① [法]皮埃尔·布迪厄,区分:判断力的社会批判[M].刘晖译,北京:商务出版社,2015:52.

帝王圣贤之词曲驾头杂剧，非律所该载者，敢有收藏传送印卖，一时拿送法司究治”。① 明清时期都以征史与纪实的正统儒家观念作为话语秩序建构的准绳。因此西王母历史传说与神仙小说中的西王母与周穆王、汉武帝、圣王之间的故事都被视为“稗史失实”的异端邪说，不允许在戏曲小说中出现。由此可见在明清时期文化整合的思潮下，统治者并没有放弃对于通俗文学的控制。而是试图将其利用成为强化政治教化和伦理建构的力量。

(一) 戏曲家建构“消费符号”的西王母记忆

中国古代戏文产生于宋徽宗宣和年间，西王母可以进入通俗文学的戏曲中，有赖于北宋时期官修出版的大型类书画小说总集《太平广记》对西王母记忆的保存和传承。明胡应麟所说：“今六代，唐人小说、杂记存者，悉赖此书。”②《太平广记》的修订出版对于后世小说和戏曲影响深远。此书采撷了先秦到宋初的四百余种典籍，蕴含极其丰富的思想内容，收录了有关道教思想和神仙传说的内容八十一卷。储存了包含西王母记忆的两汉志怪小说和神仙小说：《神异经》《洞冥记》《十洲记》《列仙传》《汉武故事》《汉武帝内传》等。宋元两代的词人与戏剧家又将这些西王母记忆接续。经由通俗化与口语化的改编后写入词曲、杂剧、院本中(具体戏目名见第三章第三节)，使其可以向更广阔的社会空间传播。因而，西王母在明清时期俗文学中的记忆的来源较为复杂，小说家、戏剧家们既引用了《太平广记》中所记录的先秦至唐代西王母书写记忆，也会参考宋元杂剧、院本中经过口语化改编的西王母文本。

罗友枝(EvelynS. Rawski)认为，对于理解中国晚期帝国文化来说，戏曲比小说更为重要，因为中国社会各个阶层，各色人等，目不识丁者或者有文化的人都看戏。中国戏曲的起源也与宗教休戚相关。③ 中国戏曲艺术反映着中国明清时期社会观念和主流文化审美偏好，是明清时期乃至近现代中国最重要的通俗文化之一。明杂剧中重要的仙佛类与祝寿类戏曲中只保留西王母与东方朔之间的历史传说，以及西王母瑶池开宴的记忆。比如明清传奇、戏曲、杂剧中有《偷桃献寿》《西王母祝寿瑶池会》《祝圣寿金母献蟠桃》《众群仙庆赏蟠桃会》《蟠桃宴》《偷桃记》《蟠桃记》《偷桃捉住东方朔》等。明清戏曲剧目大都为歌功颂德，粉饰

① [明]顾起元. 客座赘语[M]. 卷十，北京：中华书局，1987：346.
② [明]胡应麟. 少室山房集[M]. 卷一百一十六，上海：上海古籍出版社，1993：853.
③ [美]罗友枝，黎安友，姜士彬. 中华帝国晚期的大众文化[M]. 赵世玲译，北京：北京师范大学出版社，2022. 618.

太平的神仙庆寿等剧目，符合统治阶层教化民众的需要。戏曲在风格上追求辞藻堆砌，四六骈偶和典故。朱有燉杂剧《群仙庆寿蟠桃会》就写蟠桃成熟后，西王母邀请东华帝君、南极仙翁、八仙，以及人间的香山九老、洛下耆英等举行蟠桃盛会，此时恰好是人间千岁的寿诞，西王母与群仙一道下凡祝寿。优伶们扮演王母娘娘等神仙、他们手捧蟠桃向寿星跪拜献礼，成为当时比较流行的祝寿方式。[①] 西王母神仙戏曲演出和传播的空间一般多在私家戏台或是酒楼之中。明代以后资本主义生产关系萌芽，一些官绅和富商大贾，垄断了娱乐产业，私有化了以前由宫廷委派官员或者乐官管理的瓦舍勾栏。将其转化为消费门槛颇高的“酒楼戏院”。因此，明清戏曲的消费者主要是王公贵胄与士大夫，大众娱乐又变成了少数人的声色犬马。明代特别是江南官僚贵族、地主富商蓄养“家乐”之风盛行，出现了私人戏班，家庭戏班，他们专供一家一族喜庆宴会佐樽、点缀演出。而后随着城乡互动交流频繁，这些戏班也会出入农村村庙、祠堂、庙会和集市中演出。西王母符号在大众文化中生产、消费、原本的神性中释放出了更具人文情怀的特征。

（二）小说家建构“帝国隐喻”的西王母记忆

“西王母”记忆之所以会出现在明清白话小说中，是元明以来小说家们将日益世俗化与社会化的道教思想和民间神话传说广泛吸收与融合的结果。在先秦至汉晋时期，西王母多被塑造为圣王与人王的人生导师、对帝王起点化、启发并助其超脱世俗的神圣形象。而在明清白话小说中的西王母不再以小说中的主角出现，而是常与天界最高统治者“玉皇大帝”同时出现，王母娘娘与玉皇大帝的结合，构成了反映世俗世界秩序的天界镜像，天界的神仙体系成为了世俗世界中帝国官僚体系的隐喻。西王母与众仙女之间的母女关系则反映着人间人伦亲情与社会等级关系。比如，明清小说中常出现的众仙欢聚的“瑶池蟠桃会”就是人间全部权力体系的象征。西王母的瑶池蟠桃会是仙界千年一遇的盛会，场面宏大。吴承恩在《西游记》第五回《乱蟠桃大圣偷丹　反天宫诸神捉怪》就描述了西王母蟠桃会的瑰丽仙境：“琼香缭绕，瑞霭缤纷。瑶台铺彩结，宝阁散氤氲。凤翥鸾翔形缥缈，金花玉萼影浮沉，上排九凤丹汞，八宝紫霓墩……”[②]瑶池蟠桃会的场景一般出现在小说中的前几章，构成小说情节和展示人物命运的一个总缩性场面。小说中的主人公，比如《西游记》中的孙悟空、猪八戒、沙僧，《韩湘子全传》中冲和

① 黄景春，郑艳. 从蟠桃到蟠桃会[J]. 民俗研究，2009(02)：68—81.

② [明]吴承恩. 西游记[M]北京：人民出版社，2010：56.

子(韩愈)、云阳子(林圭)、《镜花缘》中的百花仙子、《南游记》中的华光,《女仙外史》中的奎木狼、嫦娥,《镜花缘》中的百花仙子、《三遂平妖传》中的袁公都是因为在蟠桃会上,或是趁着群仙参加蟠桃会惹下祸端而被贬谪到下界,开始他们“谪仙历劫”。小说塑造的这些主人公在象征着人间等级秩序与权力体系金字塔顶端的“蟠桃众仙会”上的反叛行为,反映着吴承恩等小说家们对于社会等级秩序的不满与抗争,通过小说,来表达他们期待君王实行“王道”与“德治”从而实现儒家理想政治秩序的愿景。

(三)民间人士建构“母性力量”的西王母记忆

宝卷是一种兼具宗教性和民间性的说唱文学,其发展分为两个不同时期,清代康熙之前的宝卷以宗教宝卷为主,而清代后期则以民间宝卷为主。① 这一节中,笔者提及的宝卷属于清后期的民间宝卷。他们兼顾“娱乐”与“儒家教化”的双重文学性质。故事主线多可追溯到宋元官本杂剧以及民间神话传说。民间宝卷中西王母神话记忆,主要是挪用戏曲或者小说中的王母娘娘的记忆,出于娱乐与教化的实用与功利目的而编写,并非反映缜密的宗教观念。民间宝卷中的故事宝卷是没有明确宗教归属的,也可归为叙事性文体的通俗文学。宝卷大部分的受众都是不具有识字能力的下层民众,为了更加迎合受众的审美趣味,宝卷中的西王母形象塑造得比小说、戏曲中的西王母更加世俗化,表达平民情感。世俗宝卷中的王母娘娘同样是玉皇大帝的配偶、执掌蟠桃园,在性格上更符合明清道德伦理“母性”形象。比如《张四姐大闹东京宝卷》讲述了宋仁宗时期,文曲星下凡的员外之子崔文瑞和王母娘娘的第四个女儿张四姐的爱情故事。故事中神、仙、人三届之间已经完全没有区隔。其情节较为曲折,涉及宋仁宗、包拯、佘太君等历史人物和龙王、玉皇大帝、王母娘娘等神仙角色。故事结尾处,王母娘娘下到凡间寻张四姐说道:“你父王发怒,命托塔李天王带天兵天将来捉拿你回去,狠狠的处治你。我听到这话,随即和你六个姐妹去你父王面前求情,说是神仙也有犯错的时候,犯了错就改过,不就好了吗?你父王挨我劝了劝,心也就劝软……。”俨然是一副慈母模样,完全没有天界女神的威严。明清民间宝卷的传播者和受众多为女性。这是因为与男子男性相比,女性对文字传统的接触较少,即使是士绅阶层受过经典教育的女性,也只能徘徊在精英文化圈的边缘,大都无法欣赏中国文学扛鼎之作的经学中所蕴含的哲学思想的精妙。因此她们更偏爱居

① 车锡伦.中国宝卷研究[M].桂林:广西师范大学出版社,2009:20.

于文学场域边缘位置的通俗文学。明清女性对于神话传说、说唱这类口述文学的传播与传承发挥着重要的作用。[①]

4.3.3 卷与权：民间宗教人士与权力中心对抗

明清时期在集神灵、宇宙、伦理道德象征以及政治权力与军事权力为一体的“普遍皇权”之下，宗教力量遭受到了重大打击。一切不符合主流话语秩序的宗教信仰，都被统治者冠以“妖”“淫”“乱”等破坏社会秩序的污名，被边缘化和妖魔化。学界将这些非制度性宗教称为民间秘密宗教。

一、失序与重建：民间宗教神话中的“天地之母”

明清民间宗教宝卷是民间秘密宗教的传道文体，与上一部分提到的说唱文学为主的民间宝卷不同的，宗教宝卷大都吸收了佛、道的教义并杂糅民间信仰而编写，其中包含着民间话语机制的深层道理和民间宗教教义。中国民间教派的第一位创始者是明朝罗梦鸿(又称罗清、罗祖)(1442—1527)，他创立了无为教(罗教)，并编写了《五部六册》宝卷为其教派经典。以集创世主、人类祖先、救世主于一身“无生老母”为主要信仰对象，以“无生老母，真空家乡”的八字真言为主要教义，反映着明代社会思潮中的“三教融合”的思想。民间宗教宝卷将佛教、道教、民间信仰神话中的神祇吸纳，构建了混杂的神仙体系，还从摩尼教、祆教中吸取了部分宗教仪式。大部分民间宗教认为“教虽不同，其理则一”，通过整合多种宗教信仰的方式，民间宗教吸收了大量来自不同阶层、不同信仰群体的教众，从而扩大自己的宗教力量。

(一) 集权与反抗：民间宗教的兴起与传播

孔飞力[②]、韩书瑞[③]等学者发现，类似白莲教等民间宗教与政治场域皇权之间产生了激烈对抗。孔飞力的《叫魂》中所描述的妖术大恐慌，旨在揭示中国帝制末期文化整合的社会环境中形成的内在联系的传播网络使民间宗教的力量以

---

① Joana Handin. Lu K'un's New Audience: The Influence Of Women's Literacy on Sixteenth-Century Thought. in Women in Chinese Soceity, eds. Margery Wolf and Roxane Witke (Stanford: Stanford University Press, 1975). pp.6 - 19.

② [美]孔飞力. 叫魂- 1768 年中国妖术大恐慌[M]. 陈兼，刘昶译，北京：生活・读书・新知三联书店，2012.

③ [美]韩书瑞. 千年末世之乱- 1813 年八卦教起义[M]. 陈仲丹译，南京：江苏人民出版社，2011.

及各种巫术、末世等谣言在帝国上层权贵与下层民众之间全面蔓延。民间宗教这种以吸收各种宗教神话和教义为其所用的义理，很快获得了各阶层文化的认同，形成了庞大的宗教共同体。农民、游民、市民、小手工业者、小商贩、矿工、船夫以及未能及第的乡间文人都被吸纳成为信徒。① 万历之后，民间教派的发展已经威胁到了社会稳定。"近日妖僧道流，聚众谈经……罗祖教、南无教、静空教……皆讳白莲之名，实演白莲之教。有一教名，便有一教主。愚夫愚妇，转相煽盛，宁怯于公赋，而乐于私会；宁薄于骨肉，而厚于伙党；宁骈首以死。而不敢违教主之令。此天下处处盛行，而畿辅为甚。"②到了清代中晚期，民间宗教宝卷因其将佛道的晦涩思想以符合俗世伦理的方式简单阐发，迎合民众的现实的心理需求，成为了煽动民众抗争情绪和传递起义信息的工具，并逐渐与各地农民起义结合，由此在1813年发生了由白莲教发展而来的八卦教攻入紫禁城的严重事件。因此以"无生老母"等至上神为信仰的民间教派在清朝中晚期，大都被统治者下令剿灭。道光帝在1839年，朝廷下令"饬查河南汲县境内无生老母庙宇，当有旨交桂良严密查办，按律惩办，本日据桂良将全案人犯审明具奏"。③ 在河南一省，拆毁了至少39个无生老母庙，直隶、山东、山西等省也查封了同样的庙宇。

（二）救世与创生：宗教宝卷中的"三教合一"思想

目前学界对于宗教宝卷中的西王母存在两种主流观点。第一种观念认为西王母是无生老母的原型。两汉之际的"末世说"经过一千年劫变观念的流传，发展到明代末叶，演化为系统的青阳期、红阳期、白阳期三劫应世说。宗教宝卷中的"无生老母"是两汉之际可以救世的"西王母"与佛道结合建构出来的。第二种观点则认为民间教派中有专门将西王母构建为彼岸世界最高主宰的教派，无生老母与西王母是分属不同教派的信仰全能神。笔者认为，在宗教宝卷中的"无生老母"和"西王母"在符号意涵上具有同一性，她们都是民间宗教人士在"三教合一"的社会主流思想下，受宋明理学家周敦颐和程憬等人提出的唯心主义本体论思想体系的影响，把理等同无极，将"天理"理解成为了横亘今古、贯通三界、造化万物的本源所创造的具有宇宙创生和救世女神。因此，"西王母"和"无生老母"的符号内涵都包含儒学伦理为本，融汇佛教空无观念和道家无极而太极，阴阳交感，涵万物为一

① 侯杰，范丽珠．中国民众宗教意识[M]．天津：天津人民出版社，1994：316.
② 明神宗实录[M]．卷533，台北："中研院"历史语言研究所影印本.
③ [清]赵之恒，大清十朝圣训清宣总圣训[M]．78卷，北京：北京燕山出版社，1998：8023.

的内容。同是彼岸世界最高主宰。[①] 也都表征人文情怀,具有“人性”内涵。

西大乘教在明正德年间将西王母塑造为宇宙创世神,并编写入宗教宝卷中。目前各地遗存的西王母宝卷主要有《护国威灵王母宝卷》《瑶池金母金丹忏》《王母消劫救世经》《玉皇王母救劫保生真经》等。西大乘教以明朝帝国中心皇姑寺为根据地,供奉着西王母、弥勒、观音、药师佛、阿弥陀佛、佛祖如来、二郎神、碧霞元君、龙王、土地、雷公、电母等佛教神仙。他们通过西王母蟠桃会,吕祖生忌日,四时八节等各种教派节日举办大型庙会,道场,吸纳香客,收受布施捐赠。通过以寺庙为中心的“同心巢”的传播的方式,西大乘教无需结成牢固教团组织,也不用建立血缘为纽带的世袭传教,只要按寺庙中使徒辈分传承,就可以流传不衰,不断壮大力量。宗教宝卷中对于历史中某种宗教或教派的出世,往往以神话传说为依据,杜撰出一连串的先辈祖师,显示其神灵力量的源远流长。在经卷中对于教派创立者,一般会以字谜形式,夹在其中,甚至扩展到叙事中。西大乘教《护国威灵西王母宝卷》就挪用了西王母助黄帝打败蚩尤的神话传说的记忆,将其与周始祖后稷的母亲帝喾元妃姜嫄联系到一起,“王母者,非凡人也,古之圣神也。天有三十三天,中有三天静居天即离恨天,天之最上之处。有一妙乐天尊,有玉女名曰金枝大仙,有堕落凡尘之思,投生郃基地皇之后,名曰姜媛。”[②]宝卷将“西王母”说成是天上金枝大仙,投胎成了后稷之母姜媛,暗示了是西大乘教传教始祖吕菩萨就是姜嫄,也就是西王母。[③] 西王母助黄帝大败蚩尤的神迹也就顺理成章成为吕菩萨的神迹。在本章第一节中,笔者论述到:两汉时期,谶纬神话将西王母与上古圣王神圣叙事嵌套,使得西王母的“神圣性”在两汉之际达到顶点。西王母辅助帝王成就救世伟业的叙事记忆在明清宗教宝卷中得以重现。宝卷作者将吕菩萨打造为教派创世始祖,赋予其西王母一样的神圣性。

《瑶池金母金丹忏》则以瑶池金母向慈航菩萨传道授法的故事来宣扬瑶池金母至上之尊的神圣。[④] “王母转上瑶池院,地藏回向黄庭宫。”“玉帝敕令行,诸神莫消停,其将王母谢,三教尽标名。”“西王母,化金光,腾空而去。命八仙,齐着力,各显神通。”这些叙事中夹杂着佛道神话,体现着“三教浑容”的宗教思想,旨在将共同体

---

① 马西沙. 韩秉方. 中国民间宗教史(下)[M]. 北京:社会科学出版社,2004:753.

② 马西沙. 中华珍本宝卷:第二辑第十六册[M]. 影印明折本. 北京:社会科学文献出版社,2014:515—516.

③ 陈泳超. 明清教派宝卷中神道叙事的情节模式与功能导向[J]. 西北民族研究. 2022(05):84—99.

④ 刘永红. 明清宗教宝卷中的西王母形象与信仰[J]. 青海社会科学,2011(05):206—210.

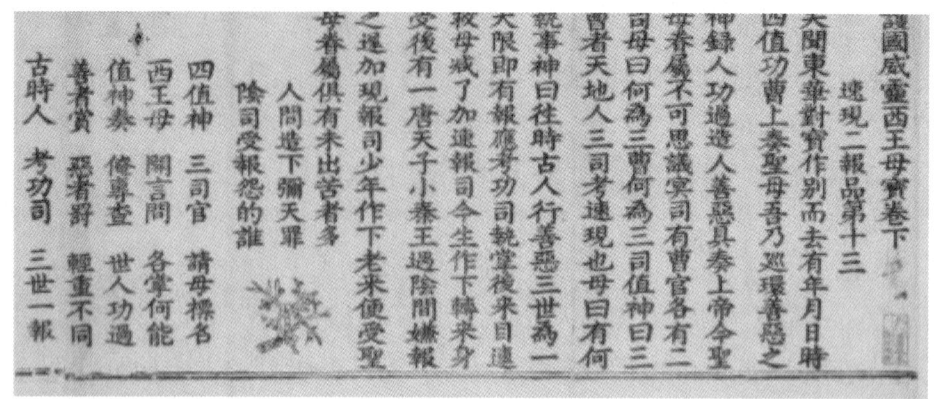

護國威靈西王母寶卷下
速現二報品第十三
天聞東華對寶作別而去有年月日時
西值功曹上奏聖母吾乃巡環善惡之
神錄人功過造人善惡具奏上帝今聖
母眷屬不可思議冥司有曹官各有二
司母曰何為三曹何為三司值神曰三
曹者天地人三司考速現也母曰有何
說事神曰往時古人行善惡三世為一
大限即有報應考功司執掌後來日速
較母滅了加速報司今生作下轉來身
受後有一唐天子小秦王遇陰間嫌報
之遲加現報司少年作下老來便受聖
母眷屬俱有未出苦者多
人間造下彌天罪
陰司受報怨的誰
四值神 三司官 請母標名
西王母 開言問 各掌何能
值神奏 條專查 世人功過
善者賞 惡者罰 輕重不同
古時人 考功司 三世一報

图 4.3 《护国威灵王母宝卷》清康熙十六年重刊本(1677 年)

成员记忆中的西王母这一神灵符号加以挪用构建教派的神圣性。在民间宗教宝卷中,西王母被改造成三教九流之祖,万民之母。并明确其是“宇宙创生”的化身。

二、逃逸与他塑:西王母“瑶池金母”记忆在周边地区和国家的形塑

民清时期以“无生老母”或“西王母”为主要信仰的民间教派主要以华北山东、直隶为传教中心,向周边区域渗透传播。很快传入了青海、甘肃、四川、广西、福建、新疆等较为偏远的地区。并在清朝统治者的对于民间教派打击之下,民间宗教信仰的具有“无极真空、宇宙创生”神格的西王母信仰向中国东南亚周边地区“逃逸式传播”。

(一) 东南亚地区的西王母“瑶池金母”记忆

1786 年,英国殖民者,开辟槟榔屿作为自由港,使得来自于不同语言、宗教、风俗国家的迁入者在此可以获得同等的政治经济权力。由此,大量华人前往马来半岛谋生经商和宗教避难。道光末年,传入福建的一支青莲教改名为先天教,延续青莲教传统,以“瑶池金母”(道教西王母的尊号之一)为主要信仰对象。逐步向东南亚地区逃逸。随着这些民间教派人士移居海外,1860 年,西王母“瑶池金母”信仰传播到了东南亚的北婆罗洲、马来亚半岛以及暹罗国。[①] 先天教开始以宝卷形式向南洋华人特别是妇女传教,以“瑶池金母无极天尊”为最初生育天地的最崇高母神的信仰神话,向民众传播修道的重要性,接引求导者应付“普度收圆”,重修功德圆满回瑶池报到。从而满足信众的终极关怀的需求。20 世纪

① 刘永红.明清宗教宝卷中的西王母形象与信仰[J].青海社会科学,2011(05):206—210.

90 年代，马来西亚重新出现西王母祭祀活动。

18 世纪末至 20 世纪初，越南知识分子用汉喃将中国佛道儒思想传播给越南人，由此开启了中国宗教与越南传统文化的融合。随着法国对越南南方的第二次殖民地开放战略，越南产生了一些本土宗教。1926 年越南西宁市成立的高台教，全称是“大道三期普度高台教”，很快成为了除了佛教和基督教之后的，在越南影响力最大的宗教。高台两个字来自道教思想：高台是高台先翁的启示，老子《道德经》中写道：“众人熙熙，如享太牢，如春登台。”①高台教认为高台是神灵居住的宫殿，宇宙心脏和世间万物主宰。② 1975 年越南独立以来，高台教成为越南第一大本土宗教，规模不断扩大，信徒不断增加，2004 年 12 月越南政府宗教局统计：越南南方高台教信徒人数大概两百五十六万以上。高台教教义中融入了佛教、儒教、道教、基督教等教义，经书、戒律乃至建筑样式。“瑶池金母”是高台教仰中的主要神灵之一。越南人也称瑶池金母（The Golden Mother of the Jade Lake）还称其为“无极大慈尊”“佛母”“无极慈尊”“大慈尊”“无极”等。

（二）台湾地区西王母信仰记忆

中国台湾最早的有关西王母的记忆可以追溯到 1947 年。据《瑶命皈盘》记载，民国三十七年（1948）年六月十三日，西王母降临台湾花莲吉安乡。由此，台湾莲花乡成为台湾地区“瑶池金母”信仰之“发祥的圣地”③。1945 年后，宽松的宗教环境使其成为宗教信仰、民间教团和新兴宗教的“温床”。台湾地区西王母信仰来自于前文所述的民间信仰中的“王母娘娘”一脉和民间宗教“瑶池金母”一派，兴起于台湾地区的花莲和宜兰两地，主要包括以“王母娘娘”为主祀的“圣安宫”系统和以“瑶池金母”为主祀的“慈惠堂系统”。圣安宫与慈惠堂以及台湾道教会长张恩溥都称台湾王母信仰为道教丹鼎道“瑶池派”。台湾地区以“瑶池金母”信仰为中心的民间教团，具有潜力与发展力，已经取代原有道教、佛教的宗教与功能，成为民间新兴的宗教力量，影响社会民生甚巨。目前台湾地区西王母信仰以花莲慈惠堂为中心，形成松散的传播网络和若干“次中心”，在海外及祖国大陆形成周边传播趋势。目前大陆地区有晋江湖格慈惠堂、官桥南安慈惠堂、厦门清净慈惠堂、海沧般若慈惠堂、苏州慈惠堂、东北御北慈惠堂等。台湾慈惠堂西王母信仰以总堂-分堂方式传播，每一个分堂还可以继续分化。延续中国传统社

① 詹石窗. 道德经通解[M]. 北京：宗教文化出版社，2014：34.

② 孙亦平. 东亚道教研究[M]. 北京：人民出版社，2014：584.

③ 郑志明. 台湾的宗教与秘密教派[M]. 台北：台原出版社，1990：287.

会群体宗教传播的主要方式，慈惠堂不需有强有力的领导，没有教主，也没有教团强有力的宗教组织和庞大的经典教义，总堂与分堂，分堂彼此之间既没有纵向的归属关系，横向交流与联系也不是很重要。民众靠非组织的信仰力量的凝聚认同，每一个分堂都是独立的组织和单位，皈依的对象是瑶池金母，直接与母娘形成信仰共同体，每个堂中堂主对于其他信众也没有管理被管理的关系。契子建立分堂是自发性的。在1968—1978年间，出现了近千座分堂，民间神庙和村落祭祀圈结合，显灵的宗教活动，满足民众具体的生存需求带有浓厚的世俗性质，具有民间功利色彩，神圣的宗教体验来维持现实生活的世俗运作。

无论“西王母”在海峡两岸以及东南亚地区如何被称呼，其不变的始终是象征中华民族血脉相承“华夏之母”。也是中华民族儒释道思想精华的汇集。是连接着海峡两岸和东南亚华人的血脉之亲、同根同祖的文化认同的重要文化力量。1989年开始台湾地区慈惠堂堂主郭叶子等带领约240人开启了大陆寻根，随后圣安宫和慈惠堂西王母信仰者踏遍祖国大地，在山东泰安、甘肃泾川、新疆阜康等地捐资恢复各地道教王母宫。留下了两岸文化相亲的印证。

一九八九年八月八日，台湾中华道教总会一行十五人，在副秘书长张梓先生、顾问平国康、龚群先生的率领下，参访了北京白云观。台湾道友依次参拜殿堂，拈香礼拜。随后与中国道教协会负责人及白云观执事座谈。中国道协秘书长李文成会见了他们。李文成秘书长首先对台湾道教界同仁来访表示热烈的欢迎。他说：“四十年来，海峡两岸道教界曾一度失去联系，但我们同是炎黄子孙，太上老君的弟子，都是一心为道的。人民政府实行信仰自由的政策，各宗教只要不违反宪法，开展正常的宗教活动，都会受到法律的保护。”接着他又说：“前一段时间，首都发生了学潮、动乱和暴乱，如今秩序已得到完全恢复。这次大家来北京亲眼看一看，就会更加清楚。大陆绝不允许资产阶级自由化泛滥，道教界也不愿意‘文化大革命’的灾难重演，只有安定的社会局面，道教事业才有希望。”张梓先生也发表了讲话。他说：“不管发生什么情况，台湾与大陆道教之间的往来不应该割断，因为我们的祖师是一个。中国人只有信奉道教，只有‘清静无为’才能得到幸福。我赞同李文成秘书长的观点，不愿意中国的土地上变成西方文化的殖民地。”台湾道教总会向白云观上了香资，白云观也向台湾道教总会赠送了“三清”画像及道教书籍。

（中国道协联络处）

台湾花莲胜安宫进香团朝拜泰山王母池道观

四月二十日，台湾花莲胜安宫进香团一行二十四人，在吴缔贵副主任委员率领下，前来泰山王母池道观进香朝拜，受到了道观住持和道众的热烈欢迎。他们先后朝拜了王母娘娘及观内的诸位神仙，并与王母池的道众进行了亲切的交谈。吴缔贵副主任一行还向王母池道观赠送了无极双龙八卦雕塑一尊，捐了香资。王母池住持郑理祥道长向进香团回赠了瑶池宝光匾额，并向各位团员赠送了泰山的纪念品。

（刑俊仁）

图4.4　台湾地区西王母进香团朝拜泰山王母池道观资料①

① 刑俊仁.台湾花莲胜安宫进香团朝拜泰山王母池道观[J].中国道教，1989(04):7.

本章小结

本章通过诺曼·费拉克拉夫提出话语分析的文本向度、话语实践向度和社会实践向度，对西汉时期、唐代时期、和明清时期储存于文字媒介中的文本进行分析后有以下两点发现：

第一，文化主体的社会实践行动逻辑，不仅受到场域惯习的影响。也受制于在社会空间中周边场域以及场域行动者的影响。中国古代社会的不同历史时期，社会空间分化程度的差异，使得政治、文学、宗教场域周边处于深嵌、纽结和离散的不同状态。虽然三个场域之间的行动者场域周边状态各有不同，但或多或少都会彼此影响。社会主流意识形态的中心话语权力和运行于社会关系中的微观权力以及政治场域中心枢纽的皇权，都影响文化主体的编码逻辑，从而影响西王母符号意涵建构。在汉代“大一统”和充满神学色彩的“阴阳五行”等意识形态话语建构下，“西王母”这一上古神话符号被儒生和方士们反复挪用、编码、重塑，成为了服务王权统治和社会秩序的符号资源。由此在两汉之际，“西王母”被塑造为具有政治和宗教双重神圣性的符号意涵。魏晋持续至唐代追求“超越性”和“自然性”的本质主义社会思潮下，神话符号大量运用于魏晋至唐五代文学中。诗人们在“国家中心主义”和“本质主义”社会二元话语下，在入仕和归隐中徘徊，在“兼济天下”和“独善其身”中矛盾，他们时而靠近政治场域，时而接近宗教场域。“西王母”在此时，也被塑造为既可成就人间秩序，又可表达诗人超越性追求的“仙性”意涵。明清时期，身处政治场域中心的帝王不断加强中央集权和思想控制，不允许超越于世俗皇权统治之上的神性话语存在，打压佛道两教，推行儒、释、道“三教合一”，极力发挥宗教教化的工具理性价值。在“三教合一”的社会思潮和话语建构下，西王母进入到“三教浑融”的民间信仰以及民间信仰所表征的通俗文学中，被形塑为代表儒家伦理思想和等级秩序体系的“王母娘娘”，充满着“人性”与“母性”。而在民间宗教经卷中，则变成了“宇宙创生”的化身，充满慈悲关怀的“瑶池金母”。由于民间宗教教派发展壮大威胁了统治阶级的政权稳固，受到来自政治场域权力的打压，只有向远离权力中心地区逃逸，也由此，民间宗教中的西王母信仰传播到了东南亚地区，在当代仍然深植于东南亚华人社区中。

第二，文学、政治、宗教场域内部的竞争和位置的变化，同样影响着文化实践主体的行动逻辑和编码逻辑，从而影响西王母的叙事文本与符号意涵演化。比如，两汉之际，统治者试图重建一套注解“天命”的符号系统，在社会主流意识形态话语从“圣王”向“王圣”转化的历史节点，文学、政治、宗教场域你中有我、我中有你，“方士化”的儒生和“儒生化”的方士进入了文学场域和政治场域的中心。谶纬替代了经学成为文学场域的中心文类，使得西王母符号进入谶纬神话叙事中，被赋予了政治与宗教的双重神圣性。唐代，由于统治者推行诗赋取士，诗歌在文学场域的位置趋向文类中心。唐代著名的诗人基本都是政治场域和文学场域“跨界”行动者，有些还涉足宗教场域。从宗教场域内部来看，上清派道教通过符号资本与帝王的政治资本置换，进入了宗教场域的中心位置，上清派道教在唐代成为了上至皇室，下至平民普遍的信仰。也因此，诗歌，尤其是反映仙道思想的游仙诗体成为了西王母符号所搭载的重要文类。甚至传播到了中国周边国家朝鲜，在朝鲜李朝时期复归。明清时期，从文学场域内部来看，随着文化权力重心下移，文学场域内部分化为代表上层儒家精英文化，占据文学场域中心的古典文学和代表大众文化，处于文学场域边缘的通俗文学。“西王母”符号在这一时期，在当时文学场域的边缘文类小说、戏曲、民间宝卷中被编码，成为了可以被消费的、隐喻帝国秩序和充满母性力量的符号。从宗教场域内部来看，明清时期，道教受到统治者的打压，不再占据宗教场域的中心地位，而民间宗教却在明代悄然兴起。西王母在民间教派经卷中被塑造为悲天悯人，充满人文关怀精神的“宇宙创生”化身的瑶池金母。

第五章

储存与再现：西王母记忆在“媒介周边”传播中的形塑

笔者在第二章论述了具有社会网络拓扑属性的“空间”媒介是如何链接不同的权力关系，从而形塑了不同历史时期的西王母记忆。在这一章中，研究将转向“西王母”记忆储存的“媒介空间”。如果将神话记忆的历史嬗变完全归结于媒介的变革，无疑是陷入媒介决定论或者媒介中心主义的窠臼。而如果仅仅从社会史、思想史、观念史、文学史的变迁来阐释神话记忆的嬗变，全然不顾媒介变革的作用，忽视符号在不同媒介中编码的差异、媒介变革所导致的文化权力的更替以及媒介与社会空间划分之间的关系。那么无疑又会陷入另一分析盲区。

自从芝加哥学派库利与米德等人将传播学理解为符号的互动和意义的彼此解释，媒介范畴也就超出了大众传播所定义的报纸、广播、电视、电影等大众媒介的界限，扩展为语言、物质乃至人的身体等人类可与之互动交流的方方面面，媒介成为了可以实现原子化的个体之间以及个体与社会间彼此适应的重要链接。媒介环境学派代表人物英尼斯将媒介理解为人类文明发展的重要力量，并提出了媒介偏倚理论，将人类历史中出现的媒介划分为时间偏倚型媒介和空间偏倚型媒介①。同为媒介环境学派代表人物的麦克卢汉将“媒介”的意涵扩展至“人的延伸”。他认为媒介在符号意义上的“能指”是一切可以将人的身体感官投射到外部经验世界的用具②，比如：语言、文字、图像等表意媒介，或称“符号媒介”，以及服装、建筑、货币、时钟等，音声、烽火、石刻、甲骨、竹简等“物质媒介”。法国学者德布雷的媒介观更加强调媒介的实践维度和历史维度，以及如何在文化或象征中传递(Transmission)的维度来理解媒介。他所提出的“媒介域”③认为，媒

① [加]哈罗德・英尼斯. 传播的偏向[M]. 何道宽译，北京：中国传媒大学出版社，2015：27—51.
② [加]马歇尔・麦克卢汉. 理解媒介：论人的延伸[M]. 南京：译林出版社，2019：103—422.
③ [法]雷吉斯・德布雷. 普通媒介学教程[M]. 陈卫星，王杨译，北京：清华大学出版社：2014：261—287.

介无法孤立于文化、历史、社会而单独存在，对于媒介的研究需要探寻主体与客体、精神与物质、过去和未来、技术与文化、个体与组织等行动场域的关系。媒介指向的不仅是技术结构，也影响我们的感知与记忆方式，不同媒介具有不同的操作特征、书写逻辑和意义呈现方式。从而缔造不同的“媒介感知”。

本章将主要研究以下三个问题：第一，考察“西王母”这一神话符号是如何在“媒介空间”中的“媒介周边”存储与再现，从而实现了西王母新旧文本的“接合”和符号意涵的创新与记忆的“多元叠加”，成为了中华民族神象征符号系统中的重要组成部分。第二，本章将以西王母为考察中心探索中国古代媒介技术变革与文化权力的互动关系，以及不同文化是如何在媒介周边对冲与让渡，从而在媒介空间中实现了西王母记忆与权力关系的互构。第三，本章将以搭载“西王母”符号以及其他神话符号的物质媒介“铜镜”进行媒介考古研究，探索物质媒介在周边国家的传播所实现的跨国神话记忆共享。

5.1 符号与文本：西王母记忆在“符号媒介”周边书写

在现代符号学中，文本可以被定义为：“任何可以被解释的，文化上有意义的符号组合。”[①]西王母文字符号组成的文本主要分布在传世经典、道教经卷、魏晋南北朝神仙志怪小说、唐宋诗词、明清神话小说中，这些文字文本的集合构成了西王母的书写文化记忆。西王母图像符号组成的图像文本则包括两汉的汉墓葬石砖和铜镜中的西王母图像、南北朝和隋朝敦煌石窟艺术中的西王母图像，道教图像艺术中的西王母图形等，它们的集合则构成了西王母图像文化记忆。而历史上由语言符号所编码的西王母口语文本则大都散佚。目前存世的仅剩下一些杂剧、戏曲的名录和民间宝卷和宗教宝卷中的零星记录以及一些流传于民间传说、活态仪式等。它们构成了西王母的口语文化记忆。这三种符号媒介在记忆储存功能上彼此互补、融合同构，塑造了灿烂多彩的西王母文化系统。

5.1.1 破圈与融合：西王母记忆在大传统与小传统周边同构

美国人类学家罗伯特·雷德菲尔德在《乡村社会与文化：一位人类学家对文

① 胡易容，赵毅衡. 符号学—传播学词典[M]. 南京：南京大学出版社，2012：206.

明之研究》将欧洲文化用“大传统”和“小传统”进行了二元对立的分野划定。“大传统”代表国家与权力,由城镇知识阶级掌握的书写文化传统,也被称为“精英文化”。“小传统”则是由乡民通过口传方式传承的文化,或称之为“通俗文化”。雷德菲尔德试图借此分析工具对于社会空间的文化形态进行划分,来说明欧洲社会中并存的两者完全不同的传统。① 然而,笔者认为这种二元对立的文化分析框架却并不适用于中国古代文化的生产实践分析。中国古代文化自秦汉以来,就是以儒家思想为中心价值观“纵向团结的文化”。② 知识分子和士族阶层一直都是连接统治者与下层平民的纽带。他们上承天道,下征民心,桥补书写文化与口语文化之间“文化沟”与不同阶层文化审美趣味的“区隔”。整合着国家的文化力量。学者弗里德曼(Maurice Freedman)认为:中国的农民文化与士人文化不是两种不同的东西,而是彼此的另一版本,精英分子与农民大众不断交换的观念和各种习俗得以成长。③ 因此,在中国古代文化中,代表精英文化的“书写文化”和代表通俗文化的“口语文化”之间并非彼此“区隔”的文化。中华民族的神话记忆也正是在以文字符号为中心的书写文化和以语言符号为中心的口语文化周边传播中互动同构。实现了神话记忆在社会各个阶层的传承发展,成为了凝聚共同体成员的文化认同的重要力量。

一、口语“元叙事”打破:书写文化中西王母口语记忆重构

中国神话学家茅盾在《神话研究》中阐述了神话在口语传播时代的记忆储存过程:“神话的最初的传布,必全恃口诵,而祭神的巫祝,鬻歌为业的瞽者以及私家的乐工,是最初神话的保护者,传播方式是取当时流行的口头神话,编为歌曲,用以为祭神时颂扬神的功德。飨宴时成礼侑觞,吉凶礼时表白祷祝与哀思,个人或群众集会时歌以娱乐,这个状态之下,神话就流传了千余年。”④远古神话是原始部落中神的“谕旨”,是部落的“元叙事”,发挥着凝聚部落共同体认同的功能,依托巫觋和口传诗人的传诵和共同体参与的仪式在“仪式一致性”的记忆术中传承。《山海经》中“豹尾虎齿而善啸,蓬发戴胜,是司天之厉及五残。”的西王母形

---

① 叶舒宪. 探寻中国文化的大传统——四重证据法与人文创新[J]. 社会科学家,2011(11):8—14.

② [德]扬·阿斯曼. 文化记忆:早期高级文化中的文字、回忆与政治身份[M]. 金寿福,黄晓晨译,北京:北京大学出版社,2015:215.

③ Maurice Freedman. On the Sociology Study of Chinese Religion. inidem, The Study of Chinese Society: Essays by Maurice Freedman, Stanford: Stanford University Press, 1979, pp. 351 - 369.

④ 茅盾. 神话研究[M]. 天津:百花文艺出版社,1997:8.

象显然是远古时期中的人类原始思维的表征。上古时期的神话是原始信仰的叙事。因此只有仪式的执行者巫觋才具有神话的文本编码权力。他们是神话唯一的创作者和传播者，在部落社会中具有神赋予的能力，是神在人间的代言，传达神谕，依据神话思维与规则制定现实世界的规则，“成为公共舆论和公共判断的创造者”。[①] 他们穿梭于神圣与世俗世界，也常与统治者结合为现实的同谋关系。所谓：“君无臣兮，无言可听；臣无君兮，无诗可吟。”[②]在此时期的神话记忆还存储于岩画、墓葬品（陶器、青铜器）龟甲、岩壁、青铜器等“时间偏倚”的物质媒介中。因此在口语传播时代，神话的传播容易滞留一地，传播范围也主要以人际、部落传播的小周边、近周边传播为主。依赖于“肉身”储存的神话在从一个族群传递到另一个族群或是世代相传时，难免会丢失一些记忆。也会被添加进新的记忆。导致神话在累世传诵中只会遗留一鳞半爪，最终变得不可理解的隐喻。也因此先秦时期文献记录的一些中国神话文本之间充满着情节矛盾。

当文字产生之后，神话便从“仪式一致性”的依赖肉身记忆的传承转变为主要依靠“文本一致性”传承的书写记忆。文字将神话带入陌生人世界，神话在文字媒介中开始拥有了理性的内核，逐步摆脱了“元叙事”中的原始思维。文字的诞生打破了巫觋对于神话符号编码的垄断，巫觋接受神的谕旨并传递给部落成员的权力被剥夺。战国之后，汉字书写系统逐渐建立，文字符号从专供王与祖先神灵之间传递信息的媒介的甲骨铭文，演变为可被不同社会群体编码的文本话语。原本在民间口传文本中建构的神话符号在诸子经典中被重新编码后形成新的文本。实现了口语文化与书写文化的互动。具有原始女神符号意涵的西王母在《穆天子传》中成为可以和周穆王瑶池宴饮和歌，在《庄子》中则拥有了“莫知莫始，莫知莫终”的“长生女神”神格。在第三章中，笔者已经详细论述了西王母文本从先秦至两汉时期的嬗变，在此就不赘述了。总之，文字即兴之后，神话中的不合理因素与原始狂野的面目经过文人、史学家的参与性书写和加工而被剥落，上古神话被披上了绮丽的外衣乃至被“历史化”。麦克卢汉认为书写文化的出现可以看作是任何社会结构中最根本的爆炸。书写媒介对于社会结构的扭转与颠覆作用体现在传播从依赖个人记忆转化为“凝聚性”集体记忆的保证，使得记忆

---

① Bloomfield, M. W. &C. W. The Role of the Poet in Early Societies, Cambridge: D. S. Brewer, 1989, p. 7.

② 张光直. 中国青铜时代[M]. 北京：生活・读书・新知三联书店，1999：278.

可以突破具身传播的时空局限,将信息内容与传播主体分离,使即时的信息演变为绵延的记忆。由此,神话记忆如何书写只能由掌握文化权力的“编码者”依据现实社会思想的理性逻辑来决定。他们将上古神话叙事转变为社会建构的逻各斯(Logos)和维持社会秩序与封建皇权正统的“话语”。因此,先秦至两汉时期西王母神话传说的复杂多变的原因之一,是由于掌握了书写能力和文化权力的上层精英,将西王母符号挪用,为不同的现实目的,构建自己的“言说”所造成的必然结果。

二、知识垄断的打破:通俗文化中的西王母口语与文字记忆融合

“书写本身会造成社会隔阂,文字形成了一个相对独立的文字世界,造成识字者与文盲间的难以逾越的鸿沟……构成一种等级性极强的线性社会权力链。”[①]中国宋代之后,印刷技术就在不断迭代升级。印刷技术的出现打破了知识垄断,信息传播实现了规模化的扩展,从而造成了中国社会文化的变革。西王母记忆在通俗文化中实现了在书写文化和口语文化中的再一次整合。明代以后的印刷技术有了四项巨大进步:第一是套色印刷术的发明,因此大量的多色插图、地图和课本得以出版。第二是改进并增加使用木版画。第三是铜活字的使用。第四是对以前的版本进行木板拓印。因此,到了明代,中国刻书业的成本比欧洲地区更低。官府、私家、机构和刻坊都从事刻书,同此前相比,晚明和清代不仅在刻印物数量增加,而且文人、机构和刻坊的刻印活动业更加频繁。机械手段和印刷术把文字锁定在空间里,产生了内容和文本形式上结构更加紧密的章回体小说。随着印刷技术的发展,西王母形象更加饱满、西王母的瑶池仙宴等故事情节更加生动。

刻书业的发展反映了社会的读写能力的增长,也使得书写文化空间的周边不断延展,即使那些目不识丁的人也生活在书写文化的氛围之中。三种蒙学识字书籍《三字经》《千字文》和《百家姓》在明清文化中深入人心。蒙学不仅传递着儒家传统的社会价值观念,也顺应明清之际不断增长的社会流动。据学者统计,除了享受法律特权的精英阶层以外,清朝至少有500万受过经典教育的男性平

① 陈力丹.试看传播媒介如何影响社会结构——从古登堡到“第五媒体”[J].国际新闻界,2004(06):33—35.

民，占19世纪初成年男子总人口的5%，18世纪初成年男子总数的10%，[①]此外，清朝士绅家庭的女性，很多也受过经典教育。不仅如此，社会上还有一群人，虽然没有受过经典教育，却也可以识文断字。因此明清时期可以进行文字书写或识字人群的范围比其他王朝时期大量扩展。原本被精英阶层垄断的文字编码权被打破。出现了一类受过经典教育，却不享受法律特权的“亚精英阶层”。

沃尔特·翁认为只有没有经过文字或印刷术浸染的文化才是原生口语文化，而依赖文字和印刷术，特别是现在的电视、广播、电视等看似是口语表达的媒体，本质依赖的是文字和印刷术，其文本组织，表达都遵循文字的抽象思维逻辑。只能被称为“次生口语文化”。[②] 这些受过教育的人，进行文本编织的时候，即使是口语表达，脑海里所浮现的依旧是一些文字语词。是一套书面表达的语言符号的输出。读书人的语言的感觉与语言被转化为视觉符号的结果是联系在一起的，因此，宋元时期西王母符号在曲子词、杂剧、戏曲、宝卷等内涵文字编码逻辑的“文本”的口语传播形式与原始初民的口语文化传统的性质截然不同。这些讲唱艺术其实是一种媒介融合的雏形。而他们的建构者，则是连通大传统的书写文化和小传统口语文化的“亚精英阶层”。他们将文字符号编码的文本改编成不识字的群体可以理解的口语形式，使其可以在更广阔的阶层中传播。又将在民间搜集到的各种的民间传说压缩成文字，写入书写系统。明清时期的小说，大多是小说家们在民间搜集整理的各种神话传说、奇闻轶事、稗官野史等基础之上而创作的。也正是因为有“亚精英阶层”的文化整合使得西王母记忆在宋元之后，逐渐凝固，在不同文体中的主题基本保持一致。

5.1.2 互释与互补：西王母记忆在图像与文字媒介周边呈现

除了语言、仪式和文字以外，图像是另一种重要的记忆储存媒介。尤其是在识字率不高的古代社会，图像可以将精英文化所生产的代表社会主流思想、逻辑抽象的文字文本通过视觉化、具象化的方式，将精英阶层“书写”建构的思想观念，通过民众“观看”的“转译”方式向更加广泛的阶层传播，实现了文化权力的实践、阐释和接受，确保“社会主流文化”发挥凝聚“纵向共同体”的功能。因此，图

① [美]罗友枝，黎安友，姜士彬. 中华帝国晚期的大众文化[M]. 赵世玲译，北京：北京师范大学出版社，2022：60.

② [美]沃尔特·翁. 口语文化与书面文化[M]. 北京：北京大学出版社，2008：9.

像一直是中国古代王朝统治者实现"政治教化"的重要传播媒介。图像同样也是早期人类社会中,重要的神话记忆存储媒介。神话思维本身就是一种形象思维,或者说是一种意象图示。通过意象图示的认知方式,原始人类构造了一个愈益增大的"观念世界",在不断扩展观念世界周边的同时,也不断扩展他们的认知周边。远古时期岩壁中充满神话符号的画像就是早期人类在形象世界中去领悟内在意义世界的媒介。同样,先民们所戴的各种"异兽面具"、躯体上所纹的模仿动物皮毛纹样的文身、和各种以图像展现的图腾符号,都是在图像媒介上呈现"观念世界"的形象化的反映。虽然目前图像媒介中的远古"西王母"的原始形象还未得以发现,然而我们仍然可以从《山海经》对于西王母的描述中,窥见人类原始思维的痕迹。随着文字的发明,抽象思维的发展,人类大脑中的意象图示演化成书写记忆中的神话传说。使得神话记忆在文字和图像之间互文同构。

目前人们所能"看到"的西王母图像记忆主要储存在汉代墓葬石、铜镜等汉代艺术、魏晋至隋的敦煌石窟艺术、宋元两代的永乐宫壁画中。其中以汉代墓葬石画像艺术和铜镜艺术最为辉煌,两种艺术中的西王母记忆表现了汉代人的信仰观念、生死观念、宗族观念等当时社会的主流思想观念,具有极强的社会史、观念史、思想史的史料价值。汉墓葬画像石艺术一般指西汉晚期至东汉末年的墓葬中石刻壁画、建造墓室的墓葬砖画像、石棺椁画像,以及地面上的石结构的祠堂,石阙等。地面祠堂和石阙中的图像,具有较强的政治思想宣教功能,在后人祭祀祖先的时候,图像叙事中的教化内容可以进入观者的"潜意识"层面,是具有"时间偏倚"的传播力的媒介。汉晋铜镜中的西王母记忆主要储存于西汉至魏晋时期的规矩镜、画像镜与神兽镜的背面纹样中。除了汉墓葬石与铜镜之外,汉墓葬中的西王母记忆还出现在四川和重庆等地出土的铜摇钱树、长江三峡地区发现的鎏金铜棺饰,以及朝鲜平壤附近东汉王盱墓出土的永平十二年(公元 69 年)的漆盘等艺术中。[①]

在下文中,笔者主要以汉墓葬画石中与汉晋铜镜中的西王母图像、南北朝至隋朝敦煌壁画中的西王母图像、宋元永乐宫壁画中的不同时期具有代表性的西王母图像进行图像学(Iconology)分析。图像学的研究方法是潘诺夫斯基所提出的一种对于图像进行阐释的分析方法,是深层次的图像志,与图像志停留于描述图像事实而忽略图像背后的文化阐释不同,图像学指向一种内在意义的联系,

① 迟文杰.西王母文化集成·图像资料卷[M].桂林:广西师范大学出版社,2009:序言 5,

认为图像的“内在意义”是一种“象征系统的呈现”。图像学是通过图像发现形成这种图像的民族精神的根源和心理特征，对于图像符号系统中的文化符号系统进行阐释。① 笔者将通过西王母图像文本和文字文本的对比研究，探寻西王母符号在文字与图像媒介周边储存中记忆“时空维度”互补和图文互释轨迹，同时观照西王母图像是如何表征不同历史时期社会文化心理“图式”。

一、西王母图文叙事的“时空维度”互补

西王母符号因在文字和图像媒介周边编码和传播，使西王母文字记忆与图像记忆同时在时光冲刷中存留。根据媒介的模态维度来看，文字因为阅读需要耗费时长，因此是具有时间模式（Mode）的媒介。以文字符号建构的文学文本是时间第一性、空间第二性。Joseph Kestner称小说中的媒介地理空间、事件行动空间，都属于“第二位幻觉”。② 比如西王母神话世界中的仙境空间玉山、昆仑山、龟山、瑶池等；《穆天子传》《汉武帝内传》中周穆王、汉武帝与西王母宴饮的事件行动空间等，都无法在文字中得以充分的呈现。与文字文本不同的是，图像符号所建构的文本则是空间第一性，时间第二性的。图像叙事可以弥补文字叙事中空间表现力较弱的问题。就传播效果而言，图像向“我们的感官呈现不容置疑的景象”。③ 如果文字叙事是一种身体“不在场”的符号行为，图像叙事则是一种身体“在场”的言说。梅洛-庞蒂认为：“身体是世界的一部分，图像符号是身体的延伸及其触摸世界的器官，担当了身体与世界的中介，与身体和世界密不可分，三者相拥共同在场。”④梅洛-庞蒂使用了“陷入”（S’enliser）概念形象地表达了视觉在图像构建的空间中运动的特点。中国有漫长的视觉图像的历史，人物画、山水画、花鸟画，都旨在建构天人合一、物我两忘的画意境界。无论对受众还是创作者，图像作为表征世界的相似性符号文本都以“陷入”的方式使对象如在眼前，身临其境。尤其是中国的山水画和园林艺术等更是构建了这种视觉移动空间的特点。北宋画家郭熙曾言山水画的“妙品”是可行、可望、可居、可游者。

下文中笔者将论述，西王母符号是如何通过图像和文字媒介周边传播，使文

---

① 朱存明.汉画像研究的图像学方法[A]//中国汉画学会.中国汉画学会第十届年会论文集[C].湖北人民出版社，2006：9.

② Joseph Kestner. Secondary illusion: The novel and the spatial art. Spatial Form in Narrative. Eds. Jeffrey. R. Smitten and Ann Daghistany. Ithaca: Cornell University Press. 1981.

③ [法]梅洛-庞蒂.符号[M].姜志辉译，北京：商务印书馆，2003：50—68.

④ [法]梅洛-庞蒂.可见的与不可见的[M].罗国祥译，北京：商务印书馆，2008：75—99.

字媒介中所描述的西王母所居住的昆仑、瑶池仙宫等媒介地理空间以及西王母度人升天的事件行动时空叙事如何在图像中得以“视觉化”“直观化”呈现。

（一）西王母仙境的“空间性”再现

汉代墓葬艺术的繁荣，源自弥漫于两汉的神仙信仰以及两汉厚葬之风。汉代人认为若想实现不朽有两种途径：此世不朽和彼世不朽。此世不朽需要通过修炼法术或者服食丹药，尽可能延长生命的时间维度。虽然这种不朽是上至帝王，下至百姓都期待实现的目标。然而实际却非人力可以达成。因此，人们只能寄托“彼世不朽”，希望死亡只是升仙的“过渡”。[①] 说文解字说：“仚，人在山上皃，从人山”。[②] 可见仙与山密不可分。汉代人认为仙出现的地方有两处：一是东方蓬莱，二是西方昆仑。汉代墓葬画像中的仙界以昆仑为主。人们希望死后在神仙灵异如凤凰、羽人、龙、麒麟、蟾蜍、三足乌等导引和庇护下，奔赴昆仑玄圃。在西王母的接引下，最终飞升天庭，实现彼世不朽。《庄子》第一篇写道：“藐姑射之山，有神人居焉，肌若冰雪，绰约若处子。不食五谷，吸风饮露，乘云气，御飞龙，而游乎四海之外。”[③]描写的就是“仙”在彼世性的生活状态。如前文所述，由于西汉后期西王母崇拜日益兴盛，“西王母”成为了汉代墓葬表征“汉代人有关死亡和来世的基本信仰”的最重要的符号[④]，在墓葬画像系统中表征着宇宙循环和生命的力量。西王母在汉代墓葬画像石中常与昆仑山描绘在一起。共同建构昆仑仙境的空间，以及死后之人升仙的过程。其图像想象和绘制的“模板”则来自于文字符号编码的《山海经》《淮南子》《神异经》等先秦至两汉年间的西王母神话传说。

在沛县栖山石椁墓画像中（图5.1）西王母坐于昆仑玄圃之上，图中的柱状物，则是连接天地的根纽“天柱”，西王母坐在“上狭上广”的昆仑山上，四周围绕着捣药仙兔、蟾蜍、羽人、三足乌、仙马等祥瑞异兽。整个图像的空间想象来自于成书于西汉初年的《淮南子》：“昆仑之丘，或上倍之，是谓凉风之山，登之而不死。或上倍之，是谓玄圃，登之乃灵，能使风雨。或上倍之，登之乃神，是谓太帝之居。”[⑤]和西汉末年的《神异经》中对于昆仑的描述：“昆仑之山有铜柱

---

① ［美］余英时. 东汉生死观［M］. 侯旭东等译，上海：上海古籍出版社，2005：124.

② ［汉］许慎. 说文解字注［M］. 段玉裁译，南京：凤凰出版社，2015：383.

③ ［宋］吕惠卿. 庄子义集校［M］. 逍遥游第一. 汤君集校，北京：中华书局，2009：9.

④ Michael Loewe, Ways to Paradise: The Chinese Quest for Immortality, London: George Allen &Unwin, 1979.

⑤ ［汉］刘安. 淮南鸿烈集解［M］. 刘文典撰. 北京：中华书局，2006：135.

焉，其高入天，所谓天柱也”[1]以及《十州记》记载的“昆仑号曰昆陵……方广万里，形似偃盆，上狭上广，故名曰昆仑。……西王母之所治也。……此乃天地之根纽，万度之綱柄矣。是以太上名山，鼎于五方，镇地理也。号天柱于珉城，像綱辅也”。[2]

图 5.1　徐州汉画像石研究会藏石椁墓西王母画像[3]

在这幅图像中，“方广万里”“状如偃盆”的昆仑山在群山之中高高耸立，山顶的平台为昆仑第二层玄圃，仙山下面的树是宇宙树的“建木”，也称为扶桑、珠树、扶木、若木等，是西王母和昆仑神话中最重要的神树。《淮南子・地形训》曰：“建木在都广，众帝所自上下。日中无景，呼而无响，盖天地之中也。”[4]建木神树被想象为人间登往昆仑山的天梯。

魏晋后的道教经卷中，增添了更为详细的对于西王母所居瑶池、龟山和昆仑玄圃的描写。唐五代杜光庭《墉城集仙录》中就详细描写了西王母仙境空间：西王母“所居宫阙在龟山之春山昆仑玄圃板风之苑，有金城千重、玉楼十二，琼华之阙，光碧之堂，九层玄台、紫翠丹房，左带瑶池、右环翠水。其山之下，弱水九重，洪涛万丈，非飚车羽轮不可到也。所谓玉阙坚天，绿台承霄。青琳之宇，朱紫之房。连琳彩帐，明月四朗，戴华胜，佩灵章。左侍仙女，右侍羽童。宝盖踏映，羽

① [清]陈梦雷. 古今图书集成・神异经[M]. 卷 222《神仙部》. 北京：中华书局，1985：21.
② [汉]刘安. 淮南鸿烈集解[M]. 刘文典撰. 北京：中华书局，2006：136.
③ 武利华. 徐州汉画像石通论[M]. 北京：文化艺术出版社，2017：268.
④ [汉]东方朔. 十洲记[M]. 上海：上海古籍出版社，1990：9.

筛荫庭。轩砌之下,殖以白环之树,丹刚之林,空青万条,瑶干千寻。无风而神籁自韵琅然,皆奏八会之音也”。[①] 下图(图 5.2)就具象化展现了文字中所描绘的西王母所居的仙境空间。

图 5.2　18—19 世纪韩国丝帛画作“西王母瑶池宴饮”

(二) 升仙过程“时间周边”的空间呈现

图像的时间性存在于它在物质媒介中的空间排列序列中,却也容易被图像“空间第一性”的媒介模态所遮蔽。西王母在汉代画像石中也经常与其他神话符号:比如伏羲、女娲以及儒家圣王等在同一墓葬或祠堂墙壁中同时出现,形成多格构图形式以及多层构图形式。他们虽然是彼此独立的图像神话叙事,然而,当他们组合在一起时,则构成了独特的汉代墓葬主人“升仙时空叙事”的图像系统。这一升仙事件过程的时间维度是在图像空间排列组合构成的空间关联逻辑中产生的。这种关联存在于历史文化语境凝聚的文化符号在共同体成员中的认知框架中。山东嘉祥武梁祠西壁与东壁各自具有完整的叙事结构,同时也是“一体两翼”的对称结构而构成的整体叙事。西壁图象中(图 5.3),上部为锐顶状,从上到下分为五层,西王母图像在锐顶部分,象征天界,两侧有羽人、玉兔、蟾蜍、人首鸟身为侍者,第二层由右到左绘有伏羲、女娲、祝诵、神农、黄帝、颛顼、帝喾、帝

① 赵道一. 道藏·墉城集仙录[M]. [唐]杜光庭. 卷一,9—10.

尧、帝舜、夏禹、夏桀等儒家圣王三皇五帝。第三层、第四层则是如曾母投杼、闵子谦御车失棰、荆轲刺秦等历史故事。最后一层则是车马出行。① 图像系统的空间层级组合不仅表征着儒家的等级秩序,也展现了人亡故后乘坐车马从人间向天界世界靠近的构图意义。

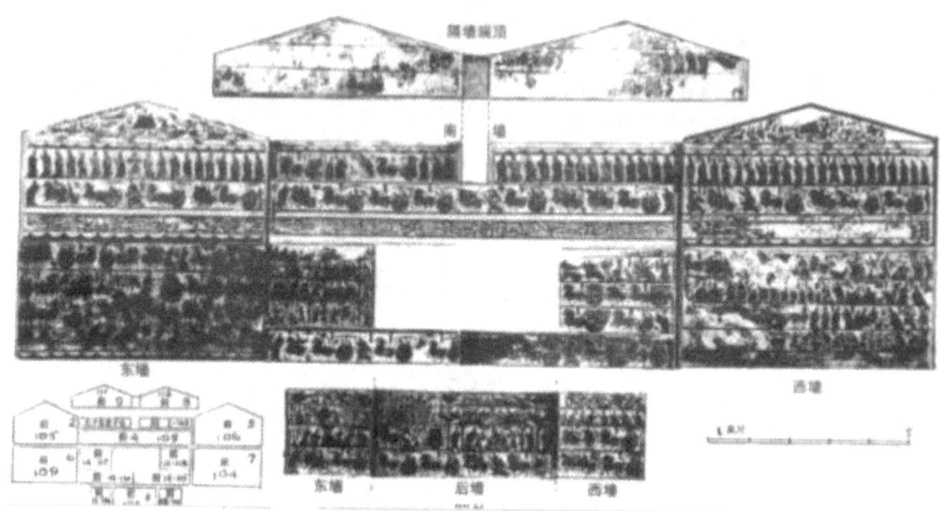

图 5.3　武梁祠西侧墙壁画像复原图②

山东邹城市卧虎山石棺椁画像有南侧板和北侧板两组画像:每一组画像分为三格:南侧板(见图 5.4)左格为杂技画面。中格分上下两层,上层为建鼓、鼓舞、二人吹箫、宴饮;下层为车马出行。右格同样分为上下两层,上层描绘了西王母及其侍者,下层为九尾狐、三足鸟、玉兔捣药、凤凰等西王母图像之中的常见形象。从左到右构成的图像空间系统中,展现了墓主人从“过去时”的人间享受娱乐活动、歌舞演饮的世俗美好生活,到逝去后“现在时”由车马接引,目标是升入至“未来时”中有西王母和其他祥瑞异兽所在的天界。整组画像围绕着墓主人“仙逝”这一叙事中心的时间周边的“过程性”叙事,展现的是墓葬主人从现世的美满生活到彼岸世界的不朽永生。

① 李立.汉画像的叙述-汉画像的图像叙事学研究[M].北京:中国社会科学出版社,2016:89.

② 巫鸿.武梁祠:中国古代画像艺术的想象性[M].柳杨,岑河译.北京:生活·读书·新知三联书店,2015.23.

图 5.4 山东邹城市卧虎山石棺椁南侧版内侧画像①

二、西王母“符号意涵”的图文互释

20 世纪中叶以来,“图说”成为了高频使用的热词,胡塞尔的现象学等现代哲学对意义阐释的方法的推崇,将图像中主题意识中的“图式经验化和图像化,将不可见的主题意识层面的“心象”转化为图像符号表征。“图式(Schema)是组织、描述和解释经验的概念和命题网络,是人类把握实在的唯一方式。”②人对世界的理解,首先会形成“图式”的心理模式,再通过语言、文字、图像等符号表征,最终成为人类文化中的认知框架。文字符号和图像符号在表征“图式”的效果上存在较大的差异性。中国古人认为:图像有明道理和升境界的功用。南齐谢赫(479—502)在《古画品录》序中提道:“图绘者,莫不明劝戒、著升沉、千载寂寥,披图可鉴。”③社会中的伦理观念、宗教思想等通过图像方式来传播,将深奥的文字中的教义教理、伦理规范通过具象、生动的故事内容传播,对受众有潜移默化的教化传播作用。西王母的心理图式来源于人类集体无意识中的“大母神”的原型。在社会话语秩序和主流社会思想观念决定的文字系统的编码中,在两汉《淮南子》《神异经》《十洲记》和谶纬神话中逐渐被建构为具有“不死”“祥瑞”“至阴”的符号意涵,再通过图像将隐藏于文字文本中被社会思想观念建构的“符号”意涵通过“视觉化呈现”将社会思想观念向更广泛的阶层传递,让思想和观念被视觉“感知”。从而实现教化的目的。

(一) 西王母“祥瑞”符号意涵的视觉化呈现

在汉朝“大一统”的政治体制下,稳定的文化体制也随之逐渐形成。汉朝的

① 李立.汉画像的叙述-汉画像的图像叙事学研究[M].北京:中国社会科学出版社,2016:82
② 江怡.康德的“图式”概念及其在当代英美哲学中的演变[J].哲学研究,2004(06):35—41.
③ [南齐]谢赫等.古画品录[M].上海:上海古籍出版社,1991:3.

统治者有意识地移风易俗，改变千里不同风和百里不同俗的情况。因此，西王母图像经过了从两汉之际的情节化，发展到东汉时期，已经高度程式化和符号化。表征的符号意涵和思想意图更加凝练清晰。在汉画像艺术中，西王母祥瑞符号意涵的视觉化表征常常是以西王母作为中心图像，辅之以其他祥瑞异兽等图像并置而得以呈现。祥瑞是上天表彰帝王功德、天意嘉许的异象符号。祥瑞出现，即表示政治修明，帝王治理有方。西王母与汉代其他祥瑞符号出现在汉墓葬画像中，体现了西汉末年到东汉时期，在帝王主导下方士与儒生共同编织的“祥瑞”话语在各个阶层的渗透传播。《宋书·符瑞志》记载的97种祥瑞符，在汉画像石中大部分都有发现。[①] 笔者综合了中外学者简·詹姆斯、巫鸿、袁柯、鲁唯一(Loewe)和李淞对于西王母汉墓葬画石的图像学研究以及《宋书·符瑞志》对于祥瑞符号的收录后发现，汉代西王母图像志中的祥瑞符号主要包括天文祥瑞、动物祥瑞、植物祥瑞等(见图5.5—5.8)。天文祥瑞中的祥云是西王母图像系统中最常出现的祥瑞符号。祥云，《汉书·天文志》曰：“若烟非烟，若云非云，郁郁纷纷，箫索轮囷，是谓庆云，喜庆也。”[③]天文祥瑞是等级最高的祥瑞，具有浓厚的政治文化意蕴。西王母信仰十六国时期已经传播到了当时位于华夏边缘的甘肃和内蒙古地区。在甘肃酒泉丁家闸五号墓壁画和内蒙古的“和林格尔”汉墓都发现了西王母，羽人和仙人图像。甘肃酒泉丁家闸五号墓壁前室西壁壁画分五层，分别描述天上、人间与地下景象，第二层中就有西王母端坐于祥云之上，身边有一侍从手持华盖(见图5.5)。

图5.5　十六国时期甘肃酒泉丁家闸五号墓壁画[②]

袁柯认为：“汉代石刻画像及砖画中，常有九尾狐与白兔、蟾蜍、三足乌之属并列于西王母座旁，以示祯祥。”[④]西王母神话图像系统中最常出现的动物祥瑞

① 张道一. 吉祥文化论[M]. 重庆：重庆大学出版社，2011.

② 王宜娥. 道教庄严[M]. 北京：五洲出版社，2016：30.

③ [汉]班固. 汉书·天文志[M]. 颜师古注，北京：中华书局，1962. 1288.

④ 袁柯. 中国神话传说词典[M]. 山海：上海辞书出版社，1985：14.

有:黄龙、白虎、蟾蜍、捣药兔、凤凰、青龙、白虎、三足乌、九尾狐、白兔、玉马等。西王母与这些祥瑞符号,都指向汉代儒家思想价值体系中对于圣主贤臣的理想标准。比如:白兔、九尾狐代表王者敬耆老、至亲至孝;三足乌代表王者慈孝天地;玉马代表王者精明,尊贤;嘉禾则代表王者德盛。由于出土的汉代大型墓葬中墓主人多为皇室贵胄。因此墓葬中常出现这些表征王者德行的祥瑞符号,彰显墓主人生前之高贵品德以及儿孙的至亲至孝。巫鸿认为:汉墓图像的动物起着协助死者登入仙境的作用。[①] 卜千秋墓壁画中的九尾狐和蟾蜍是墓主在前往西王母仙境途中的神秘伴侣,西王母身边的捣药兔,也被一些学者认为是后期图像系统中的蟾蜍,闻一多认为:“盖蟾蜍之蜍与兔音宜混,蟾蜍亦为蟾兔,一名而析为二物,而两设蟾蜍与兔之说生焉。”[②]蟾蜍为月精,蟾蜍与月亮的联系与两者周而复始有关,月亮有盈亏,蟾蜍冬眠而春天活动,都是不死的典范。马王堆汉墓壁画,金雀山汉墓帛画、卜千秋墓壁画等西汉墓壁画中,蟾蜍或单独在月轮中,或与玉兔和桂树共绘于月轮中。蟾蜍和兔都是月亮之象征图像。

三足乌则出现在西汉晚期,也是汉代艺术中常与西王母出现的图像,是西王母的三青鸟和太阳中的踆乌(金乌)在西汉末混同使用的结果。西汉司马相如《大人赋》有:“吾乃今目睹西王母皬然白首,戴胜而穴处兮,亦幸有三足乌为之使。”[③]下图(图 5.6)就呈现了汉代人依据《山海经》而想象描绘的西王母仙境世界:《山海经·大荒西经》中写道:“西海之南,流沙之滨,赤水之后,黑水之前,有大山,名曰昆仑之丘……有人戴胜,虎齿,有豹尾,穴处,名曰西王母。此山万物

图 5.6 郑州出土东汉画像砖:西王母仙境

---

① 李凇.论汉代艺术中的西王母图像[M].长沙:湖南教育出版社,2000:270.

② 闻一多.闻一多全集[M]卷二.北京:生活·读书·新知三联书店,1982:328—333.

③ 袁柯.山海经全译[M].北京:北京联合出版公司,2016:255.

图 5.7 新郑出土东汉画像砖：西王母和凤凰

尽有。”在此图中，西王母头戴胜，身边有三足乌陪伴，她面对捣药白兔、坐在昆仑山上，昆仑山下有九尾狐一只，图右边还有一只蟾蜍。

四川出土的西王母汉画像中，西王母基本都是正面端坐在龙虎座上，《焦氏易林》中有关龙虎的卦象：“驾龙骑虎，周遍天下，为人所使，西见王母，不忧不殆。”①下图(图 5.8)中西王母坐在龙虎座上，右边是凤凰(或三足乌)，前有蟾蜍，还有三个人向西王母跪拜求取不死之药。

图 5.8 四川出土东汉画像砖：西王母龙虎座

除了动物祥瑞之外，西王母图像系统中还有诸如嘉禾、金车、金胜等其他祥瑞符号。早期汉画像石中都会出现西王母戴胜，这来源于文字符号文本《山海经》：“西王母……蓬发戴胜”“西王母梯几而戴胜”，这是汉代早期图像系统中识别西王母的一个最重要的标志。“胜”的原始对应物应该是“织胜”与妇人纺织有关，因此对应的是西王母女性神祇的象征，东汉之后，胜不仅是西王母头上的装饰，而具有了“祥瑞”的符号意涵。而到了东汉中期以后，西王母图像中几乎不戴

① [汉]焦延寿.焦氏易林注[M].尚秉和注，北京：光明日报出版社，2006：191.

胜,而以梳高髻为主。

(二) 西王母“至阴女神”的符号意涵的视觉化呈现

阴阳五行思想,实际上是中国汉代宇宙观认识世界的“图式”,汉代宇宙观认为阴阳是两股极端对立的力量,阴阳的结合则是宇宙创生的生命之源,在早期汉代图像系统中,人首蛇身,尾巴相交的伏羲和女娲是最早展现这种宇宙创生力量的形象。两汉之际,特别是公元一世纪以后,西王母信仰大流行,西王母逐渐取代女娲成为当时人们最为信仰的女性神祇。因此在图像系统中,西王母也代替了女娲成为了“阴”的最重要符号,而后方士和儒生们又创造出了代表“至阳”的男性神祇“东王公”。西王母开始作为“阴”的代表与代表“至阳”力量的东王公对偶参配,陈梦家认为:西王母作为“至阴”的月神和东王公为日神的观念是东汉才得以确立。西王母和东王公最早同时出现在两汉之际《神异经》中:“昆仑之山有铜柱焉,其高入天,所谓天柱也。围三千里,圆如削,下有回屋,方百丈,仙人九府治之。上有大鸟,名曰希有,南向,张左翼覆盖东王公,右翼覆盖西王母。背上小处无羽,一万九千里,西王母岁等其上,之东王公也。”①而图像中发现的东王公形象最早出现在东汉时期。目前出土的汉墓葬石中,西王母与东王公图像同时出现最多的省份是阴阳流派和儒家思想发源地的山东省及周边地区,在这里西王母和东王公的搭配最受推崇和认同。在山东嘉祥武梁祠画像系统中,西王母没有戴胜,也没有与其他祥瑞动物如九尾狐、三足乌、和捣药兔同时出现。西王母被抽象提取为阴阳中“至阴”的象征符号,与对面山墙代表“至阳”的“东王公”对称出现。东王公总是端坐在图象东侧,西王母则在西侧(图 5.9)。东王公与西王母的阴阳

图 5.9 沂南出土墓门楣上的东王公与西王母

① [清]陈梦雷.古今图书集成·神异经[M].卷 222《神仙部》.北京:中华书局,1985:21.

参配除了出现在汉代墓葬画像中，在汉代铜镜图像系统中也常有反映。

(三) 周边文明与华夏文明融合的符号意涵视觉化呈现

西王母图像记忆还折射出东汉时期传入我国的周边文明与中华文明的交融历史。公元2世纪的汉墓葬中就出现了佛教和西王母两种题材在同一图像中呈现的情况(图5.10—5.11)。而到了魏晋南北朝和隋朝，西王母与东王公则与佛教人物"帝释天"和"帝释天妃"浑融(图5.12)。传统佛教徒大体把汉明帝永平年间(58—75)遣使求佛之事当作佛教传入中国之始。《四十二章经》载："昔孝明皇帝，梦见神人，身体有金色，项有日光。意中欣然悦之。明日，博问群臣，此为何神，有通人傅毅曰'臣闻天竺有得道者，号之曰佛，飞行虚空，身有日光，殆将其神也。'"[①]佛教传入中国后，崇信者将其和"黄、老"并称，楚王刘英曾说："诵黄老之微言，尚浮图之仁祠。"人们对于事物的认知，是根据由周边及远的顺序，当遇到不熟悉的事物时，会根据周边的熟悉的事物为之命名。汉代的中国人对于佛的理解，只可能遵循已有的认知框架中的"图式"阐释。汉代人将西方传入的陌生的"佛"理解为他们所熟悉的神仙。将佛的意涵"本土化"，构成了跨文化传播中的本土文化对于外来异质文化的"涵化"。萨义德在讨论东方问题时，也认为"人们对于异国的、遥远的东西，会出于这样或那样的原因，总是希望降低而不是增加其新异性……会把第一次看见的事物，视为以前所认识的事物的变体"。[②] 因此公元三世纪前后，当时的汉代人大体认为佛是印度身材奇伟，体呈金色，项有光芒的身临，和中国神仙一样有飞翔和幻形的法力，并且具有儒家所具备的圣贤之德。在民众思想中，儒释道三者很早就已经融合了。[③]

在山东沂南汉墓中，墓内一根八角形石柱四个主要平面上，除了刻有东王公、西王母，还有两个有项光的站立人物(见图5.10)。项光是佛陀必备的图像志标记。佛教的教义是追求彼岸世界，与儒教和早期道教的入世治世和追求此世不朽观念是完全不同的。当汉代信仰神祇和佛陀出现在同一图像中，即表明了佛教信仰已经渗透到了当时的墓葬文化艺术中，反映了中国本土文化对于外来佛教文化的涵化。在东汉的主流思想观念影响下，佛陀也被当作和西王母一样具有代表"不朽"的超自然的力量，证明东汉后期"不死"观念与周边印度文明传入我国的佛教信仰融合的新趋势。

---

① 尚华. 佛教四十二章经[M]. 北京：中华书局，2010：1.

② [美]爱德华·W·萨伊德. 东方学[M]. 北京：生活·读书·新知三联书店，2019：76.

③ [美]巫鸿. 礼仪中的美术[M]. 北京：生活·读书·新知三联书店，2005：297.

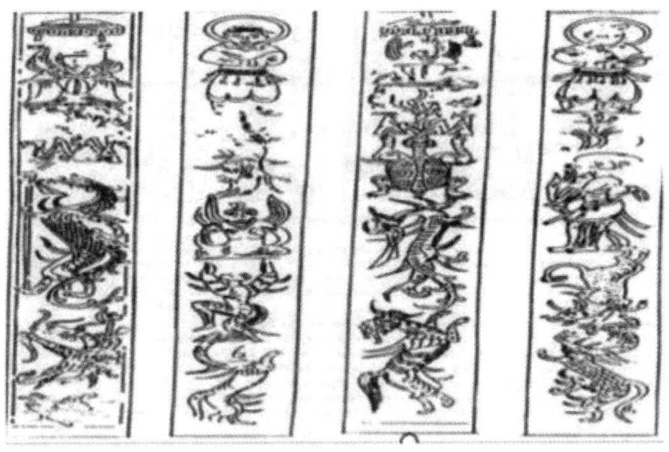

图 5.10　山东沂南汉墓西王母、东王公与佛陀共现

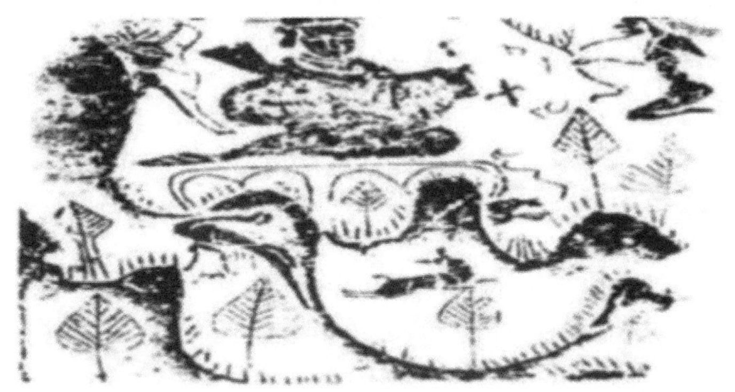

图 5.11　山东张楼汉墓:西王母坐在莲花台上

魏晋南北朝时期,西王母形象还出现在甘肃敦煌莫高窟中,莫高窟本是佛教石窟,然而在石窟艺术中,却充满了中国神仙思想的本土神灵与佛教杂糅,敦煌249 窟建于西魏时期,北坡与南坡中借用东王公和西王母道教主神的形象讲述佛经中“帝释天”和“帝释天妃”出行的佛教神话。249 窟中还有中国其他传统神话神祇,比如风、羽、雷、电四神,洞窟东、南、西、北坡上还有中国传统的四位方位神,青龙、白虎、朱雀、玄武;“耳出于顶”,裸体披巾、奔腾于空的羽人。中国大力士乌獲,头似鹿、背有翼的飞廉等。249 窟顶南坡是西王母图,壁画中西王母身着广绣衣袍,头梳高发髻,乘三凤驾车,车左侧一侍者,另两位侍者,一位前方举幡引路,另一位持节在后面相随。前有乌獲,羽人开道,后有开明护卫,此外上部有飞天飘舞,下有白虎奔驰,其间还有流星、祥云飘动的天界景象,壁画下部有山

林、动物与野兽相互追逐。[①] 西王母当时已经作为道教女神，而被绘入佛教石窟用来讲述佛典神话，可见魏晋南北朝时期的佛教与本土道教的文化周边交融情况。

图 5.12　西魏时期敦煌石窟 249 窟

（四）西王母“女仙之宗”符号意涵的视觉化呈现

西王母成为道教中“母养群品”墉城中统领众女仙的“女仙之宗”，经历了一个漫长的文化建构过程。西王母符号在先秦时期的《山海经》《庄子》，西汉初年的《淮南子》，两汉之际的《纬书神话》汉魏时期的道教神仙志怪小说《神异经》《十洲记》《汉武帝内传》以及上清派道经中的不断地编码和符号塑造下。西王母的身世来历、容貌形象、师友交往等细节由简到繁，从充满矛盾的片段到完整叙事的逻辑闭环。其形象不断改变、叙事情节不断丰富、神格地位不断攀升。成书于魏晋时期的《汉武帝内传》是西王母文字记忆的重要形塑文本。西王母在《汉武帝内传》中“头上大华结，戴太真晨婴之冠，履玄璚凤文之舃，视之可年卅许，修短德中，天姿菴霭，云颜绝世，真灵人也”。[②] 这一描述，基本确定了西王母道教女神的姿容并在以后的文字、图像记忆中延续。在《汉武帝内传》中，西王母在《淮南子》中的所掌管的“不死药”也被“仙桃”所替代，成为中国文化中代表“长生”象

---

① 季羡林. 敦煌学大辞典[M]. 上海：上海辞书出版社，1998：47.

② 道藏・汉武帝内传[M]. 影印版. 2.

征符号。在南北朝时期的《真灵位业图》中，西王母最终脱去其原始信仰的外衣，被赋予了道教信女神的新身份。唐末五代道士杜光庭在《墉城集仙录》为西王母立传《金母元君》，并在序中说：“纂彼众说，集为一家，女仙以金母为尊，金母以墉城为治，编记古今女仙得道实事，目为《墉城集仙录》。”①由此，西王母获得了道教“女仙之宗”的地位。在道教经卷和唐宋图像中，西王母身边的随侍也不再是汉代神仙信仰中的羽人，而变成了容貌才艺兼备的仙女。

西王母以道教女神记忆保存在宋元道观中的壁画《朝元图》之中（图5-13），山西省芮城市永乐宫三清殿东壁南段部分的《朝元图》就是其中代表。宋元代时期《朝元图》描绘的是道教神灵在天宫朝觐的场面，西王母作为其主神之一出现在东壁南端的中心位置，呈现出与汉画像中的神仙信仰中的西王母迥异的形象。其创作的依据主要来自于《汉武帝内传》和上清派道教经卷。西王母装扮是与仙界道教女神对应的凡尘女性地位最高的皇后模样，头戴金龙冠、身穿五彩朝衣。手上拿着朝臣觐见的笏。同时，画面中出现了汉代以来延续的西王母图像志中的白兔、凤凰，以及《汉武帝内传》中新增加的符号仙桃。在图像中，西王母被众多衣着华丽的女仙所簇拥。

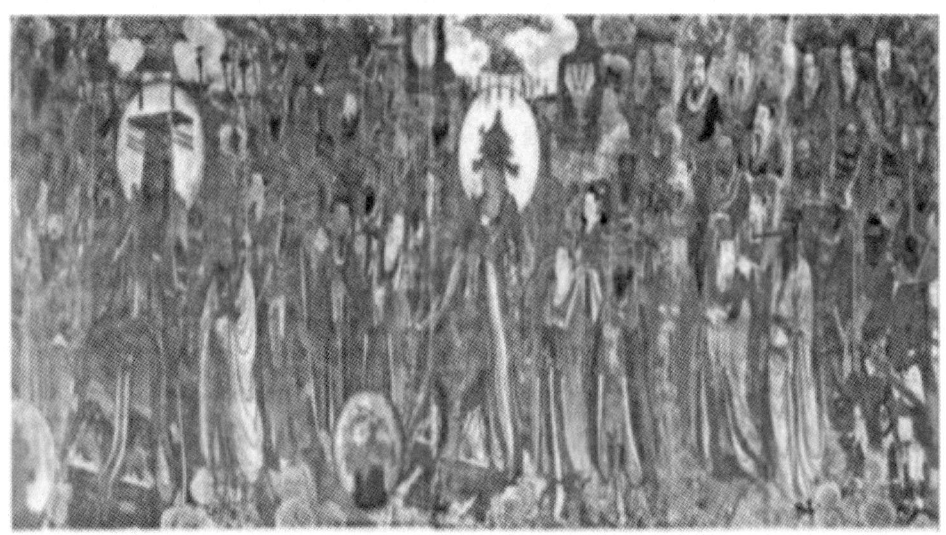

图5.13　山西芮城永乐宫三清殿东壁《朝元图》②

① [唐]杜光庭.道藏・墉城集仙录[M].影印版.卷一，序.
② 葛思康.《朝元图》中西王母图像研究[J].美术大观，2021(09)：65—70.

5.2 凝固与脱域：西王母记忆在“物质媒介”周边储存

符号的物质载体，也就是符号可被感知部分是媒介的物质性模态，也被称为物质界面。传播学对于媒介的研究经历了由工具论到本体论的学术转向，从对媒介的形式层面、抽象层面和思辨层面的研究转移到了物质层面、实践层面和历史层面。[①] 对于媒介的理解也从被认识、被控制的客体，成为了主导人类文明发展的主体。媒介学研究学术史中对于物质的理解也早已超过了日常器物而将其作链接个体与个体、个体与自我、个体与社会的“媒介”。[②]

卡西尔曾在《人论》中提出：“除了历史遗留下来的文献以外，没有任何事情或事件可以为我们历史知识的第一手的直接对象。只有通过这些符号材料的媒介和中介，我们才能把握真实的历史材料—过去的事件和人物。”[③]卡西尔认为除了研究历史遗存物本体信息（材质、尺寸、形制、纹样）以及功能性信息，更需要去探寻它所蕴含的历史和社会性信息，因为这些信息在用自己的语言向我们说话。拉图尔也认为：当我们讨论我们人工制品（Artifact）时，我们讨论的不是物体本身和它的自然属性（Things-in-Themselves），而是讨论所有这些事物被连接到我们的集体或者主体周围的方式，我们讨论的不是某些工具性思想，而是社会本质。[④] 对于物质的研究，应该超越对其制式、纹样、材质、功能等本体信息研究，而去揭示它作为人类文化的创造之物的主体性功能和符号意涵和媒介属性，以及与人类历史文化语境这个巨大网络的社会杂合体中的关系。物质媒介对于文化记忆建构具有异常强大的力量。近年来中国传播学界潘祥辉[⑤]、谢青果[⑥]、贾南、芮必峰[⑦]等人通过对于中国古代青铜器、墓葬石刻、瓷器、桥梁、礼物、祠堂、道路、门户、茶叶、玉器等物质文化的媒介属性的研究，探索了一条立足于中

---

① 谢青果.华夏媒介研究—媒介学的视角[M].北京：社会科学文献出版社，2020：2.

② 师曾志2019年4月27日在厦门大学：中华文化与传播大讲堂的观点。

③ [德]恩斯特・卡西尔.人论[M].甘阳译.上海：译文出版社，2013：300.

④ [法]布鲁诺・拉图尔.我们从来没有现代过[M].刘鹏，安聂斯译.，苏州：苏州大学出版社，2010：6.

⑤ 潘祥辉.传播史上的青铜时代：殷周青铜器的文化与政治传播功能考[J].新闻与传播研究，2015，22(02)：53.

⑥ 谢青果.华夏传播研究-媒介学的视角[M].北京：社会科学文献出版社，2019.

⑦ 贾南，芮必峰.作为信仰“装置”的秦汉石刻：一种媒介学的视角[J].现代传播（中国传媒大学学报），2018，40(11)：53—59.

国文明史的媒介考古的学术道路。这些物质媒介具有超越时空范围的“脱域化效果”,是使中华文化思想观念在时空纵横中始终保持一脉相承,形塑文化记忆的具有“纪念碑性”(Monumentality)的凝固型媒介①。

对于中华媒介文明的考古,有助于在“历史连贯统一外表下的,裂缝与碎片中发现新意以此与大传统的文字书写、精英文化历史形成交锋、质疑、挑战其背后的权力和书写规则”。② 笔者认为:对于中国古代历史文化中的器物的媒介属性和媒介化过程的媒介考古,是一种以实证的态度去挖掘未被探寻或被人忽略的历史幽深处的学术路径。同时也有助于解蔽这些物质文化作为历史遗迹在场参与历史实践的过程。在这一节中笔者提出了物质、主题、界面“三位一体”的神话记忆媒介研究,探寻西王母记忆在简牍和纸张等物质媒介周边储存中的历时互文和在墓葬石和铜镜媒介周边储存中的共时同构,揭示神话主题、物质与界面的嵌套联动对于神话记忆形塑的影响。

5.2.1 主题与界面:西王母神话灵韵与物质界面的嵌套

一、“三位一体”的“神话记忆”媒介研究

主题研究则起源于库尔提乌斯的文学研究,他关注到欧洲文学传统中有诸如“理想风景”“缪斯女神”“颠倒的世界”等大量主题游弋其间。库尔提乌斯将其解释为“在特定时空中被激发的特征”。③ 埃尔基·胡塔莫在库尔提乌斯文学主题的研究基础上,将主题研究运用于视觉图像研究,笔者认为主题具有文化语境特性和媒介周边传播特性。第一,主题是在特定历史语境下主体的文化实践中的创造、传播和修改,他们并非一成不变的原型或超越文化之外的原始意象,而是在历史文化语境中不断嬗变的“记忆”。第二,主题可以从一种媒介进入到另一种媒介。比如神话主题就可以在语言媒介、文字媒介和图像媒介之间漂移。因此,主题研究既需要从内部逻辑结构展开分析,也需要通过主题和文化背景之

① 关于“纪念碑性”媒介,参见:[美]巫鸿. 中国古代艺术和建筑中的纪念碑性[M]. 郑岩译. 上海:上海人民出版社,2009:2.

② 黄旦. 媒介考古:与小人儿捉迷藏? ——读《媒介考古学:方法、路径与意涵》[J]. 国际新闻界,2021,43(08):90—104.

③ [美]埃尔基·胡塔莫等. 媒介考古学[M]. 唐海江译,上海:复旦大学出版社,2018:31.

间、主题与其承载的物质界面之间的关系等进行外部因素分析。主题和界面等概念的引入,有助于打破神话“记忆”研究中储存记忆的“媒介物质性研究与记忆内容研究的二元对立”。[①] 界面、主题、物质三维一体的“神话记忆”研究,可从多维度视角入手研究神话主题何以进入一种物质媒介之中赋予其“灵韵”。如果神话象征符号无法在物质界面中表征,那么它就只是停留在主体思维中“图式”,不具备可见性和传播性。神话符号之所以在人类文化中实现“时间周边”的接续编码,正是因为其成为了物质界面的主题,而进入到了简牍、纸张、铜镜、墓葬石、岩壁等“凝固性”物质界面中被感知和记忆。神话主题与物质界面的嵌入实现了人类物质文明和精神文明的勾连。

二、历时与共时:记忆共享与记忆延伸

西王母主题嵌入竹简、墓葬石刻、铜镜、摇钱树等物质界面中,一方面使西王母符号被感知和编码储存,确保“记忆”在时空周边延展。另一方面,可被“阅读”或“观看”的主题可以赋予物质媒介“内向型”时间和“灵韵”。西王母主题嵌入物质界面,突破了记忆传承的线性逻辑。过去、现在乃至未来的记忆在物质的内向时间中交叠与知会。

(一)简牍与纸张:西王母文字记忆在“物质媒介”周边的历时互文

西王母主题最早记录于《穆天子传》和《竹书历年》等简牍所记载的文字中,这是神话突破口语传播时空束缚的局限,而进入中华民族文化记忆系统中的关键时期,也是西王母记忆框架形成期。西王母主题创作的第二个高峰则是东汉造纸术发明后,出现在东汉至魏晋南北朝时期的《博物志》《神异经》《十洲记》《汉武帝故事》等神仙志怪笔记类小说中。鲁迅认为:这些作品主要托名东方朔、班固等汉人之作,实则应为晋宋时期方士所作。[②] 魏晋时期小说创作的兴盛与造纸术发展有莫大关系。造纸术发明之前,神话记忆多是只言片语地零散分布于各经史之中。即使在两汉神学宇宙观、神仙信仰、谶纬之说盛行的社会思想文化语境中,在统治阶级利用神话合理化自己的政权“合法性”的迫切诉求之下,“神话主题”的叙事性依旧没有充分发展。其根本原因在于当时核心书写媒介“竹简”无法提供神仙类主题叙事性文本创作的充足“物质界面”保障。有限的竹简

---

① 胡翼青,姚文苑.重新理解媒介:论界面、内容、物质的三位一体[J].新闻与写作,2022(08):5—16.
② 鲁迅.中国小说史略[M].南京:江苏文艺出版社,2007:18.

是记录国家重要军国大事的重要物质资源。因此,简牍时代的言说大都简扼,呈现“略说”的非叙事性特点。张华《博物志》自序中说道:“余视《山海经》及《禹贡》《尔雅》《说文》地志,虽曰悉备,各有所不载者,作略说。出所不见,粗言远方,陈山川位象,吉凶有征。……博物之士,览而鉴焉。”[①]可见《博物志》的创作意图主要是对于前人“作略说”的部分给与详细注述。张华之所以可以将前人的“略说”向“详说”情节叙事文本发展的关键因素是造纸术的革新。纸张的充足便携,界面书写流畅等媒介“可供性”,使得魏晋六朝人士可以挥毫书写、将闪现的创作灵感即时记录于纸上,促进了文学在魏晋六朝时期的大变革以及文学场域“自主性”意识的萌发,形成了延续至隋唐“魏晋之风”。而宋代以后印刷时代的到来,尤其是明清时期出版业的繁荣,促进了更具复杂叙事性的“章回体”小说的产生。由此,西王母主题进入了明清神话小说中。物质界面的革新潜移默化地改变着文学文体的形式。

(二) 墓葬石与铜镜:西王母图像记忆在“物质媒介”周边的共时互构

西王母主题可以与汉代墓葬石和铜镜等物质“界面”嵌套主要是因为两汉时期,尤其是东汉年间,神仙信仰和追求长生的思想弥散于整个社会。在汉代神学宇宙观中“一元论”的象征模式和“大一统”的政治话语下,“西王母”赋予了“超越性”和“宇宙创生力量”和构建社会统一象征文化模式的符号和主题。并通过与墓葬石、铜镜等不同物质界面“嵌套”,形成了强大的社会物质网络链接的互文结构。

汉代墓葬文化的繁荣于社会发展和两汉时期厚葬之风有重要关联。“墓葬是埃及法老以来所有记录型媒介的原型”[②]汉代墓葬记录了两汉时期的“社会思想观”,尤其是当时的信仰观念。西王母主题可以搭载墓葬石这一物质界面,是由于追求“超越”的神仙信仰在社会的盛行。西王母所具有的“接引亡魂”和“创生力量”使其成为汉代墓葬文化象征系统中的重要组成部分。汉代人对死后世界的想象比前代更为清晰。在墓葬中,人们儒家思想的忠孝和神仙思想融合,通过墓葬文化的象征符号系统将死后的世界具象化,汉代墓葬常常被打造为另一个世界的官爵府邸,墓葬主人为彼岸世界的忠臣或君王。西王母在汉墓葬中,与其它神话符号一起,共同构建出“升天”象征符号系统。在墓葬主人升天的过程

① 汉魏六朝笔记小说大观[M].王根林.黄益元.曹光甫校点.上海:上海古籍出版社 1999:184.
② [美]约翰·杜海姆·彼得斯.奇云[M].邓建国译.上海:复旦大学出版社,2020:94.

中，西王母是作为通往天国之路昆仑山的守护者和引导者，与羽人一起引导魂魄升天。墓葬虽然是贵族阶层对于自己死后世界的旖旎想象，然而这些贵族阶层却需要来自于下层社会的工匠之手为他们打造理想的彼岸世界。因此，在贵族王候的墓葬图像系统中，仍然可以反映出来自平民阶层对于神话符号的理解。墓葬图像反映了当时社会不同阶层在思想观念和审美趣味上的融合。

墓葬石是典型的“时间偏倚”媒介。通过祭祀和丧葬活动，嵌套于墓葬石中的神话主题可以发挥教化民众和凝聚共同体的功能。与墓葬石不同的是，同时期的另一种物质汉晋铜镜，除了可作为亡者随葬明器之外，还可在“此世”中作为佩饰、信物、贡品、礼物、收藏品、法器等，具有多种文化功能乃至媒介功能。西王母主题可以嵌入铜镜这一物质界面，主要与其另一符号意涵“长生女神”有关。在汉代含有“西王母”符号的铜镜镜铭中，大都有“寿若西王母”的表述。西王母主题从西汉末年到魏晋时期大量出现在当时流行的铜镜制式规矩镜、画像镜与神兽镜中。在西汉末年流行象征“法天象地”，体现汉代“天人感应”宇宙观的铜镜式样“规矩镜”中，西王母作为可直通天界的昆仑山的女神出现在镜纹中，镜中一般有四乳和规矩纹，将图像分为四方八级，上面布满祥云，代表仙境世界。西王母头戴胜，与玉兔、祥云、羽人、三足乌等其他祥瑞同时出现。① 东汉前期流行的铜镜制式变为“画像镜”，现有发现的画像镜多为传世品，说明其鲜少作为明器用于墓葬中。与东汉这一时期的墓葬画像类似，在镜纹中，西王母也多与东王公对偶出现，同时，还会配以神兽或车马。因此，也被称为神人神兽画像镜或者神人车马画像镜。② 到了东汉后期至三国时期，一种新的铜镜式样“神兽镜”开始流行。其尺寸小于画像镜，且纹样上有纪年，构图比画像镜更加繁复。分为环状乳式、对置式和重列式三种。与画像镜中，西王母、东王公侧面形象较多不同，神兽镜上众神以正面角度为多。现知最早年神兽镜是藏于日本五岛美术馆的“元兴元年环状神兽镜”，主纹为三神三兽相间环绕，外区铭文为：“元兴元年五月丙午日天大赦，广汉造作尚方明竞，幽湅三商周得无极，世得光明长乐未英，富且昌宜侯王，师命长生如石，位至三公，寿如东王父西王母，仙人子立至公侯。”③东汉末建安年间重列式神兽镜流行开来，神像系统出现全新排列，东王公被放置在镜纹左边东侧配青龙，西王母被放置在右边西侧配白虎。西王母和东王公分布在

---

① 孔祥星，刘一曼. 中国铜镜图典[M]. 北京：文物出版社，1994：303。

② 周世荣. 中国历代铜镜鉴定[M]. 北京：紫禁城出版社 1993：103—104.

③ 梅原末治. 汉三国六朝年镜图说[M]. 京都；桑名文星堂，1943：5.

铜镜中部两边。其他神祇还有上方南侧南极老人配朱雀,五帝等,众神在镜面上组成上下五层,在东汉重列式镜纹中,西王母和东王公的图像淹没在众神行列中,不再作为核心图像出现。两汉之际西王母作为唯一神独占镜纹。东汉早中期,西王母与东王公对偶占据镜纹图像中心。而在东汉以后,西王母不再作为核心图像在镜纹中出现。西王母主题在铜镜图像系统中的嬗变见证了西王母信仰是如何从两汉之际的汉代信仰中心,到魏晋之后众神飞扬的社会信仰环境下,逐渐走向衰落的过程。在下一节中,笔者将主要以搭载西王母主题的中日两国出土的汉晋铜镜为研究对象,通过分析铜镜在中日两国的符号意涵和媒介功能,探索西王母记忆是如何通过铜镜的周边传播,而在日本得以重塑。

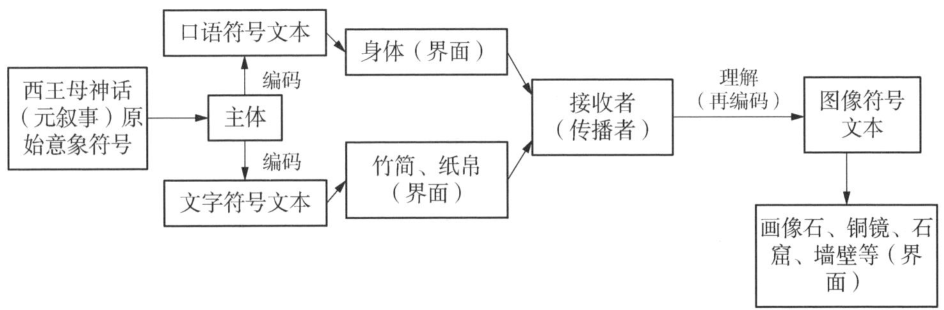

图 5.14 西王母符号在"媒介周边"传播过程

5.2.2 以镜为媒:西王母神话藤蔓与中日文化认同

信息传播总是受到媒介的影响。伊尼斯指出:"传播媒介对知识在时间和空间中的传播产生重要影响。"[①]近年来,媒介研究的物质性转向(Material turn)在国内外传播学界已成为一种研究新视角,此视角与媒介考古等研究热潮共同构建了对于物与物质的媒介构成、媒介要素与媒介过程和媒介事件的研究范式[②]。

万"物"皆媒,然而"物"并非应然的媒介,只有在特定的场景下的,特定的文化语境中,参与事件内部或者事件之间的解构和建构,从而使事件因其发生关联,并促进了信息传递和意义共享时,物才是媒介。铜镜作为一种物质和文化符

① [加]哈罗德·英尼斯.传播的偏向[M].何道宽译,北京:中国人民大学出版社,2003:27.
② 章戈浩,张磊.物是人非与睹物思人:媒体与文化分析的物质性转向[J].全球传媒学刊,2019,6(02):103—115.

号，因其携带着物质文明发展和思想观念发展的轨迹，表征与投射中国数千年以来的历史与文化思想内涵，促进了中国和诸多东亚国家古代社会生活的发展。比如：作为法器参与了天人沟通的仪式性传播，作为礼物参与了人与人、国家与国家的交往传播，作为物质界面，承载了中国神话符号等，从而才具有了媒介属性。

三角缘神兽镜（图 5.15—图 5.16）在日本几乎妇孺皆知，又被称为“卑弥呼镜”。从 20 世纪初期开始，在日本京都府福知山市东羽合广峰、奈良县天理市黑冢、兵库县神户市西求女冢等古坟地区陆续出土近 500 枚。它们尺寸较大（直径近 20 厘米）、铜质精良、制作精美。从镜的形制、花纹和铭文看，这些日本出土的铜镜全部承袭汉晋铜镜风格，也因此日本考古学界认为它们是“中国人制作的铜镜”。这些铜镜镜纹中的以东王公与西王母两位神仙居多，周围有羽人服侍，左右两侧的青龙、朱雀呈对偶出现，其间夹有一周花纹带或铭文带。在铭文带内则有较长的文句如“尚方做镜真大好，上有仙人不知老，渴饮玉泉饥物食枣，浮游天下遨四海”“上大山、见神人、食玉英、饮礼泉”“云尚方作竟（通镜）佳且好，明而日月世少有”“吾作明竟真大好，上有神守及龙虎”“陈氏作竟”“张氏作竟”“王氏作竟”以及“铜出徐州”“师出洛阳”等镜铭。这些镜都有乳，笠松形式且排列方式分为求心或同向式，镜缘隆起甚高，顶端尖型，断面呈现三角形，故称三角缘神兽镜。这些承载着“西王母”等中国神话记忆的三角缘神兽镜是中日两国早期周边传播的相关文字史料的出土实物印证。虽然中日学者通过对三角缘神兽镜的制式、镜铭、纹样与中国出土的同时期或稍晚时期铜镜的对比考据，先后提出了魏镜说、倭镜说、吴镜说、特铸说等迥异的观点。但笔者认为：无论这些三角缘神兽镜来源于何处，由何人所制，有一点是确信无疑的：这些铜镜保存着日本从绳纹时代末期和古坟时代与当时中国政治、经济、文化交往的历史记忆，侧面印证着以西王母为代表的神仙信仰对于日本文化发展的影响。

一、共享灵物与礼器媒介

（一）与天沟通的灵物

“镜”字最早见于战国文献。《庄子·应帝王篇》“天地之鉴，万物之镜。”[①]纵观中日两国铜镜出土、传世实物与文献记载来看。铜镜在现世中的除了照容这

① [宋]吕惠卿. 庄子义集校[M]. 应帝王第七. 汤君集校，北京：中华书局，2009：153.

一物质实用层面功能之外,还可发挥多种社会功能。这些功能显然不是铜镜的物质性所带来的,而是铜镜被赋予的文化符号内涵所决定的。铜镜的外观圆、光、明、亮似太阳,又可和"阳燧"一样取日之光。因此在古代被认为具有某种神秘力量而被崇拜。这与弗雷泽《金枝》中所讨论的原始思维相关。铜镜因与太阳相似,基于原始思维中同类相生的相似律,可产生与太阳类似的驱散黑暗、邪祟的作用。据此铜镜变成为了早期用于巫术占卜的器物以及佛道宗教仪轨中的法器。不仅如此,由于铜镜是青铜器中的一个重要门类,因此铜镜与其他青铜器一样可以作为在权力更替的仪式交接中作为礼器以及墓葬陪葬之冥器。在中国出土墓葬中,铜镜被置于墓主头部,镜面向上,或放置腰部、手边,脚边,或悬于棺盖及其四壁,仿照宇宙,日月星辰。墓葬用镜是因为人们为了追求永恒之生,便用恒久如太阳光明一般的铜镜来对抗死亡,表达着人类对生命的不可征服、不可毁灭的坚定信念。在日本九州岛北部,早在公元一世纪,就确立了把铜镜和青铜器作为象征权威的陪葬物埋入首领个人坟墓的习俗。群马县琢迴 3 号古墓出土的被称为植轮的巫女坐像的腰部就挂着带有铃铛的铜镜,其他古墓中也有出土的五铃镜和七铃镜,福冈县筑紫郡的须玖遗址中,发现了墓葬随葬的铜镜、铜矛、铜剑等青铜器,和勾玉等玉器。① 在邪马台时期的日本,三角缘神兽镜的使用也是仅局限于少量墓葬。日本的铜镜崇拜在很大程度受到中国文化的影响。铜镜因符合日本原始的太阳崇拜信仰。因此在日本铜镜崇拜更甚于中国,并演化为了日本"和镜",成为了作为日本天皇神权象征的三圣物"八咫镜""草薙剑"和"八坂琼曲玉"之一。正因为镜在古代中、日两个古代文明中都具有作为"灵物"的文化符号属性。中日两国中具有普遍的铜镜文化认同基础。并且在中日的政治交往、文化交往中发挥着重要的作用。

(二)国家交往的媒介

"器以藏礼",礼器是礼制和交往不可缺少的物质要件,参与和建构了交往的秩序。礼的精神和意义藏于礼器之中。② 铜镜是兼具物质性与意识性的媒介物。因此除了具有物质实体的实用功能,在历史文化实践中,也嵌入了人类的交往传播活动之中,具有中华民族"礼"文化意义的阐发功能和承载思想、意识、文化符号的媒介功能。

---

① 杨金平. 日本三角缘神兽镜和中国东汉三国时期画像镜、神人神兽镜的布局及设计思想探讨[A]. //日本文物精华[M]. 上海:上海书画出版社,2000:46.

② 胡百精. 共识与秩序:中国传播思想史[M]. 北京:中国人民出版社,2022:163.

图 5.15　四世纪日本古坟时代“三角缘四神二兽镜”
（笔者拍摄于东京国立博物馆）

图 5.16　三世纪日本古坟时代“三角缘神人神兽镜”
（笔者拍摄于清华大学艺术博物馆“跨越两国的审美—日本与中国汉唐时期的文化交流特展”）

铜镜因映照世间万物，而被赋予明辨真相的文化符号意涵。又因其形制圆融可意指美满团圆，因此也成为了“团圆”的象征符号，因此铜镜自古以来便成为了情侣、朋友、君臣乃至国家之间互赠之礼，互通心意，表鉴真心，实现人与人之间、国家与国家之间沟通联系的礼器媒介。在分别和团聚之时，赠与铜镜，以镜为“信”，希望可以借镜的神力而重聚。以镜作为情侣之间爱情信物最早记载于汉代镜铭中：“见日之光，长毋相忘”，此镜铭表达了男女之间把镜作为信物，连接彼此的情感关系的媒介。除了镜铭记录，汉代以降被人们熟知的破镜重圆之典故，则来自于《神异经》中“昔有夫妻分别，破镜，人执半以为信”。此后分镜或破镜就意指夫妻分离，重圆则代表夫妻团聚。唐代白居易的《以镜赠别》诗云：“我惭貌丑老，绕鬓斑斑雪。不如赠少年，回照青丝发。因君千里去，持此将为别。”[①]表明朋友之间以分别赠镜表达友谊长存、期许重逢之美好愿景。铜镜自古以来在中日两国就有被作为礼物赏赐臣下、外国、外族使臣的媒介属性，在日本、朝鲜、吉尔吉斯斯坦、塔吉克斯坦、乌兹别克斯坦、伊朗等地都有汉镜或者唐镜出土。

人类学家莫斯认为：人类早期文明中为了缔结契约，会经由各自首领为中介，进行礼物交换。作为交换或馈赠的物品有一类就是雕饰着氏族图腾或等级图腾的纹样等充满灵性与魔力的物品，铜器是原始族群重要的信仰膜拜对象，会被慎重地分配给氏族首领的家庭。[②] 史料研究也已证明，在日本所出土的这些承载“西王母”记忆的三角缘神兽镜，不仅仅来源于中国铜镜技术的对外输出和当时中日两国的商贸活动。其中有一部分是三国时期作为魏王之“礼”而赠与当时日本邪马台的女王卑弥呼。这一观点是富冈谦藏先生首先提出[③]，而后被福山敏男、西田狩夫、冈村秀典等人继承。他们认为这些三角缘神兽镜中的镜铭中有“景初三年”“正始元年”等中国三国时期魏国纪年，因此应该是三国时期魏王在景初三年(公元239)，正始公元年间(240—249年)馈赠当时日本列岛邪马台女王卑弥呼的礼物之一“铜镜百枚”。其理由是基于《三国志・魏志》中的相关记载：

> 景初二年(纪元238年)六月，倭女王遣大夫难升米等诣郡，求诣天子朝献，太守刘夏遣吏将送诣京都。其年十二月，诏书报倭女王曰：“制诏亲魏倭王卑弥呼：带方太守刘夏遣使送汝大夫难升米，次使都市牛利，奉汝所献男生口四人，女生口六人，班布二匹二丈，以到。汝所在逾远，乃遣使贡献，是汝之忠孝，我甚哀汝。今以汝为亲魏倭王，假金印紫绶，装封付带方太守假

① [清]彭定求. 全唐诗[M]第十三册. 北京：中华书局，1985：4787.

② [法]马赛尔・莫斯. [礼物]汲喆译. 上海：上海人民出版社，2002：185.

③ 参见：[日]富冈谦藏. 古镜の研究[M]. 丸善株式会社. 1920；[日]福山敏男. 景初三年・正始元年三角缘神兽镜铭の陈氏と杜地[J]. 古代文化，1974(26)11. ；[日]西田狩夫. 铅同位体比法によゐ汉式镜研究への期待と杂感——主として吴镜と三角缘神兽镜关系资料にっぃて[J]，MUSEUM——东京国立博物馆美术志，1982(1). ；[日]冈村秀典. 三角缘神兽镜の时代[M]. 东京：吉川弘文馆，1999.

授汝……今以绛地交龙锦五匹、绛地绉粟罽十张、蒨绛五十匹、绀青五十匹，答汝所献贡直。又特赐汝绀地句文锦三匹、细班华罽五张、白绢五十匹、金八两、五尺刀二口、铜镜百枚、真珠铅丹各五十斤。”

正始元年(240年)，太守弓尊遣中校尉梯俊等奉诏书印授诣倭国，拜假倭王，并赍诏赐金、帛、锦罽、刀、镜、采物、倭王因使上表答谢诏恩。[①]

倭女王来朝与魏王对于倭女王的礼物赠与等传播活动，充满着中国王朝与古代日本列岛彼此之间的政治意图。当时魏王觉得邪马台国俯首称臣后，可以加大自己在东海的影响，牵制东吴与东海的联盟，稳定刚刚平定的辽东和朝鲜半岛的局势，符合自己的整体利益和长远利益，于是就在景初二年十二月下诏书，封卑弥呼为“亲魏倭王”，并赐予非常丰厚的国礼，其中包括铜镜百枚。而“事鬼道”的日本女王作为邪马台的大巫师，有维护国家安定和作物丰产的责任，日本的原始信仰是太阳神崇拜。铜镜的正面可取日光，象征太阳光，符合日本原始的太阳信仰崇拜。日本出土的三角缘神兽镜的背面有虺蛇纹样，也符合日本早期的蛇崇拜。因此倭女王向魏王索要的作为臣服的回馈礼就是铜镜。铜镜因此成为了三国时期魏国与古代日本之间政治传播的媒介。

二、物质传播与神话共享

(一) 西王母神话的“无症状”传播

日本学者提出日本神道教的产生与发展应该是受到了传入日本的早期中国道教思想的影响，他们所提出的证据正是三角缘神兽镜上的神仙东王公、西王母二神，以及“延年益寿，寿如金石”等道教语言。[②] 日本学者福永光司认为：天皇的名称和天皇皇族的仪式，礼节和色彩等象征意义的许多方面，比如天皇制、真人的称号、象征天皇地位和权力的镜与剑、日本皇室崇拜的紫色，祭祀皇族之神的伊势神宫，以及在神宫内以镜为神体的做法等应该是受到古代传入日本的中国早期道教的影响。当我们在讨论铜镜在中日两国早期交往中的媒介功能时，也不能忽略了西王母信仰等中国神仙思想和神话元素以铜镜为媒介对古代日本的无意识的文化传播。铜镜背面的这些神话“主题”是非个人化的风格元素，可

① 张岱年.传世藏书·史库[M].三国志.海口：海南国际新闻出版社，1996：329.
② 朴文一，金龟春.中国古代文化对朝鲜和日本的影响[M].哈尔滨：黑龙江朝鲜民族出版社，2000：85.

以触及到比个人创作和发明更加深刻的历史生活层面。也是集体无意识的表征。以西王母、东王公、神兽、车马以及充满天人感应思想的镜铭等中国神话思想和元素是三角缘神兽镜中常出现的“主题”。当承载这些神话主题的铜镜传入日本时,铜镜就成为了中国神话思维扎根于日本文化中的“藤蔓”,将文化符号和意识形态的内容伪装成自然的存在,从而实现了文化的无意识和“无症状”传播。这些神话符号和元素进而变成了“原型”进入到日本人的集体心理的无意识层面。也成为了日本神话、日本物语、日本能乐等后期文化形式创造的重要势能。

日本最早的物语小说《竹取物语》[①]中就曾描述到:女主人公赫映姬于八月十五日返归本籍月亮之国时就是穿上羽衣,吃了不死之药,登上云车,在百人簇拥下飞向月亮,这样的情节以及小说中的仙药、羽衣、云车,归月亮等神话元素与铜镜中的西王母神话图像主题极为类似。其他物语小说比如《羽衣传说》《海道记》《鹤妻》等故事中也都有中国道教仙话中频繁出现的神话元素。创作于14世纪左右的日本谣曲也有《西王母》的曲目,其中主要情节来源于西王母与周穆王以及汉武帝等君王的传说,其创作的来源虽然主要是传入日本的中国神话传说《穆天子传》和《汉武内传》等情节。但我们也无法否认日本三角缘神兽镜中的仙人西王母形象对其创作产生的影响。

(二)西王母神话重塑中日文化认同

扬·阿斯曼的文化记忆理论认为:“文化记忆需要附在一些客观外化物上,而文化意义则以某些固定形式被包裹其中。”[②]日本出土的三角缘神兽镜,目前保存在日本各大博物馆中,供中日两国国民参观,成为了储存中日早期友好交往与文化观念互动的集体记忆的绝佳物质载体和媒介。在铜镜中所封存的中日两国交往的历史记忆和西王母等文化记忆,可以随时被调取和重温,铜镜也就拥有了凝聚汉字文化圈文化认同的力量。虽然历史上两国也曾有过摩擦与龃龉,然而和平与友好才是无可否认的两国历史交流的主旋律。如果说中日两国地缘相近是文化相似的客观因素,那么民心相亲则是两国之间长久以来相互学习、文化借鉴、观念互动等历史实践的硕果。两国之间所共享的物质与精神文化值得两国官方和民间共同珍惜。铜镜作为中国向日本输出的重要的物质文化之一,所携带的中国神话元素传入日本后,被选择性吸收和过滤后,在日本神话、谣曲、物

---

① [日]佚名.竹取物语[M].王新禧译,西安:陕西出版社,2013.

② [德]扬·阿斯曼.文化记忆:早期高级文化中的文字、回忆与政治身份[M].金寿福,黄晓晨译,北京:北京大学出版社,2015:144.

语、和歌等文学中编码，与日本本土文化语境连接与融合，嵌套与共生。

本章小结

本章通过研究“西王母”符号在媒介周边的储存和再现，得出以下发现：第一，文化权力在媒介技术变革中的变迁，影响着神话符号的编码逻辑。文化权力在媒介空间“媒介周边”的垄断、更迭、下移，使得口语时代神话符号编码权从巫觋诗人等专职记忆传承者转移到文字时代，掌握文化资本的精英阶层中，又伴随着印刷时代的到来，在文化融合的力量下，被通俗文化所建构。第二，媒介技术的变革见证着神话记忆超越主体的肉身所具有的时空局限，依靠客观外部符号媒介、物质媒介等储存。神话符号不断延展其媒介空间的周边。在符号“媒介周边”传播过程中，在媒介模态的互补中，西王母神话文本不断被解构、拼贴、建构，呈现以适应不同时代的价值观念和审美趣味，西王母记忆从而实现了新旧文本的互文和接合。第三，通过承载“西王母”及其他神话符号的中日两国铜镜这一物质媒介的研究，笔者发现，神话记忆通过物质媒介的周边传播实现了跨国共享，这些共享的神话记忆可作为促进我国与周边国家之间文化认同的基础。

第六章

“天山”与“泰山”：当代西王母记忆的激活与重塑

“记忆既是记录、保存和延续的过程，也是被选择、被重组和被重塑的结果。”①在福柯知识考古学“向后看”的研究范式指导下，本研究三到五章考察了在地理空间、社会空间与媒介空间周边传播活动中，西王母记忆与权力关系的互构，并回应了记忆研究中“记忆生产的逻辑起点”“谁来记忆”“为什么这样记忆”“如何记忆”等重要命题。本章立足当下，基于新疆维吾尔自治区昌吉回族自治州阜康市(以下简称为阜康市)与山东省泰安市(以下简称为泰安市)两地实地调查，综合历史研究法、比较研究法、访谈法、问卷调查法、话语分析法等研究方法，采用周边传播四维分析框架，从历史维度、地理空间维度、社会实践空间维度(场域)以及媒介空间维度探索西王母记忆在“景观模式”神话资源开发中的激活与重塑。在第一节中，研究聚焦“景观空间”中的民族话语、地方话语、宗教话语是如何通过景观叙事、口语传播、祭祀仪式传播等立体周边传播活动中与西王母记忆形成互构关系。在第二节中，研究关注西王母记忆的实践之场。探索在“文化政治”的“神话主义”逻辑下，行动于政治场域和文化场域的文化主体在场域周边传播活动对于西王母当代记忆的书写和符号创新，以及流动于“实践之场”的权力关系与西王母记忆重塑之间的互构。在第三节中，研究视角转向“数字媒介”这一西王母记忆的“再现之场”。通过对于两地官方文旅类公众号中的西王母文本进行话语分析，探寻两地公众号中的西王母记忆如何在主流意识形态话语的缝合下在数字空间中重塑。这一部分的论述，也是对周边传播四维分析框架在当代神话记忆形塑中适用度的检验。

---

① 曾丽红.“记忆作为方舟”：论文博类纪录片形塑集体记忆的媒介功能[J].现代传播(中国传媒大学学报)，2020，42(11)：120—123.

6.1 激活之场：西王母记忆在以“景观空间”为中心的重塑

无论是新疆阜康市还是山东泰安市，民间口述西王母记忆的传承都出现后继乏力的情况。阜康天池管理委员会宣传教育法规处前处长刘力坤[①]介绍：目前本地非遗传承人年事已高，无法通过文化展演的“口述”与“倾听”的形式的口语传播方式将本地流传的西王母神话传承下去。同样的问题也发生在泰安地区，笔者在山东泰安王母池附近对本地居民的访谈中，一位访谈人也提道：“我们小时候，还听奶奶姥姥讲过一些民间神话传说，然而现在大家如果要想了解这些民间故事，主要是通过购买一些书籍来看，本地老人年纪大了，也没法再讲述故事了。”[②]神话记忆的传承与创新亟待新的传播模式的介入。近年来，杨利慧等学者重新阐释了“神话主义”(Mythologism)，将其视为现代文化产业、文化旅游产业和电子媒介技术广泛影响而产生的神话的转化、挪用和重新建构。[③] 目前基于“神话主义”的神话记忆激活与传承主要依赖景观模式、文学模式和影像模式等三种模式。[④] 西王母神话以文学和影像模式创新的代表为南派三叔所著的网络小说《盗墓笔记》系列，以及根据此书改编的电影及电视。在这些作品中《穆天子传》中的情节被解构、拼贴重塑后，产生了新的“西域女王”西王母形象。虽然在《盗墓笔记》系列中，“西王母”与穆天子的故事只是主要情节的背景，但客观上说，《盗墓笔记》系列的热度也使得《穆天子传》中的“西王母”这一中国神话形象获得了大众的广泛关注。相比于《盗墓笔记》系列，2014 年两岸合力打造的魔幻歌舞剧《女神·西王母》、2020 年新疆维吾尔自治区乌鲁木齐县启幕的《昆仑之约》，以及 2023 年河南卫视打造的“端午奇妙游”中的《王母宴瑶池》等都是在“中华优秀传统文化的创造性转化和创新性发展”这一国家文化话语基调下对于西王母神话基于“影像模式”的创新，三部作品无论从创作意图、艺术价值、和社会效益来说都是较为成功的神话创新作品。

景观模式下神话记忆的激活与转化成为近年来世界各国以及我国二十年来

---

① 访谈人编号 G. 女，56 岁，新疆天池景区官委会宣传教育法规处前处长。访谈形式：半结构性深度访谈.

② 访谈人编号 C. 女，35 岁，山东省泰安市王母池道观周边餐饮店店主。访谈形式：拦截式访谈.

③ 杨利慧，张多. 神话资源创造性转化的探索之路[J]. 长江大学学报(社会科学版)，2019，42(01)：1—8.

④ 孙正国. 激活认同：神话资源现代转化的关键路径[J]. 长江大学学报(社会科学版)，2019，42(01)：19—22.

常见的文化遗产的开发思路。景观模式的神话传承方式是指通过命名、修复、再造、集聚等景观生产方式,将神话符号和神话记忆嵌入自然景观或是历史遗迹、建筑等“纪念物”中,打造神话传说的记忆景观。形成以记忆景观空间为中心的“景观叙事”的视觉传播、导游词与景点标识牌构成的“语言文字传播”以及在景观空间中进行的民间祭祀和公祭仪式等“仪式传播”等构成立体交叉的周边传播模式,共同构成了神话传说记忆的激活装置。笔者在新疆阜康市与山东泰安市两地实地考察中发现,两地都在国家“文旅融合”的文化话语下以景观模式传承当地西王母文化,通过自然景观命名、修复历史建筑、建造人造景观、集聚西王母文化“纪念物”等景观生产手段分布打造“天山天池”和“泰山王母池”两地西王母记忆景观空间,并以记忆景观空间为中心开展周边传播活动,以激活当地文化中的西王母记忆,实现西王母文化资源创造性的传承与发展。

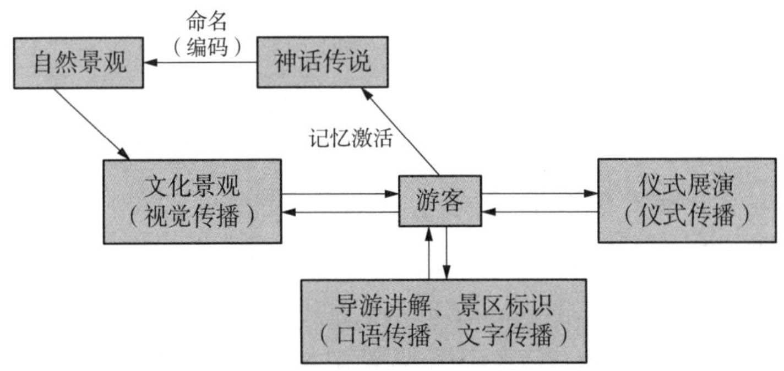

图 6.1　神话传说以“景观空间”为中心的传播模式

6.1.1　视觉周边传播:记忆嵌入与景观叙事

皮埃尔·诺拉(Pierre Nora)提出:记忆之场具有承载形塑和传承记忆的职能。“既有可触摸和可感知的物质层面,也有扎根于空间、时间、语言、传统和精神层面或是象征性的内容。是有形物和象征物交叉融合,具有重大意义的统一体,经由人的意志或者岁月的力量,这些统一体已经转变为共同体的记忆遗产的一个象征性元素。”①按照诺拉“记忆之场”的定义,神话“记忆之场”则应该包括:

① [法]皮埃尔·诺拉.记忆之场-法国国民意识的文化社会史[M],黄艳红等译,南京:南京大学出版,2015:76.

神话曾经流传过的地点，储存过神话记忆的文字、图像、碑刻、雕像等符号媒介和物质媒介，与神话相关的民俗活动和祭祀仪式。神话在跨地域传播的过程中，其记忆与地域性自然景观和人工景观嵌套，形成了地域性的民间神话传说、戏曲等非物质文化遗产，以及碑刻、图像、祠观等物质文化遗产，共同构成了西王母神话地域性的记忆之场。尤其是附着的地域性的自然景观和历史文化遗迹这些可触摸的物质文化遗产所占据的空间，因为被赋予了历史文化符号意涵，从而成为了地域性的神话“记忆景观空间”。

一、景观“赋魅”：从自然景观到记忆景观

德国自然地理学家 A·洪堡视景观（Landscape）为地理学的中心问题。认为景观是：地区某个区域内的总体特征，并开始探讨原始的自然景观转变成文化景观的过程。美国文化地理学家卡尔·索尔（Carl O. Sauer）在《景观的形态学》一文中将自然景观和文化景观概念加以区别，文化景观是居于某地的人们为满足其需要在自然景观的基础上依据主体意识所创造的文化景观。他将文化景观定义为特定时间内形成一个地方特征的自然和人文因素的符合体。① 也就是说，景观是被文化赋予意义的自然景色，其形成、发展、生产和消费都需要主体意识的参与，既是调和人与自然的空间媒介，也是文化在自然空间中的表征与再现。从远古时代开始，世界不同文化的人们都不约而同通过祭祀活动，赋予现实中的山川神圣的符号意涵。而在中国，封建王朝山川祭祀系统的历时变化，也赋予了遍及全国的山川等“自然景观”政治、宗教、文化意涵。笔者认为将自然景观转化为文化景观的过程是主体将文化符号和文化记忆赋予自然景观的漫长的历时文化生产实践过程。与地域自然景观密切联系的地域性神话传说则是从古到今地方民众围绕景观而展开的绵延不绝的想象性叙事。

那么景观是如何通过叙事继而实现神话传播功能呢？狭义叙事学中，叙事是将语词组合起来成为文本、句子和语言。而广义叙事学中作为“视觉图像”呈现的景观同样可以用来成为叙事的文本。② 文字符号构建的文本可以通过作者编码和读者解码的过程实现意义生产的传播逻辑，同样可以阐释景观叙事中，景

① Saucer Carl O. Recent Development in Cultural Geography [A]. In: Hayes EC (ed.). Recent Development in the Social Sciences [C]. New York: Lippin cott, 1927.

② [美]马修·波泰格等. 景观叙事：讲故事的设计实践[M]. 张楠等译，北京：中国建筑工业出版社，2015：33.

观中的文化符号所建构的文本如何通过景观设计者与游客之间的编解码的互动而产生意义。因此,景观叙事的实现依靠两个方面,一是需要赋予景观以文化符号;二是需要依靠游客成功解码这些文化符号,激活和唤醒附着在景观之上的记忆,实现景观记忆与个人记忆的转化。

景观生产者无疑是景观叙事的传播主体,他们需要将神话记忆通过景观生产的方式,嵌入景观空间中,使其成为景观记忆(Memory of Landscape)。[①] 而那些被神话符号“赋魅”,并成为神话记忆之场的景观可被称为神话记忆景观(Landscape of Memory)。它是神话得以传播的地理空间中心,神话传说以此为中心由近及远,从近周边到远周边,次第传播开来。

首先,景观生产者需要通过命名的方式,为景观赋予其神话传说的符号价值和文化意蕴。这个过程是一种将自然景观或人造景观变成文化景观的景观生产过程。当媒介中的神话传说嵌入到景观空间的物质形式中,就实现了神话从“媒介空间”向“现实空间”中的虚实空间转化过程。通过为景观嵌入神话记忆,景观成为了神话传说中的“纪念物”。现实与神话、历史与当下在“神话之核”的虚拟和现实的置换中得以重叠、交会。地方与传说、个人记忆与集体记忆由此嵌套共生。景观叙事结合了神话文本叙事中时间维度与景观的空间维度,链接了远古的幻想世界与当下的现实世界,实现了神话记忆的绵延,协调了景观与受众在时空体验的交互。比如:天山天池景区对于景区景观的命名来源于流传在新疆阜康地区久远的当地居民口语传承的西王母神话传说。阜康市将悠久的神话传说与地方风物的结合,通过景观生产的方式,将西王母神话记忆与天山天池自然景观嵌套,将天山天池自然景观打造为西王母神话记忆景观空间。

其次,景观生产者需要进行景观集聚,进行记忆景观圈层的打造。通过修复原有人工景观或是重建新的景观、集聚神话传说纪念物等组合方式,构建以神话传说核心景观为中心的景观圈层和景观体系。两地的西王母景观记忆空间生产和叙事从古到今赓续不绝。泰山王母池道观西王母记忆景观空间就是以泰山王母池为中心历经数代几经重建或修缮而形成的。天山天池西王母记忆景观空间的打造同样历经了旧址之上西王母祖庙的还原重建,西王母文化雕塑、纪念碑等人工景观的建造等过程,使天山天池西王母记忆景观成为了传播与传承西王母文化的特殊文化空间。

再次,景观生产者需要通过建构“景观话语”,传达社会意识形态与价值观。

---

① 刘沛林等.碛口旅游发展[M].太原:山西人民出版社,2006:5—6.

地理景观通常可以看作一个价值观念的象征系统，社会建构在这个价值观念之上，考察地理景观就是解读、阐释人的价值观念的文本。地理景观的形成过程同时也有社会意识形态的参与，社会意识形态正是通过地理景观得以保存与巩固。[①] 无论是天山还是泰山，都因为在中国历史不同时期被纳入王朝山川祭祀系统而成为“大一统”的意识形态所建构的具有政治地理意义的“神圣空间”。新疆阜康市和天池管理会将多民族文化交融的当地西王母与穆天子的神话传说记忆嵌套进天山天池景观的景观生产过程，也是将“民族平等、民族团结、各民族共同繁荣”“中华民族共同体”等国家民族话语嵌入景观的过程。

从游客（受众）视角来看，当游客访问一个承载着民族共同神话记忆的地方，那些在电影、小说、影视、神话故事等其他文本中获得的神话记忆，与记忆空间中的景观叙事互文而得以唤醒。[②] 景观记忆需要与游客认知框架中的既有知识互动才可以被激活，嵌套进景观中的神话符号才可以被受众解码，实现个人记忆与景观记忆的链接。一旦游客个人认知框架中的神话记忆被激活，充满神话符号的景观空间就成为了神话的“回忆之境”。在此空间中，神话记忆被游客们所共享，从而强化了共同体成员的文化认同。在景观空间打造的景观叙事中，游客的主体地位得以凸显。与口头或者书面叙事不同的是，观赏者可以自由进入景观空间的各处，任意选择游览线路，拥有解码景观空间文化符号的自由，成为发现“神话”的人。作为“物”的自然景观成为文化景观，进而成为记忆景观。以记忆景观为中心的景观叙事，实现了主体的文化实践与被实践的空间所建构的“人-物”之间的间性传播。

泰山王母池（泉）

天山天池

图 6.2　泰山王母池与天山天池景观

① ［英］迈克·克朗.文化地理学［M］，杨淑华，宋慧敏译，南京：南京大学出版社，2005：25.

② ［美］保罗·亚当斯.媒介与传播地理学［M］.袁艳译，北京：中国传媒大学出版社，2020：142.

二、西王母"天山女神"记忆重塑

(一)"天山女神"景观记忆空间:西王母记忆与天山天池的嵌套

天山山脉是亚洲东西文化的"分水岭",山脉南北两麓的无数绿洲,连接起来形成两条南北交通大动脉,天山北路和南路,连接中国通向蒙古国、西亚,乃至印度和伊朗,是亚洲东西交流的"走廊"和"桥梁"。① 天山南北早在汉唐时期就是古丝绸之路的重要驿站,在神话学家所考据的"神话昆仑"的原型地望中,天山也被认为是其中的一座。这主要基于两点理据:天山自然景观条件和政治地理中的"神圣性"。从自然景观条件来看,司马迁在《史记》中说:卷一百二十三曰:"《禹本记》言:'河出昆仑。昆仑其高二千五百余里,日月所避隐为光明也,其上有醴泉、瑶池'。"②这里说:"昆仑其高二千五百余里"(古代的一里约合今 0.75 里),即昆仑高约 937500 米,约为当今最高峰珠穆朗玛峰(海拔 8848 米)的 106 倍,由此可见,"昆仑"是中华民族心目中的最高山。而天山主峰博格达峰高达 5445 米,因此,被当地人认为是象征"宇宙之轴"的圣山。从历史建构视角来看,清代乾隆曾祭祀天山博格达峰,使其具有了政治地理意义上的"神圣性"。经过康熙、雍正、乾隆三朝的努力,清政府通过击败天山北路的蒙古准噶尔势力、平定了天山南路的大小和卓叛乱,最终在乾隆年间统一了新疆。在清朝平定西域的过程中,在乾隆二十、二十二、二十四年(1759)年,皆以皇帝名义颁文祭高峰博克达山。并于乾隆二十年颁布《岁祭博克达鄂拉文》。③ 乾隆将平定西域各部之举定为"讨逆",实际目的则是为了维护大一统的皇权统治,"右享还齐于岳渎,西陲永奠于遐荒。"

"华夏的礼仪秩序,自古就有一种'他者'的混杂型,这与排斥他者的秩序论,有很多区别"④乾隆将博克达山这一西域地区的圣山,与中原祭祀五岳四渎并置,并将其纳入官方祭祀系统。标定了清政府在新疆地区的统治管辖权力,鲜明赋予了这座西部高山归"大一统"帝国政治管辖的象征意义,体现了少数民族政权建立的清政府官方祭祀系统与中原王朝一脉相承的"不分夷夏,中外一家"的观念,也反映了"多元一体"的清朝政治治理中的制度精神。清政府认为王朝秩

① [日]松田寿男. 古代天山历史地理学研究[M]. 陈俊谋译,北京:中央民族学院出版社,1987:1.
② [汉]司马迁. 史记[M]. 卷二,清乾隆武英殿刻本. 41.
③ 钟兴麒. 西域国志校注[M]. 乌鲁木齐:新疆人民出版社,2002:317.
④ 王铭铭,文玉杓,大贯惠美子. 东亚文明中的山[J]. 西北民族研究,2013(02):69—78.

图6.3 "建修博克达山庙记"碑 阜康市博物馆资料图

序代表安宁、教化、唯有德者可治天下，这与《穆天子传》中周穆王会见西王母神话所体现的中国自古以来的强调"和夷诸夏"非武力征服的政治治理的观念是一致的。刘肖芜提出，西王母与周穆王会面的瑶池，就是位于新疆阜康地区的天山天池。[①] 其主要依据则是唐朝贞观二十三年(公元 649)，曾在当时的东莫贺城(现阜康市)设瑶池都护府，唐朝将军事机关以瑶池命名，说明在唐代，天山天池已经被视为西王母居所，"二十三年春正月辛亥，俘龟兹王诃黎不失等，限于社庙。二月丙戌，置瑶池都督府，隶安西都护府，叶护可汗遣使来朝"。[②] 据当地文献记载，西王母神话流传于阜康天山天池及周边地区已有数百年以上的历史。相传元代长春真人丘处机弟子在天山天池建造了铁瓦寺后，其后世弟子，相继在周边建立八仙观、北极观、娘娘庙、灵山寺(山神庙)等八大庙。天山天池地区也随之成为新疆道教中心。虽然后因战乱和其他原因，大部分道观寺庙被毁，然而西王母神话却随着道教的传播在当地民间代代相传。

清代，乾隆年间实施民屯、兵屯、犯屯等移民政策。据《清高宗实录》记载，自乾隆二十六年到乾隆四十五年(1762—1780)，每年都有大量甘肃和陕西农民在清政府组织下，举家西出嘉峪关，移民至天山以北各路，进行移民开垦。总计移民近十万。逐步形成以迪化(今乌鲁木齐)为中心，包括昌吉、罗克伦(昌吉县)、

① 刘肖芜.《穆天子传》今译[J]. 新疆社会科学，1982(03)：93—101.
② [后晋]刘昫. 旧唐书[M]. 北京：中华书局，1975：15.

阜康(特讷格尔)在内的屯垦区。[1] 作为重要的屯垦区之一,清乾隆四十一年(公元 1776 年)在此地建县,乾隆皇帝赐名阜康,取"物阜民康"之意。清代文学家纪筠被贬戍到迪化(现乌鲁木齐市)及周边地区生活、游历期间所著的描述新疆边塞生活和民俗风情的《乌鲁木齐杂诗》中,记录了由于移民遣户,汉民族文化与新疆地区各民族文化艺术传播交流的繁华景象。其中就有"儒书今过斡难河""衙官部曲亦横经"[2]等描写了清政府在乌鲁木齐、昌吉、呼图壁、阜康等旧置书院四处,建立科考制度之后,屯民多开乡塾,儒学西进的文化传播过程的诗句。《杂诗》中"谁言天马海西头,八骏从来不易求",提及了汉武帝所求之西域良马,与《穆天子传》中的八骏马。这两位帝王都是传说中与西王母会面的君王。这些诗歌侧面说明随着汉族移民与当地居民逐渐融合,其在经济活动与社会生活中,中原地区的西王母神话传说也随之流入天山北麓地区,并与当地的各民族神话融合,产生了多民族共同塑造的、独具边疆叙事特色的阜康西王母民间神话传说。

(二) 以天山天池为中心的西王母记忆景观建构

"天山天池景区"是新疆十大著名景点之一,世界自然遗产、国家重点风景名胜区和国家 5A 级旅游景区。景区距离阜康市区 37 公里,距离乌鲁木齐市 110 公里,是全国乃至世界游客游览新疆地区必去的景点之一。据新疆天池管委会宣传教育法规处处长刘文艺介绍:天池景区夏季每日接待游客量最高可达万人。

位于天山博格达峰下,海拔 1980 米的天然湖泊"天池"是新疆天池景区最核心的自然景观。在本地传说中,"天池"是西王母所居"瑶池仙境"。因此,阜康市和天山天池景区管理委员以"天池"这一西王母记忆核心景观为中心向周边不断扩展西王母记忆景观空间,打造了以"天池"为中心的阜康西王母记忆景观圈层。据新疆天池景区管理委员会前处长刘力坤介绍:新疆天池景区管委会依据流传于本地的西王母神话中的"核心叙事情节"和"核心场景"等对"天池"周边的多处自然景观进行命名,又建造了多处人造景观,将西王母记忆与天山天池多处景观空间嵌套,并写入导游词和景区标识牌中。也就是说,这些自然景观以前与本地的西王母神话传说并无直接联系。基于"神话主义"的遗产旅游开发的神话资源的挪用,景观生产主体将西王母记忆嵌入自然景观,以神话为天山天池景观"赋

---

① 华立. 清代新疆社会变迁研究[M]. 西安:西北大学出版社,2021:11.
② [清]纪晓岚. 乌鲁木齐杂诗[M]郝俊等注,乌鲁木齐:新疆人民出版社,1991:12.

魅”，从而实现了以“天池”这一西王母记忆核心景观为中心的景观圈层的扩展和集聚。通过景观的圈层化扩散，使得西王母记忆的“空间”周边维度上得以不断延展。景区中的“飞龙潭”“潜龙渊”“定海神针”“王母娘娘梳妆镜”“鹿鼎春”“兄妹杨”“石门一线”“仙女湾”“西王母之山”遗墨“会仙台”“消灾门”“窥浴石”“王母祖庙”“王母镇海像”“居仙洞”“王母灵泉”“达摩险境”“飞龙涧”“时来运转”“双松迎客”“山鬼情歌”“王母仙苑”等自然景观①和人工景观等名称均以基于相似性和相关性的隐喻和转喻的命名原则，从流传于当地的西王母神话传说中的核心情节和核心场景中选取(见表 6.1)。天山天池景区以《穆天子传》和当地传说中的周穆王和西王母“瑶池相会”情节为景观生产所再现的重要内容。正对着天山天池处建有一座西王母与周穆王执手相望的雕塑，既有对于西王母与周穆王瑶池和歌的传说记忆互文的解读功能，也是以西王母盼望周穆王三年后再会的传说情节来隐喻景区期待游客再游天山天池的愿望。

表 6.1 以新疆阜康天山天池为中心周边传播的西王母神话②

序号	神话目录	序号	神话目录
1	东王公与西王母化生	13	东方朔偷桃
2	游仙苑王母开筵款众真	14	东方朔偷药
3	万古瑶池重开宴	15	王母鹿苑
4	周穆王八骏赴瑶池	16	西王母之山
5	西王母瑶池盛宴周穆王	17	树木赛跑
6	羿和嫦娥的故事	18	消灾门
7	偷灵药	19	天池的来历
8	玉皇成亲	20	圣母灵泉
9	玄女施法	21	任猎户
10	西王母降蛟	22	天棚树窝子
11	西王母兵书助黄帝	23	卧虎山
12	穆为尧使见王母	24	观佛光

① 赵滨. 昌吉年鉴[M]. 阜康市天池管委会，2014：41.

② 根据《西王母文化研究集成：传说故事卷》整理。迟文杰. 西王母文化研究集成：传说故事卷[M]. 桂林：广西师范大学出版社 2009.

(续表)

序号	神话目录	序号	神话目录
25	神奇的雪莲花	40	一碗泉
26	山鬼情歌	41	连理树
27	七仙拜寿	42	簪剑劈石门
28	西王母沐浴	43	千岁榆,长命泉
29	王母娘娘私访	44	定海神针
30	三度嫦娥	45	蛤蟆石
31	瑶池缘	46	天池的来历
32	白鹤塘	47	天池铁瓦寺的传说
33	金童玉女偷吃蟠桃	48	锅底坑
34	金鸳鸯	49	夫妻树
35	乌龙谭	50	石穴仙洞
36	醉仙林	51	夜观天灯
37	梳妆镜	52	西王母祖庙的传说
38	天池神马	53	聚龙廊
39	顶天三石		

天山天池管委会刘文艺处长向笔者介绍了西王母祖庙的重建过程:"1989年,当时台湾慈惠堂总道长,踏遍祖国寻访各处道教圣地和名山,希望找到西王母祖庙原址所在地,然而一直遍寻未果。一日他在台湾,忽得西王母托梦,指示他所在方位,重建被毁坏多年的仙居。道长按照梦中王母指示寻访到了天山天池,发现这里的景观和所梦到地方完全吻合。而后台湾慈惠堂多次组织'拜拜团'寻根拜祖,并且捐款重建了西王母祖庙。"①西王母祖庙又名瑶池宫,海拔1980米,坐北朝南,三面环山,面向瑶池,地势左边就是当地圣山博格达峰,王母殿为主殿,东配殿为观音殿,西配殿则为吕祖殿,融合了佛道两教文化。

阜康市人民政府还将西王母记忆景观扩展至天山天池景区之外的阜康市其他地区,通过兴建"西王母文化"主题公园"瑶池园"的方式,集中展示阜康地区的西王母文化。并打造了以王母蟠桃文化为主题的集休闲观光、农产品展销为一体的乡村旅

① 访谈人编号H,男:42岁,新疆天池景区官委会宣传教育法规处处长。访谈形式:半结构性深度访谈。

游文化园区“王母桃园”。这是在当地政府发现西王母记忆人文景观和自然景观无法满足西王母文化消费时，对原有的西王母文化资源和文化产品的创造性补充。

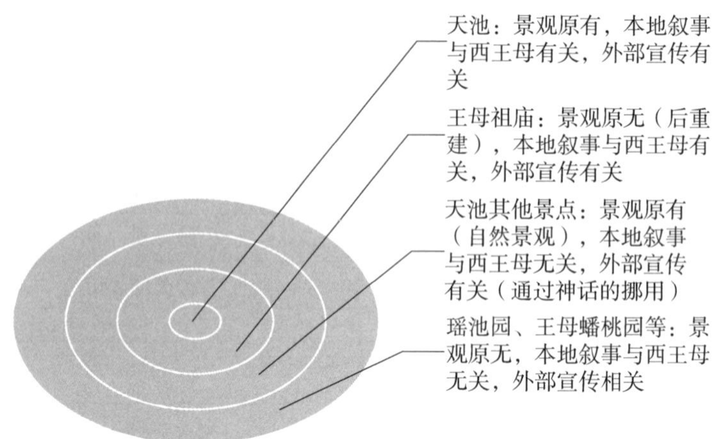

图6.4　阜康西王母记忆景观圈层结构

（三）乐土边疆景观叙事与民族话语

阜康地区居住着汉族、哈萨克族、回族等26个民族的人民。流传于阜康地区的西王母神话是以历史上汉族移民入此地区之后，中原地区的西王母神话为记忆框架的基础上与当地各民族文化融合后，在其原有基础上，增加了多民族文化的复调与转音，创造了西王母神话的最美和弦，是各民族人民集体智慧所创造的地方性文化记忆，也是新疆阜康及周边地区流传最广、影响最深的多民族共享的神话传说。阜康西王母神话在以阜康天山天池为中心的周边传播中不断流变，影响着少数民族的神话传说的形成与发展。历史上迁徙至新疆的中原汉族与新疆当地少数民族在“和谐与共”的愿景下，选择了西王母神话传说来塑造共同的历史记忆，作为整合汉族文化和新疆少数民族文化的重要桥梁，以构建族群之间的关联性和凝聚地区共同体的文化认同。阜康市人民政府在将“西王母神话”申报为国家非物质文化遗产时，曾明确提出阜康市的“西王母神话”主要以《山海经》时代的神话源头为源头，以《穆天子传》的故事情节为主线，以周穆王巡瑶池会见西王母的神话传说为主体的西王母文化记忆。并将西王母文化确定为本土的主流文化。[①] 其中充满着民族平等、民族团结、各民族共同繁荣的国家民

① 刘力坤.西王母神话田野调查取得成果[N].新疆日报(汉),2010-09-09.

族话语。在天山天池景区以及阜康市西王母记忆景观空间生产与景观叙事建构中,强调“周穆王与西王母瑶池相见”的神话叙事主体,形成了景观中的“乐土边疆叙事”。边疆叙事话语的可溯源至先秦时期,中原地区对于西域地区的边疆想象。通过对于边疆地理、风物,乃至神祇的个人体验和民族体验的描述和想象,将中原王朝人们对西域的认知、信念、情感、想象汇聚为西王母神话中,与中原政权领导者周穆王相会的西王母“西域女王”的记忆是作为中心地区的中原王朝对于边疆地区的风物想象和塑造,是一种中原中心对遥远西域地区的文化他者的凝视。这种态度是复杂的,既有对于边缘地区蛮荒的凝视与刻板印象的一面,又认为遥远处有神秘、美好的人间乐园而建构的乐土边疆的另一面向。而在当下,阜康市将阜康地区西王母神话以及《穆天子传》中的西王母历史传说嵌入到天山天池及周边地区的自然人文景观之中,使得记忆景观空间充满了“边疆风土”的文化符号。具有强烈的边疆叙事的特征。迎合着游客对于乐土边疆的认知与想象。同时西王母记忆景观叙事中,也体现着中华各民族平等、团结、融合的国家民族政策话语。在景观叙事中试图调试着中心与边缘、国家与边疆,地方性话语与民族国家话语,形塑“新疆是个好地方”,多民族融合、团结幸福的美好新疆形象。在这种景观叙事中,边疆不再是苦寒蛮荒之地,而是令人向往的人间乐土。同时,新疆天池景区景观叙事也将天山地区自古以来与华夏地区交通、交流、交融的周边传播的历史记忆呈现。

三、西王母“泰山女神”记忆重塑

(一)泰山女神记忆景观空间:西王母记忆与泰山王母池的嵌套

神话学者何新曾在《诸神的起源》中用大量篇幅论证泰山实则为“神话昆仑”的原型。其一,从自然地理来看,《淮南子·地形训》中昆仑都被称为“都广之野”,乃是黄帝下都,具有天下的中心、宇宙之脐的象征意涵,“建木在都广,众帝所自上下。日中无影,呼而无响,盖天地之中也。”昆仑山乃天脐也。而泰山所在的齐鲁之地,根据上古时代天地四方观念,正是天地的正中区。齐同“冀”。《山海经》郭璞注:“冀州,中土也。”《淮南子·地形训》也说:“正中冀州曰中土。”《汉书·郊祀志》:“齐之所以为齐,以天齐(脐)也。而齐地最高之山就是泰山。”[①]其二,从历史建构来看,泰山自先秦以来就具有政治、宗教的神圣地理空间意涵。

① 何新.诸神的世界[M]北京:现代出版社,2019:82.

首先，泰山从先秦时期就被纳入了国家祭祀系统，根据阴阳五行学说，泰山在五方中主东，在五行中属木，四时主春。具有万物所始之地的意涵，泰山在华北平原地貌中拔地而起，颇有天地之轴的气势。因此，帝王多在此告天祭地，以求获得神的圣诣和庇护。在秦汉之际，政权的势力范围主要是黄河中游，秦汉王朝通过泰山登封祀典，巩固和强化对东方黄淮地区的统治。《尚书·尧典》就暗示“岱岳”为东岳，自秦始皇起，历史上多为帝王在泰山进行封禅。《汉书·郊祀志》载：“自是五岳、四渎皆有常礼。东岳泰山于博。”①汉平帝元始五年，泰山从众多名山中遴选作为天下山岳的唯一代表从祀于南郊合祭天地、北郊祭地。泰山从地方性山岳，变为超越地域性的山岳代表符号，进入国家郊祀中，从祀于东方帝太昊。后历经魏晋南北朝，到隋唐五代，直到北宋宋真宗时期，延续唐代以来对于山川封爵制度，对泰山神不断加封。进一步确定了泰山的神圣性地位。不仅如此，与神话中昆仑山水系众多类似，泰山水系也十分发达，从岱顶到山麓，泉溪争流，景观灵秀。位于泰山王母池道观中的王母池就被当地居民认为是神话传说中西王母仙居瑶池。传说中王母泉之水是王母娘娘的梳洗打扮之水。因为西王母掌管不死之药，王母泉北侧又是供奉药王孙思邈的药王殿，因此本地居民认为泉水可以具有消除疾病的功能，因此本地居民会来此打水，一年四季，取水之人络绎不绝。

泰山地区西王母神话的传播历史悠久，早在三国时期曹植在《仙人篇》中就曾写道“东过王母庐，俯观五岳间”的诗句，可见西王母神话传播到泰山地区不会晚于东汉。泰山西王母文化记忆主要依托泰山地区的道教文化的传播而传承。泰山道教历史悠久，道教祖师张道陵创立“五斗米道”，其弟子曾在泰山进行布道活动并采药济世，至此道教在泰山蓬勃发展，经由魏晋南北朝至隋唐的道教洞天福地体系，泰山成为洞天福地中的36小洞天之一。杜光庭在《历代崇道记》中记载：“穆王于昆仑山、王屋山、嵩山、华山、泰山、衡山、恒山、终南山、会稽山、青城山、天台山、罗浮山、崆峒山置王母观，前后度道士五千余人。“孝武帝奉道弥笃，感王母降于宫中，遗帝白银像五躯，曰是太上老君之真形也。帝别营三殿而供养之，”道藏中的《墉城集仙录》中记载汉武帝“太始四年三月，行幸泰山，祠西王母，求灵应。”而目前在泰安岱岳庙碑刻廊中就有以《汉武帝内传》中描写的西王母所授汉武帝《五岳真形图》主图而篆刻的石碑。（见图6.5）。

① ［汉］班固.汉书［M］.北京：中华书局，2000：1034.

图 6.5　泰山《五岳真形图》石碑

宋代之后,地方性民间信仰兴起,使得泰山地区的道教同样向世俗化方向转化,道教西王母逐渐与盛行于华北地区的娘娘信仰结合。在泰山地区的民间信仰中,成为具有母性特征的玉皇大帝的对偶神“王母娘娘”,在泰山地区流行着不少关于王母娘娘的民间传说。在《泰山民间故事》和《泰安民间故事集萃》中收录了《吕祖洞》《肥桃的传说》《吕洞宾给王母娘娘拜寿》《瑶池会》等西王母民间传说。

(二)以泰山王母池为中心的西王母记忆景观建构

以泰山王母池为中心的西王母记忆景观生产历史可追溯到东汉时期,曹植在《仙人篇》提及的“东过王母庐,俯观五岳间”中的“庐”从“广”,是房屋的意思。由此可见,作为西王母文化“记忆之场”的早期建筑在东汉年间的泰山就已存在。关于泰山王母池较早的文字记载出自于唐代,先有李白的《游泰山六首》中的“朝饮王母池,瞑投天门关”的诗句。后在《双束碑记》中“王母池”被称为“瑶池”的记载:“大历七年,唐代宗遣内侍魏成信至岱岳修斋,并投告瑶池。”王母池现位于泰山脚下的泰山王母池道观(又名群玉庵)中。清《泰山道里记》载:“群玉庵,祀王母。宋皇祐间(1053 年),炼师庞归蒙居此,并主持修整了王母池殿宇。赐紫服,题名于石,后人增置了药王殿、观澜庭。石渠夹径,建以桥栏。庵前有飞鸾泉,又东跨涧,古有王母桥,今废。旁为吕公洞,唐双碑韦洪诗谓之‘发生洞’。宋钱伯言纪游谓之‘金母洞’。老君堂双碑载唐人题名,有‘拜访瑶池’之语,知其久也。上有‘王母楼’,俗称‘梳洗楼’。”①

① [清]聂鉞.泰山道里记[M]光绪四年刊本影印版.台北:成文出版社,1968:54—55.

泰山王母池道观从唐宋时期泰山脚下的小道观，经过明清时期、民国时期、建国之后的景观生产，逐渐将其打造成为道教西王母文化圣地，吸引着历代文人在此地进行文化生产。当代的泰山王母池道观是在保持清嘉庆年间的格局之基础上进行的修缮。院落空间小巧紧凑，采用中国传统对称式的布局，坐北朝南，三进式庙宇建筑，总面积5374平方米。除了嵌套西王母记忆的核心景观王母池之外，泰山王母池记忆景观空间中还集聚了王母池道观中供奉西王母的王母殿，神台上供奉西王母铜像，其左右两侧是汉武帝内传中的西王母侍女董双成和许飞琼，两侧陪祀有太阴娘娘、九天玄女等道教女神。正对殿南传说是西王母与群仙仙会的“悦仙亭”，也称“会仙亭”，亭内原有清同治年间泰安知府何毓福题匾：“瑶池小醉几经年，金碧楼台不鲜，偶踏闲云来岱麓，翻疑此地会群山。会群仙将进酒。半缕斜阳挂杨柳。风送山泉入耳清，尘器一洗无何有。心朝何地不蓬莱，斯世何代无仙才？壶中天地杯中月，吸到心胸万石开。”王母池道观外的王母娘娘梳妆的“梳洗河”以及与本地西王母与吕洞宾的神话传说嵌套的“吕祖洞”等景观。其中道观中同时道观内多处散落着记录泰山西王母文化以及泰山王母池道观的历史记录的碑刻题记。它们掩映在古柏虬松之中，呈现出肃穆庄严的“历史感”。王母池道观中的宫观建筑、王母池、石碑、亭阁是承载着西王母记忆的“凝固性媒介”，用“物的叙事”讲述着西王母道教文化在泰山的悠久传承。

图6.6　泰山王母池景观空间图①

① 程凤霞. 泰山王母池景观提升研究[D]. 山东农业大学，2018.

图 6.7　泰山王母池西王母记忆景观空间中的“凝固性媒介”

(三) 西王母道教文化和民间文化景观叙事

一个地方文化景观是地方文化符号汇聚的空间。泰山,就是这样一个汇聚中华民族道教文化符号所构成的文化空间,文化记忆的附着使现实的高山变为了充满想象的圣地景观。西王母在泰山地区的记忆,是与泰山道教文化记忆紧密相连的。

首先,泰山王母池道观是西王母记忆重要回忆空间,在整个空间中,不仅充满着道教神祇造像、道教建筑、道教科仪法器等具有道教文化符号的物质实体,还居住着若干道教全真派坤道道长,她们每日早晚的道教功课,以及在某些宗教节日进行的道教斋仪等,构成了道教文化符号的仪式活动载体。王母池道观空间形成与道教仪式活动和祭祀的礼制思想密切相连。整个空间秩序井然,两条轴线将整个空间划分为东西两侧,东侧为主轴线,西侧为次要轴线。主轴线上进行受戒和道教科仪活动。这些物质与仪式中的道教文化符号的组合,构成了泰山王母池记忆景观中的道教叙事。

其次,西王母与泰山神“东岳大帝”构成了道教“阴阳”参配之说。在前文中,笔者曾详细论述在道教经卷《枕上书》《墉城集仙录》以及神仙志怪小说《神异经》中所记载的西王母“至阴”之神的符号意涵。她与东王公所代表的至阳之神共理二气，而养育天地。与西方哲学思想的源头希腊神话中的女神盖亚一样，都是创造生命的原始力量。然而，希腊神话中盖亚与混沌体现的是西方哲学思想中的“二元对立”，混沌象征破坏和无序，盖亚象征创建和秩序。而西王母所代表的“阴”和东王公所代表的“阳”则代表着中国哲学思想和宇宙观中的阴阳相调，化生万物的“非二元对立思想”。西王母的“西”在五行之说中属金，与东王公属木先对。西王母所代表的阴阳五行观念表达着中国人的“四方八维”的时空观，而在泰山文化语境中，东王公则被换作了泰山神“东岳大帝”与西王母之阴相对。在道教中，乾道为阳，坤道为阴，泰山王母池道场作为全国著名道教坤道道场，与西王母所代表的“阴”契合。“阴”为母，王母池在山脚下，孕育万物。

再次，泰山王母池在泰山景观空间中的位置，也是道教文化符号象征系统中天地人三界关系的表征。泰山区域中的泰山神居住于泰山天阶之上，代表最高神灵所居之处的天界，泰安城则代表着熙攘之地的人界，渿河以下直到社首山、嵩里山都是鬼居的阴曹地府。而泰山王母池位于天阶之下，泰山南麓山，也就是泰山城到天阶的衔接处，因此，王母池道观是进入山顶天界的重要通道和大门，象征着人间和天界的边界。西王母就在此处发挥着道教中接引亡灵、度人升仙的神职。

在泰山地区，除了有道教西王母道教文化记忆，还传承着泰山风物传说中西王母神话传说的口传记忆，泰山王母池西王母记忆景观空间中的组成部分“吕祖洞”的得名就来源于流传于泰山地区的《吕祖洞》《吕洞宾给王母娘娘拜寿》等西王母和吕洞宾的民间神话传说。在泰山地区流传的最广泛的西王母传说是西王母（王母娘娘）蟠桃开筵传说故事：“王母池里住着王母娘娘，三月三和九月九是王母池的盛会，人到的比较多，卖东西的就像集市一样。三月三是王母娘娘的生日，所有的群仙都要到王母池聚会，给王母娘娘做寿。”①“吕祖洞”北侧有《重修吕祖洞碑》，为嘉庆二十一年所立，洞顶还有“洞天福地”刻石，为光绪二十一年赵镇广等人所题，它们共同构建了泰山王母池西王母民间文化景观叙事。

在笔者调查访谈的过程中，一位泰山王母池周边的民宿老板王女士②说道：“我们小时候呀，都是奶奶姥姥给我们说这个泰山神话故事，其中就有王母娘娘在王母池开蟠桃会的故事和吕洞宾给王母娘娘拜寿的故事。后来长大后呀，特

① 陶阳，徐纪民，吴绵．泰山民间故事大观［M］．北京：文化艺术出版社，1984：217．

② 访谈人编号C，女，35岁，山东省泰安市王母池道观周边餐饮店店主，访谈形式：拦截式访谈。

别是 90 年代旅游业兴起,我们自己也会买一些比如《美丽的泰山》这样的一些关于泰山神话传说的书来阅读,然后和来这边旅游的游客讲述。”自中国南宋时期,地方性信仰的兴起超越了佛、道两教,限定了此后中国民间宗教“三教合一”发展趋势的基本轮廓以及道教世俗化、民间化的基本走向。道教诸神开始与民间诸神一起融入一个庞大的官僚体系。与经史和诗文中的西王母记忆是由精英阶层在主流话语秩序之下所撰写,其目的在于维护封建王朝的秩序不同,小传统的口语文化记忆中的西王母记忆是与地方文化结合的发挥着构建地域性的文化认同与身份认同的功能。这些民间神话传说大都是道教西王母女神信仰与民间娘娘信仰融合后产生,因此,在泰山地区民间神话中的西王母被称为“王母娘娘”。

笔者在实地观察中发现,与天山天池景区围绕着西王母记忆进行积极景观生产和景观叙事不同。泰山景区对于西王母记忆的景观生产则显得较为消极。笔者认为,这其中有两点原因:

第一,两地政府对于本地西王母文化的重视程度不同。阜康“西王母神话”曾在 2014 年成功获批“国家级非物质文化遗产”。阜康市将西王母神话传说定义为阜康地区的主流文化。无论是阜康市人民政府、阜康市文旅局还是新疆天池管委会,都对当地的西王母神话的创造性转化和创新性发展极为重视,将其视为当地最为重要的文旅开发的文化资源。笔者在天山天池管委会调研时,工作人员向笔者热情介绍和宣传当地西王母文化和未来如何传承当地西王母文化的发展规划。而泰山西王母道教文化虽然在泰山地区传承历史悠久,却没有被当地政府和文旅部门所重视。一方面,泰山文化符号众多,相较于泰山女神“碧霞元君”、泰山神“东岳大帝”等神话符号,“西王母”并无明显的文化符号竞争优势。另一方面,山东是儒家文化发源地,泰山地区较为重儒轻道,导致了泰山地区历史悠久的道教文化受到一定程度的压制。笔者在泰山王母池道观的调研中,与天山天池管委会工作人员热情介绍和宣传阜康西王母神话截然不同,无论是泰山景区管理人员、政协统战部相关工作人员、还是道观道长谈及西王母道教文化的态度都较为谨慎。

第二,两地西王母记忆景观在景区的位置差异。天山天池是天山天池景区最为核心的景观,占据景区的中心位置。因此,游客来此游览最想了解的自然是有关天池的神话传说与历史记忆。而泰山王母池则是泰山脚下位于王母池道观中的一个微小景观,从泰山脚下的东西向主干道的环山路中,经过一条小径才可以通向王母池道观。地点较为偏僻和清幽,因此很多选择登泰山的外地游客不会专程绕道来此游览参观。而且由于王母池道观是宗教场所，因此相较于天池的开放性景观空间，呈现出封闭性的特点，同样成为泰山王母池景观生产和叙事客观上的不利因素。

6.1.2 口语周边传播：记忆植入与互文激活

景观叙事具有含蓄性和开放性的特点。游客成功解码附着在景观上的文化符号是景观叙事可以达成良好传播效果的关键。然而，一方面，历史上神话曾经被作为迷信而被禁绝，神话记忆并非每一位游客认知框架中的组成部分，很多游客并不了解《穆天子传》《山海经》《汉武帝内传》中的西王母神话传说，也不了解“西王母”与“王母娘娘”之间的符号嬗变关系。另一方面由于流传于阜康地区和泰安地区的西王母神话传说的主要叙事框架已经与当地风物传说融合，具有了地方话语叙事的特征。在两地的景观空间生产中，也基本依据流传于当地的神话传说中的核心情节和场景，基于相似性和相关性的转喻和隐喻的方式对于景观加以命名。因此，大部分游客是缺少解码天山天池和泰山王母池中西王母符号的能力的。这时候，导游的口语传播作为与景观叙事的互文的文本，成为辅助景观叙事，实现西王母景观记忆激活的关键。

一、天山天池导游词：悬念激发、意在传承

笔者对天山天池导游词进行文本分析后发现，导游词中的西王母记忆主要有以下三个来源：其一，流传于以新疆阜康天山天池为中心辐射周边县域（巴里坤、木垒、奇台、吉木萨尔）的西王母民间神话传说。其二，以《山海经》《穆天子传》等古籍中的西王母神话传说，以及李白、李商隐、杜甫等人所创作的西王母意象诗歌。其三，当地县志记载以及专家学者所考据的与西王母文化相关的史料等内容。

天山天池景区的导游词主要是由新疆天池管委会法规处负责组织专家学者精心编写。刘力坤[①]在向笔者介绍新疆西王母神话的非物质文化遗产传承情况时提及：“2014 年，新疆阜康‘西王母神话’入选第四批国家级非物质文化遗产，

---

① 访谈人编号 G. 女，56 岁，新疆天池景区官委会宣传教育法规处前处长。访谈形式：半结构性深度访谈。

从此,西王母神话保护和传承成为国家文化体系建构中的重要一部分。然而,目前仍然在世的西王母神话国家级非物质文化遗产代表性传承人只有曾经在当地文化馆工作的马克义一人,而且他年事已高,基本无法继续承担西王母神话的传承工作。因此,培养西王母神话口头传承人就成为了国家级非物质文化遗产“阜康西王母神话”是否可以传承的关键。新疆天池管委会有意识地将天山天池景区导游作为‘后备役’非遗传承人加以培养。”每一位导游上岗之前,管委会都会对其进行西王母文化知识的培训。导游需要将导游词背诵熟练,内化于胸,并可根据场景灵活运用。一位哈萨克族导游介绍:“通过景区管委会对他们培训和自学,他们都可以讲述本地流传的西王母神话传说。”①

笔者在田野调研中,以游客身份与视角,发现了天山天池景区的导游口语传播与景观叙事的互文逻辑,以及导游词是如何通过对于游客进行记忆植入而成为记忆装置,并与景观空间打造的景观叙事共同激活天山天池西王母记忆的。

首先,记忆植入,提升解码成功率。天山天池景区售票大厅到天山天池主景区共有 32 公里的距离。当游客在天山天池景区售票大厅购票后,并不能直接走入天池主景区,而是需要乘坐二段共 40 分钟的车程。乘客上车后,车辆未开动前,导游就开始了一段对景区总览式的讲解:“美丽的天山天池,古称‘瑶池’,又有‘龙潭’‘冰池’之称,是中国神话传说中东方第一女神——西王母的仙居圣地。”将天山天池景区主景观“天池”与西王母神话传说中的西王母的仙居“瑶池”进行了符号链接。当车辆行进至旅游接待场“黄竹山庄”时,导游向游客提问:“大家知道为什么这里叫黄竹山庄吗?”这时候大部分游客都表现出了好奇和兴奋,期待着导游继续讲解。导游巧妙地利用设问成功抓住了游客的注意力,提高了接下来的讲解传播效果。导游接着讲述:“这就要从唐朝大诗人李商隐那首流传千古的诗词《瑶池》说起。原诗是这样的:‘瑶池阿母绮窗开,黄竹歌声动地哀。八骏日行三万里,穆王何事不重来?’相传周朝第五代国君周穆王,驾八骏帅六师,带着中原的锦罗绸缎与书籍来到仰慕之久的西王母之邦,周穆王在瑶池盘桓了六六三十六天后,决意东归。西王母虽然依依不舍,但念穆王巡游已数年,也该回去看看了,便设宴送别。席间特为穆王歌咏道:‘白云在天,山陵自出。道里悠远,山川间之。将子无死,尚能复来?’穆王也情深意长地和道:‘予归东土,和治诸夏。万民平均,吾顾见汝。比及三年,将复而野……。’西王母与周穆王依依

① 访谈人编号 F.男:28 岁,新疆天池景区导游。访谈形式:拦截式访谈。

话别，留下了这段千古佳话，从此后，‘黄竹离别’就成为人生离别的极致。美丽的天池是天开的一幅画卷，千百年来令无数游人心醉神迷，李白、李商隐、邱处机、纪晓岚、王树楠、谢玉康、茅盾、郭沫若等历代文人写下了许多名篇佳作。”这一段讲解将《穆天子传》、西王母诗歌等西王母文字记忆中与新疆天山天池嵌入的部分，提纲挈领地讲述出来。导游在车程中，将西王母记忆植入游客的意识中。激发了游客解码景观文化符号的主动性和参与性，提升了游客成功解码景观符号的成功率。

其次，搭建框架，制造景观悬念。在进入主景区的车程中，导游会为游客提供一个景区内的景观框架，使游客形成景观心理图式，激发游客的自主探寻景观欲望。导游告诉游客：“景区为游客提供了三种不同的登临天池的线路：一是走飞龙涧人行步道，在沿途可欣赏到的景点有‘双松迎客’‘山鬼情歌’‘悬泉瑶虹’‘飞龙吐哺’瀑布、飞龙潭等景观。二是走潜龙渊人行步道，在沿途可欣赏到的景点有‘雪岭云杉’‘西小天池’‘怡情廊’‘绿水榭’‘养心阁’等景观。三是可以乘坐区间车，同样也可以欣赏到不同的景观。”在进入天池主景区后，导游也有类似的讲解：“天池主湖区观光分两种方式。一是可以体验景区环湖步道，全长 12.5 公里，用时大致 4 至 5 小时，大家可以根据自己的体力选择步行路段，不一定要走完全程，二是可以乘坐景区观光船舶，用时 25 分钟。……两种方式均可欣赏到天池八景中的三景，分别是定海神针、南山望雪、西山观松等景观。”

再次，讲述神话，互文景观叙事。在游览中，导游通过讲述本地流传的西王母神话传说来解释景观的命名。比如，在途经景观“天棚树窝子”时，导游便讲述了流传于阜康地区的神话传说“天棚树窝子”。“相传天山上居住的人越来越多，天帝便命神农氏，在天山种植树木花草，使其与人间其他的山脉相通。神农氏招来山神，给他许多种子，并传授了播种之术。山神领命后便往天山，行到天棚树窝子处，西王母的信使三足乌来迎，山神不知这就是神农氏所讲的衔种播种者，看它长得奇怪，不小心脚下一绊，便一个跟头将怀中的一包榆树籽洒落了，此处便密密麻麻长出了榆树。至今民间还流传着描述天棚树窝子的歌：骑马进山不见天，扬鞭赶车树缠鞭。隔河搭话人不见，天棚树窝遮容颜。”在介绍天池八景之一的“石门一线”中，导游讲述了同样流传于阜康地区的神话“簪剑劈石门”。“前方即将看见天池八景之一的‘石门一线’。相传当年西王母与周穆王瑶池相会时，相携而上瑶池，被一座大山截断，西王母及众神仙虽可飞越，穆王及其三千卫队却望而却步。西王母见状,便从云鬓间拔出一支簪剑,直劈挡道大山。只听一声巨响,那山竟如两扇巨门徐徐开启,一条曲径通幽的山路豁然展现眼前,神话中的'石门一线'诞生了。"选择乘船的游客也同样会听到来自游船录音的讲解词。比如在游船途中经过"定海神针"景观时,游船会播放以下根据本地西王母神话传说改编的讲解词:"瑶池水怪因为没有被邀请参加王母瑶池筵,盛怒之搅乱瑶池水,西王母取下头上宝簪,投入瑶池,瑶池水面变得平静下来。后来,这个宝簪就幻化为一棵榆树,守护瑶池,无论瑶池水位怎么涨,都不会淹没这棵树,因此被称作'定海神针'。"

"记忆"具有在不同媒介形式中流动的特点。因此,书写和口语记忆并非界限泾渭分明,西王母书写记忆代表的是大传统的精英文化中话语。在神话跨地域性的流动中,这些书写记忆与不同地域风物传说结合产生了植根于不同地域文化的西王母口语记忆变体。阜康天山天池的景区导游词中整合了经典中的西王母文字记忆与当地西王母语民间传说的口语记忆。可视为当地政府在协调主流文化叙事话语与地方性文化叙事话语中的努力。不仅如此,天山天池景区的导游词中将隐含于西王母记忆景观中的国家民族话语直接表达了出来。"新疆自古以来就是中国不可分割的一部分,多民族大一统格局是我国自秦汉以来就基本形成的历史传统和独特优势,各民族相濡以沫、休戚与共,共同铸就了源远流长、多姿多彩的华夏文明,共同塑造了你中有我、我中有你、包含包容、兼收并蓄的多元文化。"

二、泰山王母池导游词:内容简略、有待增补

由于相较于泰山其他神祇文化,西王母文化并不占据泰山文化中心位置,因此泰安当地文旅部门并没有将其作为泰山主要文化加以宣传推广。在泰安市文化和旅游局所编写的《畅游泰安—新编导游词》中仅有几句有关西王母神话传说和西王母道教文化的简单介绍。其文本主要来源于《山海经》《穆天子传》《汉武帝内传》等文字记忆:"正殿正中央供奉的便是咱们王母池的家长西王母了。西王母在民间除了被称为王母娘娘,又称西姥、王母、金母和金母元君。西王母之名最初可见于《山海经》。'西'指方位,'王母'即神名。《汉武帝内传》说,年科三十许,容颜绝世。在《山海经》中却这样来描绘王母形象:'身虎齿,豹尾蓬头',由此很多专家考证,所谓西王母是遥远母系氏族社会时期,西方的一位部落女性首领。研究昆仑文化的学者李晓伟说:'事实上,被无数神话光环笼罩的西王母并

非天仙，而是青海湖以西游牧部落的女酋长。’”[①]泰安市文旅部门和景区管委会既往一直主打口号：“登泰山，保平安。”泰山文化历史悠久，且作为古代帝王登基封禅之处。登上泰山之顶，如临仙界，对游客有着很强的吸引力。然而游客们并不知道，在道教文化中，凡人修仙成功是需要去西王母那里报到，才可以入仙籍。因此大部分游客会错过王母池道观参拜西王母这一重要环节。笔者认为，西王母道教文化中所代表的“超越”“不朽”“长寿”“和平”“阴的力量”都是代表着中国传统文化中可以与世界其他文明共享的价值观。道教《太平经》就有“寿若西王母”之说，西王母所代表的好生、乐生、永生的内在精髓与中国古代生命哲学一脉相承。同时“寿”也是中国传统文化价值观核心层面中极为重要的组成部分。《尚书·洪范》中论及中国五福观念：“一曰寿、二曰富、三曰康宁、四月攸好德，五曰考终命。”五福观念代表着全面幸福观，涉及人生活的方方面面。并给传统价值观提供了明确的终极价值目标。[②] 坤道为阳，为登泰山，长路漫漫辛劳登泰顶，否极泰来。坤道为阴，为入瑶池，泰山脚下孕育万物生，家和平安。周易讲：“易有太极，是生两仪，两仪生四象，四象生八卦”，两仪指天地，也就是阴阳。《墉城集仙录》中记录的西王母是“西王母。乃西华之至妙，洞阴之极尊……以主阴灵之气，理於西方，亦号王母……结气成形，与东王木公共理二气，而养育天地”。《易经·系辞上》云：“盛德大业至矣哉？富有之谓大业，日新之谓盛德，生生之谓易。”这指天地的盛德就在于阴阳相生并不断地创生出新的事物。即为中国宇宙观的本质，构成了中华民族完整的生命哲学。[③] 综上所述，笔者认为，泰山西王母道教文化是值得深入挖掘的文化宝库。其中蕴含着巨大的社会文化整合价值和文化旅游开发价值。如若将其通过写入泰山导游词中，配以其他整合开发形式。可将其打造为泰山旅游的另一名片。笔者在泰山王母池中对游客的调查问卷显示：58 位受访者中，有 50 位受访者非常认同或者基本认同泰山西王母文化是泰山文化的重要组成部分。

在两地的田野调查中，笔者发现：导游们对于西王母神话的理解也仅限于流传于当地的西王母神话传说以及景区导游词中内容，并非对西王母文化有综合性的把握和认识。此外，能够耐心聆听导游讲解词的游客凤毛麟角。再加上游客文化素质的参差，有些游客也无法理解蕴藏于景观中的文化价值内涵。景区

---

① 泰安市文化和旅游局. 畅游泰安——新编导游词[M]. 内部资料，2010：129.

② 江畅. 中国传统价值观及其现代转化[M]. 北京：社会科学文献出版社，2020：55.

③ 万建中. 西王母神话的现代表达——读罗兰·巴特的《神话学》[J]. 青海社会科学，2010(05)：10—13.

导游作为传播者,通过对于西王母神话的"传",是否可以将西王母记忆"承"下去,取决于作为拥有主体意识的信息接受者的游客是否自愿接收西王母记忆并将其内化和传播。导游词的口语传播方式主要还是通过记忆植入对游客进行的控制、强制性传播,其效果可能会打折扣。而如果在景观设计中增加互动体验的形式,比如将西王母与穆王和歌的场景在天池之上通过表演呈现,使游客从"听见"神话变为"遇见"神话。也许会实现更好的传播效果。

6.1.3 仪式周边传播:民间祭祀与公祭展演

在神话记忆景观空间之中开展祭祀仪式,可以为本地居民和游客打造一个"共在"的神话回忆空间,并使记忆景观"作为一个整体被升华为一个符号"[①]神圣性会以祭祀空间为中心向周边外溢传播,仪式作为一种可以被不断重复的文化记忆术,具有凝聚文化共同体成员身份认同、文化认同的社会功能。古代封建王朝的祭祀活动是政治传播的重要手段。通过祭祀仪式,将一系列的神祇作为象征符号置于文化系统框架中,实现政治言说、教化的社会秩序整合功能。西王母在中国古代王朝中曾数次被纳入官方祭祀系统,成为统治者与民众共享的文化符号系统中的重要组成部分。中华人民共和国成立之后,曾经有一段时间与历史文化资源划清界限,神话以及仪式性纪念活动曾被认为是迷信、封建的产物而被封禁。20 世纪 80 年代之后,随着传统文化的复兴,特别是神话复兴运动在全国各地的发展,国家与地方政府逐渐意识到中国神话以及相伴而生的民间信俗活动、民间宗教活动对于建构地方社会共同体秩序、凝聚地方文化认同,乃至凝聚中华民族文化认同的重要意义。在国家和地方政府的政策推动下,神话回忆空间得以恢复重建。在国家宗教局认定的宗教祭祀空间中的民间祭祀活动出现。泰山王母池道观在每年的农历三月三日和农历七月十八日,即传说中的西王母蟠桃会以及西王母生辰这两个较为重要的道教节庆日,各举行为期三天的西王母道场。而天山天池景区也曾多次举办围绕西王母文化开展的西王母庙会活动,并于 2015 和 2016 连续两年在天山博格达峰举行了西王母的公祭仪式。

---

① [德]扬·阿斯曼.文化记忆:早期高级文化中的文字、回忆与政治身份[M].金寿福,黄晓晨译,北京:北京大学出版社,2015:55.

泰山王母池道观民间祭祀(每年三月三蟠桃会)　天山天池博格达峰西王母公祭(2016年)

图6.8　两地西王母祭祀

一、泰山王母池道观民间祭祀

改革开放以来,我国宗教信仰政策逐步调整、落实,宗教管理机构的设置,宗教空间得以恢复与重建,宗教人士重获了宗教活动场所和弘扬中国传统文化的空间,信仰民众也拥有了祭祀活动的信仰文化空间。泰山王母池道观是中国道教协会认可的西王母坤道道场,也是泰安及其周边省市西王母道教文化的中心。道观住持道长刁宇松道长向笔者介绍说:“我与妹妹刁宇峰,于1995年泰山王母池道观开放之时,就来到此处修行。目前王母池道观中共有坤道道长8位。”①自从泰山王母池道观对外开放以来,一直香火不绝。在某些特殊的日子,比如农历三月三西王母蟠桃会和七月十八日传说中的西王母圣诞之时,游客和信仰民众络绎不绝,观内香火尤为旺盛。在泰山风景名胜管理委员会和泰山民族与宗教事务局管理之下,泰山王母池道观中的民众日常祭祀活动以及每年的香会活动都严格按照国家宗教政策的相关规定进行。笔者于2022年7月15日和16日两天早上8:00到下午5:00,通过参与式观察、拦截式访谈和问卷调查等研究方法,调查泰山王母池的游客的人群构成、游客对西王母文化的了解以及游客对泰安西王母文化的传播等看法。研究之所以没有选择三月三蟠桃会等宗教节庆日进行,是因为在道教节庆日,前来祭祀的香客及管理人员以及其他协助人员众多庞杂,不利于开展问卷发放回收、访谈等调研工作。而在较为日常时间展开调查,可以较为客观地了解王母池道观的日常民间祭祀、信仰活动的实际情

① 访谈人编码A.女:泰山王母池道观住持,访谈形式:半结构化访谈。

况。调查结果显示,泰山西王母道观的游客基本来自于泰安本地以及周边城市和省份。58 位受访者中有 38 人都是泰山本地人,占比 65.32%。一位来自于泰安本地的受访者说:“对于当地人来说,平日来王母池道观静思、祈福可以获得心灵的平静。”①其他地区的受访者分别来自于河北沧州、邯郸;河南洛阳;山东聊城、德州等地。这与明清以来流传于华北地区的娘娘信仰的传统有关。受访者中有 26 位来王母池道观的目的是参观游览,占比 44.83%。有 27 位受访者游览的目的是参拜王母娘娘和其他娘娘或神仙,占总受访者比例为 46.56%。说明来泰山王母池道观的游客中,有很大一部分比例是受到了西王母道教信仰文化或者民间信仰文化的影响而选择来泰山王母池道观进行祭祀活动。遵循着周边传播的规律,泰山西王母道教文化正是以王母池道观这一重要的信仰祭祀空间为中心向周边城市和省份传播。

图 6.9　受访对象现居住地

笔者观察到:来自于泰安市本地的祭祀者,基本都是个人或者陪同亲友来王母池道观进行参拜祭祀西王母的活动。而外地香客,大都三五成群,甚至有几十人组成的拜拜团,组团前来进香参拜。即使是寻常日子,香客仍然纷沓而至,7 月 16 日早上 8:00 到下午 17:00 就有十余波来自外省的十人以上的香客团前来,其中最大规模的有五十人左右,香客团由下至几岁孩童,上至 60 岁以上老人所组成,以女性为主。大学学历以下占比为大多数。而他们的职业则较为多元,有农民、企事业单位职工,经商人员、退休人员,还有其他自由职业者。

① 访谈人编号 B. 男:32 岁,个体从业者,访谈方式:拦截式访谈。

比起本地前来祭拜的民众的从容，外地香客团大都行色匆匆，她们会在大约半个小时内熟练地完成上香、摆供、跪拜、祈祷等流程。除了参拜西王母以外，她们也会去偏殿参拜药王、斗母等其他道教神仙。调查问卷显示，这些香客的祭祀活动，大多都是自发性的行为，并非有组织性的信仰活动。笔者访谈了一位来自河南洛阳的香客，问及有没有香头组织进香活动，她说：“没有谁来组织我们，我们基本都是谁想要来，就打电话通知村里的朋友，大家一起就包车过来了。”①在参与式观察中，笔者发现：香客与道长之间基本没有语言沟通，而是主要依靠互拜作揖等身体语言进行交流。一般是香客进香上供之后，道长会回赠香客一些她们手工缝制的香包等作为回礼。泰安王母池道观中并没有开展售卖香火、祈福用品等商业活动，也没有商业资本的参与道观的运营。道观由景区管委会负责管理，道长们只是寄住在道观中清修。他们有些是国家在编的宗教人员，因此，每月有固定工资，也有些信徒会为她们供养。笔者访谈的一位王母池道观志愿者介绍：“我平时经常在这边做义工，捐赠部分物资。另外有企业家朋友，商人朋友等我经常带他们过来游览，他们会祈福，会求愿，做法事。目前我们也在通过这种方式供养一下师父们。”②泰山王母池道观道长示范和信众协作共同构建了观中宁静和肃穆的清修环境。“人们将会抗拒个体化（Individualization）和社会原子化（Social Atomization）的过程，而更愿意在那些不断产生归属感、最终在许多情况下产生一种共同体的组织中聚集到一起。”③泰山王母池道观为本地居民和游客提供了较为纯粹的道教文化空间，成为了凝聚本地居民和周边地区民众文化认同的文化空间和心灵家园。

与明清时期官方以教化民众为目的而推行的“三教合一”的宗教思想观念不同，中国明清时期民间信仰中的“三教浑融”则是百姓们为了满足现实需求的功利目的而将儒家圣人、道佛神仙杂糅的神仙体系的创造。明清时期中国民间的小庙，经常杂糅儒、释、道诸位灵长的混合小庙，“一般人民，多不辨其教义上的差别，多混合佛道而信仰。”④民间百姓为了追求最佳的效验，以求得现世安稳和摆脱生活困境，并不会只信仰、祭祀一个神祇。这种信仰观念一直延续至今。一位

① 访谈人编号 D. 女：45 岁，农民，访谈方式：拦截式访谈。

② 访谈人编号 B. 男：32 岁，个体从业者，访谈方式：拦截式访谈。

③ [美]曼纽尔·卡斯特. 认同的力量[M]. 曹荣湘译，北京：社会科学文献出版社，2006：65.

④ 王树槐. 中国现代化的区域研究（1860—1916）江苏省[M]. 北京：中央研究院—近代史研究所，1984：634.

来自河南安阳汤阴的访谈对象说:"俺们就是哪里有庙呀,就往哪里跑,俺们是从老家一路见庙就拜过来的,待会还要上山去拜泰山奶奶。这里是王母池,俺们就给王母进香。"[①]当笔者询问她是否知道王母是哪个宗教信仰的神祇,主要有什么神职功能时,她回答:"俺也不知道呀,俺也不了解具体这些,来了就求个平安呀、健康,心诚就灵。"调查问卷也显示:前来祭祀西王母的香客们大部分不太了解泰山西王母文化,甚至有54%的受访者并不了解泰山西王母文化中的西王母是道教的女神。31%的受访者认为西王母是佛教女神。因此,前来祭拜西王母的香客,并非道教或者佛教的信仰者。由此也说明,西王母在民众心目中早已超越了具体宗教信仰层面,而是植根于中华民族文化记忆中文化符号。在民众集体记忆中,西王母是可以为他们带来平安、健康、长寿的祭祀对象。一位企业干部在访谈时说道:"西王母与泰山奶奶和妈祖等区域性女神以及观音等外来的佛教女神不同,她是超越了地方性的中华民族共同的神祇,也是凝聚中华民族文化认同的重要文化符号。"[②]前来祭拜西王母的香客的主要诉求是求平安与长寿,占比为63.8%,也有些香客祭祀西王母是为了求风调雨顺、求财、求学以及其他目的。民众个体西王母记忆中来源于地域文化和成长环境所带来的个体经验。调查显示:香客们个体西王母记忆大都来源于流传于所成长和居住地区的民间神话和传说、西王母曲艺、西王母庙会等民俗活动,以及《西游记》等小说或者电视剧。而诸如《山海经》《穆天子传》等经典文献中的西王母神话传说等,对大部分香客而言极为陌生。

13.您认为王母文化是以下哪种宗教的文化 [多选题]

选项	小计	比例
道教	46	79.31%
佛教	18	31.03%
伊斯兰	0	0%
基督教	1	1.72%
民间信仰	7	12.07%
其他	1	1.72%
本题有效填写人次	58	

图6.10 受访对象对于西王母文化的认知

① 访谈人编号D.女:45岁,农民,访谈方式:拦截式访谈。
② 访谈人编号E.男:48岁,国企干部,访谈方式:拦截式访谈。

8.您参观王母娘娘是为了？(如果您是因为其他原因来王母池，此题可不填写)[多选题]

选项	小计	比例
求子	2	3.45%
求平安	21	36.21%
求健康长寿	16	27.59%
求风调雨顺	12	20.69%
求发财	7	12.07%
求婚姻	3	5.17%
求官	1	1.72%
求学	8	13.79%
求好运	11	18.97%
还愿	2	3.45%
其他	17	29.31%
(空)	11	18.97%
本题有效填写人次	58	

图 6.11　受访对象游览王母池目的

14.您是通过何种渠道了解王母文化的？　[多选题]

选项	小计	比例
西游记等中国古代小说	20	34.48%
山海经、太平广记、穆天子传等中国古代神话典籍	9	15.52%
牛郎织女等中国民间神话传说	8	13.79%
自己家乡的本地神话传说	29	50%
王母娘娘的戏曲等曲艺	6	10.34%
含有王母、瑶池等意象的诗词等	18	31.03%
道藏、墉城集仙录等道教典籍及仙话	3	5.17%
王母娘娘影视动漫作品	2	3.45%
七夕、王母庙会等民俗或民间信仰活动	8	13.79%
西王母汉画像、铜镜	4	6.9%
盗墓笔记等现代奇幻小说	2	3.45%
其他	4	6.9%
本题有效填写人次	58	

图 6.12　受访对象了解西王母文化的渠道

除了香客们的日常祭祀活动以外，泰山王母池道观中还会在每年农历三月三，也就是传说中的西王母蟠桃会和七月十八传说中的西王母圣诞期间举行每年两次的“三天朝科榜”香会活动。在仪式一致性的重复记忆中，使西王母道教文化记忆，在共同体成员中激活和传承。泰山王母池道观中举行的西王母香会活动与同为西王母文化传播圈的新疆阜康天山天池西王母庙会，以及甘肃泾川西王母文化庙会等注重商贸活动和娱乐活动的世俗性文化庙会气氛迥异。泰山王母池西王母香会完全按照道教斋教仪式进行，且地点仅局限于泰山王母池道观中。在香会期间，道观成为一个相对封闭性且充满道教文化符号的信仰文化空间。整个仪式过程呈现出道教的庄严和神圣。不仅如此，与其他地区文化庙会多由地方政府组织不同，泰安政府相关部门并不参与香会的组织，只有泰山景区管委会在王母池道观举办香会期间提供安全保障服务。

二、天山天池公祭仪式

随着中国传统文化的逐步复兴，上世纪 90 年代以来，全国各地方政府争相通过各种方式，力求获得黄帝神话里、伏羲神话、女娲神话、大禹神话等中国"神话发源地"的文化地理标签。河南黄帝故里祭祀大典、陕西黄帝陵公祭黄帝大典、甘肃天水伏羲祭祀，以及各地女娲祭祀等政府公祭活动成为了各地政府常用的宣告神话起源地的手段。以这些公祭仪式空间为中心，中国神话向周边国家和地区传播的过程中，引发了海外侨胞、港澳同胞前往祭祖的"文化寻根热潮"。

目前在中国规模最大且较为固定的西王母的公祭活动是自 2012 年起每年在甘肃省平凉市泾川县"王母宫"举行的全球华人祭祀"华夏母亲·西王母"的祭祀活动。此活动每年都会吸引大量来自全球各地，特别是台湾地区的祭祀"西王母"的民众。当地政府也旨在将西王母塑造为全球华夏儿女的"华夏母亲"的文化符号，并以"西王母"符号作为促进海峡两岸关系的文化纽带。自 2014 年新疆阜康市"西王母神话"成功入选了国家级非物质遗产后，也曾于 2015 和 2016 连续两年在天山博格达峰举行西王母文化庙会活动。其中西王母祭祀典礼是庙会活动中重要的一个环节。圣山博格达峰举行西王母祭祀仪式，是以博格达峰这一神圣空间来建构西王母文化的"回忆之境"，在神圣空间中的循环时间中，使在场的参与者建立历史记忆与现实生活的联系。祭祀空间中充满着用来激活在场参与者西王母文化记忆的西王母文化象征符号系统中的蟠桃、西王母造像等。祭祀仪式选用了中国礼仪中最高规格的三叩九拜之礼。祭祀人员身穿汉服，对华夏民族女神西王母以传统的周礼进行祭拜。仪式环节中有击鼓鸣钟、进献花篮、摆放贡品、净手上香、诵读祭文等一系列的仪式流程。

"仪式的本质在于，能够原本地把曾经有关秩序加以重现。"[①]仪式将过去和现在相连。在充满各种象征符号的仪式空间之中，西王母记忆得以激活并向周边空间蔓延。公祭仪式不仅使现场观众获得与历史对话的在场空间，也可通过电视和短视频平台直播的传播方式，超越祭祀现场空间而实现跨地域的传播，引发"不在

① [德]扬·阿斯曼.文化记忆:早期高级文化中的文字、回忆与政治身份[M].金寿福，黄晓晨译，北京:北京大学出版社，2015:88.

场”的收看祭祀仪式的受众的情感共振，建立共同体成员的情感链接与文化链接。

虽然公祭仪式无论在空间选择还是仪式流程方面都具有了神圣性仪式的外壳，然而透过形式看本质，公祭仪式的内核却是一场在地方政府的议程设置之下，邀请学者、专家、政界、商界和社会各界人士参与的大型文化展演活动，具有丹尼尔·戴扬和伊莱尔·卡兹所界定的媒介事件的文化展演的典型要素。首先，这种对于古代神祇的公祭需要事先经过地方市委市政府、宣传部、景区管委会的批准、策划、宣布乃至广告宣传。其次，地方媒体也会在现场对其进行宣传报道，并通过传统媒体和新媒体等各种媒体平台、渠道发布信息。作为2015年新疆天山西王母祭祀观礼嘉宾的中国辞赋家协会副主席王宇斌一语将公祭活动的中国传统文化展演功能道破：“这次祭祀典礼阵容整齐、肃穆庄严、场面宏大，汉服周礼等中国传统礼仪在这里得到了完美的再现。”作为文化展演的公祭仪式常伴随着其他文化娱乐活动。2015年，新疆阜康天山西王母文化庙会活动中，除了西王母公祭活动之外，还举办了“丝路寻梦·大美新疆发现亚洲之美摄影展”，福寿观、西王母祖庙祈福法会，阜康第四届美食节天池特色美食展等系列活动。来自新疆京剧团、新疆曲子剧团、新疆杂技团、天池民族歌舞团的艺术家们在庙会期间以“唱大戏”的形式带来文化表演。

地方政府将本地神话传说作为发展地方经济、促进文旅产业发展的文化资源，并通过举办神祇公祭仪式和地方文化庙会等文化传播活动，构建地方政府形象、发展地方文旅产业，招商引资、推进地方经济发展。阜康市的西王母公祭活动，正是以文化搭台，经济唱戏的形式，在社会效益与经济效益的双重考量之下的文化传播和经济传播活动。这与古代王朝以构建王朝运行秩序的政治传播祭祀活动从举办目的和社会功能来说已经截然不同，被现代性“去魅化”的祭祀对象的神圣性、宣教功能几乎消失殆尽。

在田野调查中，笔者发现，无论是在中国边疆省份的新疆阜康地区还是中华文化腹地的山东泰安地区，西王母文化都因其巨大的内源性的绵延力量，跨越时空、社会阶层、文化圈层、审美趣味的区隔，实现了在时空周边的永恒回归。两地都通过以“景观空间”为中心的视觉传播、口语传播和仪式传播等立体周边传播模式，意图将西王母形塑为西域“天山女神”和“泰山女神”等地区文化符号，并通过文化遗产创新发展的方式，赋能地方文化经济发展，以此实现西王母记忆与地方经济和文化发展的双向建构。

6.2 实践之场:西王母记忆在"文化政治"话语下的重塑

神话记忆的重塑依赖于文化主体对神话符号进行文化生产的自觉。在田野调查中,笔者发现,西王母文化传承与传播主体主要是地方政府、服务于政府文化部门、地方高校、景区管理委员会等地方文化精英,以及政府宗教局管理下的宗教人士等三类人群。而地方文化精英则是神话记忆重塑的主体力量。一方面,这些地方精英在地方政府和学术机构担任一定职务,具有一定的政治资本,另一方面,又因为他们具有较高学历和文学素养,对地方历史文化熟稔,也具有一定的文化资本,他们在政府工作人员和地方文化精英两种身份之间自由切换,是行动于政治和文化场域周边的文化生产者。而现代化发展进程无可避免造成了原本具有一定符号资本的宗教场域行动者的文化力量式微,他们在西王母文化的创造性发展和记忆重塑中只能起到辅助传播作用。

6.2.1 政治话语的"文化实践"

文化政治(CulturePolitics)是后现代和后殖民理论中的文化批评概念。认为"文化不是自治地,也不是外在地决定地领域,而是社会差异与社会斗争的场所,当代文化研究者认为文化和政治之间没有中介和隔阂,可以毫无轩轾地成为文化政治。[①] 当下各国的文化政治运动是政治运行秩序中的一种方式,其中神话"遗产化"运动是世界各国文化政治运动中的其中一项内容。各国政府都意识到作为一种宏大民族起源叙事的神话,是民族文化记忆中的重要象征符号系统和凝聚民族共同体认同的符号资源。在田野调查中,笔者发现,两地西王母文化都被国家和地方性政府在神话"遗产化"运动中加以开发和利用。

在将中国上古神话作为文化遗产的"神话主义"的逻辑下,[②]在神话创造性转化和创新性发展的国家文化话语下,地方政府成为了本地神话遗产资源开发的核心力量。而服务于地方政府文化、旅游部门和景区管理部门的工作人员则成为了地方历史文化深井中神话资源的挖掘者。这些具有政府公职人员身

---

① 单世联.文化、政治与文化政治[J].天津社会科学,2006(03):42—50.

② 张多.女娲神话重述的文化政治——以遗产化运动为中心[J].北京社会科学,2016(08):64—72.

份和文化精英双重身份的场域周边的行动者不仅决定着地方性神话资源的价值是否可以得到充分发掘和利用，也是主导地方神话记忆景观生产，重塑本地神话记忆的重要文化力量。我国各级别文化遗产都是由各级官方部门评定的。由政府决定哪些历史文物是有价值的，哪些文化遗存应该被作为“文化遗产”加以保护或者传承。只有那些被各级政府（分为国家、省、市、县四级）认定为“中华民族优秀历史文化遗产”的物质和非物质文化遗存，才会被传承和保护，获得持久的文化生命力。各省文化遗产一般由省文化和旅游厅主管，各省市县文化局、非遗中心、群众艺术馆以及相关景区管理部门等负责申报和具体保护工作。无论是作为国家文物保护单位的物质遗产的泰山古建筑群中的“王母池”，还是作为国家级非物质文化遗产的阜康“西王母神话”，从申报准备阶段、申报书撰写、项目评选等各个环节都是由政治场域中的行动者来决定的。由此可见，承载西王母记忆的物质文化和非物质文化，能获得目前“中华民族优秀历史文化遗产”的文化标签和文化身份，离不开服务于地方政府文化部门的文化精英们的文化实践活动。

阜康市委、市政府、新疆天池管理委员会围绕“西王母神话”国家级非物质遗产的申报到后续遗产资源开发，进行了以下文化实践传播活动：第一，以研促宣：阜康市将西王母文化作为阜康地区主流文化进行宣传。市委宣传部和天池管委会等召集全国各大高校和学术机构相关专家，通过召开文化研讨会的形式，论证西王母神话发源与新疆阜康地区的历史关联。在当地政府与文化精英的协作下，2009 年中国民俗学会“神话与西王母文化研究专业委员会”在新疆天山天池成立。到目前为止，阜康市委宣传部和新疆天池管委会已经举办了四届中国神话学与西王母文化研讨会，推动了国内外学者研究和传播西王母文化热潮。第二，扎根调研：自 1979 年起，国家文化部①以及各文艺协会相继启动编撰“十部文艺集成志书”的工作后，文化工作者在新疆阜康及周边地区田间地头、乡村城镇收集与整理新疆阜康地区的西王母民间神话传说。20 世纪 90 年代后，先后出版了《民间故事集成》《瑶池与西王母的传说》《天池传说与王母神话》等西王母传说故事书籍。阜康市又在 2010 年启动大规模的西王母神话田野调查。天池管委会工作人员刘力坤等调查人员用时三个月时间走遍新疆及周边省区，整理

① 1979 年名称。2018 年 3 月，第十三届全国人民代表大会第一次会议决定，将文化部、国家旅游局的职责整合，组建文化和旅游部，作为国务院组成部门。——编者注

搜集西王母神话传说的历史文献、遗迹和碑文等。在搜集的口传神话原有的基本叙事框架基础之上，对其进行部分增饰与删减，使得神话叙事结构上更完整、主题更鲜明、语言更凝练。并将民间口传的记忆重新编码，2008 年出版了《瑶池与西王母的传说》和《西王母文化集成·传说故事卷》，开创了西王母口语记忆与和书写记忆互动的创新文化实践。第三，文创开发：2014 年新疆阜康市成功申请了“西王母神话”国家级非物质文化遗产之后，在国家“文旅融合”“文化润疆”“以文促旅”“以旅彰文”的文化话语下，将西王母符号进行了 IP 化开发，打造了“爱上天池，爱在阜康”为主题的一系列包括 T 恤、棒球帽、帆布袋、鼠标垫、冰箱贴等西王母周边文创产品。第四、以文彰旅：阜康地区以“西王母”神话作为文化标签积极促进地域文化旅游发展。多次开展以“西王母”神话为主题的文化旅游活动。比如，2021 年 4 月开展《我心目中的瑶池·西王母》征稿活动，吸引了大量全国各地儿童参加，将西王母记忆代际传递。2022 年 7 月，新疆天池管理委员会同山西省文化和旅游厅共同协调举办为期两天的“晋阜情深　共享非遗”。表演结束后，身穿西王母文化萌宠汉服的工作人员进场和游客互动。

泰安地区在国家宗教政策指导下，通过西王母造像、恢复西王母祭祀仪式等形式重建了西王母信仰文化空间。将以政治场域为中心的西王母记忆的重塑的文化实践扩散到宗教场域，发挥道教人士对于西王母道教文化的挖掘和优秀传统文化精神的弘扬。从 20 世纪 80 年代至今，泰安市政府在明清时期王母池道观建筑和道观空间基础之上，通过多次修缮、扩建才使得这座庙宇保持如今秀丽的面貌。2006 年“泰山古建筑群王母池”被国务院批准全国重点文物保护单位。现立于泰山王母池道观的《重修王母池碑记》见证了泰山王母池道观重修的历史记忆。

表 6.2　列入国家级和省级非物质文化遗产代表名录(项目)的西王母文化

项目名称	申报单位	列入年份	级别/批次
甘肃泾川西王母信俗	甘肃省平凉市泾川县	2008	第二批国家级
新疆阜康西王母神话	新疆维吾尔自治区昌吉回族自治州阜康市	2014	第四批国家级
青海西王母石室传说	青海省海西蒙古族藏族自治州天骏县	2020	第四批省级

表 6.3　与西王母相关的我国主要文物保护单位

文物名称	所在地	级别	评选年份	基本情况
王母宫石窟	甘肃省平凉市泾川县	全国重点	2006 年第六批	相传为西王母降生地、发祥地和祖庙所在地。
泰山古建筑群王母池	山东省泰安市	全国重点	2006 年第六批	古称“瑶池,”王母池道观主祠西王母。
西王母寺、石室	青海省海西蒙古族藏族自治州天峻县	省级	2008 年第六批	《汉书・地理志》中“西海郡之西有西王母室”
武梁祠	山东省嘉祥县	全国重点	1961 年第一批	东汉祠堂,主要画像为西王母、东王公。
孝堂山郭氏墓石祠	山东省济南市	全国重点	1961 年第一批	东汉时期石刻画像,主要有西王母等。
和林格尔东汉壁画墓	内蒙古和林格尔县	全国重点	2013 年第七批	东汉时期墓葬壁画,其中有西王母画像。
永乐宫壁画	山西省芮城县	全国重点	1961 年第一批	元代朝元图:两侧壁上分别画着西王母。

6.2.2　国家话语的“地方实践”

在调查中笔者发现,新疆阜康和山东泰安两地文化精英,都在国家话语体系之下,采取因地制宜的方式,通过“著书立说”“参与研究”“参与景观生产”等在地文化实践方式,将西王母文化记忆与地方文化结合,重塑与地方文化嵌套的西王母记忆。神话传说的传播具有非均质传播的特点,其符号的文化创新和知识生产与文化权力具有互文表里的互动关系。前文所述,在泰安和阜康地区进行西王母符号文化创新和传播的最重要的主体力量是具有政府公职身份与文化学者双重身份的地方文化精英。他们行动于政治和文化场域周边、兼有政治资本和文化资本,是链接地方民众和地方政府的桥梁。地方文化精英大都具有发展地方文化、构建地方形象的文化自觉。也是地方知识的拥有者,地方文化的生产实践者和地方传统文化的挖掘者。对于地方文化建设发展发挥重要作用。“生活在一定地域的文化人往往会努力挖掘所在地域的文化传统,寻找地域的文化标记。"[①]在地方性景观文化空间生产中，地方文化精英会有意识地将地方抽象的文化精神投射到地域性景观空间中，使其以具象和固态的形式承载，同时他们还将本地神话资源的社会价值与经济价值发掘，使其成为发展地方文化经济的重要抓手。不仅如此，地方文化精英还常常通过文化生产将地方性的神话记忆融入国家主流文化话语建构之中，将本地神话传说在国家话语的"在地化"民俗生产实践活动下整合为具有地方性特色的主流文化和公共文化。

《穆天子传》记录着中原地区与西域地区自古以来和平友好交往的历史记忆。阜康市地方政府与地方文化精英以《穆天子传》中周穆王与西王母的故事主线为框架对本地西王母神话记忆重塑，发挥西王母神话团结新疆各族人民、凝聚中华民族共同体和维护新疆地区社会秩序的作用。现任阜康市委副书记、天池管委会主任的迟文杰近年来主持编撰了诸如《民间故事集成》《瑶池与西王母的传说》《天池传说与王母神话》《周穆王西游记》《瑶池史画》等。天池管委会组织编纂的《西王母文化集成》(共 7 卷 10 本)陆续出版，奠定了天山天池管委会在西王母文化研究与实践中的重要地位。新疆天池管委会宣传教育法规处前处长刘力坤这些年一直致力于阜康市西王母文化的研究和宣传。她编写了多部与西王母文化相关的书籍如:《时光隧道》《西王母文化集成》《瑶池讲坛》《名人与天池》等。

泰安地方文化精英们则意图通过构建西王母"泰山女神"的符号意涵，将西王母文化与泰山文化做深度嵌套。泰山风景名胜区管理委员会前副主任吕继祥在所著的《泰山娘娘信仰》中则意图将西王母形塑为"泰山女神"的本土文化符号，将泰山西王母文化打造为泰山地区重要的文化遗产加以传承发展，发挥其社会效益和经济效益。在书中《西王母:早期的泰山女神》这一节中，吕继祥写道:"母系氏族社会，在泰山地区掌权的领袖是何许人呢? 我们认为她就是西王母。"[②]他首先论证了泰山是神话昆仑山的原型，那么居住在昆仑地区的部落氏族部落联盟首领西王母自然就是泰山地区的女性领袖。其次，他发现《山海经》中的西王母蓬发戴胜的形象与远古时期，生活在泰山地区的东夷人"披发纹身"的打扮相似。泰山百余华里的新泰市出土旧石器时代晚期的虎齿化石，说明远古时期，泰山地区有虎存在，因此《山海经》中的西王母才有了虎齿豹尾的形象。

① 田兆元. 秦汉时期东南学术文化的演变与地域文化传统[J]. 中文自学指导，2005(04):23—26.
② 吕继祥. 泰山娘娘信仰[M]. 学苑出版社，1994:16—19.

再次,《竹书纪年》中西王母自称“鸟鸫氏”,而东夷的氏族部落图腾就为鸟。《山海经》多处提及为西王母取食的三青鸟,《左传·昭公十七年》记载,青鸟氏是东方少昊族的一部分,西王母的“西”并不是东南西北方位中的西方,而是《说文》中的“鸟在巢上也,象形,日在西方而鸟西”。也就是说“西”同“栖”,乃鸟所居之所。吕继祥多方考据文献资料以证明西王母是“泰山女神”的原型。他的学术研究,同样是在国家民族话语体系之下提出,上古东夷部族是与华夏族共同塑造中华五千年文明的重要文化力量,得出了西王母神话的出现是上古时期,山东泰山地区的东夷文化与中原文化交融共生的民族周边传播效果的结论。

6.2.3 主流意识形态话语的“调适实践”

主流意识形态话语是指在国家政治、文化、历史、经济等方面的规范和表述。它是促进国家稳定、统一的基础,通过具体的政策和措施引导人们的思想观念和价值观念,并在社会生活中发挥重要作用。无论是在国家宗教政策指导下恢复的民间祭祀活动还是地方政府议程设置下的公祭活动,都是国家主流意识话语在当下社会阶层分化形成的不同阶层的多样化价值需求下,面对社会多元话语的话语生态下的让渡与调适。也是我国主流意识形态话语试图突破西方现代性话语主导的“现代与传统”“科学与迷信”“进步与落后”等二元话语窠臼的创新性尝试,是国家治理体系的创新体现。其目的是发挥中国传统文化,尤其是发挥根植于中华民族文化基因和文化记忆中神话的“聚力”和“铸魂”的文化价值。通过祭祀仪式来重塑神话符号意涵,使其成为中国式现代化话语体系建设中的重要组成部分。

无论是各地政府组织的公祭活动还是寺庙道观在特殊宗教节庆举办的宗教法会活动从价值体系、社会功能来说都与古代祭祀有本质区别。泰山王母池道观刁宇松道长介绍说:王母池道观的西王母祈福法会不仅会在道教节庆日农历三月三西王母蟠桃会举行,也会在党和国家重要节日举办。比如2019年中华人民共和国成立70周年之际,泰山王母池就举行了“庆祝新中国成立70周年暨西王母圣诞祈福法会”。在传统的道教科仪取水、开坛、法事科仪之前,还举行了升国旗的仪式。[①] 这场法会的目的,不再是为了祭祀西王母这个道教女神,而是为

① 访谈人编码A.女:泰山王母池道观住持,访谈形式:半结构化访谈。

了通过这种仪式展演表达道教人士对于党和国家的热爱,祝福风调雨顺、海晏河清、国家繁荣昌盛、人民安居乐业。可见在国家宗教事务局的管理下,宗教场域的行动者已经自觉在“爱党、爱国、爱教、爱社会主义”等主流意识形态话语下开展文化实践活动。

当代地方政府公祭活动同样是在主流意识形态的话语调适下,发掘中国传统文化的优秀价值观和文化根脉的文化实践方式,政府公祭的对象并非具象的中国神话中的神祇,而是承载中华文明优秀价值观的“符号载体”。地方政府举行公祭的目的是重塑“神话符号”的意涵,发挥神话的社会价值与文化价值。新疆阜康天山天池的西王母公祭活动是为了将西王母塑造为“和平女神”“天山女神”“东方第一女神”等新时代文化符号,使其成为凝聚全球华人的向心力的文化力量与精神标识。中国民俗学会副会长赵宗福曾在新疆天山天池西王母公祭时表示:在中华民族形成过程中,逐步形成多元一体、相互认同、资源共享、文化共融的局面。在新疆这样一个多民族地区对中华民族共有的女神西王母进行这样的祭祀仪式,有着民族和谐、民族团结、共同进步、奔向小康的积极意义。笔者认为,在西王母公祭仪式中,地方政府意图打造象征性的“仪式空间”,在此空间中,将西王母符号象征的中华民族优秀传统价值观通过仪式活动集中展示。其一是“以和为贵”“和而不同”的思想。在西王母神话传说中,西王母与黄帝、舜帝、周穆王、汉武帝之间的交往和对话,都是围绕着献玉琯、授地图、言和平、减杀戮而展开的。体现着历史上中华民族“和洽诸夏”“和睦万邦”的历史与文化传统。其二是“长寿慈悲”“和谐团圆”的内涵。西王母是掌管不死之药和祐人长寿和度人成仙的女神,代表着阴阳五行中的“阴”和中华文化中阴阳和谐、化生万物的和谐思想。其仙居瑶池圣境作为中国仙境世界的代表是可与世界神话文化通约的神话乐园,是全人类所寻求的生存环境中最为理想之境;王母瑶池蟠桃会的核心内涵是福寿与团圆,是中国传统价值观五福思想的集中体现。

6.3 再现之场:西王母记忆在以数字媒介为中心的重塑

如今,具有多模态和魔术化界面的数字媒介已走入了当代媒介空间的中心,数字媒介具有的强大的“再域化”系统功能,使其成为神话记忆重要的激活装置和再现之场。首先，数字媒介可以突破记忆的时空维度。依靠互联网的海量储存和搜索引擎的技术手段，数字媒介可以将不同历史时期、不同民族的文化记忆调取、呈现、传播，将承载记忆的历史之物和空间场景等再现，甚至VR（虚拟现实）、AR（增强现实）等沉浸式数字技术还可以还原复活“彼时彼刻的历史场景”，实现受众“虚拟”穿越至历史记忆场景。[①] 实现与神话记忆景观和历史文物对话，触发受众的认知框架中的文化基因和情感解构，将媒介中储存的神话记忆“内化”为个人记忆。其次，数字媒介的媒介融合功能整合了神话记忆的储存物质界面。将原本储存于简牍、石碑、图像等物质载体中的文化记忆整合进更加“魔术化”的“多模态”数字媒介界面中。再次，在数字媒介空间中，互联网中的网民个体都成为神话记忆的承载者、书写者和传播者。不仅可以将基于个体经验的“个人记忆”通过数字技术的人际链接和“病毒式”传播，转化为共同体成员共享的“神话记忆”。也可通过网络将任何一种民族的神话记忆纳入全球记忆的范围功能，实现神话记忆的跨文化、跨民族、跨国境的共享。

6.3.1 景区公众号的话语分析

当下，微信公众号由于其用户体量大、推广方便、使用便捷和“病毒式”扩散的传播效果，成为文化推广的重要数字媒介。微信公众号的传播方式具有以公众号订阅主体为中心的差序格局的圈层式周边传播的特点。当用户关注订阅公众号后，公众号主体就实现了对于用户的锚定，通过定期的文章推送，以及迎合受众的内容发布，促进用户对推文的阅读、点赞和转发，推文经由公众号订阅用户转发至朋友圈，从而实现以订阅者为中心的涟漪式扩散。

笔者发现了阜康天山天池景区和泰安泰山景区都在用文旅公众号进行两地西王母文化的推广，以文旅公众号为中心的数字媒介空间成为了西王母记忆的再现之场。文旅公众号分为地方文化旅游部门创建的公众号以及景区创建的公众号两种类型，一般景区公众号主要以文字、摄影图片、音频、视频、H5等多模态的方式立体向游客和本地居民介绍景区景点信息、景区通知和与景区相关的文化、历史知识。话语风格一般较为活泼。而文化和旅游部门创建的公众号主

---

① 曾丽红．“记忆作为方舟”：论文博类纪录片形塑集体记忆的媒介功能[J]．现代传播（中国传媒大学学报），2020，42(11)：120—123.

要将当地旅游信息整合发布,因此其内容多为当地不同景区公众号的整合发布。原创内容的话语风格相比景区公众号显得较为严谨。文旅公众号是国家“文旅融合”“以旅彰文”“以文塑旅”等话语下的文化实践。当然对于地方政府而言,挖掘地方景区中的文化底蕴和神话记忆,在文旅公众号中加以再现和重塑,讲述本地文化故事,客观上也可以推动本地旅游产业的发展,实现经济效益、文化效益和社会效益。

在这一节中,笔者将对两地文旅公众号中涉及“西王母文化”的内容进行话语分析。文旅公众号符合陆地定义的“集团拥有并运作、向全社会提供公开无差异的信息的公共媒体的基本特征”。[①] 因此官方文旅公众号虽然在采编方式、信息呈现方式、传播方式和受众认知加工等方面构成与主流媒体有差异,然而,国家主流意识形态话语意识形同样贯穿于公众号发布的信息中,这一点传统报纸、电台、电视等媒体并没有差别。梵·迪克曾说:“作为意识形态的新闻话语,必然表达和确认其制作者的社会和政治态度。”[②]因此笔者认为新闻文本话语分析方法可以适用于公众号的文本分析。在样本选择上,研究选取新疆天池景区管理委员会 2014 年创办的天山天池景区官方公众号“玩转天山天池”和同样在 2014 年泰山风景名胜区管理委员会创办的官方公众号“泰山景区”为研究对象,检索 2014 年 1 月 1 日到 2023 年 5 月 22 日中包含“西王母”“王母”等关键词的文章,通过质性阅读、人工筛选的方式。从“玩转天山天池”公众号的发文中检索到有效文本 88 篇。从“泰山景区”公众号 2014 年 1 月 1 日截至 2023 年 5 月 22 日,检索到有效文本 26 篇。在研究方法上,笔者结合了梵·迪克的新闻话语分析框架从宏观语义层面对两地公众号中涉及“西王母文化”文本中的话语主题、话语形式、话语立场等,通过甘姆森(Gamson)所提出的“诠释包裹”框架理论[③],从文本中的隐喻、描述、视觉图像、影像、论据等“框架装置”和两地的历史文化差异、发文目的等“推理装置”入手,对两地文旅公众号中涉及“西王母文化”的发文在质性阅读的基础上进行人工编码和话语分析。在此基础上,笔者提出研究问题:第一,两地官方文旅公众号分别选择了哪些历史遗存的“西王母记忆”再现? 第

① 陆地. 公民媒体崛起的意义[J]. 当代传播,2018(02):1.

② [荷]梵·迪克. 作为新闻的话语[M]. 曾庆香译,北京:华夏出版社,2003:译本序 2.

③ Gamson, W. A., & Lasch, K. E. The political culture of social welfare policy [A], in S. E. Spiro & E. Yuchtman Year ed., Evaluating the Welfare State: Social and Political Perspectives, New York: Academic Press, 1983, p. 411.

二，两地官方文旅公众号在主流意识形态话语下的缝合下如何重塑当下西王母记忆？

6.3.2 主题框架：历史文化“多模态”再现

在本章前文中笔者已经分析了，由于西王母文化在两地的文化定位和政府重视程度的不同，西王母文化在两地的传承呈现了不同的发展态势。在阜康地区，“西王母神话”是为天山天池景区旅游赋能的当地最重要的历史文化，也是阜康市作为主流文化打造的国家级非物质文化遗产。泰山西王母文化虽然历史更为悠久，历史纪念物所建构的记忆景观也更为丰富、真实可触，却没有被当地政府选取作为重点打造的文旅名片。两地对于西王母文化的重视程度的差异与当地西王母文化本身的差异，使得两地公众号中对于西王母记忆的提取再现、文章发布数量、内容叙事形式、话语表达风格等存在一定的差异性。

一、宗教民俗：历史风物、记忆可触

从主题框架来看，笔者发现，泰山景区公众号对西王母文化记忆再现主要依托于泰山王母池道观这一泰山景观，再现西王母道教文化记忆与道教俗化后而形成的民间信仰中的王母娘娘记忆。因此，“泰山景区”公众号中多以“王母”“王母娘娘”称谓替代“西王母”。文章叙事主要围绕西王母道教文化和泰安本地民俗文化相关的“三月三王母蟠桃会”“王母池与王母诗词”“泰山文化与西王母记忆”等三个文本主题框架展开。

表 6.4　公众号“泰山景区”西王母记忆主题框架

文本主题	篇数
三月三王母蟠桃会	10
泰山文化与西王母	8
西王母诗歌与王母池	8

（一）三月三王母蟠桃会：每年农历三月三道教文化中西王母蟠桃会之际，泰山王母池道观都会举办西王母祈福香会活动。因此，景区会借公众号宣传报道此活动，传播泰山西王母道教文化。在文章中将西王母道教女神的形象、神

职、历史演化等记忆再现。公众号主要通过图片为主，文字为辅的多模态形式，将王母池道观香客如织、道教斋教科仪等仪式活动的场景呈现。泰安市政府将农历三月三的王母蟠桃盛会为王母进香庆寿的民俗活动，认定为泰山地区民俗中的祈福文化，将王母蟠桃会认定为民间传说。“每年的农历三月三，民俗传说是瑶池王母的蟠桃盛会，这一日，各路神仙都会齐聚瑶池，为王母庆寿。而人们至今保留着今天进香、祈福的习俗，祈祷接下来的日子圆满幸福，平安富足。”同时，公众号也会向受众介绍泰山是昆仑山的原型，有意识地将西王母在数字媒介中建构为“泰山女神”。

（二）泰山文化与西王母：泰山景区公众号还会在发文中重现泰山风物传说中的西王母记忆，将泰山历史文物中关于西王母文化的历史故事发掘讲述。景观空间中充满“灵韵”的文物，凝固着历史岁月的痕迹，从而具有天然的叙事属性。内在的历史感与可触摸感，可以无声和立体地叙事。2019 年 3 月 29 日“泰山景区”公众号发布“【泰山故事汇】王母池的匾额写错了？NO，原因竟然是……”。文章主要介绍了清朝泰安知县题王母池匾额的历史传说故事，将尘封于历史之物的西王母记忆通过数字媒介再现。2019 年 12 月 24 日，景区公众号发布文章“【泰山文物】五岳真形图：用等高线法绘制的五岳地图”再现了泰山重要文物五岳真形图背后的《汉武帝内传》中西王母授汉武帝“五岳真形图”的魏晋神仙小说中的西王母记忆。

（三）西王母诗歌与王母池：诗人通过诗歌解释存在于共同体深层心理结构中的集体无意识与文化记忆，引发共同体成员的共同美感。因此诗歌艺术具有超越时空束缚的承载传承文化记忆的巨大力量。诗歌中的储存凝结的西王母记忆是西王母文化中的重要组成部分。两地文旅公众号文章中都通过重复引用李白、杜甫、李商隐、曹植以西王母为意象创作的诗词，将诗歌文学中的西王母记忆嵌入到景观之中。创作西王母诗歌的诗人在公众号文章中被标签为景区“打卡者”和“先行者”。诗词赋予了景观浓厚的人文情怀和深厚的文化底蕴，也使得景区对受众产生强大的吸引力和游览的向往与冲动。2018 年 1 月 18 日公众号“泰山风景名胜区”发布的一篇题为《瑶池花开、凌寒留香》的文章。不仅介绍了王母池的两棵腊梅树的传说故事，也引用了曹植“东过王母庐，俯观五岳间”以及李白的游泰山六首中的：“朝饮王母池，暝投天门阙”的诗句证明泰山王母池的悠久历史：“王母，是天宫女神和天地间所有阴气的首领，也是护佑婚姻与生育的女神。据说从汉代起，王母就成了人们的信仰之神。早在三国时期，曹植就有关于泰山王母庐的诗句，足见泰山王母池的古老。”

二、朝圣凝视：边疆隐喻、诗与远方

天山天池景区公众号“玩转天山天池”除了通过西王母文字记忆中的《穆天子传》中的西王母与周穆王的神话传说、本地口语记忆中的“西王母神话”以及“西王母与瑶池相关的诗词”等三个主题框架以外，还会通过公众号展示阜康市政府和景区举办的西王母文化传播活动以及介绍西王母祖庙这一天山天池的西王母文化景观。

表 6.5　公众号“玩转天山天池”西王母记忆主题框架

文本主题	篇数
《穆天子传》等文字记忆	26
西王母民间传说	9
西王母诗歌与天池（瑶池）	12
西王母祖庙	16
其他（西王母文创产品、西王母文化活动）	25

（一）西王母文字记忆：在媒介模态选择上，“玩转天山天池”除了选择图片、文字等模态形式以外，还增加了音频与视频、H5 等媒介多模态形式立体化再现西王母记忆。比如“玩转天山天池”连续在 2020 年 10 月 29 日和 2020 年 11 月 1 日分上下集发布了《我把天山天池讲给您听》的文章，通过“三幕剧”的叙事方式，以图片、文字、音频的多模态的媒介形式将周穆王仰慕西王母、向往西域神秘世界，并驾八骏神驹，寻访昆仑、历经艰险在瑶池与西王母相会的故事呈现于公众号中。2020 年 12 月 6 日和 12 月 16 日、17 日公众号分别发布了古装真人扮演西王母的视频：“西王母闪亮登场”和“西王母邀你游天池”。在 2021 年 8 月 25 日发布《西王母诞辰：瑶池神话里看王母传说》和 2022 年 9 月 24 日发布的《神话传说中的西王母长什么样》两篇文章中，则较为系统介绍了西王母形象的演化：“从《山海经》中的虎齿豹尾的原始女神形象发展为战国的《穆天子传》《竹书纪年》的西域女王，再经由汉代的《淮南子》《史记》《汉书》《后汉书》，魏晋时期的《汉武故事》《汉武帝内传》，神话人物西王母的形象开始发生了巨大的变化。到了唐代，已经开始出现了大量的诗词歌赋讴歌西王母，并且首次明确了瑶池的具体位

置——天山天池。通过宋元杂剧、杂曲的演化,到了《西游记》中,西王母的形象完全成型。这时的西王母已然是一个母仪天下、德容兼备的形象。"

(二) 阜康"西王母神话"民间传说:"玩转天山天池"在 2020 年 11 月 16 日发布的《天池故事 · 瑶池七仙女拜寿西王母》中,讲述了天山天池景区中的"仙女拜寿松""七彩云锦屏""蟾蜍望月"等景观命名相关的本地西王母神话传说"瑶池七仙女拜寿西王母"的故事中。在 2020 年 11 月 25 日发布的《天池故事"99 条'龙'",都在天池这个地方》则讲述了与天山天池景观中的"潜龙渊""飞龙潭""聚龙廊"的景观名称相关的西王母本地传说:"传说西王母的干儿子东海龙王的太子是掌管瑶池的黑龙王。他的两个儿子,一个忠厚好静,经年蛰伏于天山天池(瑶池)西侧的景观'潜龙渊'底。另一个'小飞龙'则在天池(瑶池)东边的'飞龙潭'。西王母蟠桃宴时,受小飞龙邀请,飞龙谭到访了九十九条龙子龙孙,他们共同建造了天池(瑶池)的另一景观'聚龙廊'。"

(三) 西王母诗歌与瑶池:在第三章第二节,笔者曾通过基于内容编码的话语分析,论证了唐代诗人作品中大量的西王母诗歌的创作的历史背景与创作意图,其中也举隅了以瑶池为意象的西王母诗歌。"玩转天山天池"公众号通过发布李商隐的《瑶池》《汉宫》,李白的《清平调》《飞龙引》《天马歌》《上之回》,杜甫的《秋兴八首》《同诸公等慈恩寺塔》《自京赴奉先县咏怀五百字》等唐诗,通过将"天池"与西王母仙居瑶池的神话传说嵌套黏合,为景观赋予诗情意蕴,力图将天池景观打造为充满神话传说、历史记忆、文人墨迹的"文化朝圣地"。

认知语言学学者 Lakoff and Johnson 认为隐喻与转喻不仅是文学修辞手段,更是人类各文化共享的认知事物的思维模式。人类常将个人经验以及民族文化系统熟悉的范畴中的概念投射到需要理解的范畴中。虽然隐喻的认知方式是共享的,但却由于民族文化的差异,导致作为隐喻或者转喻中"源域"的一些基本概念内涵与外延具有一定差异。中国处于地球的东半球,由此"西"的方位概念在中国人的认知框架中就是遥远的充满异域风情和神秘想象的西部边疆或者更远的西方国家。这与西方的"东方学"中对于东方民族和国度的异域想象正好相反。《穆天子传》中的"西王母"是以西部女王指代西域地区的转喻认知的建构。新疆天山天池景区公众号中再现的《穆天子传》中的西王母与穆天子的相会不仅隐喻着古代华夏民族与周边西域民族的交往融合的历史。也象征着当代中华民族共同体格局下汉族与新疆地区各少数民族相亲相爱、共同繁荣发展、民族融合的美好现实。公众号用高清摄影图片、优美的散文诗、三幕剧音频、西王母古装真人扮演视频等多模态媒介形式并用，将阜康西王母瑰丽的多民族融合神话、《穆天子传》中的穆王西母“瑶池和歌”的历史传说、咏叹西王瑶池的诗歌与天山天池自然景观嵌套，旨在打造出与人们固有认知中边疆“蛮荒、贫瘠”相对的“新疆是个好地方”的边疆新形象。而对于订阅了公众号，即将来此地旅游的游客来说，公众号所呈现的神秘天山意象、瑶池圣境、圣山博格达峰都激发着他们对于边疆地区“异托邦”的想象与渴望“朝圣”的身体文化实践的探索。

6.3.3 话语立场：价值彰显与多元记忆“缝合”

意识形态可以“缝合”多元差异的社会话语，①将记忆缝合在一起。在当代充满“流动性”的多元文化结构中，官方公众号代表的主流意识形态话语可“有效缝合”来源于不同历史文化语境塑造的西王母文字记忆、口语记忆、图像记忆。笔者发现，两地公众号中在重塑和再现西王母记忆时，多保留与当地自然景观、历史文化相关的部分，而有意识地剔除掉了与在地语境关联较少的部分。景区官方公众号在“以文导旅，以旅导文，以文塑旅，以旅活文”的文旅融合发展的国家文化话语下，在国家话语与地方话语、官方话语与民间话语的调试中，通过服务于地方文旅产业发展的“记忆实践”，②使与地方文化意象融合的西王母“地域文化”记忆呈现于数字媒介空间中。使地域性西王母记忆赋能地方文旅产业并塑造地方文化形象。

研究发现，泰山风景管理委员会公众号“泰山景区”中再现的西王母记忆多来自魏晋时期深受道教文化影响而成书的《汉武帝内传》中文本以及历代诗文中与泰山王母池相关的西王母记忆。较少再现《穆天子传》和其他先秦两汉文献中记载的西王母“西域女王”的神话传说。“泰山景区”公众号通过在推文中辨析道教文化“西王母”与“民间信仰”中的“王母娘娘”，强化了本地西王母道教文化“标签”。比如在介绍王母娘娘与玉皇大帝的关系时特意强调在道教文化中“两者之间并无除工作以外的关系，两者之间的夫妻关系只是明清小说、戏曲、民间信仰中的穿凿附会”。作为官方公众号，“泰山景区”公众号对报道宗教性的活动较为

---

① 曾一果. 意识形态的“缝合”：后意识形态社会语境下“昆山反杀案”的批判性思考[J]. 探索与争鸣，2019(01)：76—83＋143＋145.

② “记忆实践”概念参考：李红涛，黄顺铭. 新闻生产即记忆实践——媒体记忆领域的边界与批判性议题[J]. 新闻记者，2015(07)：36—45.

谨慎。在公众号对于每年泰山王母池“三月三蟠桃会”的报道中,将道教世俗化与民间信仰结合的“王母娘娘蟠桃会”认定为泰山民俗文化中的祈福文化,以此避免在公众号中出现如“道教信仰”“民间信仰”“道教仪式”“民间祭祀”等涉及宗教信仰的敏感词汇。

依赖于语言、习俗和价值观念等相关性和稳定结构的民族认同,也可通过国家促进、认同教育和媒体宣传等方式得以横向扩展。① 天山天池景区公众号“玩转天山天池”在“铸牢中华民族共同体意识”“文化润疆”“发展和繁荣民族文化”“鼓励各民族加强文化交流”等国家主流意识形态话语下,从纷繁芜杂的西王母记忆中选取了多民族文化融合而产生的阜康“西王母神话”以及反映古代华夏民族与西域民族友好交往的《穆天子传》中的周穆王与西王母瑶池和歌等记忆加以再现和重塑。微信公众号文本叙事中凸显了“大美天池”“美好新疆”“新疆是个好地方”等乐土边疆、繁荣边疆的边疆意象,再现了中华民族共同体形成中,汉族与少数民族在新疆地区融合发展的历史记忆。2021 年 8 月 25 日和 2022 年 9 月 24 日公众号发布的“西王母诞辰:瑶池神话里看王母传说”“神话传说中的西王母长什么样?”等文章中都提及“西王母神话是西王母文化的核心,也是中国神话体系中极其重要的组成部分。西王母是中国古代西域文化与中土原有文化碰撞、交融、吸收、再创造的结果”。而在地方性话语的建构下,“西王母”在公众号中被塑造成为了阜康市对外宣传的文化名片和地域性“文化符号”、当地城市文旅发展的文化核心和产业发展的“文化基因”。

内藤湖南认为:“以时为经,以地为纬,在经纬纵横中,文化历史灿然而成立。”②文化演进的规律遵循着时空周边传播的逻辑。当文化从中心地向周边传播时,会与不同地区文化交织融合、迸发出新的活力,西王母神话在新疆地区与当地自然景观和风俗人情中融合中,展现出的新活力,在边疆地区持续发挥着凝聚“中华民族共同体”认同的社会功能。

本章小结

在以田野调查为基础的当代西王母记忆激活与重塑研究中,笔者有以下发

① 王希恩. 民族过程与国家[M]. 兰州:甘肃人民出版社,1997:150.

② [日]内藤湖南近世文学论・序列[A]. //内藤湖南全集[M]. 第一卷,筑摩书房,1973.

现:文化创新在于赋予文化系统中的符号新的意义。作为世界女神记忆中的“西王母”象征符号,在当代社会文化语境和神话“遗产化”的文化政治运动和传播实践中,被两地重塑为“东方第一女神”“天山女神”或“泰山女神”等符号,其内在逻辑依旧是权力关系与知识如何在物质空间、社会空间、媒介空间的周边传播中相互建构。第一,在“文旅融合”国家文化话语下,两地政府和地方文化精英通过将本地的西王母神话记忆“征用”,将其嵌入当地景观空间之中。景观这一地理空间成为一种被文化实践主体“表述”的媒介,自然景观在成为神话“记忆景观”的同时,也交织着国家、地方、宗教等话语权力。西王母记忆在话语建构的泰山、天山等“景观空间”为中心的“以山为边”的周边传播活动中被激活和重塑。第二,两地的地方政府和文化精英在政治与文化场域周边,通过将当地“西王母”文化打造为本地重要的文化遗产、地方名片与文化符号的方式重塑地方性的西王母记忆。阜康地区以西王母神话作为本地多民族文化共生社会结构下深层次的“共情”基础。力图通过“多民族文化交融”的西王母记忆在民族“互嵌式”社会结构中共享、传承和建构;泰安泰山政府则采取“去商业化”的文化传承实践方式,保持着泰山王母池道观的“历史感”,以泰山王母池道观为中心,在日常道教宗教活动中,为当地和周边地区社会成员构建一种共同生活的秩序。第三,“在场”与“不在场”的双重传播模式。两地都通过现实的“景观空间”与“虚拟的媒介空间”虚实空间融合的联动传播的方式重塑西王母记忆。游客在游览景观之前可通过关注和订阅景区公众号,将公众号中的西王母文化吸收和内化。在游客到达目的地时,景观空间中的周边传播活动又可向游客植入西王母记忆或激活游客原有的个人记忆。当游客游览结束后,还可以通过重复浏览和持续关注公众号文章的方式,随时回忆西王母文化。并可通过转发、分享等方式成为西王母文化的传承者和传播者。景观现实空间和虚拟的数字媒介空间联动,共同完成了对于游客“记忆植入—记忆激活—记忆再现”的“在场”与“不在场”的双重传播模式。

结论与展望

本研究以中国哲学思想中的整体概念和普遍联系等认识论为指导，以周边传播理论中的时间和空间维度为整体坐标系，建立了周边传播四维分析框架，围绕西王母记忆的逻辑起点、记忆承载者、记忆储存媒介、记忆重塑等问题。通过对西王母记忆形塑的历史文化语境、地理空间、社会空间、媒介空间等各种变量的考察，探寻时间周边、地理周边、场域周边以及媒介周边传播对西王母符号意涵演化和文本发展等西王母记忆形塑的影响。本研究从中国及周边国家文字、图像、口语、仪式等媒介“文本”研究入手，进入到社会“话语”层面。既探索了神话符号历时编码的建构性“表达”（Articulatory）过程，也通过对王朝疆域、宗教空间和城乡文化空间的扩展、社会场域关系的变迁、媒介技术的变革等外在历史社会因素的论述，揭示了中国神话记忆形塑这一古代文化知识生产过程与权力关系如何地理空间、社会空间、媒介空间周边传播中互构。研究主要有以下几点发现：

一、神话记忆是社会秩序话语的建构

神话记忆的形塑是文化主体按照社会需求和文化逻辑对于远古神话元素进行符号化、结构化、凝聚化的过程，从而可使其发挥建构社会秩序的功能，或者说，神话记忆是在社会秩序话语建构下不断形塑的过程。西王母记忆的根脉是流传了上千年不断演化发展的西王母远古神话。作为具有共同体凝聚作用的西王母神话，在时空周边传播中成为了历史上中华民族共同体成员所共享、修正并可进行参与式编码的文化资源。以西王母记忆为代表的中国神话记忆在历史中充满“变”与“不变”的张力，在西王母符号意涵、媒介文本发展等记忆变迁中既呈现出与“旧”文本接合、重叠的面向，也彰显着符号意涵流变、文本叙事变异的面向。一方面，中国历史文化的延续性决定了文化主体思维认知框架的基本结构，保证了不同历史时期神话记忆在某种程度上的接合；而另一方面，历史语境和社会结构的变化所导致的社会需求，尤其是社会秩序的建构需求，在一定程度上决定了文化主体如何对神话符号进行编码，从而导致了神话记忆在不同历史时期的嬗变。神话符号意涵和文本发展随着社会文化语境所建构的社会秩序话语的变迁而发生改变，神话记忆也随之偏离早期典籍中记录的原始神话对于神祇故事的描述，经由文化主体的加工，在媒介中呈现出记忆的叠加、遗忘、挪用等流变。

中国神话记忆中蕴含着中国文化传播与传承的独特性。中国神话记忆的根脉可追溯到上古时期先民所创造的赋予人们生活意义和揭示先民心灵区间，协调社会共同体成员和自然秩序的神话象征符号系统。而后又在时空交织的历史变迁中，被不同历史语境、文化模式、社会结构界定的文化主体对这一象征符号系统进行符号创新、筛选提纯、文本重置等文化生产实践中所形塑。创新后的神话象征符号系统又进入新的社会结构。神话符号象征系统不断解构、再结构、再创生的循环传播过程中，符号意涵和文本形态也在不断嬗变。神话符号在服从理念，塑造观念、服务秩序的编码逻辑下，被形塑为具有社会性、人文性和伦理性的文本。因此，无论是文字媒介、口语媒介还是图像媒介中的神话记忆，都是“理性本源”的社会秩序话语建构。

中国古代史学家很早就充分意识到上古神话作为建构话语权力的价值。[①] 先秦至两汉之间是对上古神话符号重新编码、上古神话记忆重塑的高潮时期。尤其是先秦时期的神话古史系统是在春秋战国社会失序之际、“礼崩乐坏”之时，中国哲学思想家，尤其是儒、墨、道三家试图恢复“黄金时代”的社会秩序的“理性化”建构。他们通过整饬、扬弃巫史系统，将以“西王母”为代表的神话符号提炼和重新编码，实现了对于商周礼乐传统的“内向超越”（Inward Transcendence）。[②] 在重新建构王权制度神圣性同时，也保留了商周时期的礼乐文明，实现了中华文明的传承。这段时期神话记忆形塑，既无法用雅思贝斯所提出的同时期的西方文明从原始信仰进入理性时代的“轴心时代”说来解释，也无法用韦伯现代性“工具理性”来遮蔽其礼乐文化渊源的事实。先秦时期的神话记

① B·Watson, Ssu-ma Ch'ien. Grand Historian of China. New York: Columbia University Press. 1958. P:9.70－100.

② ［美］余英时. 轴心突破与礼乐传统［A］. //现代儒学的回顾与展望［M］. 北京：生活·读书·新知三联书店，2004：397.

忆中并没有抛弃中国王制中“神-人”关系，只是通过祭祀系统，将神力与人力的二分，转化为神与人的祖将神变为君王之父。将人神话（The Diviniztion of Man），创造神人谱系的连续性。[①] 战国之后，商代以来建构的包含中心和四方的宇宙观被诸子所创立的“太一”（The Great One）和“道”的一元宇宙生成论所取代。“太一”和“道”成为宇宙创生的原动力，象征一元宇宙秩序的“大一统”的人间秩序的思想观念逐渐形成。汉代之后，董仲舒在战国邹衍创造的阴阳五行、五行相生相克学说的基础上，以神话符号建构体现儒家伦理秩序思想的“灾异话语”，将统治者树立为象征宇宙秩序在人间的道德典范。汉代中期之后，皇帝为了论证自己统治的“合法性”，利用身边的儒生和方士用以“西王母”为代表的神话符号为其建构符合“天命”和上天意志的祥瑞、谶纬等政治神话文本。这一波神话生产的热潮，一直持续至东汉末年。

东汉末年的社会纷乱几乎摧毁了秦汉以来建构的社会共同体。魏晋时期，本土道教和西来佛教的宗教神话和教义成为了重新凝聚社会共同体成员的文化力量。尤其是道教将先前在共同体成员中所共享的神话记忆重新塑造，运用“西王母”这一“旧”的神话符号重塑新的神话“话语”，意味着新的社会与旧的秩序不是完全对立，而是对过去社会秩序的修正和扬弃。南宋至明清时期，士大夫们为了弥补程朱理学中人文情怀的缺失，力求打通儒释道壁垒，将佛道思想与儒家思想结合，极大发挥了宗教教化的工具理性价值。由此，“三教合一”的思想浪潮席卷了晚期的帝国。西王母等地域性民间信仰成为了构建地方社会秩序和凝聚地方共同体认同的教化工具。不仅如此，民间信仰也外溢宋元戏曲、明清小说、民间宝卷、民间传说等通俗文化。统治者们利用神话传播儒家伦理观念、规训百姓思想行为。帝国晚期，社会各阶层矛盾频发，王朝衰落走向末日，社会秩序即将崩塌。自西汉晚期出现的“末世谣言”开始流传于民间。民间秘密宗教以整合多种宗教信仰中神祇的方式，在他们的宗教宝卷中重塑新的神话象征符号系统，重塑宇宙创生秩序，乃至形成了与皇权对抗的宗教力量。由此可见，来自远古的神话一直是延续在中国古代社会中的“集体记忆”，也是两千年来不断实现代际传递的文化基因。在社会乾坤颠倒之时，这些符号会作为“反抗”中心权力的资源被重塑，通过病毒式传播，威胁皇权稳固。而在金戈铁马、社会秩序崩塌之时，人

① [美]普鸣.成神：早期中国的宇宙论、祭祀与自我神话[M].张常煊，李建芸译，北京：生活·读书·新知三联书店，2020：278.

们同样可以通过重新编码神话符号，重塑神话记忆，创造新的社会秩序和凝聚社会共同体，给民族国家带来希望。

德国史学家舒巴赫（W. Schubart）认为中国古代“儒家式”文化是“和谐文化”（The Harmonious Culture）的代表。[①] 春秋之后，儒家伦理思想在中国思想文化领域百家争鸣中逐渐崭露头角，并在两千多年的中国古代社会中，成为了主流意识形态。即使是本土道教和外来佛教也丝毫无法撼动儒家思想在中国古代社会中的核心地位。佛道等宗教话语必须要屈从于儒家主流意识形态话语，其教义和仪式也必须要符合儒家士大夫的道德标准、审美品味才可以获得上层社会认可，被主流文化接纳。在中国这种皇权、神权和知识权力高度统一的世界中，儒家思想话语、王权话语、宗教话语虽然产生过博弈与冲突，但最终在社会和文化中，呈现出整体的古典文化的中和与和谐状态。道佛二教都在教义理论建设上都试图论证着自己与儒家思想具有“同一性”，无论是道教上清派的“存思”思想、还是佛教禅宗的“修心”思想的构建都是为了符合儒家士大夫文化的方向发展，突出世俗与功利的面向。乃至唐宋时期开始形成了“儒释道”三教合一思想的雏形。

因此，中国神话符号虽然在不同时期，被不同文化主体编码，然而却最终成为了构建儒家理想社会秩序的重要符号资源。除了儒家史官所创作的帝王古史神话之外，方士们所创作的仙话、道教经卷神话、表征佛道信仰和“三教合一”的民间信仰的魏晋时期神仙笔记小说、佛教经卷神话、民间宗教宝卷、明清神话小说以及儒家士大夫们创造的蕴含神话符号的唐宋诗词等，除了文化主体的内在情感动因之外，其创作意图大都是构建以儒家伦理思想为核心的社会秩序和宇宙创生秩序的社会动因。中国神话中的神灵系统也基本具有儒家思想等级化、合约化、模式化、理性化的特点。儒家伦理思想的统摄力造成了中国神话中始终存在神圣与世俗浑容的面向。在儒家思想中，人类社会本身就是神圣所在，宗教意义来自于个人在人类社会对于自身定位的寻找，而非来自他界彼岸。

二、“周边”是构建权力关系的“媒介”

在中国古代社会中的知识生产与权力的关系，既无法完全用葛兰西的文化霸权模式或者多汉姆（Donham，1990）[②]提出的统治阶层的意识形态具有绝对权

---

① Pitirim A. Sorokin, Sociological Theories ofToday, New York: Harper&Row. 1966, p.325.

② Donham. Donald L. History, Power, Ideology, Cambridge: Cambridge University Press, 1990.

力来揭示，也无法完全用赫布迪基(Hebdige，1979)提出的支配性霸权和反抗性“亚文化”竞争关系[①]来解释。单一静态的统治霸权或者统治/反抗二分模态的解释方式都将知识生产与权力关系这一人类复杂的文化实践过程简化。研究发现：中国古代社会是“复杂和动态的关系系统”。权力关系在各种空间“周边”传播中交织互构。德布雷曾将“媒介”定义为可以建构联系和关系的“中介”[②]。从这个意义上说，“周边”是社会权力关系建构的媒介。

与西方哲学家黑格尔和亚里士多德等人将世界物质与精神一分为二、二元对立的思维不同，中国传统哲学思想展现的是“中和”与“融合”的关系思维、模糊思维和变化思维。阴阳与太极图的图式体现着一种阴阳“二元”交融的关系。图式中的黑白之间看起来有界，但整体上无界，是一种非黑非白、可黑可白、阴中有阳、阳中有阴，是与不是的两可意境。阴与阳浑容的“周边”地带，有助于中和乃至消解阴阳之间的二元对立。正如阴阳八卦图中，各种力量相互交叠、相互转化，最终获得平衡，创生宇宙秩序，中国古代王朝和帝国也并非本体论中所认为的是一种实体和存在，而是由彼此重叠相互竞争的诸多权力主体所构成。这些权力主体在地理空间(物质、社会和精神三合一)、社会空间乃至媒介空间中通过传播活动建构各种权力关系。而这种权力关系正是在空间中动态演变的“周边”所链接的。无论是具象的地理空间，还是抽象的社会空间和媒介空间内部各空间周边，都因为边界的“模糊性”和“流动性”，使得“周边”蕴含着权力的交织、重叠与融合。权力主体创造言说、建构话语、形塑观念等传播实践活动不仅会影响周边，也会被周边所影响。主体与周边主体在“周边”的“间性传播”中，实现着权力的协调、博弈、同构等关系互动。中国古代文化知识生产和权力关系在周边传播中互构，是中国哲学思维在中国古代文化现象中的还原。文化主体不是机械性解释传统或历史遗产，而是在传播中建构、改变文化自身。[③] 作为文化主体不断建构的符号象征系统，神话记忆并非一种力量的塑造，而是权力主体在各种空间“周边”传播中妥协、耦合、博弈中形塑的。因此，神话记忆呈现散失与增叠并进的双螺旋运动状态。

(一) 地理“周边”传播建构交织的权力关系

在中国古代社会中，无论是表征不同族群之间力量博弈的边境地区，还是表

① Hebdige. Dick. Subculture: The Meaning of Style, New York: Methuen, 1979.

② [法]雷吉斯·德布雷. 媒介学引论[M]. 刘文玲译，北京：中国传媒大学出版社，2014:73.

③ Clifford Greertz, Interpretation of Cultures, New York: Basic Books, 1973, p.5.

征宗教权力与世俗权力耦合的祠观寺庙，抑或是表征中央集权对大众文化权力和地方文化权力让渡的城市公共空间瓦舍酒肆和地方公共空间“庙会”，都表征着两种空间的“周边”接触地带。“神山昆仑”表征华夏与四夷的“周边”接触地带；道教宫观表征神圣空间与世俗空间的“周边”接触地带；瓦舍酒肆表征私人领域与公共领域的“周边”接触地带；庙会空间表征中央文化空间与地方文化空间的“周边”接触地带。这些空间不仅是物质实体。而且是充满多元、变化、动态的社会关系的社会空间和建构“社会权力关系系统”(System of Relations)的“媒介”。因而成为了来自不同社会阶层的文化主体的传播互动之场。以西王母为代表的中国神话记忆正是在这些充满权力关系(华夏中心与边缘权力关系、神圣与世俗权力关系、各阶层文化权力关系、中央与地方权力关系)的空间中以不同的权力编码逻辑得以形塑，同时又成为强化和建构国家权力、宗教权力、大众文化权力、地方权力的重要符号资源。由于空间边界的模糊性和空间的开放性，神话记忆便以这些空间为中心生产、扩散、共享，并跨越地域边界，与各地方自然文化地理景观嵌套融合。

中国的“天下观”中的天下没有边界，只有周边。中国历史上的大部分时期，都属于“有域无疆”的状态。春秋战国时期，是华夏内周边形成时期，也是神话记忆与“大一统”的“意识形态”权力相互建构的重要时期。上古神话符号由“大一统”的政治动力创造启用，在“礼崩乐坏”王制“断裂”之际进入古史系统。史官将各部族“多源起源”的神话记忆转变为华夏“一元起源”的话语。三皇五帝的始祖传说成为了凝聚华夏共同体的坚实核心。华夏与四夷之间的模糊边界，使得原本的“非华夏”边缘族群在与华夏中心的权力关系互动中，变为了“华夏”。各族群原有的神话记忆在族群融合时产生了新的变体与话语。本文所考察的西王母记忆的根脉-西王母神话的建构正是华夏文明与周边文明、中华文化与周边民族和国家文化碰撞融合所带来的神话“记忆”与“失忆”交叠的产物。折射的是华夏周边不断扩展，四夷族群不断变成华夏族，不同族群原有的“多源起源叙事”向神话记忆整合后的“一元起源叙事”大规模整合的历史进程。

汉代之后，“天下思想”已然形成。汉文帝时期儒生贾谊说：“凡天子者，天下之首，何也？上也。蛮夷者，天下之足，何也？下也。”[①]贾谊认为华夏与蛮夷既有文化、政治上的等级差异，却是犹如首足，是为“大一统”的“夏夷一体”论。延

① [汉]班固.汉书今注[M].卷四十八.王继如主编，南京：凤凰出版社，2013：1342.

续中国两千年的“天下秩序”的三圈说，也在汉代建立。汉人所居住的华夏地区是天下中心，也是第一圈层；第二圈层则是中国领域内位于“内周边”地域的异民族集体自治的外属国；第三圈层则是位于中国之外“外周边”的外臣国。外臣国和中华王朝形成朝贡关系。三圈结构奠定了秦汉时期的天下秩序，并一直延续至晚清时期，清朝晚期，章太炎在《中华民国解》中说道：“以中华民国之经界言之，地理空间上，越南、朝鲜二郡，必当回复者也。缅甸一司，则稍次之。”①可见清政府将汉代疆界实施国郡县的朝鲜和越南地区视为中华。在华夏的文化地理空间周边与政治地理空间周边延展中，以西王母为代表的远古神话在汉民族与内周边各民族融合过程中，西王母记忆在中国不同地域中产生了不同的变体，也被外周边的朝贡国家所吸收、涵化、重塑，形成了东亚文化圈共享的“神话记忆”。

魏晋至唐宋道教祠观是宗教权力与世俗皇权博弈、屈服与融合的产物。因此具有“圣俗浑容”的空间属性，宗教教义可以从道观外溢至世俗空间，世俗权力也可以由此渗透进神圣世界。宗教人士、士子、皇帝、平民等各阶层在此交汇，使其成为一个复杂的权力关系网络空间。唐代诗人、士子常在“洞天福地”中的道观中徘徊。有些人试图在这里寻求“终南捷径”，获得入仕机会，另一些人却真正来此“体道求仙”，期待归隐山林。诗人和道士在祠观空间中的周边传播，使得道教经卷中充满道教宇宙观的“潜隐话语”变成了可被广泛传播的“诗性叙事”。以西王母为代表的中国神话记忆经由诗歌为载体再次“进入”共同体的集体记忆中。

宋代之后，社会经济得到充分发展，交通网络日趋发达，城市内部空间和城乡空间的“区隔”被打破，催发了城市公共休闲空间和地域性文化空间的诞生。城市瓦舍酒楼和地方庙会这些城乡公共空间因中心权力“赋权”而成为建构社会权力关系网络的空间媒介。城乡公共空间的媒介“可供性”不仅使各阶层的人际传播和跨阶层的文化生产合作成为可能，也成为了社会矛盾的“缓冲区”和社会秩序的“平衡器”，促进了社会文化整合。大众文化生产和地方文化生产的主要力量“亚精英阶层”和“地方士绅阶层”在南宋出现。这些文化主体将以西王母为代表的神话符号重新编码，用以构建与中心话语相博弈的通俗文化和构建地方性话语。

在当代文旅融合的国家政治文化话语下，地方政府和地方文化精英将本地

① 章太炎．中华民国解[J]．民报．(15)，1907：7.

的神话记忆“征用”，通过神话记忆景观空间的生产，将神话符号嵌入当地景观空间之中，为景观赋魅，为旅游赋能。神话记忆景观成为被文化实践主体“表述”的媒介和宗教话语、国家话语、地方话语等各种话语权力交织的空间。

（二）场域“周边”传播推动社会文化“动态一体”演进

场域是“非物理”的充满空间隐喻的文化主体的实践空间，而这一“空间”的建构是由文化主体的社会关系、社会结构所决定的“构型”，文化主体在“场域”中的表达与行动是由其所掌握的各种“资本”以及场域惯习所决定的。

在尚未完全分化的中国古代社会空间中，一个场域周边的范围在与周边场域关系的历时动态变化中扩展或者收缩。文化主体的文化实践活动不可避免地受到周边场域中惯习和文化主体的影响。社会各场域“周边”同样是建构相互博弈、竞争、耦合的权力关系的“媒介”。以西王母记忆为代表的中国神话记忆是在文学、政治与宗教场域行动者在场域周边传播中所形塑的。文学与宗教作为人类重要的文化是人类思想与行动的产物，也塑造人类的行动与思想，而政治则一直被视为控制人类命运的一种活动。古今中外试图分离文化与政治的活动与话语，基本都宣告失败。特别是在中国古代，文学场域处于尚未完全独立和自觉的状态时，与政治场域紧紧嵌套。宗教场域行动者的实践更是受到政治场域行动者的严格控制与制约。

神话符号在场域周边凝聚的社会权力关系中由文化主体编码、修正和共享，从而形塑了神话记忆。因此，中国古代文学、政治、宗教场域，不是独立的实体，而是在不同时期呈现周边深嵌、纽结、离散等不同状态的关系体。文学、宗教、政治观念在中国古代相互建构、相互联系，并在中国思想文化和意识形态话语三个关键转折时期“动态一体式”演进。以西王母为代表的中国神话记忆在不同社会场域中的传播也同样遵循周边传播的规律，神话记忆的传播者和记忆的形塑者，是分属于不同场域乃至社会阶层的群体。他们之间的场域周边传播，使得神话记忆在不同社会阶层等级扩散。神话记忆沿着社会结构，由一个场域圈层周边向另一场域圈层渗透，并沿着社会的内在路径传播。

中国古代思想文化和意识形态话语的第一次变革发生在秦汉之际。战国时期邹衍建立了五德始终说，经由董仲舒等汉儒发展后成为了一套论证皇权统治是否符合“天命”的灾异话语。汉代的皇权并不具有绝对权力，而只是处于政治场域中心平衡和协调社会各种权力关系的枢纽。汉代“大一统”的政治秩序建构之后，汉代皇权不再需要依靠神话建构中心和周边四方的关系想象，而是需要利用神话符号编织一套可以论证自己统治合法性、构建至上权力的话语。代表儒家思想的儒生和代表道家思想的方士在汉代政治场域、文学场域和宗教场域的深嵌中，进行着与皇权之间符号资本、文化资本和政治资本的交换。在场域的力量竞合中，他们开启了以西王母记忆为代表的神话记忆与意识形态话语权力的相互建构。一方面，表征“大一统”宇宙观和意识形态话语的仪式传播启动。山川祭祀、长安郊祀、墓葬礼仪等构成了神话记忆与意识形态话语互为表里的关系。另一方面，赋予皇权统治合法性的文本生产和话语建构，成为了两汉时期政治文化中的突出特征。

中国思想文化在三世纪魏晋时期发生了第二次关键性转变，东汉末年的黄巾军起义将东汉王朝栋折梁摧。在世界混乱之时，人们期待通过信仰来垫补未知的恐惧。因此这一时期，由本土神仙信仰发展而来的道教以及从周边文明传入的佛教、袄教、摩尼教等包含劫世观和救世祖等盼望的启示性的宗教进入中国思想文化领域。佛道义理激荡和融汇促进了社会文化追寻超越性(Transcendental)价值和真理的思潮，并持续至公元八世纪。中国神话记忆在此时的重塑不是偶然的，而是思想变革冲击文化生产的必然结果。这一时期，文学、宗教、政治场域周边呈现纽结状态。首先，宗教场域中的道教在这一时期成为了国家制度性宗教，并开始对神话符号进行大规模的重塑，以重整混乱的社会秩序和构建道教宗教话语体系。道教领袖通过符号资本与政治场域中心皇权政治资本置换获得了宗教场域中的中心地位，将宗教空间周边向世俗空间推进。文学场域的实践者也开始反思世界的根本和形而上的本质，以求开拓超凡脱俗的生活境界。在国家中心主义与超越性本质主义的社会主流意识形态下，在平衡“服务儒家伦理秩序”和“追求超越性思想”中，文学场域逐渐形成自主生产逻辑。诗人们在本与末、道与俗、心与迹、入世和归隐、庙堂与山林等“二元话语”下，在宗教场域和政治场域周边徘徊，在超越性的本真世界与世俗镜像世界中穿梭。在诗歌创作中，他们将神话符号作为诗歌意象来表达内心的冲突与矛盾。神话记忆通过诗歌这一文学载体流传千年。以西王母为代表的神话符号在奉和应制、怀古讽谏等服务于国家中心主义话语的诗类以及游仙诗与赠道诗等表达追求“超越性”和自然思想的诗类中被编码创新。其符号意涵在世俗与神圣之间流转。

中国古代思想文化的第三次转变发生在唐宋之际。宋朝复归儒学独尊天理，并结合佛、道思想的本体论和认识论充实和完善儒学体系，形成独特的理学

“心本论”的思想。宋元时期社会思想基本奠定了帝国晚期中心话语的基本格局。明清时期，国家主导的文化“整合”与社会空间中实际的文化“分化”形成了巨大的张力。一方面，中国文化在集神灵、宇宙、伦理道德象征以及政治权力与军事权力为一体的“普遍皇权”之下进行着整合。儒释道“三教合一”的思想从唐宋时期的萌芽发展到明清成为了社会文化思想的主流。中国神话中的神灵体系被道教和民间信仰建构成为等级化帝国官僚政治的隐喻。以西王母为代表的神话符号在此时期被编码，成为明清戏曲、宝卷、小说等通俗文学，成为国家对百姓进行思想教化的文化资源。而另一方面，随着社会实践空间的进一步分化，宗教、政治、文学场域周边已然出现离散化趋势。其一，南宋之后道教式微，道教场域行动者与政治皇权渐行渐远，道教走上了与民间信仰结合的“庶道”之路。道教神话也开始与民间信仰神话浑容，形塑了流传于民间的口传神话记忆。而在与政治皇权对抗的“民间宗教”宝卷中，佛教、道教、民间信仰神话符号被重新编码，形塑了民间宗教宝卷中的神话记忆。其二，城市化进程的开启以及日益发达的交通网络增加了文化跨地区传播的可能性。汉唐以来“两京”文化中心的垄断地位被打破，与国家中心话语离散的大众文化和地方性文化逐渐兴起。代表精英文化的高雅文学和代表大众文化的通俗文学在文学场域内部进行着中心与边缘力量的博弈。以“亚精英阶层”为主角的社会文化主体成为了这一时期神话记忆建构的主要力量。以西王母为代表的神话符号在此时期成为了建构大众文化权力和新文化话语的符号资源。

当代社会，神话的“遗产化”开发成为各国文化政治运动中的一项内容。各国政府都意识到作为一种宏大民族起源叙事的神话，是民族文化记忆中的重要象征符号体系，也是凝聚民族共同体认同的重要文化力量。基于“神话主义”的神话资源开发的景观模式、文学模式、影像模式三种路径，都充满着来自于文学场域、经济场域、政治场域、宗教场域等不同文化主体的力量博弈。在文旅融合的国家政治文化话语下，拥有神话资源的“地方”成为了神话传承、传播的前沿阵地。那些拥有文化资本和政治资本，同时行动于政治场域和文化场域的地方文化精英成为了“景观模式”下重塑地方神话记忆的重要文化主体。他们通过文化生产实践活动，将地方神话资源，打造为凝聚“中华民族共同体”以及形塑地方形象的文化符号与名片。

（三）媒介“周边”传播消解对冲的文化权力关系

媒介空间中同样充满着各阶层文化力量的斗争、妥协与让渡。不同文化在媒介周边对冲与融合的现象时有发生。媒介技术的变革，尤其是文字的出现，使记忆摆脱了主体“肉身”的桎梏，实现了跨越时空束缚的共享和传承。在中国古代社会中，文字的出现、造纸术和印刷术的发明和发展，造成了中国古代社会结构的多次扭转，打破了某一阶层“文化权力”的垄断，催生了不同历史时期“新文化”的出现。然而新文化的出现不等同于旧文化和传统的消亡。中国古代社会中口语文化、书写文化、图像文化、印刷文化等媒介文化发展遵循着扬弃而非迭代的发展逻辑。在这种媒介文化发展逻辑下，神话符号在语言与文字媒介周边、文字与图像媒介周边、符号与物质媒介周边（主题与界面的融合）漂移，使神话记忆在具有不同模态属性和模态优势的媒介中“共现”与“互文”，实现了神话记忆团结“纵向一体”的社会各阶层共同体的功能。

储存于民间口传文本中神话记忆，被“采诗官”、巫觋、方士等文化主体采撷，用文字符号重新编码后创作出《山海经》《楚辞》等文学作品。先秦至汉初诸子们则将上古神话记忆重塑为社会建构的逻各斯（logos）和建构皇权正统的“话语”。汉代工匠在汉画像石和铜镜等物质媒介中用“图像符号”将“文字符号”所编织的代表社会主流思想，却逻辑抽象的教化文本“视觉化”和“具象化”，从某种程度上，消解了贵族精英阶层的文化权力，使神话的教化功能波及更加广泛的社会阶层，实现了汉王朝文化上的“大一统”。从此以儒家思想为中心价值观的“纵向团结文化”在中国古代社会延续千年。宋代之后，刻书业的发展和印刷技术的多次改良，催生出社会中连通大传统的书写文化和小传统口语文化的“亚精英阶层”。他们时而将文字符号编码的文本改编成不识字的群体可以理解的口语形式；时而又将在民间搜集整理的各种口语传播的神话传说、奇闻轶事、稗官野史等重新创作为文字形式的小说。同时，他们还创造出了兼具媒介融合雏形的曲子词、宋元杂剧、明清戏曲、讲唱宝卷等“多模态”的说唱艺术。“亚精英阶层”的文化整合力量，使得以西王母为代表的中国神话记忆在宋元之后，逐渐凝固，在不同文类中的主题基本保持一致。

如今，具有强魔术化界面的数字媒介因为其强大的“再域化”系统功能，成为了神话记忆储存和再现的重要媒介形态。依靠互联网的海量储存和搜索引擎的技术手段，数字媒介可以将不同历史时期、不同民族的神话记忆任意调取、呈现、传播。VR、AR、元宇宙等沉浸式数字技术还可以还原复活“彼时彼刻的历史场景”，实现主体“虚拟”在场触摸神话记忆。数字媒介空间的“去中心化”使得空间中的原子化个体成为神话记忆的承载者、重塑者和传播者。通过数字技术的人际链接和“病毒式”传播，将个体重塑的神话记忆，转化为共同体成员共享的“集体记忆”。甚至可通过网络将任何一个民族的神话记忆纳入全球记忆中，实现神话记忆的跨文化、跨民族、跨国境共享。

三、神话记忆连通周边，沟通世界

研究发现，以西王母为代表的中国神话记忆在历史不同时期，通过不同传播路径和渠道“旅行”到了日本、韩国、越南、马来西亚等中国周边国家及地区。这些神话记忆被不同文化所吸收、涵化、重塑。并对于周边国家的物质和精神文化发展产生过深远影响。在赫尔德的“共同体”理论中，共同体的形成本身就是从家庭出发，不断分化融合，从而突破地方“边界”的过程。也就是说，共同体的形成是一个横向、纵向周边不断扩展的“动态进程”。赫尔德的历史哲学突破了狭隘的民族主义，认为共同体最终必然会超越民族国家而走向普遍历史，即走向人道（Humanität）[①]。

（一）神话记忆有助于重塑“中华文明共同体”

近年来，马戎等学者提出“中华文明共同体”[②]的概念。认为中华文明共同体并不是“想象的共同体”，而是有历史基础与留存的文化实体。本研究发现：中国神话在周边国家的记忆“旅行”（Travelling Memory）[③]这一跨文化实践形态，映射着“中华文明共同体”形成的过程。

在与周边族群的交往竞争中，古代中国因在经济、政治体制、军事上的优势地位，将中华文明扩散至与古代中国地理相近、官民交流频繁、朝贡贸易兴盛的周边国家和地区。随着汉唐等王朝实力日益强盛，接受中华文化影响的中华文明圈层也在不断扩展。其范围不仅包括当时华夏边缘地区的珠江流域、黄土高原、四川盆地、陕甘走廊、云贵高原，也辐射至中国内周边的蒙古高原、东北平原、天山南北和青藏高原。甚至扩展到了外周边的东亚大陆边缘地区的朝鲜半岛、中南半岛上的越南、东面大海中的日本和琉球。这些国家和地区在各自的文化发展进程中接受了中华文明的文字以及这种文字承载的中华文化的重要内容——儒学、汉传佛教、中原建筑风格、纺织技术、文学绘画等。虽然他们处于中原皇朝直接管辖之外，各自建立独立的政治实体，没有成为中华民族的组成部

---

① 李荣山.共同体的命运——从赫尔德到当代的变局[J].社会学研究，2015，30(01)：215—241+246.

② 马戎.中华文明共同体的结构及演变[J].思想战线，2019，45(02)：36—49.

③ 阿斯特莉特·埃尔，何竞.旅行的记忆[J].广州大学学报(社会科学版)，2021，20(02)：26—35.

分,但是却因为吸收了中华文化元素,因而曾同属古代中华文明共同体。这个文明共同体内部,不论人种、文字系统、家族结构、生产和生活方式及政治文化等方面,都有共性和相关性①。在这些古代“中华文明共同体”国家和地区文化中的中国神话记忆,映射着中华文明共同体数千年来逐步形成的结构体系和演变轨迹。在复杂多变的亚洲地缘政治格局中,激活和唤醒东亚各国共享的“神话记忆”,有助于重塑“中华文明共同体”的文化认同,建构和谐稳定的中国与周边国家地缘政治新秩序,将周边国家从阻挡中国文化传播的“势垒区”转变为助力传播的“势能区”。信息传播不是均衡传播和等效传播,而有强烈的地缘取向、文化取向、民族取向和情感取向。② Straubhaa 曾提出“文化接近性”,认为地理位置毗邻的民族或国家之间,由于语言、风俗、文化上的相似和亲近(Affinity),更容易接受彼此的传播内容。③ 日本神话题材动漫之所以在我国拥有如此众多的粉丝,除了其本身精良的内容制作和高超的商业运作模式以外,“文化接近性”所带来的粉丝聚合效应也是不可忽视的重要因素。中国神话动漫电影《哪吒-魔童降世》曾在我国周边国家越南取得了不俗的票房成绩,其原因主要是历史文化和地理接近使得中国与越南之间的文化核心层面具有较高的相似度。“文化接近性”可以自发引导粉丝对具有文化共性特征的趣缘对象产生兴趣,培养文化的跨国粉丝,从而形成文化“跨国饭圈”的“虚拟共同体”。④ 中国神话的对外传播必须首先要重视周边国家和地区,不能舍近求远“灯下黑”。中国神话周边传播不彰,就不能影响周边,更不能影响周远。当下,中国神话的游戏、影视、动漫等文化产品的“出海”,应优先以周边国家受众为目标。以“共享的神话记忆”为创作内容,并向周边国家市场发行和投放,从而收获周边国家地区中国神话粉丝。

(二) 神话记忆有助于构建“人类命运共同体”

神话记忆蕴含着“超社会体系”的人类文明传播基因。神话作为“人类历史”起源的“元叙事”,是人类历史的最初记忆。为人类命运共同体提供了一种具有历史意义的情感象征模型和原型。人类世界有很多共同的神话母题,比如创世神话、洪水神话、感生神话、女神神话等。20 世纪神话学家坎贝尔认为“神话之

① 罗荣渠. 现代化新论[M]. 北京:北京大学出版社,1993:212.

② 高菲,彭翠,陆地. 跨境民族与周边传播研究[J]. 新闻爱好者,2019(11):14—17.

③ Straubhaar J D. Beyond Media Imperialism: Assymetrical Interdependence and Cultural Proximity. *Critical Studies in Media Communication*, vol. 8, no. 1, 1991, pp. 39 - 59.

④ Iwabuchi K. Undoing International Fandom in the Age ofBrand Nationalism, . *Mechademia*, vol. . 5, no. 1, 2010, pp. 87 - 96.

所以比其他文本更具有传播性，是因为神话代表的是理性之眼，而非国族之眼，非各宗教社群之言，非各语系社会之眼，它具有普适性，反映的是整个地球的哲学观”。[①] 因而神话可作为中国对外传播实践中，实现共情传播、提升传播效果、促进情感认同和文化认同的符号资源。中国神话传说如灿烂星河，国内学者袁柯、茅盾、叶舒宪等人已经从纷繁芜杂、散落在史料里的神话中逐步提炼出了如上古神话、帝系神话、佛教神话、道教神话、玉石神话等诸多神话体系，仅仅是《山海经》中的神话故事就足以撑起一个宏大的故事世界，其他如《搜神传》等神怪小说、散落在民间的神话故事更是如汗牛充栋。当然，并不是所有的神话都适合作为对外传播的内容，也并非所有的神话符号都具有“文化共通性”。选择与目标国家文化中“相似”程度高、表达人类“共享价值观”的神话符号和文本进行编码、重塑、传播，才能消弭文化壁垒、减少传播折损、达成通畅交流。基于对外传播的神话符号和神话文本的编码和重塑至少需要考虑两个层面：表层和核心层面。表层神话的对外传播是传播“可见”的文化表征，比如通过博物馆展出嵌套神话符号的文物；通过影视模式或者文学模式，重塑神话文本，进行神话影视作品、文学作品的对外发行与传播；在神话景观记忆空间中进行神话仪式展演活动等。核心层面的神话对外传播则是传播神话中蕴含的深层的“不可见”的中华民族传统价值观、社会心态、审美观念等核心文化。这种核心文化的传播较易引发“异质文化受众”的抵触和认知不适。因而，中国神话对外传播的核心思路应该由“思考世界”转变为“从世界去思考”[②]，将神话符号和文本的编码和重塑建构在超越民族国家叙事的人类文明“共享价值观”基础之上。比如“西王母”这一象征符号所代表的“超越”“不朽”“长寿”“和平”“母性力量”都是中国传统价值观中可与世界文明共享的部分。首先，西王母与巴比伦女神伊斯塔尔，古希腊女神德墨忒尔等世界女神都是人类集体无意识中“大母神”(The Great Mother)原型在人类神话和艺术创作中的象征性表达。比如，在《山海经》中，西王母“司天之厉及五残”的刑神和厉神，在汉代谶纬《龙鱼河图》中，西王母是遣使授符助黄帝战胜蚩尤的战神，与希腊女神雅典娜具有类似的神格。同时，西王母还具有人类原始地母神孕育生命、负责生殖和象征丰饶的神格，在《大荒西经》和西汉《焦氏易林》的繇辞中，西王母就被赋予赐子和保佑土地丰饶的功能：《大荒西经》中有“王母

---

① [美]约瑟夫·坎贝尔，比尔·莫耶斯. 神话的力量：在诸神和英雄的世界中发现自我[M]. 朱侃如译，杭州：浙江人民出版社，2013. 52.

② 赵汀阳. 天下体系[M]. 中国人民出版社：2011. 3.

之山，……有沃之国，沃民是处”。《焦氏易林》中则有“稷为尧使，西见王母。拜请百福，赐我嘉子”以及“中天稾黍，以享王母，受福千亿，所求大得”。不仅如此，西王母按照五行之说属金，因此，又在道教神话中被称为灵太妙龟山金母，或太虚九光龟台金母元君，且为“至阴”之神和月神，常与月亮与捣药兔等图像同时出现在汉晋时期的墓葬画像石图像中。在两汉时期形成的西王母神话和信仰中，西王母又是可接引亡灵升入天界的幽冥之神，与西亚女神伊斯塔尔具有金星女神、月神、冥界之神、丰饶之神等多重神格极为相似。不仅如此，西王母在汉赋、魏晋小说《汉武帝内传》以及道教神话中，都被描写为具有“天姿掩蔼”的绝世姿容，和罗马、希腊女性很维纳斯、阿佛洛狄忒共同具有“美神”的神格特征。

其次，西王母符号所表征的好生、乐生、永生的“长寿”“超越”等中国古代生命哲学和中国传统文化价值观核心层面都是人类共享价值观中极为重要的组成部分。《尚书·洪范》中论及中国五福观念：“一曰寿、二曰富、三曰康宁、四月攸好德，五曰考终命。”五福观念涉及人生活的方方面面，代表着人类全面幸福观。

再次，在西王母神话传说中，西王母与黄帝、舜帝、周穆王、汉武帝之间的交往和对话，都是围绕着献玉琯、授地图、言和平、减杀戮而展开的，体现着历史上中华民族“和睦万邦”“和而不同”的文化思想与历史传统，是可以唤醒现代社会人类的共同心声的神话符号和文本。如果在这些神话传说中融入现代审美元素，进行影像化改编和对外传播，成为讲述人类命运共同体叙事中的“神话元素”，将可以实现古典文化与现代文化的互融与共生，中国文化与世界文化的碰撞与交融。

（三）神话记忆“跨空间”融合重塑

博厄斯认为：神话世界的建立就是为了打破，以便可以在原有废墟上重建新的神殿。① 基于“神话主义”的神话遗产开发中，神话记忆在景观模式构建的实体空间和影像模式、文学模式打造的虚拟空间中分隔重塑。根据《山海经》《封神演义》《西游记》《白蛇传》等中国经典神话传说开发的影视、动漫、游戏、景观建筑、主题公园作品大量涌现。由于神话版权的公有属性，诸多神话符号沦为资本市场逐利运作的牺牲品。在“娱乐至死”的社会风气中，神话资源陷入被盲目、无序、重复、低质开发的窘境。大量中国神话经典被抹去了中国文化原有的精神内核，被改编成西方式的神魔作品。这种空间上分隔、主题上偏离的神话资源开发

① 田兆元. 神话与中国社会[M]上海：上海人民出版社，1998：65.

既不利于发挥神话记忆作为凝聚共同体认同的本源社会功能，也不利于神话记忆连通其他文化符号发挥对外传播的价值。在媒介融合时代，神话记忆需要以一种更具组织性、策略性和整合性的方式实现“跨空间”的融合重塑。亨利·詹金斯在2007年《融合文化》所提出的跨媒介叙事旨在通过虚实空间中各媒介平台的协同合作，建构一个完备的“故事世界”，每个媒介平台都要对故事世界的建构作出贡献。不同平台上的故事既彼此独立，又相互联系，彼此互文。[①] 跨媒介叙事为神话记忆实现在实体空间和虚拟空间的流转提供了一种整合式、组织化的融合互构模式。通过连通电影、小说、动漫、短视频和景观空间等构建网状互通的虚实媒介平台，建构相对完备的故事世界，神话记忆可以实现“跨空间”重塑。虚拟现实（VR）和增强现实（AR）等技术可以将虚拟的神话人物和场景投射到实体景观空间中，实现虚实结合，情景交融。受众在获得沉浸式触摸神话记忆的体验中，产生情感共鸣、建构心灵秩序。需要注意的是，中国神话记忆“跨空间”融合重塑不能只是“工业”产品式的文化符号生产、消费和对外输出，而应该在权力关系交织和资本博弈的虚实空间中彰显其社会价值、时代价值、文化价值和对外传播价值。

① Jenkins, H., *Convergence Culture*,. New York: New York University, 2006, p.95-96.

参考文献

典籍文集、各朝政要、地方志

1. [汉]班固. 汉书·杨雄传[M]. 颜师古注,北京:中华书局,1962.
2. [汉]东方朔. 十洲记[M]. 上海:上海古籍出版社,1990.
3. [汉]董仲舒. 春秋繁露[M]. 叶平注释,郑州:中州古籍出版社,2009.
4. [汉]贾谊. 新书校注[M]. 闫振益,钟夏校注,北京:中华书局,2000.
5. [汉]焦延寿. 焦氏易林注[M]. 尚秉和注,北京:光明日报出版社,2006.
6. [汉]刘向. 列仙传[M]. 上海:上海古籍出版社,1990.
7. [汉]司马迁. 史记[M]. 北京:中华书局,2014.
8. [汉]许慎. 说文解字注[M]. 段玉裁译,南京:凤凰出版社,2015.
9. [晋]郭璞注. 穆天子传汇集释[M]. 王贻樑,陈建敏校释,北京:中华书局,2019.
10. [南朝]刘勰. 文心雕龙[M],四库义刊景明嘉靖刊本.
11. [南齐]谢赫等. 古画品录[M]. 上海:上海古籍出版社,1991.
12. [唐]魏征. 令狐德棻. 隋书[M]. 北京:中华书局,1973.
13. [唐]白居易. 白氏长庆集[M]. 四部义刊景日本翻宋大字本.
14. [唐]李白. 李太白文集[M]. 北京:中华书局,2011.
15. [唐]李吉甫. 元和郡县图志[M]. 北京:中华书局,1983.
16. [唐]李焘. 续资质通鉴长编[M]. 上海古籍出版社,2006.
17. [唐]吴筠. 宗玄集[M]. 明正统道藏本. 宗玄先生文集序.
18. [后晋]刘昫. 旧唐书[M]. 卷五. 北京:中华书局,1975.
19. [宋]郑樵通志[M]景印文渊阁四库全书第 374 册,台北:台湾商务印书馆,1986.
20. [宋]宋敏求. 长安志·长安志图[M]. 辛德勇,郎杰点校,西安:三秦出版社,2013.
21. [宋]郭茂倩. 乐府诗集[M]. 四部义刊景汲古阁本.
22. [宋]计有功. 唐诗纪事[M]. 四部义刊景明嘉靖本.
23. [宋]陆游. 范待制诗集序[A]. //陆游集[M]. 北京:中华书局,1976.
24. [宋]吕惠卿. 庄子义集校[M]. 卷第三,北京:中华书局,2009.
25. [宋]孟元老. 东京梦华录[M]. 济南:山东友谊出版社,2009.
26. [宋]欧阳修　宋祁. 新唐书[M]. 北京:中华书局,1975.
27. [宋]王安石. 王文公文集[M]. 上海:人民出版社,1974.

28. [宋]吴自牧. 梦粱录[M]. 北京:中华书局,1962.
29. [元]马端临. 文献通考卷九十郊祀考[M]. 北京:中华书局,2011.
30. [元]陶宗仪. 南村辍耕录[M]. 李梦生校点,上海:上海古籍出版社,2012.
31. [明]顾起元. 客座赘语[M]. 北京;中华书局,1987.
32. [明]胡应麟. 少室山房集[M]. 上海:上海古籍出版社,1993.
33. [明]明神宗实录[M]. 台北:“中研院”历史语言研究所影印本.
34. [明]王世贞. 曲藻[A]. //中国古典戏曲论著集成[M]. 第四册,北京:中国戏剧出版社,1959.
35. [明]吴承恩. 西游记[M]北京:人民出版社,2010.
36. [明]姚士观等,明太祖文集[M]. 文渊阁四库全书. 223[Z]. 台北:商务出版社,1982.
37. [明]袁宏道. 虞初志[M]. 上海:上海书店出版社,1986.
38. [民国]吴县志[M]. 卷 52.
39. [清]聂敍. 泰山道里记[M]光绪四年刊本影印版. 台北:成文出版社,1968.
40. [清]曹寅. 全唐诗[M]. 清文渊阁四库全书本.
41. [清]陈梦雷. 古今图书集成・神异经[M]. 卷 222. 北京;中华书局,1985.
42. [清]董诰. 全唐文[M]. 上海:上海古籍出版社,1990.
43. [清]郝懿行. 郝懿行集・尔雅义疏[M]. 释地第九. 安作璋主编,济南:齐鲁书社,2010.
44. [清]郝懿行. 郝懿行集・竹书纪年校正[M]. 安作璋主编,济南:齐鲁书社,2010.
45. [清]纪晓岚. 乌鲁木齐杂诗[M]郝俊等注,乌鲁木齐:新疆人民出版社,1991.
46. [清]焦循. 禹贡郑注释[M]. 陈居渊主编,南京:凤凰出版社,2015.
47. [清]钦定大清会典事例[M]. 影印版.
48. [清]屈大均. 广州新语[M]. 北京:中华书局,1985.
49. [清]阮元校刻. 十三经注疏・春秋左传正义[M]. 北京:中华书局,2009.
50. [清]阮元校刻. 十三经注疏・周礼注疏[M]. 北京:中华书局,2009.
51. [清]宋翔凤. 乐府余论[A]//唐圭璋. 词话丛编[M]. 北京:中华书局,1986.
52. [清]王聘珍. 大戴礼记解诂[M]. 王文锦 点校,北京:中华书局,1983.
53. [清]王先谦. 荀子集解[M]. 北京:中华书局,1988.
54. [清]徐松. 登科记考[M]. 北京:中华书局出版社,1984.
55. [清]赵尔巽. 清史稿[M]. 北京:中华书局.
56. [清]赵之恒. 大清十朝圣训清宣总圣训[M]. 北京:北京燕山出版社 1998.
57. 道藏[M]. 影印版.
58. 黄晖. 论衡校释[M]. 北京:中华书局,1992.
59. 刘文典. 淮南鸿烈集解[M]. 北京:中华书局,2006.
60. 杨伯峻. 列子集释[M]. 北京:中华书局,1979.
61. 张岱年. 传世藏书・史库[M]. 三国志. 海口:海南国际新闻出版社,1996.

外文文献与译著

1. Anderson Benedict. Imagined Communities. Rev. edition: London: Verso 1991.
2. B • Watson, Ssu-ma Ch'ien. Grand Historian of China. New York: Columbia University

Press. 1958.

3. Berry Weller Berry Wellar Geography and Media: Strenthening the Relationship, Discussion Paper for Symposium on Projecting Geography in the Public Domian in Canada Association of Geograhers Annual Meeting, University ofWestern Ontario, London, May 31. June 4, 2005, p. 9.
4. Bloomfield, M. W. &C. W. The Role of the Poet in Early Societies, Cambridge: D. S. Brewer, 1989.
5. Chang Kwang-chih, . Ancient China and Its Anthropological Significance. In Archeological Thought in America, ed. C. C. Lamberg-Karlovsky, pp. 155 - 166 Cambridge, Eng. ; Cambrige University Press, 1989.
6. Clifford Greertz, Interpretation of Cultures, New York: Basic Books, 1973.
7. Donham. Donald L. History, Power, Ideology, Cambridge: Cambridge University Press, 1990.
8. Hebdige. Dick. Subculture: The Meaning of Style, New York: Methuen, 1979.
9. Foucault. Discipline and Publish. The Birth of the Prison. Trans. by Alan Sheridan. New York: Random House Inc. 1977.
10. Gamson, W. A., & Lasch, K. E. The political culture of social welfare policy [A], in S. E. Spiro & E. Yuchtman Year ed., Evaluating the Welfare State: Social and Political Perspectives, New York: Academic Press, 1983, p. 411.
11. Henri Lefebvre, The Production of Space, Translated by Donald Nicholson-Smith, Blackwell Publishing, 1991, p. 33.
12. Iwabuchi K. Undoing International Fandom in the Age of Brand Nationalism, . *Mechademia*, vol. . 5, no. 1, 2010, pp. 87 - 96.
13. Jenkins, H., Convergence Culture, . New York: New York University, 2006, p. 95 - 96.
14. Joana Handin. Lu K'un's New Audience: The Influence Of Women's Literacyon Sixteenth-Century Thought. in Women in Chinese Soceity, eds. Margery Wolf and Roxane Witke (Stanford: Stanford University Press, 1975.
15. John Hartley. Uses of Television, London: Routledge, 1999.
16. Joseph Kestner. Secondary illusion: The novel and the spatial art. Spatial Form in Narrative. Eds. Jeffrey. R. Smitten and Ann Daghistany. Ithaca: Cornell University Press. 1981.
17. Larse Elleström. The Modalities of Media: A Model for Understanding Intermedial Relations [C]//Larse Elleström. Media Borders Multimodality and Intermediality. UK: Palgrave Macmillan, 2010: P. 11 - 50.
18. Mali. Joseph. Mythistory. The Making of a Modern Historiography. Chicago: The University of Chicago Press, 2003.
19. Marcel Mauss, Technique, Technology, and civilisation, edited and introduced by Nathan schlanger, New York and Oxford: Durkheim Press, 2006.
20. Maurice Freedman, On The Sociological Study of Chinese Religion, Religion and Ritual in

Chinese Society, edited by Arthur P. Wolf, Stanford University Press, Stanford, California, 1974.
21. Michael Loewe. Ways to Paradise: The Chinese Quest for Immortality. London: George Allen & Unwin, 1979.
22. Michel Foucault. Ethics: Subjectivity and Truth. Paul Rabinow (ed). New York: The New Press, 1977.
23. Myth and Literature, ed. John B. Vickery, Lincoln: University of Nebraska press, 1969.
24. Pitirim A. Sorokin, Sociological Theories of Today, New York: Harper&Row. 1966.
25. Saucer Carl O. Recent Development in Cultural Geography [A]. In: Hayes EC (ed.). Recent Development in the Social Sciences [C]. New York: Lippin cott, 1927.
26. Steven Mithen. After the Ice-A Global Human History 20000 - 5000BC, Harvard University Press, 2006.
27. Straubhaar J D. Beyond Media Imperialism: Assymetrical Interdependence and Cultural Proximity. Critical Studies in Media Communication, vol. 8, no. 1, 1991, pp. 39 - 59.
28. Suzanne Cahill. Transcendence and Divine Passion — the Queen Mother of the West in Medieval China. Calif. : Stanford University Press., 1993.
29. William Stephenson. The Play Theory of Mass Communication. New Brunswick, New Jersey: The University of Chicago Press, 1967.
30. [丹麦]克劳斯・布鲁恩・延森. 媒介融合:网络传播、大众传播和人际传播的三重维度[M]. 刘君译,上海:复旦大学出版社,2012.
31. [德]埃利西・诺伊曼. 大母神-原型分析[M]. 李以洪译,北京:东方出版社,1998.
32. [德]扬・阿斯曼. 文化记忆:早期高级文化中的文字、回忆与政治身份[M]. 金寿福,黄晓晨译,北京:北京大学出版社,2015.
33. [德]H. R. 姚斯. [美]. R. C. 霍拉勃. 接受美学与接受理论[M]. 周宁. 金元浦译,沈阳:辽宁人民出版社,1987.
34. [德]阿莱达・阿斯曼. 回忆空间[M]. 潘璐译,北京:北京大学出版社,2016.
35. [德]恩斯特・卡希尔. 人论[M]. 甘阳译,上海:上海译文出版社,2016.
36. [德]哈贝马斯. 在事实与规范之间——关于法律和民主法治国的商谈理论[M]. 北京:生活・读书・新知三联书店,2003.
37. [德]西美尔. 社会学:关于社会化形式的研究[M]. 林荣远译,2002.
38. [德]尤尔根・哈贝马斯. 交往行为理论[M]. 曹卫东译,上海:上海人民出版社,2018.
39. [法]费尔南・布罗代尔. 15 至 18 世纪的物质文明、经济和资本主义[M]. 顾良. 施康强译,北京:生活・读书・新知三联书店,2002.
40. [法]柏格森. 创造进化论. [M]. 肖聿译,北京:华夏出版社,1999.
41. [法]布鲁诺・拉图尔. 我们从来没有现代过[M]. 刘鹏,安聂斯译. 苏州:苏州大学出版社,2010.
42. [法]亨利・列斐伏尔. 空间与政治[M]. 李春译,上海:上海人民出版社,2015.
43. [法]雷吉斯・德布雷. 媒介学引论[M]. 刘文玲译,北京:中国传媒大学出版社,2014.
44. [法]雷吉斯・德布雷. 普通媒介学教程[M]. 陈卫星,王杨译,北京:清华大学出版社,2014.
45. [法]列维・斯特劳斯. 神话学:餐桌礼仪的起源[M]. 周昌忠译,北京:中国人民大学出版社,2007.
46. [法]马赛尔・莫斯. 礼物[M]. 汲喆译,上海:上海人民出版社,2002.
47. [法]梅洛-庞蒂. 符号[M]. 姜志辉译,北京:商务印书馆,2003.
48. [法]梅洛-庞蒂. 可见的与不可见的[M]. 罗国祥译,北京:商务印书馆,2008.
49. [法]米歇尔・福柯. 疯癫与文明[M]. 刘北成,杨远婴译,北京:生活・读书・新知三联书店,l2007.
50. [法]米歇尔・福柯. 权力的眼睛—福柯访谈录[M]. 严峰译,上海人民出版社,2005.
51. [法]米歇尔・福柯. 性经验史[M]. 佘碧平译,上海:上海世纪出版集团,2006.
52. [法]莫里斯・哈布瓦赫. 论集体记忆[M]. 毕然,郭金华译,上海:上海人民出版社,2002.
53. [法]帕斯卡尔・卡萨诺瓦. 文学世界共和国[M]. 罗国祥等译,北京:北京大学出版社,2015.
54. [法]皮埃尔・布迪厄. [美]华康德. 实践与反思—反思社会学导论[M]. 李猛,李康译,北京:中央编译出版社,2004.
55. [法]皮埃尔・布迪厄. 区分:判断力的社会批判[M]. 刘晖译,北京:商务出版社,2015.
56. [法]皮埃尔・诺拉. 记忆之场——法国国民意识的文化社会史[M],黄艳红等译,南京:南京大学出版社,2015.
57. [法]涂尔干. 宗教生活的基本形式[M]. 渠东,汲喆译,北京:商务印书馆,2011.
58. [法]柏格森. 材料与记忆[M]. 肖聿译,北京:华夏出版社,1999.
59. [韩]郑珉. 16、17 世纪游仙文学的叙事结构和道教的想象力朝鲜[A]. 郑判龙等. 朝鲜-韩国文化与中国文化[M]. 1995.
60. [荷]梵・迪克. 作为新闻的话语[M]. 曾庆香译,北京:华夏出版社,2003.
61. [加]哈罗德・英尼斯. 传播的偏向[M]. 何道宽译,北京:中国传媒大学出版社,2015.
62. [加]马歇尔・麦克卢汉. 理解媒介:论人的延申[M]. 南京:译林出版社,2019.
63. [美]. 詹姆斯・凯瑞. 作为文化的传播:"媒介与社会"论文集(修订版)[C]. 丁未译. 北京:中国人民大学出版社,2019.
64. [美]W. J. T. 米切尔. 风景与权力[M]. 南京:译林出版社,2014.
65. [美]埃里克・麦格雷. 传播理论史:一种社会学的视角[M]. 刘芳译,北京:中国传媒大学出版社,2009.
66. [美]爱德华・W・萨伊德. 东方学[M]. 北京:生活・读书・新知三联书店,2019.
67. [美]爱德华・希尔斯. 中心与边缘:宏观社会学论集[M]. 甘会斌,余昕译,南京:译林出版社,2019.
68. [美]保罗・亚当斯. 媒介与传播地理学[M]. 袁艳译. 北京:中国传媒大学出版社,2020.
69. [美]杜赞奇. 文化、权力与国家[M]. 王福明译,南京:江苏人民出版社,2003.
70. [美]韩森. 变迁之神:南宋时期的民间信仰[M]. 包伟民译,北京:中华书局,2016.
71. [美]韩书瑞. 千年末世之乱- 1813 年八卦教起义[M]. 陈仲丹译,南京:江苏人民出版社,2011.
72. [美]克利福德・格尔茨. 文化的解释[M]. 韩莉译,北京:译林出版社,2014.

73. [美]孔飞力. 叫魂- 1768 年中国妖术大恐慌[M]. 陈兼，刘昶译，北京：生活・读书・新知三联书店，2012.
74. [美]罗友枝. 黎安友. 姜士彬. 中华帝国晚期的大众文化[M]. 赵世玲译，北京：北京师范大学出版社，2022.
75. [美]马修・波泰格. 杰米・普灵顿. 景观叙事：讲故事的设计实践[M]. 张楠等译，北京：中国建筑工业出版社，2015.
76. [美]曼纽尔・卡斯特. 认同的力量[M]. 曹荣湘译，北京：社会科学文献出版社，2006.
77. [美]米尔恰・伊利亚德. 永恒回归的神话[M]. 晏可佳译，上海：上海书店出版社，2022.
78. [美]普鸣. 成神[M]. 张常煊，李健芸译，北京：生活・读书・新知三联书店，2020.
79. [美]让—马克・夸克. 合法性与政治[M]. 佟心平，王远飞译，北京：中央编译出版社，2002.
80. [美]王爱和. 中国的宇宙观与古代政治[M]. 金蕾，徐峰译，上海：上海古籍出版社，2018.
81. [美]沃尔特・翁. 口语文化与书面文化[M]. 北京：北京大学出版社，2008.
82. [美]巫鸿. 中国古代艺术和建筑中的纪念碑性[M]. 郑岩译，上海：上海人民出版社，2009.
83. [美]巫鸿. 礼仪中的美术[M]. 北京：生活・读书・新知三联书店，2005.
84. [美]巫鸿. 武梁祠：中国古代画像艺术的想象性[M]. 柳杨，岑河译，北京：生活・读书・新知三联书店，2015.
85. [美]余英时. 东汉生死观[M]. 侯旭东译，上海：上海古籍出版社，2005.
86. [美]余英时. 轴心突破与礼乐传统[A]. //现代儒学的回顾与展望[M]. 北京：生活・读书・新知三联书店，2004.
87. [美]约翰・杜海姆・彼得斯. 奇云[M]. 邓建国译，上海：复旦大学出版社，2020.
88. [美]约瑟夫・坎贝尔，比尔・莫耶斯. 神话的力量：在诸神和英雄的世界中发现自我[M]. 朱侃如译，杭州：浙江人民出版社，2013.
89. [美]詹姆斯・凯瑞. 作为文化的传播：“媒介与社会”论文集(修订版)[M]. 丁未译，北京：中国人民大学出版社，2019.
90. [美]埃尔基・胡塔莫等. 媒介考古学[M]. 唐海江译，上海：复旦大学出版社，2018.
91. [日]池上嘉彦. 符号学入门[M]. 张晓云译，北京：国际文化出版社，1985.
92. [日]福山敏男. 景初三年・正始元年三角缘神兽镜铭の陈氏と杜地[J]. 古代文化，1974(26).
93. [日]富冈谦藏. 古镜の研究[M]. 丸善株式会社. 1920.
94. [日]冈村秀典. 三角缘神兽镜の时代[M]. 东京：吉川弘文馆，1999.
95. [日]柳田国男. 传说论[M]. 连湘译，北京：中国民间文艺出版社，1985.
96. [日]梅原末治. 汉三国六朝年镜图说[M]. 京都；桑名文星堂，1943.
97. [日]内藤湖南近世文学论・序列[A]. //内藤湖南全集[M]. 第一卷，筑摩书房 1973.
98. [日]森雅子. 西王母の原像——中国神话における地母神の研究[J]. 史学. 三田史学会，1988(56)03：61～93.
99. [日]松田寿男. 古代天山历史地理学研究[M]. 陈俊谋译，北京：中央民族学院出版社，1987.

100. [日]西田狩夫. 铅同位体比法によゐ汉式镜研究への期待と杂感——主として吴镜と三角缘神兽镜关系资料にっぃて[J],MUSEUM——东京国立博物馆美术志,1982(1).
101. [日]小川琢治. 崑崙と西王母[J]. 芸文. 1916(07).
102. [日]小南一郎. 中国的神话传说与古小说[M]. 孙昌武译,北京:中华书局,1993.
103. [日]佚名. 竹取物语[M]. 王新禧译,西安:陕西出版社,2013.
104. [日]原田淑人. 田泽金吾. 乐浪:五官掾王盱の坟墓[M]. 东京:东京帝国大学文学部,刀江书. 1930.
105. [苏]阿甫基耶夫. 古代东方史[M]. 王以铸译,三联书店,1957.
106. [英]雷蒙·威廉斯. 文化与社会的词汇[M]. 刘建基译,北京:生活·读书·新知三联书店,2005.
107. [英]马林诺夫斯基. 巫术科学宗教与神话[M]. 李安宅译,北京:中国民间文艺出版社,1986.
108. [英]马林诺夫斯基巫术科学宗教玉神话[M]. 李安宅译,北京:中国民间文艺出版社,1986.
109. [英]迈克·克朗. 文化地理学[M],杨淑华,宋慧敏译,南京:南京大学出版社,2005.
110. [英]曼纽尔·卡斯特. 网络社会的崛起[M]. 夏铸九译,北京:社会科学出版社,2003.
111. [英]诺曼·费尔克拉夫. 话语与社会变迁[M]. 殷晓蓉译,北京:华夏出版社,2004.
112. [英]维克多·特纳. 仪式过程:结构与反结构[M]. 黄剑波,柳博赟译,北京:中国人民大学出版社,2006.

中文专著

1. 白文纲. 中国古代政治传播研究[M]. 北京:中国社会科学出版社,2014.
2. 车锡伦. 中国宝卷研究[M]. 桂林:广西师范大学出版社,2009.
3. 车柱环. 韩国道教思想[M]. 北京:人民文学出版社,2005.
4. 陈广中,陈青远,付芮. 淮南子译注[M]. 上海:上海三联书店,2014.
5. 陈弱水. 唐代文士与中国思想的转型[M]. 桂林:广西师范大学出版社,2009.
6. 陈新. 彭刚. 文化记忆与历史主义[M]. 杭州;浙江大学出版社,2014.
7. 陈垣. 道家金石略[M]. 北京;文物出版社,1988.
8. 程憬. 中国古代神话研究[M]. 北京:北京大学出版社,2011.
9. 迟文杰等编著. 西王母文化研究集成·论文卷(上卷)[C]. 桂林:广西师范大学出版社,2008.
10. 辞源[M]. 第三册. 北京:商务印书馆,1979.
11. 丁谦. 穆天子传地理考证[M]. 浙江图书馆丛书第二集,浙江图书馆刊印,中华民国四年.
12. 高菲,陆地,陈沫. 周边传播研究[M]. 北京:中国书籍出版社,2021.
13. 高有朋. 庙会与中国文化[M]. 北京:人民出版社,2008.
14. 葛兆光. 道教与中国文化[M]. 上海:上海人民出版社,1987.
15. 葛兆光. 想象力的世界[M]. 北京:现代出版社,1990.
16. 葛兆光. 屈服史及其他:六朝隋唐道教的思想史研究[M]. 北京:生活·读书·新知三联书店,2003.

17. 顾颉刚. 秦汉的方士和儒生[M]. 北京:北京出版社,2016.
18. 顾实. 穆天子传西征讲疏[M]. 北京:商务出版社,1934.
19. 韩茂莉. 中国历史地理十五讲[M]. 北京:北京大学出版社,2015.
20. 汉魏六朝笔记小说大观[M]. 王根林. 黄益元. 曹光甫 校点. 上海:上海古籍出版社,1999.
21. 何清谷. 三辅黄图校注[M]. 西安:三秦出版社,2006.
22. 何新. 诸神的世界[M]北京:现代出版社,2019.
23. 侯杰,范丽珠. 中国民众宗教意识[M]. 天津:天津人民出版社. 1994.
24. 胡百精,共识与秩序:中国传播思想史[M]. 北京:中国人民出版社,2022.
25. 胡适. 白话文学史[M]. 南京:江苏文艺出版社,2013.
26. 胡易容. 图像符号学:传媒景观世界的图式把握[M]. 成都:四川大学出版社,2014.
27. 胡易容. 赵毅衡. 符号学—传播学词典[M]. 南京:南京大学出版社,2012.
28. 华立. 清代新疆社会变迁研究[M]. 西安:西北大学出版社,2021.
29. 黄旦. 传播、文化、社会译丛[M]. 北京:华夏出版社,2003.
30. 季羡林. 敦煌学大辞典[M]. 上海:上海辞书出版社,1998.
31. 江畅. 中国传统价值观及其现代转化[M]. 北京:社会科学文献出版社,2020.
32. 江晓原. 天学真原[M]. 北京:译林出版社,2011.
33. 蒋观云. 中国人种考[M]. 华通书局,1929.
34. 孔祥星,刘一曼. 中国铜镜图典[M]. 北京:文物出版社,1994.
35. 乐黛云,勒・比松. 独角兽与龙:在寻找中西文化普遍性中的误读[M]. 北京:北京大学出版社,1995.
36. 李丰楙. 误入与谪降:六朝隋唐道教文学论集[M]. 台北:学生书局,1996.
37. 李丰楙. 仙境与游历神仙世界的想象[M]. 北京:中华书局,2010.
38. 李丰楙. 忧与游六朝隋唐仙道文学中[M]. 北京:中华书局,2010.
39. 李国荣. 帝王与道教[M]. 北京:人民出版社,2018.
40. 李鸿斌. 庙会[M]. 北京:北京出版社,2005.
41. 李剑亮. 唐宋词与唐宋歌妓制度[M].(修订版)杭州:浙江大学出版社,2006.
42. 李立. 汉画像的叙述-汉画像的图像叙事学研究[M]. 北京:中国社会科学出版社,2016.
43. 李淞. 论汉代艺术中的西王母图像[M]. 长沙:湖南教育出版社,2000.
44. 李学勤. 走出疑古时代[M]. 长春:长春出版社,1994.
45. 李泽厚. 由巫到史释礼归仁[M]. 北京:生活・读书・新知三联书店,2015.
46. 林岩. 老北京的庙会[M]. 北京:文物出版社,2004.
47. 刘沛林等. 碛口旅游发展[M]. 太原:山西人民出版社,2006
48. 刘师培. 穆天子传补释[A]. //刘申叔遗书[M]. 南京:江苏古籍出版社,1997.
49. 刘师培. 谶纬论[A],//李妙根. 刘师培论学论政[M]. 上海:复旦大学出版社,1990.
50. 柳诒徵. 中国文化史[M]. 上海:上海古籍出版社,2001.
51. 鲁迅. 中国小说史略[M]. 南京:江苏文艺出版社,2007 章太炎. 訄书[M]. 北京:华夏出版社,2002.
52. 罗荣渠. 现代化新论[M]. 北京:北京大学出版社,1993.
53. 吕继祥. 泰山娘娘信仰[M]. 学苑出版社,1994.

54. 吕微. 中国民间文学史神话卷[M]. 石家庄:河北教育出版社,2019.
55. 吕宗力. 汉代的谣言[M]. 杭州:浙江大学出版社. 2011.
56. 马西沙,韩秉方. 中国民间宗教史(下)[M]. 北京:社会科学出版社,2004.
57. 马西沙. 中华珍本宝卷:第二辑第十六册[M]. 影印明折本. 北京:社会科学文献出版社,2014.
58. 茅盾. 神话研究[M]. 天津:百花文艺出版社,1997.
59. 梅新林. 仙话:神人之间的魔幻世界[M]. 上海:上海三联书店. 1995.
60. 米海萍. 专家学者话昆仑[M]. 北京:社会科学文献出版社,2018.
61. 牟元珪. 韩国民俗文化的历史溯源及其特征[A]. //韩国论文集第 8 集[C]. 北京:民族出版社,2000.
62. 聂剑光. 泰山道里记[M]. 济南:山东友谊出版社,1987
63. 聂永华. 初唐宫廷诗风流变考论[M]. 北京:中国社会科学出版社,2002.
64. 潘可礼. 社会空间论[M]. 北京:中央编译出版社,2013.
65. 朴文一,金龟春. 中国古代文化对朝鲜和日本的影响[M]. 哈尔滨:黑龙江朝鲜民族出版社,2000.
66. 钱锡生. 唐宋诗词的传播方式研究[M]. 上海:复旦大学出版社,2009.
67. 潜明兹. 神话学的历程[M]. 北京:北京文艺出版社,1989.
68. 荣新江. 唐代宗教信仰与社会[M]. 上海:上海辞书出版社,2003.
69. 尚华. 佛教四十二章经[M]. 北京:中华书局,2010.
70. 邵培仁,杨丽萍. 媒介地理学:媒介作为文化图景的研究[M]. 北京:中国传媒大学出版社,2010.
71. 顾颉刚. 古史辨自序[M]. 北京:商务印书馆,2011.
72. 沈福伟. 中西文化交流史[M]. 上海:上海人民出版社,2011.
73. 沈文倬. 略论礼典的实行和(仪礼)书本的撰作[A]. //文史第 15 辑[C]. 北京:中华书局,1982.
74. 苏雪林. 昆仑之谜[M]. 北京:中央文物供应社,1956.
75. 孙立平."过程-事件分析"与对当代中国农村社会生活的洞察[A]//王汉生,杨善华. 农村基层政权运行与村民自治[C]. 北京:中国社会科学出版社,2001.
76. 孙旭培. 华夏传播论[M]. 北京:人民出版社,1997.
77. 孙亦平. 东亚道教研究[M]. 北京:人民出版社,2014.
78. 孙作云. 中国古代神话传说研究. [M]开封:河南大学出版社,2003.
79. 泰安市旅游局. 畅游泰安——新编导游词[M]. 内部资料,2010.
80. 谭佳. 神话中国[M]. 北京:生活·读书·新知三联书店,2019.
81. 唐圭璋. 全宋词[M]. 王仲闻参订,孔凡礼补辑. 北京:中华书局,2005.
82. 唐晓峰. 文化地理学释义[M]. 北京:学苑出版社,2012.
83. 陶阳,徐纪民. 吴绵泰山民间故事大观[M]. 北京:文化艺术出版社,1984.
84. 田兆元. 神话与中国社会[M]上海:上海人民出版社,1998.
85. 王明珂. 华夏边缘:历史记忆与族群认同[M]. 上海:上海人民出版社,2019.
86. 王明珂. 英雄祖先与弟兄民族. 台北:允晨文化实业,2006.

87. 王铭铭. 超社会体系[M]. 北京:生活·读书·新知三联书店,2015.
88. 王树槐. 中国现代化的区域研究(1860—1918)江苏省[M]. 北京:中央研究院近代史出版社,1984.
89. 王希恩. 民族过程与国家[M]. 兰州:甘肃人民出版社,1997.
90. 王欣. 文学盛衰的权力因素—中国中古文学场域研究中[M]. 苏州:苏州大学出版社,2013.
91. 王宜娥. 道教庄严[M]. 北京:五洲出版社,2016.
92. 王永平. 信仰与习俗:社会文化史视野下的唐代道教[M]. 北京:社会科学文献出版社,2023.
93. 王兆鹏. 唐宋词史论[M]. 北京:人民文学出版社,2000.
94. 王钟陵. 中国前期文化心理研究[M]. 上海:上海古籍出版社,2006.
95. 闻一多. 神话与诗[M]. 长春:吉林出版集团股份有限公司,2016.
96. 闻一多. 闻一多全集[M]卷二. 北京:生活·读书·新知三联书店,1982.
97. 吴晟. 瓦舍文化与宋元戏剧[M]. 北京:中国社会科学出版社,2001.
98. 吴晗. 吴晗文集[M]. 北京:北京出版社,1988.
99. 吴淞第. 中国人口史[M]. 上海:复旦大学出版社,2002.
100. 吴熊和. 唐宋词通论[M]. 杭州:浙江古籍出版社,1989.
101. 武利华. 徐州汉画像石通论[M]. 北京:文化艺术出版社,2017.
102. 萧登福. 谶纬与道教[M]. 台北:台湾文津出版社,2000.
103. 谢青果. 华夏媒介研究—媒介学的视角[M]. 北京:社会科学文献出版社,2020.
104. 谢珊珊. 休闲文化与唐宋词[M]. 广州:暨南大学出版社,2011.
106. 刑莉,王雪. 泾川西王母文化调查研究[M]. 北京:商务印书馆,2016.
107. 杨金平. 日本三角缘神兽镜和中国东汉三国时期画像镜、神人神兽镜的布局及设计思想探讨[A]. //日本文物精华[M]. 上海:上海书画出版社,2000.
108. 杨庆堃. 中国社会中的宗教[M]. 成都:四川人民出版社,2016.
109. 杨慎. 历代诗话续编[M]. 卷八. 升庵诗话. 北京:中华书局,1983.
110. 杨树达. 积微居金文说[M]. 北京:中华书局,1997.
111. 叶舒宪. 河西走廊:西部神话与华夏源流[M]. 西安:陕西人民出版社,2019.
112. 叶舒宪. 山海经的文化寻踪:想象地理学与东西文化碰撞[M]. 武汉:湖北人民出版社,2004.
113. 叶舒宪. 中国神话哲学[M]. 北京:中国社会科学出版社,1992.
114. 徐旭生. 中国古史的传说时代增订本[M]. 北京:文物出版社,1985.
115. 易思羽. 中国符号[M]. 南京:江苏人民出版社,2005.
116. 袁柯. 山海经全译[M]. 北京:北京联合出版公司,2016.
117. 袁柯. 中国神话传说词典[M]. 上海:上海辞书出版社,1985.
118. 袁柯. 中国神话史[M]. 北京:北京联合出版社,2013.
119. 詹石窗. 道德经通解[M]. 北京:宗教文化出版社,2014.
120. 詹石窗. 道教文学史[M]. 上海:上海文艺出版社,1992.
121. 张道一. 吉祥文化论[M]. 重庆:重庆大学出版社,2011.

122. 张光直.中国青铜时代[M].北京:三联书店,1999.
123. 张怀群.台湾-泾川西王母朝圣之旅20年[M].北京:九州出版社,2011.
124. 赵滨.昌吉年鉴[M].阜康市天池管委会,2014.
125. 赵世瑜.狂欢与日常:明清以来的庙会和民间社会[M].北京:生活·读书·三联书店,2002.
126. 赵汀阳.天下体系[M].中国人民出版社,2011.
127. 赵以武.唱和诗研究[M].兰州:甘肃文化出版社,1997.
128. 郑临川.闻一多论古典文学[M].重庆:重庆出版社,1984.
129. 郑振铎.中国俗文学史上[M].上海:上海人民出版社,2006.
130. 郑志明.台湾的宗教与秘密教派[M].台北:台原出版社.1990.
131. 中村璋八,安居香山.纬书集成[M].石家庄:河北人民出版社,1994:
132. 钟敬文.浙江风物传说[A].//民间文艺学文选[C].合肥:安徽教育出版社,1991.
133. 钟兴麒.西域国志校注[M].乌鲁木齐:新疆人民出版社,2002.
134. 钟肇鹏.谶纬论略[M].沈阳:辽宁教育出版社,1991.
135. 周宝珠.宋代东京研究[M].郑州:河南大学出版社,1992.
136. 周绍良.赵超唐代墓志汇编续集[M].上海:上海古籍出版社,2001.
137. 周世荣.中国历代铜镜鉴定[M].北京:紫禁城出版社,1993.
138. 朱存明.汉画像研究的图像学方法[A]//中国汉画学会.中国汉画学会第十届年会论文集[C].湖北人民出版社,2006.
139. 朱国华.权力的文化逻辑[M].上海:上海人民出版社,2016.

中文期刊与学位论文

1. 阿斯特莉特·埃尔,何竞.旅行的记忆[J].广州大学学报(社会科学版),2021,20(02):26-35.
2. 曾丽红."记忆作为方舟":论文博类纪录片形塑集体记忆的媒介功能[J].现代传播(中国传媒大学学报),2020,42(11):120-123.
3. 曾一果.意识形态的"缝合":后意识形态社会语境下"昆山反杀案"的批判性思考[J].探索与争鸣,2019(01):76-83+143+145.
4. 沉松侨.我以我血荐轩辕:黄帝神话与晚清的国族建构[J].台湾社会研究季刊,1997(28):1-77.
5. 陈金文.盘瓠神话:选择性历史记忆[J].民族艺术,2018(03):59-63.
6. 陈力丹.试看传播媒介如何影响社会结构——从古登堡到"第五媒体"[J].国际新闻界,2004(06):33-35.
7. 陈立琼.从族群记忆到国家认同:蚩尤神话的重构与再嵌[J].吉首大学学报(社会科学版),2023,44(03):154-160.
8. 陈丽琴.西王母神话的传播研究[J].青海社会科学,2009(06):74-78.
9. 陈连山.论神圣叙事的概念[J].华中学术,2014(01):373-380.
10. 陈汝东.论媒介文明[C]//全球修辞学会,全球传媒与伦理法制联合会,绍兴市社会科学界联合会,浙江越秀外国语学院.媒介秩序与媒介文明研讨会暨第二届新闻传播伦理与法制学术研讨会论文集. 2015：13.
11. 陈先红. 论新媒介即关系[J]. 现代传播(中国传媒大学学报)，2006(03)：54 - 56.
12. 陈泳超. 从感生到帝系：中国古史神话的轴心转折——兼谈古典神话的层累生产[J]. 民俗研究，2018(03)：80 - 91＋159.
13. 陈泳超. 明清教派宝卷中神道叙事的情节模式与功能导向[J]. 西北民族研究，2022(05)：84 - 99.
14. 陈泳超. 作为地方话语的民间传说[J]. 北京大学学报(哲学社会科学版)，2013，50(04)：94 - 103.
15. 程凤霞. 泰山王母池景观提升研究[D]. 山东农业大学，2018.
16. 单世联. 文化、政治与文化政治[J]. 天津社会科学，2006(03)：42 - 50.
17. 杜文平. 西王母故事的文本演变及文化内涵[D]. 南开大学，2015.
18. 费孝通. 中华民族的多元一体格局[J]. 北京大学学报(哲学社会科学版)，1989(04)：3 - 21.
19. 岗・坚赞才让.《格萨尔》中授记神贡曼杰姆与西王母——藏汉民俗文化交流研究之一[J]. 西北民族大学学报(哲学社会科学版)，2003(04)：87 - 90.
20. 高菲，彭翠，陆地. 跨境民族与周边传播研究[J]. 新闻爱好者，2019(11)：14 - 17.
21. 高菲. 媒体的空间转换与周边传播实践——基于传媒艺术传播的示例[J]. 现代传播(中国传媒大学学报)，2023，45(05)：102 - 109.
22. 高丽杨.“仙宗十友”：盛唐气象的一个表符[J]. 中国道教，2014(05)：55 - 57.
23. 葛思康.《朝元图》中西王母图像研究[J]. 美术大观，2021(09)：65 - 70.
24. 顾颉刚. 与钱玄同先生论古史书[J]. 读书杂志，1923：9.
25. 郭建斌，王丽娜. 由“路”及“道”：中国传播研究的一种新的可能[J]. 国际新闻界，2021，43(11)：23 - 43.
26. 何勇. 象征符号与仪式传播：人类传播起源的重构[J]. 全球传媒学刊，2016，3(02)：64 - 83.
27. 洪玲芳.《神仙传》与洞天福地的建构[D]. 上海大学，2015.
28. 胡翼青，姚文苑. 重新理解媒介：论界面、内容、物质的三位一体[J]. 新闻与写作，2022(08)：5 - 16.
29. 黄旦・媒介考古：与小儿捉迷藏？—读《媒介考古学：方法、路径与意涵》[J]. 国际新闻界，2021(8)：90 - 104.
30. 黄景春，郑艳. 从蟠桃到蟠桃会[J]. 民俗研究，2009(02)：68 - 81.
31. 黄明兰. 洛阳西汉卜千秋壁画墓发掘简报[J]. 文物，1977(06)：1 - 12＋81 - 83.
32. 黄星民. 略论中西方传播观念的异同从“Communication”与“传”词义比较[J]. 厦门大学学报(哲学社会科学版)，2000(03)：49 - 54.
33. 贾南，芮必峰. 作为信仰“装置”的秦汉石刻：一种媒介学的视角[J]. 现代传播(中国传媒大学学报)，2018，40(11)：53 - 59.
34. 简・詹姆斯. 汉代西王母的图像志研究[J]. 美术研究，1997(2，3)：75—79.
35. 江怡. 康德的“图式”概念及其在当代英美哲学中的演变[J]. 哲学研究，2004(06)：35 - 41.
36. 姜红.“黄帝”与“孔子”——晚清报刊“想象中国”的两种符号框架[J]. 新闻与传播研究，

2014,21(01):5-20+126.
37. 蒋凌昊,莫蓝翔,唐顺姣.边境城市对外传播实践探索——以广西东兴市为例[J].新闻战线,2019(24):97-99.
38. 刘源."一带一路"下东北亚周边传播的文化路径[J].新闻爱好者,2019(11):22-26.
39. 李彬,关琮严.空间媒介化与媒介空间化——论媒介进化及其研究的空间转向[J].国际新闻界,2012,34(05):38-42.
40. 李丰楙.由常入非常:中国节日庆典中的狂欢化[J].中外文学,1993(03):116-154.
41. 李红涛,黄顺铭.新闻生产即记忆实践——媒体记忆领域的边界与批判性议题[J].新闻记者,2015(07):36-45.
42. 李乃龙.道教与唐诗[D].陕西师范大学,2002.
43. 李荣山.共同体的命运——从赫尔德到当代的变局[J].社会学研究,2015,30(01):215-241+246.
44. 刘力,吴寰.讹言何以惑众——以西汉朝"传行西王母筹"为中心的探讨[J].新闻与传播研究,2021,28(12):107-120+128.
45. 刘肖芜.《穆天子传》今译[J].新疆社会科学,1982(03):93-101.
46. 刘亚秋.记忆研究的"社会—文化"范式对"哈布瓦赫—阿斯曼"研究传统的解读[J].社会,2018,38(01):104-133。
47. 刘雁翎.汉民族形成过程中的周边传播[D].北京大学,2020.
48. 刘永红.明清宗教宝卷中的西王母形象与信仰[J].青海社会科学,2011(05):206-210.
49. 刘源.清廷与蒙古藩部的周边文化传播研究[D].北京大学,2019.
50. 刘宗迪.西王母神话地域渊源考[J].民俗研究,2005(02):159-201.
51. 陆地,孙延凤.中国视听艺术十年发展与周边传播[J].传媒,2023(05):89-93.
52. 陆地,许可璞,陈思.周边传播的概念和特性——周边传播理论研究系列之一[J].现代传播(中国传媒大学学报),2015,37(03):29-34.
53. 陆地.高菲.论媒介演进的"魔术化效应"[J].现代传播(中国传媒大学学报),2021,43(03):10-19.
54. 陆地.公民媒体崛起的意义[J].当代传播,2018(02):1.
55. 陆地.周边传播理论的创新与活力[J].青年记者,2019(36):4.
56. 吕微."神话"概念的内容规定性与形式规定性[J].长江大学学报(社科版),2015,38(11):1-14.
57. 马戎.中华文明共同体的结构及演变[J].思想战线,2019,45(02):36-49.
58. 毛娜.汉画西王母图像研究[D].郑州大学,2016.
59. 欧阳谦.福柯的新政治观:一种微观权力的谱系学建构[J].中国人民大学学报,2012,26(02):57-64.
60. 潘祥辉.传播史上的青铜时代:殷周青铜器的文化与政治传播功能考[J].新闻与传播研究,2015,22(02):53.
61. 钱正元,李玉轩.党的十八大以来我国对外传播研究的热点、趋势及展望——基于CiteSpace的计量分析[J].浙江树人大学学报(人文社会科学),2020,20(06):86-92+109.

62. 孙德忠. 西方哲学记忆观的历史演进[J]. 武汉理工大学学报(社会科学版),2008(04):476-481.
63. 孙正国. 激活认同:神话资源现代转化的关键路径[J]. 长江大学学报(社会科学版),2019,42(01):19-22.
64. 唐雪琼,杨茜好,钱俊希. 社会建构主义视角下的边界——研究综述与启示[J]. 地理科学进展,2014,33(07):969-978.
65. 田兆元. 秦汉时期东南学术文化的演变与地域文化传统[J]. 中文自学指导,2005(04):23-26.
66. 万建中. 西王母神话的现代表达——读罗兰·巴特的《神话学》[J]. 青海社会科学,2010(05):10-13.
67. 万忆,马右文. 编码紊乱:新时代边疆省区周边传播的媒介困境与突围[J]. 当代传播,2020(05):34-37.
68. 王丹. “同源共祖”神话记忆:中华民族共同体形成的思想文化根基[J]. 西南民族大学学报(人文社会科学版),2021,42(07):17-23.
69. 王立增. 唐代乐府诗研究[D]. 扬州大学,2004.
70. 王蜜. 文化记忆:兴起逻辑、基本维度和媒介制约[J]. 国外理论动态,2016(06):8-17.
71. 王明珂. 历史事实、历史记忆与历史心性[J]. 历史研究,2001(05):136-147+191.
72. 王铭铭,文玉杓,大贯惠美子. 东亚文明中的山[J]. 西北民族研究,2013(02):69-78.
73. 王铭铭. 三圈说——另一种世界观,另一种社会科学[J]. 西北民族研究,2013(01):82-99.
74. 王倩. 论文明起源研究的神话历史模式[J]. 文艺理论研究,2013,33(01):202-208.
75. 王青. 中国的内陆型与濒海型神话[J]. 南京师大学报(社会科学版),2010(03):116-124.
76. 乌丙安. 非物质文化遗产保护中文化圈理论的应用[J]. 江西社会科学,2005(01):102-106.
77. 吴新锋. 民间文学志系列之一:新疆阜康西王母神话传说志[J]. 石河子大学学报(哲学社会科学版),2015,29(06):67-75.
78. 向芝谊. 周边传播价值机制中短视频的作用进路[J]. 中国出版,2020(14):39-42.
79. 项飙,张子约. 作为视域的“附近”[J]. 清华社会学评论,2022(01):78-98.
80. 小田. “庙会”界说[J]. 史学月刊,2000(03):103-109.
81. 刑俊仁. 台湾花莲胜安宫进香团朝拜泰山王母池道观[J]. 中国道教,1989(04):7.
82. 许纪霖. 都市空间视野中的知识分子研究[J]. 天津社会科学,2004(03):123-130+134.
83. 严耀中. 述论中国神话与小说里的婆罗门文化因子[J]. 华东师范大学学报(哲学社会科学版),2019,51(03):115-124+175.
84. 杨晶,杨玥. 周边传播要讲好周边故事——以黑龙江广播电视台对俄传播为例[J]. 中国广播电视学刊,2020(02):42-44.
85. 杨利慧,张多. 神话资源创造性转化的探索之路[J]. 长江大学学报(社会科学版),2019,42(01):1-8.
86. 杨利慧. 当代中国电子媒介中的神话主义[J]. 云南师范大学学报(哲学社会科学版),2014,46(04):69-77.

87. 杨雪. 中国边境口岸的周边传播研究—以广西边境口岸为例[D]. 北京大学,2022.
88. 叶舒宪. 物的叙事:中华文明探源的四重证据法[J]. 兰州大学学报(社会科学版),2010,38(06):1-8.
89. 叶舒宪. 玉石之路与华夏文明的资源依赖——石峁玉器新发现的历史重建意义[J]. 上海交通大学学报(哲学社会科学版),2013,21(06):18-26.
90. 叶舒宪. 中国的神话历史:从"中国神话"到"神话中国"[J]. 百色学院学报,2009(1):33-37.
91. 袁艳. 传播学研究的空间想象力[J]. 新闻与传播研究,2006(01):45-50+95.
92. 张多. 女娲神话重述的文化政治——以遗产化运动为中心[J]. 北京社会科学,2016(08):64-72.
93. 张勤. 西王母神话传说研究[D]. 苏州大学,2006.
94. 张若雨,熊铁基. 王母道派试探[J]. 宗教学研究,2020(01):10-16.
95. 张新阳. 晚清中国多元共同体嬗变中的周边传播[D]. 北京大学,2022.
96. 张之沧. 论空间的创造和生产[J]. 自然辩证法研究,2007(02):5-8.
97. 章戈浩,张磊. 物是人非与睹物思人:媒体与文化分析的物质性转向[J]. 全球传媒学刊,2019,6(02):103-115.
98. 章太炎. 中华民国解[J]. 民报. (15),1907:7.
99. 钟宗宪. 求索文化记忆中的神话拼图[J]. 民间文化论坛,2005(02):7-8+14.
100. 周能俊. 唐代洞天福地的地理分布[J]. 中国道教,2013(06):50-52.

报纸与数据库资料

1. 刘力坤. 西王母神话田野调查取得成果[N]. 新疆日报(汉),2010-09-09.
2. 王宪昭. 神话中的中华民族文化认同[N]. 中国社会科学报,2021-04-09.
3. "爱如生"中国基本古籍库
4. 雕龙古籍数据库-正统道藏
5. 韩国文集丛刊数据库
6. 中华经典古籍库
7. 中国历史人物传记数据库
8. 中华诗词库(http://www.zhg.com/)

图书在版编目(CIP)数据

中国神话记忆形塑中的周边传播：以“西王母”为例/刘娜著.—上海：上海三联书店，2025.5.

ISBN 978-7-5426-8860-6

Ⅰ.B932.2

中国国家版本馆 CIP 数据核字第 202564RM58 号

中国神话记忆形塑中的周边传播——以“西王母”为例

著　　者 / 刘　娜

责任编辑 / 张静乔
装帧设计 / 徐　徐
监　　制 / 姚　军
责任校对 / 王凌霄

出版发行 / 上海三联书店
(200041)中国上海市静安区威海路 755 号 30 楼
邮　　箱 / sdxsanlian@sina.com
联系电话 / 编辑部：021-22895517
发行部：021-22895559
印　　刷 / 上海颛辉印刷厂有限公司

版　　次 / 2025 年 5 月第 1 版
印　　次 / 2025 年 5 月第 1 次印刷
开　　本 / 710mm×1000mm　1/16
字　　数 / 330 千字
印　　张 / 19.75
书　　号 / ISBN 978-7-5426-8860-6/B·953
定　　价 / 88.00 元

敬启读者，如发现本书有印装质量问题，请与印刷厂联系 021-56152633